한국학의 현재와 미래

한국학의 현재와 미래

이영준 김동규 오영진 엮음

민음사

발간사

　한국연구원이 설립된 지 70년이 되는 해에 새로이 사옥을 지어 입주하게 되었습니다. 한국연구원은 한국전쟁 직후 척박한 조건 속에서 한국학 연구 환경을 개선하기 위해 설립되었습니다. 당시의 국내 대학 도서관은 한국학 관련 도서, 특히 외국 서적이나 저널을 구입할 여건이 되지 못했습니다. 이를 걱정한 연세대학교 백낙준, 서울대학교 최규남, 고려대학교 유진오, 이화여자대학교 김활란 네 분의 총장이 뜻을 모아 1954년 한국학 연구를 지원하는 연구원 설립 취지를 미국의 아세아재단 한국지부에 알리고 도움을 요청했습니다. 그 결과 1956년 6월, 한국 최초의 인문사회학 연구원인 한국연구원이 문을 열게 되었고, 백낙준 총장이 초대 이사장으로 취임했습니다.

　한국연구원은 1956년부터 한국학과 관련된 소중한 자료를 다량 구입하여,《매일신보》나 상하이 임시 정부 관련 자료 등 국내 도서관들이 수집하지 못한 유일본 자료를 다수 확보할 수 있었습니다.

이러한 자료들은 최근 몇 년간의 디지털화 작업을 통해 일반에 무료로 제공되고 있습니다. 한국학 연구 성과를 발간하는 사업도 활발히 추진하여 1950년대 후반부터 시작해서 최근에 이르기까지 한국학 연구 성과의 대표작들이 '한국연구총서'라는 이름으로 출간되었고 2025년 현재 120여 권에 이르고 있습니다. 2020년부터 시작된 우수 박사학위논문 출판 지원 활동을 통해 현재 35편의 박사학위논문이 선정되었고 2024년부터 출판이 시작되었습니다. 2023년부터 시작된 독회 지원은 현재 36개의 독회가 활동 중입니다. 그 외에도 한국연구원은 한국학 발전을 위해 학술지 《한국연구》를 발간하고 있으며 다양한 형태의 학문적 지원 방안을 모색하고 있습니다.

신사옥에 입주하게 되면서 한국연구원은 새로운 시대를 맞게 되었습니다. 새로운 연구 공간을 마련해서 각종 학술 행사에 필요한 편의를 연구자들에게 제공할 수 있게 되었고 소규모 연구자 모임도 지원할 수 있게 되었습니다. 하지만 마냥 기뻐할 수만은 없는 현실을 우리는 잘 알고 있습니다. 한국학은 오늘날 그 어느 때보다도 중요한 학문적 도전에 직면해 있습니다. 20세기 중반 이후로 급격한 경제 성장과 민주화를 이룬 대한민국은 전 세계적으로 주목받는 모델이 되었으며, 한국 문화의 확산은 세계인의 삶 속에 깊숙이 자리 잡았습니다. 이러한 흐름 속에서 한국학은 단순히 한국의 역사와 문화를 연구하는 것을 넘어, 세계적 맥락에서 한국의 역할과 의미를 재조명하는 데 중심적인 역할을 해야 하고 또 이미 하고 있습니다.

한국학의 현주소를 진단하고 미래를 설계하기 위해서는 더 깊은 성찰이 필요합니다. 국내에서는 한국학이 지나치게 전통적 연구에 치중되어 있다는 비판이 제기되기도 하며, 국제적으로는 한국학 연구가 특정 지역이나 학계에 국한되어 확산성이 부족하다는 우려도 존재합니다. 디지털 기술의 발전과 학문 간 융합이 가속화되는 현대의 학문 환경에서 한국학은 새로운 방향성을 모색해야 할 시점에 있습니다. 본 연구원이 신사옥 이전 기념으로 기획한 이 책은 그러한 모색이 낳은 하나의 조그만 시도입니다.

최근의 인공지능(AI)의 급속한 발전은 한국학 연구에 새로운 기회와 도전을 동시에 제공하고 있습니다. AI는 방대한 양의 데이터 분석과 번역, 새로운 연구 방법론 개발에 기여하며, 학문의 지평을 확장할 잠재력을 가지고 있습니다. 이를 통해 한국학 연구자들은 보다 정교한 자료 분석과 글로벌 학술 교류를 강화할 수 있을 것입니다. 그러나 동시에, AI 기술의 오용이나 지나친 의존이 학문의 본질을 훼손할 가능성에 대한 경계도 필요합니다. AI는 인간의 창의성과 통찰을 보완하는 도구로 활용되어야 하며, 이를 통해 인류와 학문이 조화롭게 발전할 수 있는 길을 모색해야 합니다.

또한, SNS가 지배하는 세계로 변화하면서 가짜뉴스와 정보의 왜곡이 가져오는 심각한 사회적 문제에 대한 경계와 논의도 필요합니다. 잘못된 정보는 개인과 사회의 신뢰를 훼손하고, 올바른 의사결정을 방해하며, 한국학 연구의 신뢰성에도 악영향을 미칠 수 있습니다. 이를 해결하기 위해, 디지털 문해력을 강화하고 신뢰할 수 있는 학문적 자료를 통해 정보의 질을 높이는 노력이 중요합니다. 아울러, 글로벌 경제 체제에서 심화되고 있는 양극화 문제는 한국학 연구에서도 경제적 불평등이 역사와 문화에 미치는 영향을 조명하는 데 있어 중요한 연구 주제가 될 것입니다. 이러한 위기 상황은 한국학이 단순히 과거를 연구하는 학문에 머무르지 않고, 현재와 미래를 향한 비전을 제시하는 데 핵심적인 역할을 해야 함을 보여 줍니다.

 이 책은 한국학의 현재와 미래를 향한 비전을 진단하고자 합니다. 먼저, 한국학이 걸어온 발자취를 돌아보며 주요 성과와 한계를 검토하고, 현대 한국학의 지형을 다양한 관점에서 분석합니다. 이어서, 한국학이 직면한 도전 과제를 탐구하며, 글로벌 시대에 한국학이 나아가야 할 비전을 제시합니다. 학문적 경계를 넘어선 협력, 디지털 기술을 활용한 연구 방법의 혁신, 그리고 보다 포괄적인 시각을 갖춘 연구가 그 핵심이 될 것입니다.

 한국학의 미래는 현재의 한국학 연구자들이 결정하는 선택과 실천에 달려 있습니다. 이 책이 독자 여러분에게 한국학의 새로운 가능성을 발견하고, 이를 실현하기 위한 영감을 제공하기를 바랍니다. 이 책의 독자들과 함께 한국학의 더 밝은 내일을 만들어 나가길 기대하며, 이 책의 여정을 시작합니다.

2025년 3월

이영준

차례

이영준 / 발간사   4

1부   한국학 연구의 최전선   13

1장 문학

    김영민 / 한국 근대문학 연구와 외국(어) 콤플렉스   17
    노경희 / 문헌의 물질성을 찾아서   30
    이영준 / 한국문학의 시간   60
    조강석 / 문학 텍스트의 내부로부터의 자기 전개를 위하여!   84

2장 역사

    강명관 / 국외인(局外人)의 시각으로 본 한국사   97
    김인호 / 중세 국가에 대한 연구는 우리에게 어떤 의미가 있을까   124

노관범 / 전환기 사상사 연구법　　　　　　　　　　　　134

장지연 / 1970년대에 태어난 어떤 한국사 연구자의 연구 행로　153

3장 철학

김동규 / 철학에 비친 한국학　　　　　　　　　　　　　181

손영식 / 주인의 철학　　　　　　　　　　　　　　　　204

이승종 / 철학적 대화에서 대화의 해석학으로　　　　　　230

황종원 / 현대 한국 생태 사상의 특징과 세계 철학적 의의　240

4장 종교

임현수 / 한국 종교학의 전개와 과제　　　　　　　　　253

2부   세계 속의 한국학과 대학의 현실   273

1장 세계 속의 한국학

김낙현 / 디아스포라 재오스트리아 한인 문학의 현황과 성향 277

유상근 / 미국의 한국인 교수, 한국의 미국인 교수   291

유춘동 / 지역학 연구의 '근대 문헌' 수집과 활용안   307

이우창 / 18세기 지성사 연구의 혁신과 전파   317

최진석 / 세계문학의 바깥, 혹은 세계-외-문학을 향하여   381

2장 대학의 현실

고부응 / 망할 놈의 대학교수들   393

정보라 / 강사는 어떻게 단련되는가   406

3부 디지털 인문학의 한국학   413

김병준 / 디지털 인문학: 한국 학술 데이터의 새로운 지평   415
김승범 / 인공지능 시대를 읽자:
         쓰기 도구, 그리고 그 속성을 강화할 거대 언어 모델   441
오영진 / 우리가 기계와 함께 쓰고 연구하기 위해 필요한 것들   447
웨인 드 프레메리 / 한국학에서의 딥러닝   454

글쓴이 소개   472

1부

한국학 연구의 최전선

1장

문학

한국 근대문학 연구와
외국(어) 콤플렉스

김영민

1

　　한국 근대문학 연구에 관심을 갖기 시작했을 때, 나를 가장 억누르던 것은 역설적이게도 외국(어)에 대한 콤플렉스였다. 대학원 시절 내가 접했던 이론 가운데 하나는 이른바 문학사의 단절론 혹은 이식론이었다. 이 주장에 따르면, 한국 고전문학사의 전통은 근대로 이어지지 않는다. 판소리계 소설이나 야담 등의 조선 후기 문학의 흐름은 근대로 접어들면서 그 수명을 다하게 되고, 서구 문학 혹은 일본 문학이 그 자리를 대신하게 된다는 것이다. 이러한 주장에 대해 심정적으로는 거부감이 들었지만, 반론을 펼칠 능력이 없어 일단 받아들일 수밖에 없었다.

　　대학원 시절까지 내가 접할 수 있었던 대부분의 저술에서는 한국 근대소설의 기점을 개화기의 '신소설(新小說)'로 설정했다. 신소설의 기원 혹은 성립 과정은 주로 일본의 근대소설사를 차용해 설명했다. 신소설이라는 용어 자체가 우리의 것이 아니고, 일본에서 가져온 문학사적 용어라는 사실도 이들 저술을 통해 접하게 되었다.

일본 근대문학에 대한 심층적 이해 없이 한국 근대문학을 연구하는 데는 한계가 있다는 이야기를 들으며 나는 고민하지 않을 수 없었다. 사실 그것은 단순한 고민이 아니라 일종의 절망에 가까운 것이었다. 나의 일본어 해독 능력은 앞선 연구 세대의 그것을 결코 따라갈 수 없음을 잘 알았기 때문이다. 앞선 연구 세대는 대부분 일제강점기에 태어나 일본어로 교양 교육을 받았다. 내가 아무리 노력한들 이들 세대의 언어 감각을 뛰어넘어 일본의 근대 자료를 심도 있게 이해하고 해석하는 것은 불가능하다고 생각했다.

내가 일본인 연구자를 처음 만난 것은 1990년대 중반 무렵 미국 하버드-옌칭연구소에 방문학자로 체류할 때였다. 일본인 연구자를 만나고 여러 달이 지난 후, 나는 내심 벼르던 질문을 그에게 던졌다. 한국과 일본의 '신소설'을 비교해 보자는 것이 내 제안이었다. 우선 일본의 신소설에 대해 설명해 달라는 나의 요청에, 그는 당시 일본의 베스트셀러 작가 무라카미 하루키(村上春樹, 1949~)와 요시모토 바나나(吉本真秀子, 1964~)의 작품을 이야기하기 시작했다. 나는 그에게, 아니 그것 말고 일본의 개화기 소설에 대해 말해 달라고 다시 요청했다. 그는 한동안 난처한 표정을 지은 채 나를 바라보았다. 결국 그날 우리가 함께 알아낸 것은 한국과 일본에서 사용하는 신소설이라는 용어의 의미가 전혀 다르다는 것이었다. 일본에서는 신소설이라는 용어를 근대문학사 초기, 즉 개화기 소설이라는 문학사적 의미로는 전혀 사용하지 않는다. 일본에서 신소설은 시대와 관련 없이 최근에 발간된 새로운 소설이라는 보통명사일 뿐이었다.

한국 근대문학사에 등장하는 신소설이라는 용어가 일본 문학사에서 가져온 것이 아니라는 사실에 대한 깨달음은 그 자체로 그리 대단한 것은 아니었다. 하지만 그 작은 깨달음은 한국 근대소설사를 바라보는 내 시각을 완전히 새롭게 바꾸는 계기가 되었고, 일본의 근대 자료가 아니라 한국의 근대 자료를 살펴보는 일이 중요하다는 지극히 당연한 사실로 돌아올 수 있었다. 일본어에 대한 중압감에서도 어느 정도 자유로워질 수 있었다.

오늘날 한국문학사에서 신소설은 개화기 혹은 근대 계몽기라 일컫는 특정한 시기의 특정한 문학 양식을 일컫는 고유명사로 사용된다. 그런데 근대 계몽기 당시에는 한국에서도 신소설은 그러한 고유한 의미를 지닌 용어가 아니었다. 신소설은 근대 계몽기에 사용되던 '신'학문이나 '신'여성, '신'화폐 등과 조어법에서 별 차이가 없는 용어이다. 근대 초기에 신소설은 새로 쓴 소설, 혹은 새로 인쇄한 소설 등의 의미를 지니고 있었다. 지금은 근대적 장편소설의 효시라 일컫는 이광수(李光洙, 1892~1950)의 신문 연재소설 『무정』도 당시에는 신소설이라고 광고했다. 이는 이광수가 집필한 새로운 소설이라는 의미다. 일부 작품의 경우 앞표지에는 신소설, 판권란에는 고전소설이라 표기된 경우도 있다. 이는 고전소설 작품을 새로 인쇄해 발행한다는 의미이다. 일제강점기에 간행된 일부 외국어 번역 소설에도 신소설이라고 표기되어 있는데, 이 역시 동일한 맥락에서 이해할 수 있는 현상이다. 한때 학계에서는 신소설이라는 용어를 누가 어디에서 처음 사용했는가 하는 문제에 대해 심각하게 논의한 적이 있다. 그러나 근대 초기 이 용어는 보통명사였으므로 누가 처음 사용했는지를 밝히는 것은 아무런 의미가 없다. 그보다는 우리 문학사에서 보통명사이던 신소설이 지금과 같은 문학사적 의미를 지닌 고유명사로 바뀐 것은 언제부터일까 하는 문제를 검증하는 것이 필요하다.

우리 문학사에서 신소설이라는 용어가 특정한 의미를 지닌 고유명사로 사용되기 시작한 것은 김태준(金台俊, 1905~1950)의 『조선소설사』(청진서관, 1933)에서부터이다. 이 책은 우리나라 최초의 독립된 소설사 저술이다. 여기에서 신소설은 조선의 구소설 이후 1919년 3·1운

1916년 12월 29일 자 《매일신보》에 실린 이광수의 『무정』 연재 광고.
'신년의 신소설'이라는 문구가 눈에 띈다.

동 이전까지의 소설을 지칭하는 용어로 사용된다. 김태준은 몇 년 후 『조선소설사』 증보판을 내면서 신소설이라는 용어를 더욱 명확한 문학사적 의미를 지닌 용어로 사용한다. 그는 "이야기책이라 할 수 있는 구소설에서 신소설이 나왔다. 신소설은 이광수, 김동인, 염상섭 등의 현대적 소설이 나오기 이전까지의 소설이다. 이야기책에서 바로 오늘날의 현대소설이 나온 것이 아니라 신소설이라는 과도기 소설을 거친 것이다."라고 설명한다. 김태준은 신소설이 구소설과 현대소설 사이에서 교량적 역할을 한 소설이라는 점을 지적하고 '구소설 → 신소설 → 현대소설'이라는 구체화된 문학사적 구도를 완성해 제시한다. 김태준은 신소설 운동의 선구자로 이인직(李人稙, 1862~1916)을 거론하고 그의 작품이 갖는 특징을 다음과 같이 정리한다. 첫째, 갑오경장 당시의 조선 사회를 여실히 보여 준다. 둘째, 그의 붓은 어디까지나 사실적이다. 셋째, 그의 붓끝에는 뜨거운 열정과 엄숙한 비판이 있고 새로운 세상을 그려 낸다. 넷째, 진정한 의미의 소설과 언문일치(言文一致)의 새로운 문체를 보여 준다.

　신소설의 특징은 결론적으로 다음과 같다. "이야기의 취미를 좀 더 풍부하게 하며 언문일치의 문체로써 어떤 한 개의 사건을 취급하여 그 사건의 추이를 따라 순간순간의 행동과 대화까지 그대로 쓰는 것"이다. 김태준이 정리한 신소설의 개념 및 문학사적 의미에 관한 논의는 이후 임화(林和, 1908~1953) 등 여러 문학사 연구자들에게 이어진다. 일제강점기뿐 아니라 해방 이후를 거쳐 오늘날에 이르기까지도 그 큰 줄기가 이어지고 있다.

　신소설이라는 용어는 한동안 전혀 다른 두 가지 개념으로 사용되어 왔다. 하나는 근대 계몽기 당시에 사용되던 것으로 주로 새로 쓴 소설 혹은 새로 인쇄한 소설, 새로 번역한 소설 등의 의미를 지닌다. 다른 하나는 김태준과 임화 등 문학사 집필자를 통해 새롭게 정의된 개념어로, 20세기 초반이라는 특정한 시기에 발표한 특정한 문학작품이라는 의미를 지닌다. 한자 문화권인 한국, 일본, 중국 등에는 신소설이라는 용어가 모두 존재한다. 일본이나 중국에서 이 용어는 전 시대에 비해 새롭다는 상대적 의미 혹은 잡지의 제목 등으로 주로 사용된다. 이에 반해 지금 우리는 이를 특정한 문학사적 의미로 주로 사용한다. 신소설이라는 용어는 일본이나 중국 등에서 건너온 개념어가 아니다. 이는 우리 문학사의 연구 과정 속에서 새롭게 정리되고 정착된 고유한 개념어인 것이다.

지금은 한국문학사에서 단절론이나 이식론을 주장하는 연구자는 거의 없는 것 같다. 한국 근대문학을 연구하면서 외국(어) 콤플렉스를 느끼는 경우도 흔하지 않다. 단절론이나 이식론의 상대적 위치에 있는 주장이 연속론 혹은 전통론이다. 여기에서는 한국문학사의 연속성과 전통적 토대를 중요하게 여긴다. 그런데 간과하지 말아야 할 것은, 연속론이나 전통론이라고 해서 한국 근대문학과 외국 문학 사이의 연계성에 무관심한 것은 아니라는 사실이다. 김태준도 『조선소설사』 연구에서, 고전적 이야기의 전통에서 신소설을 거쳐 현대소설이 나왔지만 그러한 변화 과정에서 구라파(유럽) 등 외국 소설의 수입과 역할이 있었다는 사실을 지적한 바 있다. 이미 한 세기 전에 그는, 한국 근대문학사가 조선조 문학의 전통에 뿌리를 두고 있지만 외국 문학의 영향을 받으며 변화했다는 사실에 대해서도 주목했다. 모든 자국 문학사 연구에서 외국 문학 관련 연구가 필요하다는 사실은 상식에 속한다. 다만, 과거와 같이 어느 한쪽의 우월성을 미리 염두에 두고 시작하는 연구가 아니라, 선입견 없이 상호 관계를 살피는 연구가 되어야 한다는 사실은 지극히 당연한 것이다.

2

한국 근대문학 연구에서는 일본식 문장 표기법에 대한 논란이 종종 일어난다. 내 기억 속 가장 심란했던 것은 한국 근대문학사 초기의 '후리가나' 표기에 관한 것이었다. 후리가나 표기란 일본어에서 한자 위에 일본 문자를 나란히 적는 것으로, 한자를 읽는 방법을 알려 준다. 이때 한자로 된 본문 위에 붙은 작은 일본어 활자를 루비 활자라고 한다. 몇몇 문학사 저술에서는, 한국 최초의 신소설이라 일컬어지는 이인직의 작품 「혈의 누」가 바로 후리가나 표기를 사용하고 있다는 점에 주목했다. 1906년 《만세보(萬歲報)》에 연재된 「혈의 누」의 도입부 문장은 다음과 같다.

일청전정　　　　평양일경
日淸戰爭의 총소리는 平壤一境이 떠나가는 듯하더니 그 총소리가
　　　청인　　패　군사　　추풍　　낙엽
그치매 淸人의 敗한 軍士는 秋風에 落葉같이 흩어지고……

내가 읽은 한국 근대문학사 저술들은 이를 일본식 표기를 모방한 무국적의 문장이라고 비판했다. 몇몇 문학사 연구자는 이인직의

「혈의 누」 등 신소설의 문장이 일본식 문체를 모방했고, 우리 소설사의 한글 사용 전통을 후퇴시켰다고 지적했다. 그러한 모방이 우리에게 충격적이었고, 그것이 당시 독자들에게 적잖은 거부감을 주었을 것이라고도 했다.

한국 근대소설사가 일본식 문장을 모방하며 시작되었다는 주장은 대학원생이던 나에게 그리 유쾌하지 않았다. 하지만 달리 설명할 방법도 없어 역시 받아들일 수밖에 없었다. 당시의 문학사 저술들은 이러한 일본식 문장의 등장 원인을 친일파 작가 이인직에게서 찾았다. 이인직은 이완용(李完用, 1858~1926)의 비서로 일하면서 일본인 외사국장과 만나 한일병합에 대해 논의하기도 했다. 친일파였던 이인직이 일본식 표기를 활용해 한국 근대소설을 창작했다는 설명은 나름 그럴듯해 보였다.

그런데 어느 날 나는 이인직의 작품 「소설 단편」을 읽다가 의구심을 품기 시작했다. 「소설 단편」은 「혈의 누」보다 먼저 발표되었고, 이른바 후리가나 표기를 사용한 그의 첫 작품이었다. 「소설 단편」 서두에는 특이하게도 작가의 요구 사항이 한 줄 붙어 있었다. 그 요구는 다음과 같다.

이 小說(소설)은 國文(국문)으로만 보고 漢文音(한문음)으로는 보지 말으시오

나는 작품을 접할 때마다 그의 요구 사항을 이해하기 어려웠다. 국문과 한문을 나란히 적어 놓고, 한문으로는 읽지 말라고 굳이 주석을 단 것은 도대체 무슨 의미일까? 그럴 것이면 차라리 처음부터

한글로만 작품을 쓰는 것이 옳지 않았을까? 이유를 알 수 없어 답답했지만 그렇게 지나칠 수밖에 없었다.

하지만 의문을 접은 것은 아니었다. 질문을 멈추지 않으면 언젠가 답을 찾을 수도 있다는 것이 내 나름 연구의 길을 가면서 얻은 작은 깨달음 가운데 하나인데, 이 경우도 그렇다고 할 수 있을 것 같다. 내가 의문에 대한 실마리를 풀어 가기 시작한 것은, 우연히 국내 대학의 한 학술 모임에서 한 강연을 들은 이후부터였다. 강연자는 당시 도쿄외국어대학의 사에구사 도시카쓰(三枝壽勝) 교수로 일본의 대표적인 한국문학 연구자였다. 강연 주제는 이중 언어 표기와 근대적 문체 형성에 관한 것이었는데, 거기에서 나는 의외의 이야기를 들을 수 있었다. 사에구사 교수는 이인직의 「혈의 누」의 문체와 루비 활자 사용에 대해 언급하면서, 그것이 일본의 후리가나식 표기와는 차이가 크다는 견해를 표명했다. 요약하면, 한국 사람들은 「혈의 누」의 문장이 일본식 표기에 바탕을 두고 있다고 단정하지만, 일본인인 자신의 생각은 그렇지 않다는 것이었다. 그는 「혈의 누」 문장의 원리를 설명할 수는 없지만, 그것이 일본식 문장이 아니라는 사실만은 명백하다고 주장했다. 루비 활자의 사용 자체는 일본어를 보고 생각했을 수도 있겠지만, 사용법은 근본적으로 일본어와 차이가 난다는 것이 그의 결론적 견해였다.

「혈의 누」 등 신소설의 문장 표기를 일본어의 영향과 모방이라고 정리했던 연구자들은 대부분 일본어에 익숙한 세대였다. 그들의 주장에 두말없이 수긍할 수밖에 없었던 나는, 그들보다 일본어에 더 익숙한(?) 사에구사 교수의 견해에 커다란 흥미를 느꼈다. 그렇게 해서 나는 「혈의 누」의 문장, 아니 한국의 근대 초기 문체의 전반적 특질이 무엇인가에 대한 연구를 새롭게 시작할 수 있었다.

다행히, 주변의 다양한 전공자의 도움을 받으며 깨달은 것은 한국 신소설의 문장 표기가 일본의 후리가나 표기와는 근본적으로 다르다는 사실이었다. 이들은 외형만 유사할 뿐 출현 이유와 한글 및 한자 사용의 원리와 방식이 전혀 다르다. 이인직이 친일파 문인임은 명백하지만, 이 사실과 신소설의 문체 특징 사이에는 별다른 연관성이 없다. 「혈의 누」가 연재된 《만세보》를 직접 확인해 보면, 이 신문은 소설뿐 아니라 논설(論說)을 포함한 거의 대부분의 기사에 한자와 한글을 나란히 적는 문장을 사용했음을 알 수 있다. 이것이 《만세보》의 일반적인 문장이었던 것이다.

한국 근대문학사 초기에 등장하는 다소 낯선 문체, 이른바 후리가나 표기로 오해받았던 문체의 본질을 이해하기 위해서는 적어도 다음의 두 가지 사실에 대해 알아야 한다. 하나는, 근대 초기 신문·잡지 등 대중매체의 문체 선택의 원리와 이유이다. 다른 하나는, 새로운 문체 등장의 사회적·역사적 배경이다. 한국 근대문학사에서 한자(한문)와 한글의 관계는 매우 중요하다. 문장 표기를 중심으로 한국문학사를 정리한다면, 한문에서 출발해 국한문혼용을 거쳐 한글 작품 창작으로 이어지는 과정이 한국 근대문학사의 전개 과정이라 할 수 있다. 그런데 이러한 이행 과정에는 나름의 시간과 절차가 필요했다. 오랜 기간 우리나라 사람들은 신분과 성별 등에 따라 선호하는 문체가 달랐다. 한문체가 지식인 남성을 대표하는 것이었다면 일반 남성과 대부분의 여성은 주로 한글을 사용했다. 근대 계몽기에 들어서면 국한문혼용체의 사용이 활발해지는데, 국한문혼용체의 사용층은 대체로 한문 사용층과 중첩되었다. 그런데 신문과 잡지 등 대중매체가 생겨나면서 지식인의 글쓰기 관습은 적지 않은 변화를 맞이하게 된다. 대중매체 출현 이후 지식인의 글쓰기는 작가 중심 체제에서 독자 중심 체제로 변화한다. 한국 근대소설사의 변화를 이끌어 간 가장 영향력 있는 주체는 작가가 아니라 매체이다. 매체는 작가의 취향이 아니라 독자의 취향을 고려한다. 매체의 문체 선택은 작가가 아니라 그 매체를 읽을 독자를 염두에 두고 이루어진다. 특정한 매체가 한문/국한문체 혹은 한글체를 선택했을 때, 이 선택은 곧 누구를 독자로 선택했는가 하는 문제와 직결된다. 예를 들어,《제국신문(帝國新聞)》이 한글을 선택한 것은 여성과 일반 대중을 독자로 선택한 것이고,《황성신문(皇城新聞)》이 국한문을 선택한 것은 지식인 남성을 주된 독자로 선택한 것이다. 결국 근대 매체는 문자에 따라 독자층이 명확히 분리되어 있었던 셈이다.

특정한 근대 매체가 여성과 남성, 일반 대중과 지식인을 모두 자신의 독자로 끌어들이기란 결코 쉽지 않았다. 한말의 대표적 민족지였던《대한매일신보(大韓每日申報)》는 이러한 상황에 대응하기 위해 고민했고, 그 결과 하루에 두 종의 신문을 발행하는 수고를 아끼지 않았다. 즉 국한문판과 한글판을 각각 인쇄해 동시에 발행했던 것이다. 그런데《만세보》는 같은 목적을 염두에 두고 새로운 방식을 시도했다. 즉 하루에 한 종의 신문만으로도 다양한 문자 계층을 모두 독자로 끌어들일 수 있는 방법을 찾아 시험한 것이다. 그 결과 탄생한 것이 본문을 한자로 인쇄하고 그 위에 한글을 달아 이를 읽어 주는 것이었다. 《만세보》는 한자 위에 적은 한글을 스스로 '부속 국문'이라 불렀다. 따라서 《만세보》가 사용한 문체는 '부속 국문체'라 칭할 수 있다. 《만세보》의 부속 국문체 문장의 성격은 크게 두 가지로 구별된다. 하나는 원래 국한문혼용체로 쓴 글에 한글을 추가해 한자를 읽어 주는 것이다. 다른 하나는 원래 순한글로 쓴 글에 의미가 유사한 한자를 찾아 나란히 적는 것이다. 특히 후자의 경우는 일본의 후리가나 표기와 《만세보》의 부속 국문체 표기의 근본적 차이가 어디에 있는가를 보여 준다. 이인직의 작품 「소설 단편」이나 「혈의 누」는 원래 순한글로 쓴 작품이었다. 이를 《만세보》에 게재하면서 한자를 추가하고 부속 국문체로 인쇄한 것이다. 순한글로 쓴 작품에 다시 한자를 추가해 부속 국문체로 인쇄한 경우, 소설 읽기는 원문인 한글만으로도 충분하다. 「혈의 누」 등 소설 작품에 추가된 한자의 음은 한글과 같은 경우도 있고 그렇지 않은 경우도 있었다. 따라서 한자를 음독할 필요는 전혀 없었다. 한글에 병기된 한자는 소리 내어 읽는 것이 아니라 눈으로만 보는 것이었다. 이인직이 부속 국문체로 인쇄된 자신의 작품을 '한문음'으로는 읽지 말 것을 당부한 것은 그러한 이유 때문이었다.

　　부속 국문체 문장은 《만세보》가 창안한 것이 아니다. 이미 우리 옛 문헌에는 본문을 한자로 쓰고 거기에 한글로 토를 단 경우가 없지 않았다. 그 반대의 경우, 즉 본문을 한글로 쓰고 거기에 한자를 병기한 경우도 발견된다. 근대 계몽기에는 특히 기독교 성서에서 부속 국문체의 사용을 어렵지 않게 확인할 수 있다. 《만세보》 이후에는 《대한민보(大韓民報)》와 《기독신보(基督申報)》 등이 이러한 문체를 사용했다. 《만세보》가 부속 국문체를 활용한 이유는 한자를 모르는 대중의 편의를 위할 뿐만 아니라, 한 장의 신문으로 국한문 독자와 한글 독자를 모두 수용하려던 목적 때문이었다. 부속 국문체는 과거 우리의 전통 속에 존재하던 한자/한글 표기법의 새로운 시대적 응용이었던 셈이다.

    한국 근대 초기 신소설에 사용된 부속 국문체 문장을 보며 콤플렉스를 느끼던 시대는 이미 지나갔다. 부속 국문체 문장은 부끄러운 문장도 비난받을 문장도 아니다. 오히려 그 반대에 가깝다. 부속 국문체 문장은 다양한 계층의 독자들을 배려한 고민의 결과 탄생한 문장이다. 근대문학 연구를 하다 보면 원저자의 의도를 올바로 이해하지 못한 채 작품의 의미를 논의하는 경우가 없지 않다. 낯선 현상에 대한 가치판단에 앞서 여러 가지 가능성을 생각해 볼 필요가 있다. 근대문학 연구에 처음 관심을 갖고 자료를 읽기 시작했을 때, 근대 초기 지식인들의 어눌한 문장에 의문과 불만을 품었던 기억이 있다. 그때 나는 이해하지 못했다. 그들이 그 어눌한 한글을 구사하기 위해 포기해야만 했던 한문이라는 기득권의 무게를. 시간이 흐른 뒤에야, 그들이 겪었을 난관과 노고에 대해 조금씩 생각이 미치기 시작했다. 그때 비로소 내 연구의 작은 길이 열렸던 것 같다.

문헌의 물질성을 찾아서

노경희

1 첫 번째: 문헌학의 개념과 고서와의 만남

처음 '한국학 연구의 최전선'의 원고 의뢰를 받고는 무엇을 써야 하나 한참 고민했다. 담당자로부터 '한국학과 관련된 나의 연구 분야의 현주소를 진단하고 앞으로 나아가야 할 방향을 제시하는 글'을 써 줄 것을 부탁받았는데, 순간 한국학과 관련한 내 연구 분야가 도대체 무엇일까 하는 생각이 반사적으로 머리에 떠올랐다.

최근 들어 나의 연구는 주전공이라 생각했던 '16~18세기 동아시아 문학과 출판문화'에서 공간은 한국과 중국, 일본을 넘어 이제는 서양으로까지 뻗어 가고, 시간은 위로 당나라 필사본과 송대 목판 인쇄술, 고려 시대 불경 판목에서 아래로 20세기 초 근대의 연활자 기술까지 내려오고 있다. 주제 또한 불교와 유교, 기독교의 출판과 동아시아 한자 문화, 훈민정음과 가나(仮名)의 한문 언해 작업, 서양 인쇄

창덕궁 궐내각사 규장각

술과 동양 문자 출판의 융합 등에 이르기까지 그 범위가 끝도 없이 확장되는 중이다. 그러나 다시 생각하면 결국 내 연구는 '문헌을 매개로 하여 넓고도 유구한 시공간에 살아가는 사람들의 삶과 사유와 감정을 연구한다.'라고 한 줄로 요약될 것이다.

2 문헌이란, 물질이란 무엇인가?

문헌(文獻)이란 무엇일까? 국어사전에서는 '옛날의 제도나 문물을 알기 위한 증거 자료나 기록 또는 연구의 자료가 되는 서적이나 문서'라고 정의하고 있다. 그러니까 대략 '옛 시대를 연구하기 위한 증거물' 정도로 정리되는데, 그중에서도 내가 다루는 것은 '문자와 그림', 즉 '도서(圖書)'에 해당하는 자료이다.

문헌은 크게 두 가지 요소를 생각할 수 있다. 하나는 문헌이 담고 있는 '내용'이며, 다른 하나는 그 내용이 쓰인 '수단'이다. 이때의 수단은 다시 두 가지로 구분되는데, 하나는 내용을 쓰는 방법, 즉 그림과 문자이며 다른 하나는 내용을 담은 그릇 곧 재료이다. 이때의 재료는 파피루스·돌·청동기·점토·죽간·비단·양피지 등 다양하다. 그러나 역시 기록을 남기는 가장 대표적인 재료는 '종이'다.

나의 연구는 문헌의 내용과 문자, 그리고 재료에 이르기까지 그 안과 밖의 모든 요소에 주목하여 텍스트의 이해를 넘어 문헌을 탄생시킨 당시 사회를 발견하고 복원하는 작업이다. 문헌을 만들고 향유하는 작자와 독자만이 아닌 물질을 통해 그 문헌을 탄생시킨 세상을 재현하고자 했다. 문자로 말하지 못하는 종이의 촉감과 붓의 흔적, 먹의 빛깔에서 당시 사회의 풍경을 그대로 그려 내는 것이다. 그렇게 나는 '재료(물질)'라는 속성을 더해 문헌 뒤에 펼쳐진 세상을 이해하는 방향으로 연구 영역을 확장했다.

그러나 내가 속했던 국어국문학과에서는 그러한 공부를 어떻게 할 수 있을지 방법을 뚜렷이 알 수 없었다. 문헌의 '내용'과 '언어(문자)'를 통해 작자와 독자들의 사유와 감정을 읽어 내는 데 관심을 두던 나의 연구 집단에서 문헌의 재료에 집중한 연구는 쉽게 접할 수 없었다. 지금부터의 이야기는 내가 어떠한 계기로 문헌의 물질적 속성에 관심을 갖게 되었고 어떻게 그 물질을 연구하는 방법을 배워 나갔는지에 대한 짧지 않은 연구 여정에 대한 중간 보고서이다.

3 형태서지학, 자료를 찾아다니는 여행

문헌의 외적 형태와 물질적 재료를 다루는 것은 문헌정보학 안에서도 서지학(書誌學, Bibliography), 그중에서도 '형태서지학'으로 특화된 연구 분야이다. '서지학'은 곧 "문자를 수단으로 표현한 본문과 그 본문이 나타내는 지적 소산의 내용, 그리고 그것을 담고 있는 물리적 형태를 연구하는 학문"으로 정의된다.[1] 이는 좀 더 세분하여 1) 원문의 교감을 중시한 '원문서지학', 2) 지적 소산의 내용을 중시한 '체계 서지학', 3) 책의 형태 기술을 중시한 '형태서지학'으로 분류된다.

그중 형태서지학은 "책의 물리적 형태의 특징과 변천 과정을 실증적 방법으로 연구하여 책의 필사와 간행 시기를 고증하고 그 우열을 식별하며 책에 관한 문제를 연구하는 것"이다. 책의 명칭, 장정과 책의 종류 및 변천, 필사본에 있어서의 원고본·전사본·사경(寫經)의 종류, 간인본(刊印本)에 있어서의 목판본과 활자본 등의 종류, 목판본의 조판 인쇄·기원·발달 및 판각술의 시대적 특징, 각수, 활자본의 활자 종류와 특징, 책의 판식, 서체, 장서인, 서적의 반사(頒賜) 및 전래, 종이와 먹의 종류, 먹색의 특징, 책의 수집법, 표장법(表裝法), 보존 관리법 등을 다루는 분야이다.

형태서지학의 범위 중 어떤 부분은 실물을 직접 확인하지 않아도 관련 기록을 통해 증명할 수도 있고, 고해상도 이미지 파일만으로도 확인된다. 그러나 문헌에 대한 기본 정보가 충분하지 않거나, 오래

---

1) 천혜봉, 『한국 서지학』(민음사, 1997), 13~72쪽.

된 자료 또는 유일본일 경우 오로지 남아 있는 책의 외적 형태만으로 판별해야 하기에 실물 확인이 필수적이다.[2]

2020년 10월 일본의 게이오기주쿠(慶應義塾, 이하 '게이오')대학의 동양학연구소 사도문고(斯道文庫)에서 현전하는 가장 오래된 『논어』 필사본을 공개했다. 일본 서지학자들의 연구에 따르면, 이 자료는 문자 형태나 종이의 재질로 판단할 때 6세기 후반 중국 수(隋)나라의 남북조 통일 시기에 필사된 것으로 추정되었다. 그 직후 2020년 11월에 성균관대 대동문화 연구원에서 '비대면(ZOOM)'으로 개최된 국제학술회의 「동아시아 문헌학의 신지평 — 자료와 환류, 서목과 수장」에서 연구 책임자 스미요시 도모히코(住吉朋彦) 교수의 「게이오기주쿠대학 도서관 소장 '남북조말수(南北朝末隋)' 필사본 『논어소(論語疏)』(권6)의 문헌 가치」라는 발표로 외국 학계에서 처음 공개되었다. 현재 이 자료에 대한 고해상도 사진과 상세 해제 및 비교 대상 판본을 수록한 자료집이 간행되었고, 게이오대학 도서관 홈페이지에서도 자료에 대한 정보를 확인할 수 있다.[3]

당시 학회에는 한·중·일 삼국의 서지학 전문가들이 대거 참석

---

[2] 문헌 자료의 실물과 디지털 자료의 관계에 대해서는 노경희, 「동아시아 고전 연구의 자료와 연구 방법론에 대한 새로운 이해 — 원본과 디지털 자료의 교섭」, 《진단학보》 132, 2019; 「고문헌 자료의 형태서지학과 디지털 기술의 융합 — 물질성의 디지털화와 인문학적 해석」, 《한국문화》 97, 2022 참조.
[3] 慶應義塾大学論語疏研究会 編, 『論語疏卷六(慶應義塾図書館蔵)·論語義疏(慶應義塾大学附属研究所斯道文庫蔵)影印と解題研究』(勉誠出版, 2021). 이 자료의 고해상도 사진은 소장처 게이오대학의 귀중본 자료 공개 사이트인 '慶應義塾大学メディアセンター_デジタルコレクション(Keio D Collections)'에 자세한 해설과 함께 소개되어 있다. (https://dcollections.lib.keio.ac.jp/ja/rongoso. 검색일: 2024년 8월 기준)

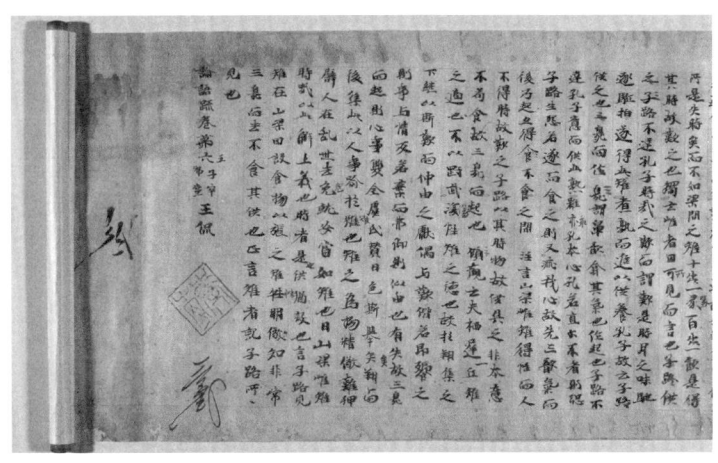

현존 최고(最古)의 유교 경전 필사본 『논어소』 두루마리와 마지막 장, 일본 게이오대학 소장

했고 모두들 현전하는 가장 오래된 유교 경전의 발굴에 흥분했다. 만약 이 자료가 일본 연구팀의 주장대로 6세기 말에 필사된 것이라면 세계 문헌의 역사를 바꿀 수 있는 일이기에 이 자료의 진위를 판단하는 데 모두 신중을 기했다.

문제는 현전하는 '세계 유일본'이기에 다른 자료와의 비교가 불가능했다는 점이다. 결국 최종 결정은 연구자의 직관과 감각에 의존해서 내릴 수밖에 없었는데, 당시 자료의 가치판단을 위해 종이의 질과 먹의 색깔, 서체의 특징 등이 근거로 제시되었다.

평소 같으면 한·중·일의 전문가들이 한자리에 모여 자료를 '직접' 열람하면서 각자의 고문헌에 대한 축적된 경험을 교환하며 그 가치를 판단했을 것이지만, 코로나19가 한참 기승을 부리던 시기에 공개된 자료라 이러한 직접 교류가 봉쇄되면서 외국의 전문가들이 실물 자료를 보는 일이 불가능했다. 게이오대학에서는 최고 해상도의 자료 사진을 제공하며 외국 학자들의 의견을 구했으나, 결국 아무리 고해상도라 해도 실물을 직접 보지 않고 섣불리 판단할 수 없다는 것이 중국과 한국 학자들의 의견이었다.

당시 나온 여러 가지 가능성 중 하나로 그 자료가 중국만이 아닌 고대 한반도와도 관련이 있을 수 있다는 의견도 있었다. 일본 고대 헤이안 시대(平安時代, 794~1185) 초기 후지와라(藤原) 가문의 인장이 찍혀 있어 10세기 이전 일본에 들어온 점이 확인되어 일본의 견수사(遣隋使)나 견당사(遣唐使)를 통해 중국에서 들어왔을 가능성이 높았지만, 어쩌면 우리나라 고대 삼국 중 한 나라, 특히 일본과 교류가 활발했던 백제를 경유했다거나 백제에서 직접 필사한 글일지도 모른다는 것이다. 사실 백제 근초고왕(近肖古王) 때의 학자 왕인(王仁)이 일본에 『천자문』과 『논어』를 전했다는 이야기도 전하고 있으니 그리 생각하는 것도 무리한 의견은 아니었다.

문제는 현재 백제의 종이로 만든 서책이 남아 있지 않다는 사실이다. 그러니 만에 하나 그 자료가 진짜 백제의 것이라 해도 그 사실을 확인할 수 있는 비교 대상이 없으며 그 누구도 백제 자료라 확언할 수 없는 상황이었다. 문헌의 종이 질·글씨체·먹색·배첩(장황) 등의 경우 고서에 대한 상당한 경험이 축적되어 있지 않으면 쉽게 언급할 수 없으며, 그 판단은 연구자의 오랜 훈련과 경험으로 습득된 직관과 감각을 통해 이루어진다. 이러한 미세한 감각의 세계에서는 원본의 실물 확인이 절대적으로 중요하다. 결국 형태서지학 공부는 자료를 찾아다니는 여정인 것이다.

4 운명처럼 다가온 고서와의 만남과 인연

처음 고문헌을 본격적으로 다루기 시작한 것은 지금부터 20여 년 전으로 대학원 박사과정 시절 서울대 규장각 한국학연구원의 고서 해제 사업에 참여하면서부터의 일이다. 해제는 '책의 저자·내용·체재·출판 연월일 등에 대해 대략적으로 설명하는 것'으로, 일반적인 '해설'보다는 서책의 서지적 사항에 좀 더 집중하는 작업이다. 정확한 해제를 위해서는 대상의 실물을 직접 조사하는 작업이 매우 중요하다. 그렇게 규장각 고서들을 꺼내어 직접 한 장씩 넘겨 보고, 판본 비교를 위해 여러 이본도 함께 확인하면서 개별 책이 지니는 미세한 특성을 살피고 고서에 대한 감각을 익힐 수 있었다.

학교 안에서는 규장각 해제원으로 활동하고, 학교 밖에서는 학제의 경계를 넘어선 연구 모임인 '문헌과해석'에 참여하면서 다양한 전공자 선생님들과 교류하는 가운데 문학 이외의 문헌에 대한 정보를 얻을 수 있었다. 특히 그곳에서 만난 선생님들과의 인연을 통해 학교 정규 과정에서 배울 수 없는 고서에 대한 날것의 지식을 접할 기회를 얻었다.

당시 고서 전문가 박철상 선생님과 인사동 고서점들을 돌아다니며 시장에 나온 고서들을 살펴볼 기회가 종종 있었다. 그때 만난 고서점 주인장들에게 살아 있는 고서 이야기를 들을 수 있었는데, 지금 생각하면 그렇게 고서 유통의 현장을 보여 주는 생생한 정보들을 모두 녹음해서 기록으로 남겼어야 했다는 아쉬움이 든다. 이제는 고서점들도 대부분 문을 닫고 돌아가신 주인장들도 적지 않아 너무 안타깝다.

나는 규장각에서 중국 서화류 해제를 시작으로 수년간 중국과 한국본 문집 해제 및 17~18세기 한국본 문집 해설에 이르기까지 다양한 종류의 해제 작업을 수행했다. 이후 경험이 쌓이면서 점차 다양한 기관의 사업에도 참여할 수 있었다. 일본과 미국 유학 기간 중에는 다산학술문화재단의 '해외 소장 정약용 필사본 연구' 사업의 연구원으로서 해외에 소장된 다산의 필사본 자료를 조사했다. 그 과정에서 정약용(丁若鏞, 1762~1836)과 주변 인물들의 미발굴 자료를 찾아내 국내 학계에 소개하기도 했다.[4]

---

4) 노경희, 「'삼창관집'의 해제와 영인」, 《다산학》 6·7, 다산학술문화재단, 2005; 「일본

또한 성균관대 연행록, 고려대 해외 소재 한국 고문헌, 단국대 연민문고 고서, 한국 고전번역원 문집 등 국내 대표적인 자료 소장 기관들의 해제 사업에 참여했다. 이외에도 개인적으로 일본과 미국, 러시아 등지에 있는 한국 고문헌 소장 서고를 조사하고, 이를 학계에 소개하는 글을 학술 잡지 《문헌과해석》에 연재했다.[5]

이러한 일련의 작업을 통해 나는 고서에 대한 감각과 지식을 축적할 수 있었고, 이러한 경험은 일본에서 공부할 기회가 생기면서 더욱 증폭되었다. 내가 유학을 떠났던 2000년대 초반까지 우리나라 학계에서는 금속활자를 중심으로 서책의 형태나 인쇄술에 주목한 연구는 상당한 성과가 축적되어 있었지만, 출판을 둘러싼 시대와 사회 문화적 배경을 서지학적 지식과 접목시켜 해석하는 '출판문화'에 대한 연구는 활성화되지 못했다. 일부 국문소설 연구자들의 세책본(貰冊本)과 방각본(坊刻本) 연구에서 문헌 자료와 사회 현상의 관계를 다루는 연구가 발견되는 정도였다. 그러나 일본 학계에서는 목록학과 판본학을 넘어 문헌과 사회 문화 현상을 접목하여 다루는 책과 인

소재 정약용 필사본의 소장 현황과 서지적 특징」,《다산학》9, 2006; 「미국 소재 정약용 필사본의 소장 현황과 서지적 특징」,《다산학》15, 2009; 「다산 저술의 형성과 유전에 대한 서지학적 연구」,『다산필사본 연구』(사암, 2019).
5) 노경희, 「일본 서고 기행 ①-교토대학의 가와이(河合)문고」,《문헌과해석》49, 2010; 「일본 서고 기행 ②-오사카 부립도서관의 한본(韓本)문고」,《문헌과해석》50, 2010; 「일본 서고 기행 ③-게이오 대학교의 와타나베(渡邊)문고와 조선통신사 자료」,《문헌과해석》62, 2013; 「일본 서고 기행 ④-정가당(靜嘉堂) 문고의 육십원 구장서 송원판본과 한국 고전적」,《문헌과해석》68, 2014; 「상트페테르부르크·도쿄·버클리의 조선 고서들」,《문헌과해석》86, 2020; 「버클리대학 소장본『수계선생평점간재시집』의 비밀」,《문헌과해석》90, 2022.

쇄, 독서 행위와 독자의 역사와 같은 출판문화사 연구가 활발히 이루어지고 있었다. 그러한 학계 분위기 속에서 나는 책을 둘러싼 다양한 인연과 만나며 고서 연구의 새로운 세계로 들어갔다.

5 두 번째: 일본에서 배운 책에 대한 공부

2002년 한·일월드컵이 끝난 직후인 9월에 일본 도쿄의 게이오대학으로 떠나면서 7년에 이르는 긴 유학 생활이 시작되었다. 처음에는 1년만 교환학생으로 다녀올 계획이었는데 이후 교토로 옮겨 교토대 대학원 박사과정에 들어갔고, 이를 마친 뒤 다시 미국으로 옮겨 서부의 버클리주립대학에 잠시 머물다 동부의 하버드-옌칭연구소에서 초빙연구원으로 지내고, 마침내 2009년 9월에 교토대 문학박사(485호) 학위를 수여하면서 7년에 이르는 긴 유학 생활에 마침표를 찍었다.[6]

일본 유학은 2002년 9월부터 1년간 교환학생으로 머물렀던 게이오대 생활과 2003년 9월부터 교토대 문학연구과 중어중문학전공 연구생과 대학원생으로 머물렀던 시기로 구분된다. 그 시간 동안 나는 서지학과 문헌학, 출판문화사 분야의 연구에서 새로운 세계를 경험하고 기본을 다질 수 있었다. 여러 학교와 연구소 등에서 훌륭한

---

[6] 盧京姬, 「17世紀前半に於ける明と朝鮮との文学交流及び朝鮮漢詩の再發見」, 文學博士 485号, 京都大学, 2009. 이 논문은 후에 증보되어 『17세기 전반기 한중 문학교류』(태학사, 2015)로 출판되었다.

선생님들을 만나 다양한 수업과 학술 경험을 통해 많이 배우고, 한·중·일 동아시아 고서의 풍요로운 자원을 마음껏 보고, 느끼고, 즐기던 시기였다. 그때는 나름대로 열심히 자료들을 찾아다니며 고서 경험을 충분히 쌓았다고 생각했는데, 이제 와 돌이켜 보니 왜 그토록 혜택받은 환경을 제대로 누리지 못했을까 하는 아쉬움이 느껴진다. 역시 사람은 늘 지나간 시간을 후회하는 존재인가 보다.

일본 유학 시절 게이오대학과 교토대학 등의 대학원 수업에 참여하며 서지학과 문헌학의 기본을 공부하고, 여러 대학과 국공사립의 도서관·박물관·사찰 등에 소장된 한·중·일의 고서를 조사할 기회를 얻었다. 고서를 직접 만져 보면서 그것을 공부하는 방법을 배우고 익힌 것이다. 여기에서는 그중에서도 게이오대학과 교토대학 등에서 책을 다루는 방법을 배운 수업에 대해 적기로 한다.

6 게이오대학 사도문고의 서지학 수업

도쿄의 게이오대학에는 '사도문고'라는 동양고전연구소가 있다. 이곳은 특히 서지학 전문 연구소로 명성이 높다. 일본 고전 연구의 주요한 방법 중 하나는 기록을 담은 자료 그 자체에 집중하는 문헌학적 방법인데, 이 연구에서는 특히 책의 판본·종이·장황(제본)·인쇄 상태 등 물질적 형태에 집중하는 '형태서지학'에 특화된 연구를 펼치고 있었다.

이곳과 인연을 맺은 것은 아주 우연한 일이었다. 당시 교환학생

신분이었던 나는 전 세계에서 온 외국인 교환학생들과 주로 어울렸고 게이오대학 문학부 대학원생들과는 만날 기회가 거의 없었다. 그러던 중 내가 고서를 좋아하고 한국 고전문학을 전공했다는 사실을 알게 된 한 중국인 친구가, 중국 문학을 전공하는 게이오대학 대학원생을 소개했고, 그런 식으로 건너건너 사도문고에까지 인연이 닿았다. 그 막연한 소개를 통해 어느 날 드디어 사도문고를 방문했다. 지금도 문고의 육중한 문을 밀고 들어가던 그날의 기억이 생생하다. 문을 열고 들어서자 창을 등지고 선 채로 책을 보고 있는 한 사람이 눈에 띄었다. 그분이 바로 앞에서 소개한 게이오대학 도서관이 소장하고 있는, 현존하는 가장 오래된 유학 경전 『논어소』의 연구 책임자 스미요시 도모히코 교수이다.

스미요시 교수는 무로마치(室町)시대 교토의 불교 사찰 문헌인 '고잔판(五山版)'에 가장 자세하지만, 그즈음에는 조선과 중국의 고서에도 깊은 관심을 갖고 일본 한적(漢籍)의 해외 전래 상황이나 조선과 중국의 책들이 일본에 들어온 상황 등 동아시아 서적 유통으로 문제의식을 확장하는 중이었다. 그러한 상황에서 한국 고서가 주전공이면서 이제 중국과 특히 일본의 고서에 관심을 갖기 시작한 나를 만났고, 이렇게 같지만 또 다른 방향의 관심을 갖고 있던 나와 스미요시 교수는 2002년 처음 만난 이후로 지금까지 학회 및 세이카도(靜嘉堂)문고와 와세다대학 등 한국 국외소재문화유산재단의 일본 소재 한국 고전적 조사 프로젝트 등을 함께하며 꾸준히 친분을 맺고 있다.

사도문고에서 나는 고서에 관한 두 가지 중요한 체험을 했다. 그곳의 대학원생 대상 서지학 세미나에 참여한 것과, 게이오대학 귀중본 서고에 있는 '와타나베 도우수이(渡邊刀水)문고'의 한국의 고전적을 조사한 일이다.

사도문고의 서지학 수업에서 가장 중요시한 것은 책의 실물을 직접 자신의 눈으로 확인하며 내용만이 아닌 외관의 형태까지 꼼꼼하게 정리하는 일이다. 특히 동일 제명의 동일 판본으로 보이는 책들도 책장을 한 장씩 넘기면서 축자(逐字) 비교하며 그 책들이 실제 동일판인지 확인하는 작업을 중시했다. 일본 에도(江戶)시대 판본의 경우 해적판(모방판)이 발달하여, 간기나 판권지의 기록이 일치하더라도 본문을 자세히 보면 같은 판본이 아닌 경우가 종종 발견되기 때문

도쿄의 게이오대학 도서관 전경

이다. 보통의 경우 해적판과 원본은 같이 놓고 보면 그 차이점이 곧 드러나는데 가끔 완전히 흡사하게 만든 것들이 있어 구분이 어려울 때가 있다. 이 경우에는 한 장씩 넘기면서 판곽의 형태나 개별 글자 간의 미세한 차이를 찾아내야 한다.

중국 서적도 명·청 시대에는 이러한 해적판이 많이 나왔기에 세밀하게 비교할 필요가 있다. 해적판의 등장은 민간의 상업 출판 발달이 전제되어야 가능하다. 조선의 경우 관청 및 서원과 가문(문중) 중심의 제한된 범위로만 출판이 이루어졌고 상업 출판이 제대로 발달하지 않아 이러한 해적판의 사례를 찾기 어렵다. 이에 간기나 서발문(序跋文)에 적힌 사실을 의심할 경우가 거의 없다. 그러나 명·청 시대나 에도 후기 간행물의 경우에는 간기가 같다고 하더라도 이렇게 전혀 다른 판본일 가능성이 많기에 이 부분을 확인하는 작업이 중요하다. 이를 위해서는 자료를 꺼내 놓고 하나씩 비교하면서 확인하는 것이 가장 정확하고 또한 거의 유일한 방법이기도 하다.

이를테면, 글자들을 하나하나 비교하고 목판의 모서리나 판심 주위의 선을 유심히 살피는 것이다. 그렇게 계속 책을 들여다보고 있으면 처음에는 그냥 지나쳤던 많은 정보가 조곤조곤 말을 걸어오는 소리가 들려왔다. 신기하게도 아무리 원본과 비슷한 해적판이라 해도 자세히 보면 어디선가 분명히 미세하게 다른 지점이 발견되었다. 그것은 여러 번의 인쇄로 목판이 닳거나 탈락되면서 자연스럽게 나타나는 차이가 아니라, 아예 처음부터 판이 다른 데서 비롯한 확실한 차이였다.

어느 시점부터 그 차이가 신기할 정도로 뚜렷이 보이기 시작하는데, 이는 그야말로 실물을 보는 사람만 발견하는 것이다. 한참을 뚫어지게 쳐다보다가 아주 미세하지만 큰 차이점을 발견할 때의 그 희열감은 앞의 과정이 지루하면 지루할수록 더 커지는 법이니, 어쩌면 이런 '짧은 만남 긴 지루함'이야말로 형태서지학의 가장 큰 묘미라고도 할 수 있을지도 모르겠다.

7 교토대학 문헌연구과 대학원의 고증학 수업

1년간의 교환학생 생활을 마치고 나서는 중국 고전학을 공부하기 위해 교토대학의 중어중문학과 수업을 들어 보고 싶다는 생각이 들었다. 그렇게 교토로 가서 처음 6개월은 연구생으로 지내다가 2004년 박사과정에 진학하며 본격적으로 교토학파의 중국학 연구 방법을 배우기 시작했다.

교토대학 중국학의 기본은 '고증학'과 '문헌학'에 있던 만큼, 그 연구의 시작점은 자료의 원본을 확인하고 전통적인 공구서 활용법을 익히는 일이었다. 예를 들면, 2004년 중어중문학 전공 대학원에서 청대 고증학자인 왕염손(王念孫, 1744~1832)의 『독서잡지(讀書雜志)』를 강독하는 수업이 열렸다.

담당 교수는 중국어학 전공의 히라타 쇼지(平田昌司) 선생님, 강좌 제목은 "독서잡지 회남내편(讀書雜志淮南內篇)"이었다. 강의 해설에 따르면, "왕염손의 『독서잡지』 중에서 「회남홍열(淮南鴻烈)」 내편(內篇)을 다룬 부분을 읽는다. 전년도에 이어 「아키하기첩(秋萩帖)」 자료의 종이 뒷면(紙背)을 참조하면서 「병략편(兵略篇)」을 다룬다."라고 했다. 텍스트와 참고 문헌으로 왕염손의 『독서잡지』 이외에 단옥재(段玉裁)의 『설문해자주(說文解字注)』가 제시되었다. 또한 중국어음운사(中國語音韻史, 上古音/中古音)에 대한 예비지식을 갖출 필요가 있다고 했다.[7]

수업에 참여하는 학생들은 『독서잡지』에서 『회남자』를 인용한 구절을 해석하여 발표했다. 이는 청나라 고증학 방법을 이용해서 자료를 읽고 해독하는 것으로, 학생들에게는 다음의 준비가 요구되었다.

- 『회남자』의 현전하는 역대 모든 이본을 대조해 원문 글자의 출입을 확인한다. 여기에는 일본에만 전하는 당대(唐代) 필사본까지 포함되었다. 당사본(唐寫本)의 경우 교토대에 원본이 없어 영인본을 참고했지만, 다른 원본은 모두 문학부 도서실에 소장되어 있어 직접 자료를 찾아 확인하는 작업이 학교 안에서 가능했다.

- 이때의 당대 필사본은 곧 「아키하기첩」에 필사된 자료를 말한다. 「아키하기첩」은 초서체 가나(草仮名)로 48수의 와카(和歌)를 쓴 법첩인데 특히 서체(書體)와 아름다운 종이 덕분에 일본 서예사에서도 유명한 작품이다. 이 자료의 2번째 종이부터 권말의 21번째 종이 뒷면에 『회남홍렬병략간고(淮南鴻烈兵略間詁) 제20』이 필사되어 있었다. 이 글씨는 당나라 때의 것이라는 설이 유력하며 이에 현전

---

7) 교토대학 대학원 문학 연구과, 『학생편람』(2004), 26쪽.

하는 『회남자』의 가장 오래된 필사본이라고도 한다.

• 원문 해석을 위해 참고하는 공구서는 가능한 전통 시대 문인들이 사용하던 공구서를 그대로 사용할 것이 요구되었다. 개별 문자의 의미를 파악하기 위해 가장 먼저 『설문해자주』가 참고되었으며, 그 외의 본문에 나오는 단어의 의미를 찾는 데는 『예문유취(藝文類聚)』, 『태평어람(太平御覽)』 등 당·송대 유서류 서적들이 공구서로 이용되었다. 이들 공구서 또한 오늘날의 활자로 인쇄된 것이 아닌, 가능한 전통 시대 원문을 그대로 영인한 자료를 사용했다. 유서류에 나오는 용례는 다시 그 출전의 원전을 찾아 문장을 대조하는 작업이 요구되었다.

• 발표문은 오른쪽에서 왼쪽으로 진행되는 전통적 세로쓰기 방식의 손글씨로 작성되었다.

교토대학 수업의 기본은 모든 자료의 원본을 확인하고 이본을 대조하며, 원전의 의미를 최대한 밝힌 주석을 만드는 것이었다. 이 작업은 청대 고증학자들의 공부법을 재현한 것으로, 전통 시대 문인들의 시선으로 자료를 풀어내는 훈련을 하기 위함이었다.

이렇게 게이오대학과 교토대학의 수업에서는 자료 그 자체에 집중하면서 직접적이고 물리적인 경험을 통해 전통 문인의 자료에 대한 감각을 몸으로 느끼고 배우는 것이 강조되었다. 이를 위해서는 원본을 실물로 직접 보는 일이 필수적이다. 대학 도서관에 고전적 자료들이 잘 갖추어져야 했고 학생들이 이를 이용하는 데 불편함이 없어야 했다.

실제로 두 대학 모두 귀중본 고서 자료들을 다량 수장한 기관으로 유명하다. 교토대학의 경우 중앙도서관을 비롯하여 문학부 서고 및 인문과학연구소에도 고서가 수장되어 있었다. 다만 고서 접근성이 가장 높았던 문학부 도서실 서고의 경우 문학부 교직원과 학생에게만 출입이 허용되고 외부인에게는 개방되지 않았다.

문학부 도서실에는 고서 중에 18세기 이후 자료들, 중국본을 예로 들면 청판본과 민국판 정도는(때로는 명대 후기판도) '개가식'으로 서고의 책장에 진열해 놓아 학생들이 언제든 보고 싶은 자료를 쉽게

교토대학 문학부 도서실 서고

열람할 수 있도록 하고, 심지어 대출까지도 가능했다.(이 모두는 20여 년 전의 일로 지금도 고서를 개가식으로 배치하고 대출이 가능한지는 알 수 없다.)

국내외의 각종 기관에 소장된 고서의 열람을 시도해 본 경험이 있다면, 이렇게 학생들이 고서를 자유롭게 이용할 수 있도록 한 것이 얼마나 큰 혜택인지 쉽게 알 수 있다. 그곳에서 나는 전통 시대 서고의 관리처럼 고서들을 마치 현대의 책처럼 스스럼없이 이용하며 그 질감을 손끝으로 느낄 수 있었다.

이곳 서가 배치의 또 다른 특징은 각 주제별로 고서와 현대의 연구서를 한자리에 진열한 것이다. 이로써 연구자들이 각 자료의 원본과 연구서를 동시에 검토할 수 있다. 이는 판본학과 고증학을 중시하는 교토대학 문학부의 학풍을 여실히 보여 주는 사례이다.

지금 이 글을 쓰면서 그때를 떠올리니 그렇게 고서들을 서고에서 마음대로 뒤적이며 공부할 수 있던 것이 얼마나 호사스러운 환경이었는지 새삼 깨닫게 된다. 아, 그때 조금만 더 자주 서고에 가서 조금만 더 책들을 꺼내어 볼 것을, 교토대학 시절을 떠올리면 이 점이 늘 가장 큰 아쉬움으로 다가온다.

8 세 번째: 일본에서의 우리 고문헌 조사

일본 유학 생활 중 운명처럼 한국의 고서와 조우할 기회가 여러 차례 있었다. 일본인 학자로 평생을 한국의 고서 연구에 매진한 후지

고서와 현대 연구서가 함께 꽂혀 있는 교토대학의 서가

모토 유키오(藤本幸夫, 1941~) 선생님과의 인연이 그렇고, 일본 내에서도 서지학 연구로 특화된 게이오대학 사도문고 선생님들의 소개로 게이오대학의 한국 고서를 조사하거나, 교토의 사찰 건인사(建仁寺) 양족원(兩足院)의 고서를 조사하는 작업에 참관할 수 있던 일이 그렇다. 그뿐 아니라 다산학술문화재단의 '다산 저술 정본화 사업'에 참여해 일본 전 지역에 산재한 다산 저술의 필사본 자료를 조사했다.

일본에는 5만 권에 이르는 우리 고서가 소장되어 있다. 후지모토 선생님은 평생에 걸쳐 전국의 소장처를 한 곳씩 돌아다니며 그 모든 자료를 일일이 조사하여 『일본 현존 조선본 연구 — 집부/사부』라는 불세출의 업적을 이루었다.(현재 자부·경부·보유·도록 편의 출판을 준비 중이다.) 이 역작으로 일본과 우리나라에서 여러 차례 학술상과 훈장을 받았다. 최근에는 일본에서 가장 영예로운 학술상이라고 일컬어지는, 천왕이 내리는 은사상(恩賜賞)을 받고 일본학사원 회원이 되었다. 한국 서지학 연구에 평생을 바친 후지모토 선생님의 생애와 학문에 대해서는 최근 일본의 유서 깊은 '동방학회'에서 '학문의 추억'이라는 기획으로 열린 동료들과의 좌담회에서 정리되었고, 그 기록은 일본 동방학회의 학술지 《동방학보》(145집)뿐 아니라 우리나라 진단학회의 《진단학보(震檀學報)》에도 한국어로 번역되었다.[8]

후지모토 선생님과의 인연으로, 우리나라 고서가 생각지도 못한 장소인 일본에까지 소장되어 있고, 일찍부터 선학들의 노력으로 기본 목록이 작성되며 꾸준히 정리되었다는 사실을 알았다. 현재 한국과 일본의 학술 기관 및 연구자의 조사 작업을 통해 작성된 목록 등이 전하며, 귀중 자료의 경우 복사물과 마이크로필름이 국립중앙도서관에 소장되어 있어 열람이 가능하다. 후지모토 선생님의 작업뿐 아니라 심우준 선생님의 『일본방서지』(한국정신문화연구원, 1988)나 '한국해외전적조사연구회(1991~2002)'와 '국립문화재연구소(2003~2014)'에서 천혜봉·이정섭·박상국 선생님들의 주도로 작성된

---

8) 노경희 옮김, 「학문의 추억 — 후지모토 유키오 선생을 둘러싸고」 (1)/(2), 《진단학보》 140·141, 2023.

『해외 전적 문화재 조사 목록』 등도 주요한 성과물이다. 이들 작업은 2014년부터는 '국외소재문화재재단(현 국외소재문화유산재단)'에서 주관하고 있다.

9 게이오대학과 교토 건인사 양족원에서 우리 고문헌 조사

게이오대학 도서관의 '와타나베 도우수이문고'에는 적지 않은 분량의 한국 고전적이 소장되어 있다. 이들 책에 대한 정보는 심우준 선생님의 『일본방서지』에 소개된 내용을 통해 개략적인 상황을 파악할 수 있다. 나는 교환학생으로 있는 동안 1년에 걸쳐 그 책들을 하나씩 다 꺼내어 꼼꼼히 살펴보았다.

당시는 처음이라 아무것도 몰랐는데, 한참 뒤 일본 전역의 도서관을 다니며 조사하는 경험을 쌓으면서, 당시 게이오대학에서 제공한 배려와 혜택이 얼마나 큰 것이었는지 깨달았다. 기본적으로 일본의 도서관에서 고서를 열람한다는 것은 무척이나 까다로운 절차를 요구하는 일이었다. 실제로 내가 그렇게 서고를 마음껏 출입하며 보고 싶은 책을(그것도 귀중본을!) '맘대로' 꺼내 보고 사진 촬영까지 할 수 있던 것은 처음이자 마지막 경험이었다. 지금은 게이오대학에서도 당연히 할 수 없다. 이럴 줄 알았더라면 그때 더 열심히 책을 보는 것이었는데, 늘 그렇듯이 지나간 일에 대해서는 후회와 아쉬움이 따른다.

교토대학 대학원에 진학한 이후에도 게이오대학 사도문고 선생

게이오대학 도서관의 와타나베 도우수이문고

님들과의 인연은 계속되었다. 사도문고에서는 2000년대 초반에 이미 10년 이상을 교토의 오래된 사찰인 건인사 양족원의 고서를 조사하는 작업을 진행하고 있었다. 매년 봄과 가을에 조사원들이 교토에 머물면서 양족원의 자료를 하나씩 꺼내 보며 검토하고 상세 목록을 작성했다. 나는 유학 생활 중에도 사도문고 선생님들의 배려로 매번 그 작업을 옆에서 견학하며 지켜볼 수 있었다.

건인사 양족원의 정원

　양족원에서도 오랜 세월에 걸쳐 수집한 한·중·일의 고전적을 다량 소장하고 있었다. 그곳의 승려들이 대대로 조선통신사의 통역관이었던 사연으로 조선의 고서 또한 적지 않았다. 양족원 자료를 통해 일본 내 한국 고서의 전승이 다양한 경로로 이루어졌음을 알았다. 게이오대학 선생님들은 내가 관심을 가질 만한 조선본 자료를 일부러 열람 목록에 추가하여 책을 꺼내 주기도 했다.
　지금도 당시 건인사 한쪽의 외부인에게 공개되지 않은 문으로 들어가 양족원의 다다미방에 앉아, 오랜 세월 서고에 잠자고 있던 책들을 꺼내 하나씩 살피던 그 공간의 기억이 선명하다. 한참 책을 보고 있노라면, 이제는 돌아가신 주지 스님께서 교토의 오래된 과자집의 간식과 말차를 준비해 들어오셔서는 잠시 쉬었다 하라고 권하곤 했다. 먼지 한 톨 없이 정갈한 나무 건물, 아침마다 빗자루로 쓸며 매일 새로운 문양을 만드는 자갈 정원, 외부의 소음과 차단된 적막한 방, 그 안에서 들리는 책장 넘기는 소리, 어쩌면 나는 책의 내용보다 그러한 것들에서 더 많은 것을 배웠는지도 모르겠다.

10 일본 소재 다산 정약용 저술 필사본 조사

내가 일본에서 우리나라 고문헌을 본격적으로 살피게 된 것은 다산 정약용의 저술을 조사한 작업 또한 중요한 계기였다. 2004년 교토대학 대학원에 들어가면서, 다산학술문화재단으로부터 일본에 소장된 정약용 저술의 필사본을 조사해 달라는 의뢰를 받았다. 당시 다산재단에서는 정본화(定本化) 사업을 진행하면서 국내 및 해외에 산재한 다산의 책들을 조사하고 있었다.

처음 시작할 때만 해도 일본에 소장된 다산의 저술로는 오사카 부립도서관의 『논어고금주(論語古今註)』밖에 몰랐고, 일본 내에 다산의 저작이 있어야 얼마나 있을까 싶었다. 그런데 막상 조사가 진행되면서 일본에 엄청난 수의 우리나라 고서가 전국적으로 산재해 있다는 사실을 확인했고, 마침내 정약용 저편서만 54종을 찾아냈다.(지금도 계속 발굴 중이다.) 이후 미국의 버클리대학과 하버드대학에서도 연구할 기회를 얻게 되면서, 미국에 소장된 정약용 저술을 조사하기도 했다.

이 작업은 다음과 같은 순서로 진행되었다. 기존의 목록을 참고하여 일본에 소장되어 있는 정약용 저술의 1차 목록을 작성하고 그 실물을 확인하여 목록에 언급되지 않은 서지 사항을 정리했다. 기존의 목록에는 서명과 저자 등의 사항만 간단히 정리되어 있을 뿐이었으나, 자료를 직접 확인하면서 크기·표지·장정·종이 질과 더불어 전체적인 느낌까지 확인할 수 있었다. 또한 기존의 오류를 교정하고, 도서카드 검색과 사서의 도움으로 새로운 자료를 발견하는 성과도 얻었다. 그리고 이어 다산재단 연구팀과 함께한 2차 조사가 이루어졌다. 이는 두 차례에 걸쳐 도쿄와 간사이(오사카·교토) 지방의 주요 도서관을 돌면서 이루어졌는데, 국내의 서지 전문가가 동행하여 더욱 정밀하게 진행할 수 있었다.

이상의 작업을 거쳐 최종 목록이 작성되었고 중요 자료의 복사를 신청했다. 필사본의 경우 각각의 자료가 유일본이라는 점에서, 전체 자료를 모두 일별할 필요가 있다. 특히, 일본에 소장되어 있는 자료에는 국내에 전하지 않는 유일본이나 선본(善本)이 많기에 이를 국내 학계에 소개하는 것은 매우 중요하다. 그러나 일본 도서관의 경우 복사 절차가 매우 까다롭고, 전권 복사가 허용되지 않는 곳이 많았으며, 그 비용이 매우 비싸 복사하는 데 많은 어려움을 겪었다.

당시 '전권 복사'를 신청한 자료 중 일부는 도서관의 전권 복사 금지 조항으로 인해 제대로 이루어지지 못했다. 최근 한·일 양국의 소장 기관에서 고문헌 디지털화 사업을 통해 중요 자료의 이미지 파일을 전체 공개하면서 연구자들에게 큰 편의를 제공하고 있는데 그야말로 격세지감을 느끼게 한다. 해외 소장 한국 고문헌 자료에 대한

정학연의 『삼창관집』 본문

『삼창관집』이 소장되어 있는 일본 궁내청 서릉부

정보는 '고려대학교 해외한국학자료센터'를 참고할 수 있다.[9]

작업 과정에서 뜻밖의 성과를 얻기도 했다. 다산의 아들 정학연(丁學淵, 1783~1859)의 시집인 『삼창관집(三倉館集)』(1책)을 궁내청 서릉부 도서관에서 발견한 것이다. 국내에는 정학연 및 정학유(丁學游, 1786~1855)의 시문집이 제대로 전하지 않은 상황이었기에 이 자료의 발견은 더욱 각별했다. 이 책은 《다산학》 6·7호(2005)에 두 차례에 걸쳐 영인본과 해제를 실어 학계에 소개되었고, 다산학단 문인들의 문집을 모아 엮은 『다산학단 문헌집성』(대동문화연구원, 2008)에도 수록되었다.

다산은 조선을 대표하는 학자였던 만큼 대부분의 도서관에서 최소한 1~2종이라도 소장하고 있었기에 작업을 통해서 일본의 한국 고전적 소장 기관을 대부분 돌아볼 수 있었다. 이러한 경험을 바탕으로 귀국 이후 《문헌과해석》 학술지에 일본의 한국 고서 소장 기관을 소개하는 글 「일본 서고 기행」을 연재했다. 교토대학 가와이(河合)문고, 오사카 부립도서관 한본(韓本)문고, 게이오대학 와타나베문고, 세이카도문고 등 4곳의 자료를 소개했고, 최근에는 러시아와 미국 소장 기관과 함께 도쿄의 한국 고서를 정리했다.

일본에서의 경험은 귀국 이후 '국외소재문화유산재단'의 해외 소장 한국 고전적 조사 작업에 참여하는 것으로 이어졌다. 이제까지 세이카도문고와 와세다대학 소장 한국 고전적 자료의 목록과 해제집을 만드는 작업에 참여했으며, 2023년부터는 사노시(佐野市) 향토박물관

---

9) 고려대학교 해외한국학자료센터, http://kostma.korea.ac.kr.

에 소장된 스나가 하지메(須永元, 1868~1942)의 조선 관계 문헌 자료를 조사하는 작업에 참여하는 중이다.[10]

돌이켜 보면 일본에서 얻은 가장 큰 배움은 실물 자료를 확인하는 일의 중요성을 깨닫고, 그것을 조사하는 구체적인 방법을 익힌 것이라고 정리할 수 있다. 또한 일본에 소장된 우리나라 고문헌과 그 소장 기관에 대한 정보를 축적한 것도 중요한 학적 자산이다. 이 모두는 책을 통해 머리로 이해한 것이 아니라 직접 뛰어다니며 얻은 깨달음으로, 어쩌면 현재 내가 지닌 능력 중에서 가장 확실한 것이라 해도 과장이 아니다.

학자들에게 중요한 자산은 여러 가지가 있는데 '내 것'이라 자신 있게 말할 수 있는 '무언가'를 갖는 일 또한 그중 하나이다. 지식과 통찰은 아직 부족하지만 체력과 열정만은 넘쳐 나는 젊은 시절이라면 이런 식의 몸으로 부딪쳐 가며 하나하나 배워 가는 경험을 쌓는 것은 분명 미래의 큰 자산이 될 것이다. 적어도 나의 경우는 그러했다.

'우공이산(愚公移山), 어리석은 자가 산을 옮긴다.'

인문학에서만큼은 이 말이 가장 큰 배움을 얻는 가장 **빠른** 길이 아닐까?

---

10) 국외소재문화재재단, 『일본 세이카도문고 소장 한국 전적』(2018); 『일본 와세다대학 도서관 소장 한국 전적』(2020).

한국문학의 시간

이영준

1

　1965년 월간 《신동아》 4월호에 흥미로운 글이 하나 실렸다. 그 글은 경기고를 졸업하고 곧바로 브라운대학으로 유학을 가서 하버드 대학 박사과정에 재학 중이던 백낙청(白樂晴, 1938~)이 서울대학교 영문학과 전임강사로 부임한 뒤 한국 문단에 등장한 것을 알리는 신호탄이었다. 이 글에서 백낙청은 박경리(朴景利, 1926~2008)의 장편소설 『시장과 전장』을, 톨스토이의 『전쟁과 평화』에 비견되는 제목을 가졌으나 한국전쟁의 상흔을 한국문학의 유산으로 남겨 주는 데 실패한 작품으로 판단한다. 『시장과 전장』은 방대한 양에도 불구하고 "독자는 야릇한 감회에 사로잡히게 된다. 우리는 과연 한국전쟁을 겪었던가?" 하고 생각하게 만드는데, 그 이유는 이 소설이 "아무런 의미도 이루지 못하고 수난의 열거로만 그친 기록"이기 때문이라는 것이다. 백낙청의 이 비판에서 눈여겨볼 부분은 이 소설이 "과거의 행동을 눈앞의 그림처럼" 그린다는 구절이다. 그래서 이 소설은 "행동으로서 갖는 박력"을 주지 못한다고 한다. 그 이유가 뭘까? 백낙청은 박경리의 『시장과 전장』이라는 작품이 실패작이 된 이유가 소설 문장에서 현재형 동사를 사용했기 때문이라고 아래와 같이 지적한다.

> 『시장과 전장』의 언어에서 또 하나 눈에 띄는 점은 현재형의 사용이다. 보통 과거형으로 서술되기 마련인 이야기를 대부분 '……한다', '……하고 있다'는 식으로 그리고 있다. 이러한 '역사적 현재'의 사용은 장면을 더욱 눈앞에 보이듯 부각할 수 있는 장점을 지니고 있다. 그러나 짤막한 스케치도 아닌 장편소설에서 이 수법은 분별없이 쓴다면 지루한 매너리즘으로 전락하고 만다. 이뿐 아니라 '역사적 현재'에는 그것대로의 부작용이 따르는 법. 과거의 행동을 눈앞의 그림처럼 그릴 수 있는 대신 행동으로서 갖는 박력을 희생시키기 쉬운 것이다. 즉 독자는 이야기의 진전을 따라가기보다, 그때그때 눈앞에 제시되는 화면의 방관자에 그치게 될 우려가 있다. 파란만장한 이 소설의 사건들이 별로 극적 감동을 못 주는 이유의 하나가 여기 있는 것이 아닐까.[1]

백낙청의 이 비판에 대해 박경리는 즉각 반발했는데, 도대체 누가 과거시제 사용의 원칙을 수립했는지 들은 바 없을 뿐 아니라 설사

---

[1] 《신동아》 1965. 4, 325쪽.

1965년 《신동아》 4월호에 실린 백낙청의 『시장과 전장』 서평과 5월호에 실린 박경리의 반박

그러한 원칙이 있다 하더라도 왜 작가가 그 원칙을 따라야 하느냐고 반문했다. 박경리의 반박에서 우리가 즉각 알 수 있는 것은 그가 백낙청이 말하는 과거시제 사용의 의미도, 필요성도 깊이 인식하고 있지 못하다는 사실이다. 백낙청의 지적은 당시의 작가들은 물론이고 한국문학을 쓰고 읽고 연구하는 영역에서 의미 있는 문제 제기로 받아들여지지 않았다. 두 사람이 주고받은 한차례의 문제 제기와 반박 이후로 이 문제에 대해 의미 있는 후속 반응이나 연구가 지속된 흔적은 없다.

2

한국 소설에서 시간 문제가 제기된 것은 위의 백낙청의 주장이 처음은 아니다. 소설에서 시간의 문제가 중요하다고 주장한 것은 1919년, 김동인(金東仁, 1900~1951)에 의해서이다. 김동인은 자신이 과거시제를 처음 사용한 사람이라고 주장했다.[2] 김동인의 주장에는 적지 않은 과장이 섞여 있지만, 단편소설 「약한 자의 슬픔」을 쓰면서 김동인이 서술문에서 과거시제와 삼인칭 대명사를 의식적으로 사용

---

2) 김동인이 과거시제 사용이나 삼인칭 대명사 '그'의 선구적 사용 논거로 제시하는 것은 1919년 발표작 「약한 자의 슬픔」이다. 그보다 한 해 앞선 이광수의 1918년작 「윤광호」에서 이미 과거시제 사용이나 대명사의 사용이 상당히 안정되어 있음을 발견할 수 있다. 이광수는 또한 1909년에 단편소설 「愛か(사랑인가)」에서 대명사를 적극적으로 사용했다. 김영민, 「한국 근대 문체의 형성 과정」, 《현대소설연구》 65, 2017. 3, 52~54쪽 참조. 김동인, 「문단 30년의 자취」, 《신천지》, 1948. 3, 129쪽.

한 것은 사실이다. 한국어 문장에서 그 이전에도 산발적으로 과거시제를 사용한 적은 있으나, 뚜렷한 목적의식을 가지고 과거시제를 사용한 것이 김동인이 처음이라고 해서 크게 틀리지는 않는다. 하지만 그의 시간 의식이나 대명사 사용이 어떤 중요한 인식 틀의 변화를 가져왔는지는 그다지 분명하지 않다. 김동인은 그것이 자신의 공적이라고 반복하여 주장했지만, 김동인 이후 한국문학에서 현재시제가 배제되고 과거시제로 이행했다는 뚜렷한 증거는 발견되지 않는다. 삼인칭 대명사의 사용과 과거시제가 가진 의미가 보다 더 심원한 데 있다는 생각에 이르지는 않은 채, 그 후 소설가들의 문장에서 과거시제 문장이 더러 사용되기도 했다. 하지만 이 문제는 그다지 심각한 고민의 대상이 되지 않았다. 박경리가 백낙청의 주장을 일언지하에 무시할 수 있었던 것은 시간의 문제가 진지한 사유의 대상이 되지 못했기 때문일 것이다.

소설이라는 장르가 가진 성격에 대해 명쾌한 설명을 제시한 롤랑 바르트(Roland Barthes, 1915~1980)는 김동인과 비견되는 견해를 내놓은 바 있다. 바르트에 따르면, 과거시제와 삼인칭 대명사라는 마스크의 사용에 의해 소설이 하나의 예술 작품으로 성립할 수 있는 조건, 즉 인위적 시간 분절과 세계와의 거리 설정이 가능하게 되었다.[3] 시간의 선후 관계에 질서를 부여하면서 복합적 현상을 하나의 줄거리로 요약하는 과거시제는 그 뒤에 질서의 주재자를 숨기고 있다. 삼

---

3) Roland Barthes, *Writing Degree Zero*, trans., Annette Lavers and Colin Smith (Beacon Press, 1970), pp. 29~34.

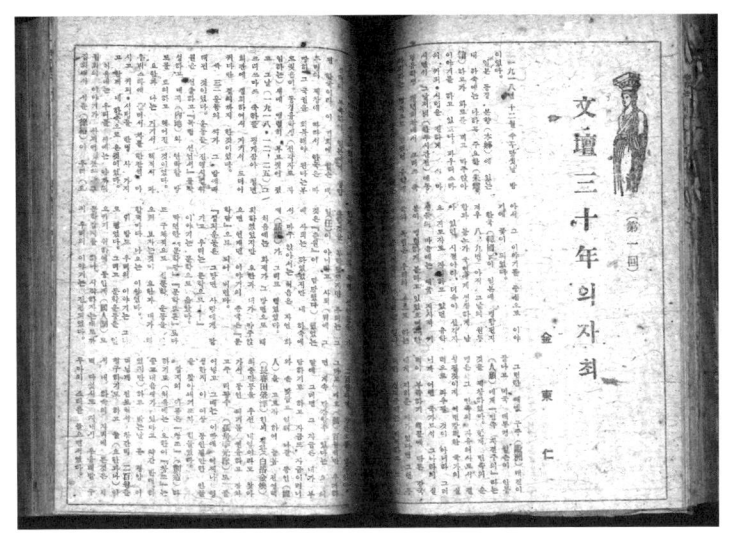

《신천지》1948년 3월호에 실린 「문단 30년의 자최」

인칭 대명사에 의해 지칭되는 인물은 구체적 개인이 아니라 예술적으로 설정된 가상의 인물이며, 그 인물의 행위가 세계와 맺는 관계는 과거시제에 의해 확정된 사건으로 구체화된다. 즉 과거시제의 사용은 이러한 과거를 가능케 하는 어느 시점의 관찰자의 존재를 상정한다는 점에서 삼인칭 화자와 분리 불가능하며, 이러한 근대소설에 의해 개인의 내면성이 거주하는 시공간이 확보된다고 할 수 있다. 이러한 서사 장치에 의해 독자는, 그것이 비록 추상적이라 할지라도 세계의 전체상에 대한 이해를 얻을 수 있는 관점을 얻을 수 있다. 바르트의 설명에서 흥미로운 것은 과거시제에 의해 가능하게 된 시공간을 만들어 내는 주관자가 어떤 신적인 권위를 가진 존재라는 사실이다. 성서적 세계관이 지배하던 전근대적 세계에서 자신이 창조한 세계를 바라보는 신의 존재가 상정되었다면, 근대 세계에서는 삼인칭으로 지칭된 인물이 바라보는 세계가 상정된다. 말하자면 데카르트적 자아가 상정되고, 세계를 자신의 시점에 의해 재구성해서 원근법적 세계를 가능케 하는 강력한 존재, 바르트의 표현에 따르면, '조물주'가 나타난 셈이다. 이 조물주는 재미있게도 예술적 거리에 의해 상정된 주인공일 수도 있고 이 전체적인 구도를 이끌어 가는 화자일 수도 있고 화자를 만들어 내고 소설 전체를 조작하는 작가일 수도 있다. 김동인이 소설 쓰기를 인형 조종술이라고 말하는 것은 그런 점에서 탁견이다. 이러한 세계는 지금까지의 논의에서 드러났지만 아주 강력한 자아를 상정하지 않고는 불가능한 세계이다. 이는 소설의 세계가 근대적 세계라고 불리는 주요 이유 중의 하나이다. 하지만 이러한 세계는 한국문학에서 낯선 세계가 아닐 수 없다.

3

이 문제가 다시 주목을 받은 것은 백낙청의 글로부터 16년이 지난 1981년, 김우창(金禹昌, 1937~)에 의해서이다. 김우창은 논문 「한국 소설의 시간」에서 백낙청의 문제 제기가 지닌 심대한 의의를 인정하고 본격적인 해명을 시도했다.[4] 김우창은 이 논문에서 한국 현대소설에서 현재형 동사를 사용하는 관습이 한국의 고전소설에서부터

---

4) 「한국 소설의 시간」, 《문예중앙》 16, 1981. 겨울, 44~57쪽.

시작되었다고 지적한다. 김우창은 한국 현대소설의 예로 염상섭(廉想涉, 1897~1963)의 「삼대」와 이광수의 「무정」의 첫 장면을 제시하고, 한국 고전소설로는 「구운몽」, 「춘향전」, 「사씨남정기」의 한 장면을 제시한다. 그리고 서양 현대소설은 어니스트 헤밍웨이(Ernest Hemingway, 1899~1961)의 「무기여 잘 있거라」의 한 장면을 제시한다. 여기에서 김우창이 주장하는 것은, 서양 소설에서는 사건을 묘사할 때 과거시제를 사용하여 사태를 객관화시키는 데 비해 염상섭이나 이광수 같은 작가가 쓰는 한국의 소설은, 고전소설과 동일하게 현재형 동사를 사용하여 현장적 묘사에 치중한다는 것이다. 이러한 기법의 차이는, 김우창이 보기에, 소설 기능에 대한 이해에서 중대한 차이를 드러낸다.

《문예중앙》 1981년 겨울호에 실린 「한국 소설의 시간」

현장적 묘사는 독자가 사건 현장에 임재해 있는 생생한 감각을 경험하게 해 준다. 하지만 그것은 사물의 질서를 새로이 구조화하는 힘, 소설이 가진 예술적 힘의 원천인 시간적 변화의 내면적 경험을 삭제한 대가로 얻어진 것이다.

사건의 연쇄를 통해 세계의 전체에 대응하는 개인적 내면의 질서를 이룩해 가는 과정이야말로 근대적 소설의 핵심 내용인데, 그러한 세계의 전체성이 끊임없이 유동하고 휘발하는 현재로 그려진다면 내면적 질서는 이룩하기가 힘들다. 여기에서 김우창이 반복해서 강조하는 내면적 질서란 주체가 만들어 낸 질서로, 앞서 언급한 바르트의 '조물주'의 질서이다. 서구 소설이 가진 힘은 이러한 '조물주'의 사상이 배후에 있기에 가능한 것이다. 가령, 장 폴 사르트르(Jean Paul Sartre, 1905~1980)가 문학이 '영구혁명 중인 사회의 주체성'이라고 할 때, 세계를 변화시키는 주체로서의 대중을 염두에 두면서 그들이 불의한 세상을 뒤엎고 새로운 세상을 만들어 가도록 그들을 위해 쓰이는 것이 문학이고 소설이다. 문학이 기존의 사회질서를 객체화하고 다가올 세계를 다시 하나의 그림으로 객체화하게 될 때, 우리는 이 두 시점 사이를 잇는 시간성을 포착하게 된다. 이러한 변화를 내면화하는 것이 서구의 소설에서 발견되는 근대적 개인이다. 한국 소설에서 이러한 변화의 내면성을 발견할 수 있는가? 김우창에 따르면, 한국 최초의 소설은 조세희(趙世熙, 1942~2022)의 『난장이가 쏘아올린 작은 공』이다.

한국 소설이 이광수와 염상섭을 거치면서도 현재시제에 머물면서 서구 근대소설이 다다른 성취에 이르지 못한 이유를 지적한 이

논문에서 김우창은 조세희의 『난장이가 쏘아올린 작은 공』을 두고 "이 작품은 내 생각으로는 하나의 소설이다."라고 쓰고 있다. 즉 이는, 당대의 다른 여러 작품은, 구체적으로 거명하고 있지 않지만 소설에 미달하고 있다는 판단이 들어 있는 선언적 문장이다. 조세희의 소설이 시대상을 잘 보여 주면서 그 세계 속에서 고통받고 또 끈질기게 저항하는 인물을 통해 근대인의 내면세계를 잘 그리고 있으니 소설이라고 부를 수 있겠다는 것이다. 조세희의 이 소설이 당대 한국 사회의 발전 방향을 산업화로 상정하고, 이에 따른 갈등을 그린다는 점에서 주어진 시간의 구조적 질서를 그린다는 관찰은 합당하다. 김우창은 새삼스럽게 지적하지 않았고, 소설의 다른 평자들이 주목하지 않은 사실은, 작품의 문장이 대화나 일기 같은 직접 인용을 제외하고는 모두 과거체로 쓰여 있다는 사실이다. 조세희의 『난장이가 쏘아올린 작은 공』에서 소설을 발견한 김우창의 감각에는 백낙청과 궤를 같이하는 영문학의 수련이 들어 있다는 점을 새삼 거론할 필요는 없다.

4

한국에서의 소설 발전에 지속적 관심을 표명했던 국문학자 김윤식(金允植, 1936~2018) 또한 영문학자 백낙청과 김우창이 견지한 입장에서 그리 멀지 않았다. 어쩌면 더 강고한 입장이었다고 할 수도 있다. 그는 한국의 많은 작품이 소설에 미달하는 '이야기'라고 하여 이문열

(李文烈, 1948~) 등에게 반발을 산 바 있다.5) 20세기를 거쳐 21세기에 이른 현재까지 발표되고 있는 한국의 소설에서 김우창이 말한 설화적 과거를 현재시제로 표현하는 경우를 찾아내기란 어렵지 않다. 김우창이 주장한 것은 서양 소설의 범례에서 말한 것인데, 과연 그럴 수밖에 없는 것인지를 되물어볼 필요는 없을까?

서양 소설이라고 해서 과거시제가 법칙화되어 있는 것은 아니다. 오히려 현장적 묘사가 주는 박진감을 위해 일부러 현재시제를 도입하는 경우도 없지 않다. 최근의 영어권 문학의 양상은 백낙청·김우창·김윤식의 소설관에서 상당히 이탈해 있다. 1990년 이후 한국의 젊은 작가들이 일인칭 소설을 많이 쓰게 되면서 주인공의 감정을 재현하는 데 문장을 소모할 때 현재형 동사는 독자와 감정을 공유하는 데 큰 역할을 하게 된 것이 한때 화제가 되었고, 황석영(黃晳暎, 1943~)이나 조정래(趙廷來, 1943~) 같은 작가가 이에 대해 불만을 토로한 바도 있다. 하지만 영미 현대소설에서도 과거시제의 권위는 이제 바닥으로 내려온 느낌이 없지 않다. 마거릿 애트우드(Margaret Atwood, 1939~)는 현재시제 문장으로 유명하며, 영국에서도 현재시제의 문장에 대한 불만이

---

5) 김윤식은 대담 「91년 소설의 현황과 새로운 징후」에서 한국 소설의 발전에 관한 자신의 입장을 명확하게 밝히고 있다. 그에 따르면 소설은 시민사회와 자본주의 출현과 관련된 장르이며, 이와 상관없는 노력, 예를 들어 대체역사소설 같은 것은 소설 범주에 들어가지 않는다고 비판한다. 대신 서정인의 『달궁』 같은 소설이 판소리로 거슬러 올라가서 이야기의 전통에서 우리 소설의 뿌리를 찾아내는 노력으로 관심을 표하고 있다. 《문학사상》, 1991. 12, 92~108쪽.

화제가 되기도 했다.6) 장편소설 『영원한 이방인(Native Speaker)』로 한국에서도 많이 알려진 이창래의 소설에서 현재형 시재가 많이 사용된 이유를 저자에게 직접 질문한 적이 있다. 프린스턴대학교에서 문예 창작을 가르치는 이창래는 필자의 질문에 대해 독자에게 박진감을 주기 위해 현재형 문장을 자주 사용하는 편이며, 그 문제는 미국 문단에서 더 이상 문제가 되지 않는다고 잘라 말한 바 있다.7)

시제에 관한 논의로 한국문학이 저발전 혹은 미발전의 누명을 더 이상 뒤집어쓸 필요는 없다. 그렇다고 해서 모든 문제가 사라진 것은 아니다. 오히려 지금까지의 논의에서 드러난 문제는 오롯이 그대로 남아 있다. 지금까지의 논의에서 지적된 한국문학만의 특이한 측면을 주목할 필요가 있다. 그리고 지금까지의 논의에서 아예 누락되고 무시당한 무엇인가가 저기, 한국문학에 웅크리고 있는 것이 아닌가? 지난 100년간의 서구 문학 공부가 놓친, 그 시점에서는 아예 보이지도 않았던 한국문학의 어떤 것이 재발견되어야 하는 것이 아닐까? 이러한 한국문학에서의 재발견은 문학 일반을 보는 관점을 재발견하는 것이며 지난 100년간 받아들여 적용해 왔던 문학 일반에 대한 사고를 업데이트하는 출발점이 될 것이다. 필자는 그것을 한국의 시에서 발견한다.

---

6) 《가디언》지 참조. Philip Pullman, *The Guardian*, Saturday 18 September, 2010. 부커상 수상작의 현재시제 사용을 지적하고 작가 지망생들이 이를 추종하고 있다고 비판하고 있다.
7) 《중앙일보》1999년 9월 21일 자 14면, 필자와의 인터뷰 참조.

5

　대한민국은 시의 공화국이다. 현재 세계문학의 지도에서 시의 강세는 한국문학에서만 발견되는 현상이다. 출판 산업이 융성했던 20세기에 여러 언어권에서 밀리언셀러가 나타났지만 시집이, 그것도 여러 권이 밀리언셀러로 판매된 경우는 한국을 제외하고는 어느 언어권의 문학에서도 일어난 적이 없는 예외적 현상이다. 교보문고에는 시집 코너가 따로 있고 거기에 매주 갱신되어 전시되는 시집 베스트셀러 매대가 따로 있다. 미국이나 유럽의 대형 서점에서 시집을 발견할 수는 있지만 많아 봐야 수십 권이고 그것도 현역 시인이 아니라 대부분 고전이다. 이러한 사정은 일본이나 중국도 마찬가지이다. 외국의 문학 연구자들이 한국의 시집 출판 현황에 대해 듣게 되면 모두 놀라서 입을 다물지 못한다. 민음사나 문학동네, 창비, 문지 등의 대표적인 문학출판사들이 제각기 수십 년 동안 수백 권의 시집을 지속적으로 출판하고 있고, 그 시집들이 새로 인쇄될 때마다 시인들이 저작권료를 받는다는 사실도 그들에게 충격적인 소식이다. 외국에도 시를 쓰는 시인들이 없지 않다. 하지만 그들이 시를 써서 발표할 때 원고료는 기대하지 않는다. 물론 《뉴요커》같이 100만 부를 상회하는 출판부수를 가진 거대한 잡지사에서는 고료를 주지만 예외적이다. 대부분의 문학 잡지는 적자 상태이고 기금 지원을 받아 출판되기 때문에 게재 자체가 영예일 뿐이다. 한국의 대다수 시인은 고료를 주지 않는 일부 문예지를 기피하며, 시집을 출간하면 인세를 받는 것을 당연시하는 것이 한국만의 사정이라는 것을 모르는 경우가 대부분이다. 한국에서만 발견되는 이러한 시의 강세는 한국문학에 심대한 영향을 끼치고 있으리라는 점은 설명할 필요조차 없다.

시는 본질적으로 일인칭 문학이며 한 인간의 목소리를 독자에게 직접 인용으로 전달하는 방식이다. 이 목소리는 독서 행위의 현장에서 독자에게 즉각적으로 전달되기 때문에 과거시제의 객관화가 가능할 수 없다. 달리 말하면 시를 읽는 방법은 한 가지뿐인데, 하나의 시를 독자가 스스로 하는 말로 읽는 것이다. 이러한 직접성은 의태어, 의성어가 잘 보존된 한국어의 특징에도 의존하고 있으며, 감정 재현의 현재성에 집중하는 한국 문화의 전통에 깊이 연루되어 있다. 이러한 문화적 전통과 한국어의 특징은 인쇄 문화의 문자적 시각성에 지속적으로 저항하면서 구어적 청각성을 보존하는 노력으로 나타나고 있다. 문자어에 비해 구어가 우세한 한국어의 화행 조건은 한국 소설을 과거시제가 아니라 현재시제에 붙들어 매어 두는 가장 강력한 힘이다. 최근의 한국 시 창작에서는 문장이 끝나도 마침표를 사용하지 않는 것이 거의 관습으로 굳어져 있다. 소설의 대화문에서 따옴표를 사용하지 않는 경우 역시 늘고 있으며, 한 문단 안에서 과거시제와 현재시제가 번갈아 나타나는 것은 한국 소설의 오랜 특징 중의 하나이다. 한국 소설 작품에서 문단을 만드는 법칙은 없다고 할 수 있으며, 문장이 끝나지도 않았는데 행갈이를 하는 경우도 왕왕 있다.(신경숙이나 박민규의 소설을 보라.) 인쇄된 문장이 아니라 일상어 사용자의 입말에서 구두점을 사용하지 않는다는 점을 생각하면 이 문제는 간단하게 해결된다.

한국문학에서 발견되는 이러한 현상은 인쇄 문화의 도입과 함께 정착되고 있는 문자 문화의 관습을 거부하는 한국문학의 특징을 잘 보여 주고 있다. 김동인이 소설 쓰기란 인형 조종술과 같다고 한 것은 서양 근대소설의 근본적 성격을 간파한 탁견이다. 다면적이고 동시적인 세계를 파악 가능한 계층적 시간 질서로 변환시키는 소설의 기능은 전근대 시대 서구에서 신이 차지한 자리를 과학혁명 이후 대신하고 있다고 할 수 있다. 하지만 한국을 포함한 동아시아 문학 전통에서 그러한 서사시 전통은 부재에 가깝다. 무엇보다도, 아리스토텔레스가 『시학』에서 제시한, 처음과 중간과 끝이 있다는 시간관은, 한국인의 시간 감각에서는 편안하게 작동하지 않는다. 처음과 중간과 끝이 있다는 시간관, 특히 이전이 없는 처음, 나중이 없는 마지막이라는, 문학작품의 질서에 적용한 아리스토텔레스의 시간관은, 실재와 분리된 초월성이나 세계와 분리된 인공적 허구라는 관념이 가능한 서구적 서사 질서에나 부합할 따름이다. 동아시아적 시간관에서는 인공적 허구라 할지라도 언제나 어떤 주어진 시간 흐름의 중간에 속하며 실재와의 상관관계 속에서 작동한다. 인간 조건의 전체성은 삼인칭의 마스크로 대체된 가상의 존재가 그려 내는 서사의 객관성으로 환원되지 않으며, 특히 한국어 담론 공간에서 한 인물을 '그'라고 지칭하는 것은, 그 사람의 존재를 무화시키고 모욕하는 효과를 가져오기 때문에 회피된다. 한국 소설에서 삼인칭 대명사 '그' 대신에 등장인물의 이름이 계속해서 사용되는 이유가 여기에 있다.(이혜경의 단편 「피아간」에서 주인공 '경은'이라는 이름은 정확하게 150번 반복된다.) 서구 문학에서 등장인물과 독자 사이의 거리는 예술 작품으로 성립되기 위한 결정적 조건이지만 한국문학에서 그러한 분리와 거리와 소외는 회피된다.

6

독립된 개인이 만들어 가는 허구적 시간은 한국인의 서사에서는 불가능에 가깝다. 개인의 등장은 서구 소설의 성립에서 결정적 요소이며, 개인 간 관계에서 복합적이고 불특정 위치에 놓인 사태를 처리하는 방식으로서 자유간접화법은, 서구 근대소설에서는 20세기에 와서야 서사 이론가들에게 새로이 주목되었다.(플로베르의 『보바리 부인』, 프루스트의 『잃어버린 시간을 찾아서』 등) 하지만 한국 일상어에서 자유간접화법은 전혀 새로운 현상이 아니다. 일부러 노력하지 않는 한 대부분의 한국 소설에서 자유간접화법 문장은 피할 도리 없이 나타난다. 소설을 읽다가 '그는 슬프다'라는 문장을 발견할 경우, 독자는 그 문장이 화자의 생각인지 작가의 생각인지 등장인물의 생각인지 판별할 수 없다. 한국어에서 '그'를 등장인물의 이름으로 교체할 경우 '그'는 허구적으로 추상화된 인물에서 세계-내-존재로 위치가 부여되고 독자와의 거리는 가까워진다. 서사시의 통합된 시간에서 개인의 서사로 전환되면서 서구의 서사 이론이 주목한 자유간접화법이 한국인의 서사에서 왕성하게 나타난다는 사실은 한국인들이 개인과 집단의 관계성에 유달리 예민하게 반응한다는 결론으로 해석된다. 여기에는 한국 문화의 독특한 전통이 작용하고 있으며, 자유간접화법에 대한 새로운 접근이 요구된다고 할 수 있다. 이러한 한국인의 서사 또는 화행 전통은 시에서 잘 나타난다. 좀 극단적으로 말해서 한국인들이 즐겨 읽는 서정시는 대부분 어떤 감정적 장면을 자유간접화법의 문장으로 기술하고 있다고 할 수 있다. 한국인들이 읽고 쓰는 서정시의 주된 요소는 감정 환기와 공감의 기능이라고 할 수 있는데, 오랫동안 가장 대중적인 시로 알려져 있는 윤동주(尹東柱, 1917~1945)의 시를 그런 지지와 공감을 받는 예로 들 수 있다. 이러한 한국문학의 지배적 성향은 때로 심각한 오독으로 이어지기도 한다. 대표적인 예가 김수영(金洙暎, 1921~1968) 시의 독해이다.

    김수영은 그 자신의 시가 한 번도 제대로 된 비평적 판단을 받은 적이 없다고 쓴 적이 있다. 김수영이 작고한 후, 염무웅은 김수영이 문학작품의 평가에 자주 사용하던 '죽음'이라는 말이 무슨 뜻인지 알 수 없다고 말했지만 김수영 이해의 핵심어로 지목받는 '사랑'이나 '자유' 같은 개념도 아직 혼돈 속에 잠겨 있다고 할 수 있다. 이러한 사태의 원인으로 '시간' 이해가 자리하고 있다는 것이 필자의 판단이다. 김수영이 소설을 쓰는 마음으로 시를 쓰고 있다고 말할 때, 그것이 무슨 뜻인지 이해한 연구는 아직 없다. 앞서 길게 논의한 소설 문장의 시제 문제와도 직결되는 이 문제는 서구에서 말하는 소설을 우리는 잘 모르고 있다는 증거인지도 모른다. 백낙청과 김우창이 이해한 서구 근대소설의 입장에서 보면 소설이란 시간을 객체화한 것이다. 시간이란 무엇인가? 그것은 인간이 세계의 변화를 기록하기 위해 고안한 장치이다. 변화의 순간에 에피퍼니(epiphany)를 보는 찰스

테일러(Charles Taylor, 1931~)의 관점이라든가, 시간이 주어졌다고 말한 죄르지 루카치(György Lukács, 1885~1971)의 유명한 문장이 이 문제를 가리키고 있다. 김수영은 자신의 시 「엔카운터지(誌)」에서 친구가 빌려 달라는 잡지를 빌려 줄 수 없다고 하면서 '시간의 인식'에 대해 쓰고 있는데, 시간은 시인에게 죽음과 자유를 잇는 매개체로서 사랑과 함께 주어진다.

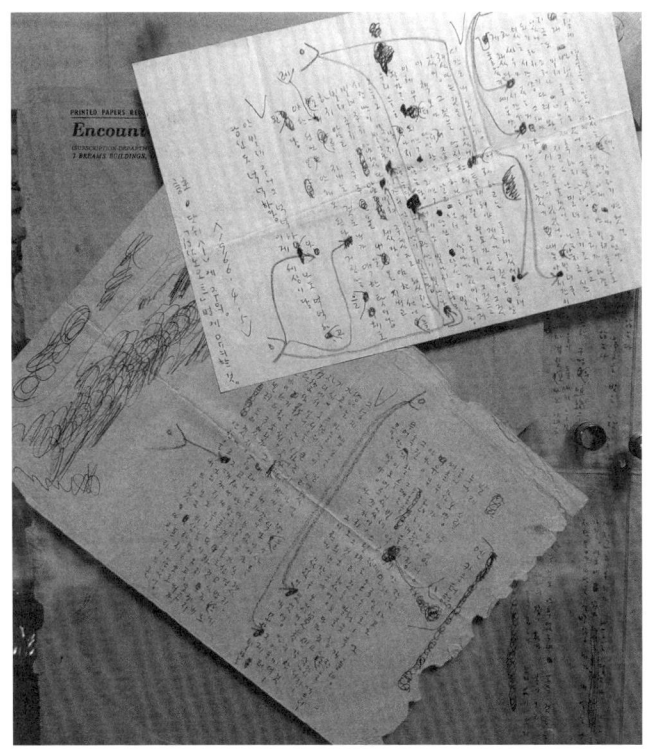

김수영의 시 「엔카운터지」 초고(1965)

세계를 고정된 것으로 보지 않고 변화하는 것으로 보는 관점은 공자나 노자 시대부터 알려진 아주 오래된 것이지만, 세계를 우리가 혹은 내가 만들어 간다는 관점은 최근의 것이다. 우리가 세계 변화의 피동적인 위치에 있는 것이 아니라 우리가 세계를 능동적으로 변화시키는 주체라는 관점은 근대적이다. 시간이 주어졌다는 루카치의 그 문장의 핵심을 자신의 작품에서 구현하려던 사람이 김수영이라고 할 수 있다. 사르트르가 말한, 영구혁명 중인 사회의 주체성으로서 자신을 설정하고 써 내려간 사람이 김수영이다. 그 관점에서 김수영의 시를 다시 읽어 보면 김수영의 작품에 대한 그간의 오해가 풀린다. 그는 변화하는 세계의 사물을 정지시켜 묘사하는 무시간성의, 영원을 노래하는 서정주류의 시를 낡았다고 비판했고, 사물의 관점에서, 그 내부적 동기의 관점에서 사물을 노래했다. 한국전쟁을 피해자의 관점에서 그린 것이 기존의 시인과 작가들이었다면 자유를 찾기 위한 자신의 전쟁으로 그려 낸 사람은 김수영이 유일하다.(「조국으로 돌아오신 상병포로 동지들에게」를 보라.)

　한국 평단에서 가장 탁월한 시 독자로 추앙받았던 김현(金炫, 1942~1990)조차 김수영의 시적 주제를 잘못 파악한 듯하다. 김현은 김수영을 세상에 널리 알린 시선집 『거대한 뿌리』의 해설 「자유와 꿈」에서 첫 문장을 이렇게 시작한다. "김수영의 시적 주제는 자유이다." 이 유명한 문장은 오랜 기간 김수영 독자들에게 어길 수 없는 금언이었다. 이어서 그는 이렇게 쓴다. "그것은 그의 초기 시편에서부터 그가 죽기 직전에 발표한 시들에 이르기까지 그의 끈질긴 탐구 대상을 이룬다." 여기까지는 아무런 문제가 없다. 하지만 이어지는 문장

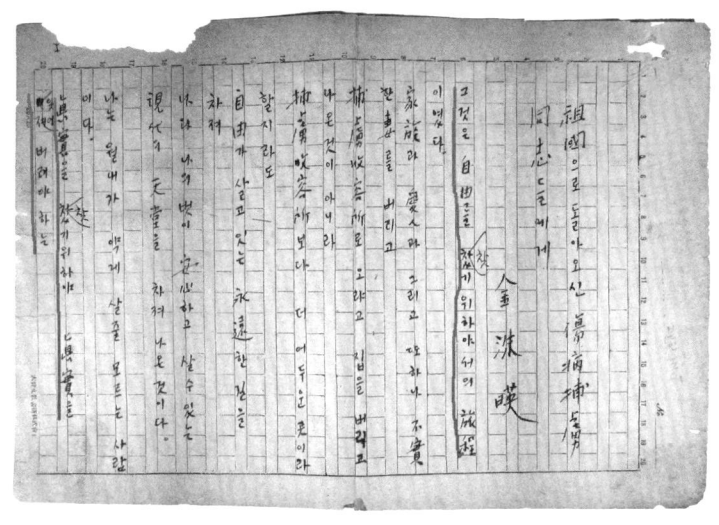

김수영의 시 「조국으로 돌아오신 상병포로 동지들에게」 원고

은 문제적이다. "그는 그러나 엘뤼아르처럼 자유 그것 자체를 그것 자체로 노래하지 않는다. 그는 자유를 시적 정치적 이상으로 생각하고, 그것의 실현을 불가능케 하는 여건에 대해 노래한다. 그의 시가 노래한다라고 쓰는 것은 옳지 않다. 그는 절규한다." 김현의 이 비평문에서 가장 결정적인 문제는 그가 김수영의 자유가 어떤 것인지 전혀 몰랐다는 점에 있다. 김수영 시가 한국문학에서 한 번도 주제화하지 않은 자유의 근본적인 성격을 깊이 탐구하고 있었던 것을 김현은 알 수 없었다. 김현은 자유를 불가능하게 하는 외적인 여건, 사회정치적 현실에 대해 김수영이 분노하고 절규했다고 파악했지만, 김수영은 자신을 그런 피동적이고 수동적인 자리에 두지 않았다. 그는 자유의 외적

여건뿐 아니라 자유의 내적 조건에 대해서도 탐구하고 있었다.

물론 김현의 미숙함은 그만의 잘못은 아니다. 당시의 한국 사회는 외적인 조건의 변화에 사로잡혀 있었다고 할 수 있다. 전후의 냉전적 대치와 권위주의적 정치로 인해 외적 상황이 의식을 옥죄는 상황이었기 때문에 대부분의 한국인들은 자신을 피동적 위치에 두었고, 의미 있는 발언은 언제나 외세나 독재자의 억압에서 벗어나려는 생존의 몸부림으로 읽혔다. 김수영의 시를 가장 먼저 인정하고 문학사적 가치를 논증한 김현승(金顯承, 1913~1975)마저도 김수영 시에 내재한 자유의 시간관을 전혀 알지 못했기 때문에 김수영 독해를 심각하게 오도했다.[8] 김수영의 대표작으로 널리 알려진 「풀」은 여러 종의 고등학교 문학 교과서에 실려 있기 때문에 참고서에서 상세한 해설을 하고 있는데, 한결같이 김현승의 해석을 따르고 있다. 널리 알려진 대로, 풀은 민중이고 그 풀을 눕게 만드는 바람은 민중을 억압하는 세력이라는 김현승의 해석은 오랫동안 그 작품을 해석하는 가장 강력한 주장이었다. 하지만 김수영의 시를 김수영 자신이 주장한 내적 동기의 관점에서 보면, 풀은 풀 자체의 내적 동기로 보아야 한다. 그의 또 다른 대표작인 「사랑의 변주곡」이나 「꽃잎」 같은 작품은 모두 내적인 동기에 의해 변화해 가는 사물과 세계에 대한 묘사이다. 하나의 작품을 완성하고 나면 대한민국의 어느 부자가 부럽지 않다고 한

---

[8] 김수영 시에 대한 김현승의 오독에 관해서는 다음 논문을 참조하라. 이영준, 「김수영 시의 시간」, 《현대문학의 연구》 75, 2021. 10, 313~359쪽.

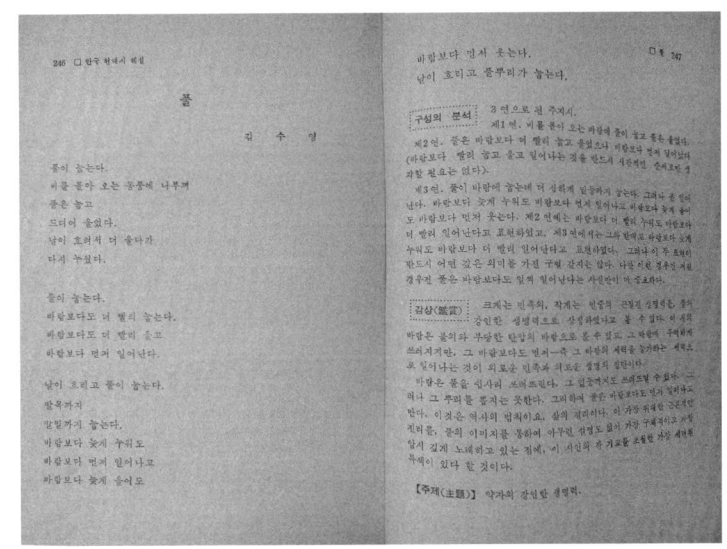

김수영의 시 「풀」에 대한 김현승의 해설

그는 「꽃잎」에서 자신이 '대한민국의 전 재산'이라고 선언하는 데 이른다. 자신이 완성한 하나의 작품으로 인해 세계가 조금, 그것이 아주 조금일지라도 움직인 것을 보는 것은 자신을 영구혁명 중인 사회의 주체성으로 보는 자에게만 가능한 관점이다. 과거에는 존재하지 않았던 것을 존재하게 만드는 시를 창작하는 시인은 시를 통해 자유를 산다고 김수영은 말한 바 있다. 이 자유가 바로 김현이 몰랐던 자유이다. 존재하지 않던 것을 존재하게 만드는 변화의 시간, 그것을 자유라 하든 혁명이라 하든 내적 동기에 의해 변하는 사물과 세계에 대한 관찰이라는 점에서, 김수영이 생각한 '시간'을 이해하는 것이 이러한 작품 독해에 필수적이다. 한국 소설에 나타나는 현재형 시제의 문장에 관련된 자유간접화법 문제가 김수영의 시 작품에 대한 이런 독해에까지 뻗쳐 있다고 할 수 있지 않을까?

한국문학이 일상언어로 문학작품을 만들기 시작한 시간은 그다지 길지 않다. 가령 최초의 장편소설이라 불리는 이광수의 『무정』이 쓰인 지 겨우 100년 남짓밖에 되지 않았다. 우리만 뒤처진 느낌을 받기도 하지만 그것도 사실이 아니다. 서구에서 언어를 자연적인 것으로 보지 않고 사물과 세계와 맺는 관계가 자의적이라고 의식하게 된 것도 겨우 100여 년밖에 되지 않는다. 세계와 언어의 거리를 멀찍이 떨어지도록 만든 페르디낭 드 소쉬르(Ferdinand de Saussure, 1857~1913)의 '언어적 전회' 이후, 그리고 인간의 의식에서 무의식을 발견한 이후, 문학은 여러 단계의 변화를 거쳐 온 것처럼 생각될지도 모르지만, 근본적인 변화라고 할 수 있는 변화는 없었다고 하는 편이 옳은지도 모른다. 외적 세계의 변화와, 언어에 대한 이해의 변화 같은 사고방식의 변화가 한국문학에 어떠한 변화를 가져왔는지 검토하는 것이 학자들의 일이다. 자세히 검토된 바가 없다면 다시 검토하면 된다. 어쩌면 근본적 변화가 없었기 때문에 그러한 연구가 지속될 필요가 없었던 것은 아닐까? 가까운 과거에 있었던 하나의 에피소드가 생각난다. 무의미의 시학을 주장했던 김춘수(金春洙, 1922~2004)가 말년에 이르러 자신의 오랜 탐구는 실패했다고 자탄한 것처럼 허망한 일이 또 있을까? 조그만 발견이나 변화를 너무 과장할 필요는 없다. 한국문학 연구의 역사를 돌이켜 보면 우리는 지난 100년 동안에 경험한 외적 환경의 변화가 너무 극심했기 때문에, 그리고 그러한 외적인 여건의 변화가 우리의 삶을 조건 지은 경험이 강렬했기 때문에 조그만 변화에도 민감하게 반응해 왔다고 할 수 있다. 앞으로 나타날 미래의 한국문학 연구는 좀 더 담대하게, 보편적인 관점에서 세계와 한국문학을 다루어 나가야 할 것이다.

* 이 글은 필자가 쓴 논문들, 특히 「한국문학의 시공간 혹은 시와 소설의 불분명한 경계」, 《비교한국학》 25(3), 2017; 「김수영 시의 시간」, 《현대문학의 연구》 75, 2021. 10의 내용과 많이 겹친다. 좀 더 상세한 논의는 위 논문들을 참조하기 바란다.

문학 텍스트의 내부로부터의
자기 전개를 위하여!

조강석

1

    지난 10여 년간 필자는 한 가지 목적의식 아래 갈무리될 수 있는 두 방향의 연구를 진행해 왔다. 10여 년 전부터 현재까지 본 연구자가 일관되게 관심을 기울여 온 것은 문학 텍스트를 내부로부터 외부로 전개하기 위한 새로운 방법을 구하는 것이었다. 이를 위해 한 축으로는 아비 바르부르크(Aby Warburg, 1866~1929)의 므네모시네 프로젝트(Mnemosyne-Projekt)나 에르빈 파노프스키(Erwin Panofsky, 1892~1968)에 의해 한번 더 펼쳐진 아이코놀로지(iconology) 이론, 발터 베냐민(Walter Benjamin, 1892~1940)의 이미지-사유 등을 참조하고 접목하면서 이미지 연구에 힘을 기울였으며, 다른 한편으로는 정동 이론을 문학 텍스트 연구에 도입하는 실천적 방법을 찾고자 했다.

그간 한국문학 연구자와 비평가들이 20세기의 한국의 역사와 현실, 그리고 그 물적 토대로서의 제도와 그 속에서의 물리적 실천에 다양한 관심을 기울여 왔음은 주지의 사실이다. 오랫동안 현실 비판은 한국문학의 최우선 가치였고, 작품에 나타난 주제와 사상은 작품의 가치를 판단하는 중요한 시금석이 되어 왔다. 한편 2000년대 이후 신역사주의와 문화연구의 영향 아래 한국문학 연구자들은 물적 토대와 그 사상적·문화적 대응물에 많은 관심을 쏟아 왔다. 이는 한국문학 연구를 다양한 대상을 아우르는 한국학 연구의 지평으로 확장하는 나름의 성과로 귀결되기도 했지만 그렇게 한국학의 외연이 넓어지고 몸피가 커지는 동안 한국문학 텍스트 자체에 대한 관심은 오히려 소홀해지는 경향을 초래한 것도 사실이다. 문학 텍스트를 지시 대상의 상대역(counterpart)으로 환원하여 주제론적 결론을 추출하는 일의 편의성에 쉽게 혹하는 경우도 적다고는 할 수 없다. 그 결과 텍스트 해석의 다양성과 깊이보다는 일물일사의 신기성과 제도 중심의 맥락 재구성이 연구의 중심에 자리 잡게 되었다. 텍스트와 그 디테일에 근접하여 이를 자세히 읽으려는 태도가 새삼 중요해지는 까닭은 이 때문이다. 눈앞의 실물에 기지(旣知)와 연역의 만능 척도를 들이대면 소출이 획일화되기 마련이다. 문학 텍스트가 문화와 제도, 그리고 사상의 알리바이로서, 주제를 추출하는 데 도움이 되는 단편적 표상으로서만 기능하게 되는 '문학 사물화' 현상의 그늘이 옅고 가벼워 보이지만은 않는다.

    필자의 고민은 한국문학의 외연을 넓히는 연구들의 성과와 실질적 효력을 폭넓게 인정하면서도 텍스트가 알리바이로 전락하지 않고 그 자체로 자치와 외교를 해 나가는 양상을 설명하는 길을 마련해 보고자 하는 데 있다. 이는 곧 단순 표상이나 '목격원리(eyewitness)'의 증좌로서가 아니라 진술로 환원되기를 거부하는 하나의 내적 실재로서의 텍스트를 여닫는 길을 내고자 하는 것과 같다. 손에 닿는 실제적 증거가 되기 이전의 고유한 실재로서의 텍스트의 특수성과 그것이 품은 풍부한 함의를 다채롭게 조망하는 경로를 마련하고 이를 통해 우선은 구심적으로, 다음은 원심적으로, 나아가 종합적으로 텍스트를 펼쳐 놓기 위한 방법을 찾는 것은 굳이 문학을 전공한 이로서는 제법 시급한 일이었다. 그리고 이를 위해서는 텍스트 안과 밖의 우군이 필요했다. 각기 이미지-사유와 정동(情動)이 그것이다.

2

필자의 이미지 연구는 텍스트가 표상으로 환원되는 것을 극복하고, 오히려 현실 그 자체의 논리를 조직하는 양상을 설명하기 위해 시작되었다. 그러나 문학 연구에 있어 이미지 연구는 그간 대개 표상적 기능이나 감각적 소이 혹인 질료적 단위 차원에 갇혀 있었다. 따라서 좀 더 폭넓은 참조항이 필요했다. 넬슨 굿맨(Nelson Goodman, 1906~1998)의 표현을 빌려 W. J. T. 미첼(W. J. T. Mitchell, 1942~)이 이야기하는 것처럼, 이미지는 세상에 대한 새로운 배치와 지각을 만들어 내는 '세상을 만드는 방식'이며 나아가, 조르주 디디-위베르만(Georges Didi-Huberman, 1953~)이 『반딧불의 잔존』에서 강조했듯이,

우리의 상상하는 방식 속에 정치하는 조건이 놓여 있기 때문이다.[1] 이런 맥락에서, 아비 바르부르크의 므네모시네 프로젝트를 중요한 연원 중 하나로 삼고 있는 다음과 같은 논의는 중요한 참조점을 제공한다.

> 이미지의 삶은 사적인 것 혹은 개인적인 것이 아니다. 그것은 사회적인 삶이다. 이미지는 계보학적인 혹은 유전적인 계열 속에서 살면서 시간이 흐를수록 스스로를 재생산하고 문화들 사이를 옮겨 다닌다. 이미지는 또한 다소 분명하게 구분되는 세대나 시대 속에서 집단적으로 동시 현존하면서, 우리가 '세계상(world picture)'이라고 부르는 몹시 거대한 이미지 형성물의 지배를 받는다.[2]

만약 이미지가 사회적 삶을 통해 기존의 가치와 새롭게 형성되는 가치 체계를 동시에 보유하면서 생성을 거듭해 나가는 것이라면 우리는 최종적으로 이미지-사유를 통해 문화적 징후와 가치의 문제에까지 가닿을 수 있을 것이다. 거듭 말하지만 이는 텍스트로부터 발원하여 내부로부터 외부로의 길을 내는 방향에서 이루어져 그 역으로의 경로도 가능케 하는 연락과 교통을 위한 것이다. 이를 위해 아비 바르부르크로부터 에르빈 파노프스키를 경유하여 W. J. T. 미첼에 이르기까지의 도상해석학적 연구와 발터 베냐민으로부터 최근의 조

---

[1] 조르주 디디-위베르만, 김홍기 옮김, 『반딧불의 잔존: 이미지의 정치학』(도서출판길, 2012), 60쪽 참조.
[2] W. J. T. 미첼, 김전유경 옮김, 『그림은 무엇을 원하는가: 이미지의 삶과 사랑』(그린비, 2010), 140~141쪽.

르주 디디-위베르만에 이르기까지의 이미지-사유에 관한 연구를 종합적으로, 그러나 차이를 세세히 고려하며 비정합적으로 참조하여 이미지 해석의 형식주의적 한계를 극복하고 텍스트를 내부로부터 외부로 전개하기 위한 나름의 고투를 시도해야 했다. 그 결과 필자는 다음과 같이 연구의 방향을 정돈한 바 있다.

첫째, 문학 텍스트는 하나의 내적 실재로 간주될 수 있으며 텍스트에 대한 구심적 경의에 기초하여 내적 실재의 전모를 탐색하는 것이 우선 중요하다.

둘째, 문학 텍스트가 쓰여지던 당대의 정동(affect)과의 접속을 위하여 텍스트를 내부로부터 외부로 전개시킬 것이 요청되며, 이를 위해서는 텍스트 내부에서 그것을 가능하게 하는 장소를 지정할 필요가 있다.

셋째, 그 유력한 장소로 이미지에 주목한다. 문학은 이미지의 보고이며 또한 이미지는 개체적 단위에 그치는 것이 아니라 그 자체로 사회적 삶을 살기 때문이다.

넷째, 위와 같은 이유로 이미지에 주목하되 문학 이미지에 대해 감각의 분절이나 사물의 질료적 속성에 입각해 조망하던 관례를 넘어서서 다양한 이미지 이론을 참조한다. 예컨대, 아비 바르부르크로부터 발원하여 에르빈 파노프스키에 의해 방법을 얻고 W. J. T. 미첼에 의해 확장된 아이코놀로지 연구의 맥락을 참조할 수 있다. 나아가 발터 베냐민, 조르주 디디-위베르만, 자크 랑시에르 등의 논의를 수용하여 이미지-사유의 의의를 문학 연구에 맞게 맥락화한다.

다섯째, 이미지-사유에 대한 논의를 참조하되, 텍스트의 작용과 효과를 재현적 효과의 측면이 아니라 정동적(affective) 효과의 관점에서 설명한다.

3

문학 텍스트를 내부로부터 외부로 전개하기 위한 착수점을 찾기 위해 새로운 문학 이미지 연구 방법론과 이미지-사유론이 필요했다면, 원심적 접근을 위해 주목했던 것은 정동(情動, affect) 개념이었다. 주지하듯, 바뤼흐 스피노자(Baruch Spinoza, 1632~1677)는 정동을 "신체의 행위 능력을 증대시키거나 감소시키고 촉진하거나 저해하는 신체 변용이자 그것의 관념"으로 규정했다.[3] 오해를 무릅쓰고 이를 원용해 보자면 역으로, 관념 혹은 사유가 신체 변용을 일으키기도 한다고 말할 수 있다. 다시 말해 인지적인 것이 정서에 작용하는 것과 같이 정념이 인지적 작용을 촉발하기도 한다는 것이다.[4] 스피노자에 대한 강연에서 질 들뢰즈(Gilles Deleuze, 1925~1995)는 스피노자가 직접 들었던 예를 원용하며, 길을 가다 피에르와 파울을 연달아 만날

---

[3] "By affect I understand affections of the body by which the body's power of action is increased or diminished, aided or restrained, and at the same time, the ideas of these affections", Benedict De Spinoza, *Ethics*, ed. and trans., Edwin Curley(Penguin Books, 1996), p. 154.

[4] 이와 관련해서는 Alex Houen, "Introduction: Affect and Literature", *Affect and Literature*, ed., Alex Houen(Cambridge University Press, 2020) 참조.

경우, 주체가 우선은 기쁨 쪽으로, 그러고는 곧 슬픔 쪽으로 연속해서 정동되는(affected) 정서적 변이를 언급한 바 있다.[5] 마찬가지로 어떤 관념의 연쇄는 신체 변용과 정서적 변이를 수반하며 정동적 반응의 도화선(trigger)이 될 수 있다. 텍스트-관념-신체 변용-정동적 동요로 이어지는 연쇄를 상정할 수 있다는 것이다.[6]

문학 텍스트는 정동을 단지 재현하는 것이 아니라 가장 효과적으로 그것을 표현하는 방법을 모색하여 독자의 정동적 반응을 촉진한다. 즉 문학 텍스트는 재현과 표상을 목적으로 하는 것이 아니라 그 자체로 연쇄적으로 생성 중인 텍스트-정동 그 자체라고 할 수 있다. 만약 텍스트가 재현이나 표상에 머무는 것이 아니라 그 자체로 하나의 텍스트-정동이 된다면 우리는 텍스트의 전언과 더불어 이미지에 주목할 필요가 있다. 최선의 경우 이미지는 기성의 인식을 뒤흔들면서 정서적 변이와 정동적 동요를 촉발하는 기능을 발휘하기 때문이다. 발터 베냐민의 사유 이미지(Denkbilder)에 대한 테오도어 아도르노(Theodor Adorno, 1903~1969)의 설명에서처럼 "이미지들은 개념적 사고를 중단시키는 것이 아니라 수수께끼 같은 형식으로 충격을

---

[5] 들뢰즈가 뱅센대학에서 스피노자에 대해 행한 강연의 기록은 http://www.webdeleuze.com에 불어판과 영문판이 게시되어 있다. 이 글에서는 이 사이트에 게재된 영문판을 인용한다.
[6] 이것이 사물과 사유의 인과관계를 설정한다는 의미는 아니다. 오히려 논리적으로 따지자면, 스피노자의 평행론 명제, "관념의 질서와 결합은 사물의 질서와 결합과 동일하다.(The order and connection of ideas is the same as the order and connection of things.)"라는 명제로부터 근거를 추론할 수 있을 것이다. Benedict De Spinoza, op. cit., p. 119.

주고, 이를 통해 사유를 움직이게"⁷⁾ 하기 때문이다. 자세한 설명이 필요하겠지만, 단적인 예로 저 유명한 김수영의 구절, "복사씨와 살구씨가/ 한번은 이렇게/ 사랑에 미쳐 날뛸 날이 올 거다!"(「사랑의 변주곡」)와 같은 구절을 그런 의미에서의 '이미지-폭탄(바슐라르)'이라고 할 수 있지 않겠는가.

따라서 정동적 문학 읽기는 명료한 정보와 사회사적 이해에 기반한 비판적 독서가 아니라 삶의 구체성을 전달하는 정동적 언어의 효과를 드높이는 것에 가깝다. 이런 맥락을 살피며, 필자는 다음과 같은 가설을 제시한 바 있다.

(1) 문학 텍스트는 정동을 반영한 결과가 아니라 그 자체로 하나의 텍스트-정동이며 독자의 '정동적 동요'를 유발한다.
(2) 그런 맥락에서, 그 자체로 계량이 불가한 정동적 힘의 크기와 양상을 읽기 위해 텍스트의 이미지에 주목할 필요가 있다.
(3) 문학 텍스트에서 이미지는 지평적 진술과는 다른 방식과 강도로 '정동적 동요'에 관여한다.
(4) 따라서 문학 이미지는 전(前) 개체적 즉접, 경험의 하부-언어적 기입, 그리고 이행의 연속체와 관계된다.(Blur & Bleeding)
(5) 정동적 텍스트 읽기에서, 이중 체제 속에서 끊임없이 운동하는 문학의 이미지를 읽는 것이 중요한 까닭은 그 때문이다.

---

7) Theodor W. Adorno, "Benjamin's Einbahnstrasse", *Notes to Literature II*, trans., Shierry Weber Nicholsen(Columbia University Press, New York, 1992), p. 323.

(6) 결론적으로, 텍스트-정동은 여러 신체의 연동 및 신체 변용(affection)의 결과이며, 나아가 그 스스로가 여러 신체에 연동된다.

4

위와 같은 두 갈래의 논의를 정돈하고 다시 텍스트를 내부로부터 외부로 전개하기 위한 구체적 방법을 모색하기 위해 필자는 이미지 이론, 정동 이론 등을 수렴하여 텍스트 읽기의 일환으로 '시 읽기의 3단계 방법론'을 제시한 바 있다.

시에 담긴 다양한 의미와 가치를 해석하기 위해서는 우선 자연적/사실적 의미에 대한 기술이 필요하다. 이 단계에서 확정할 수 없는 것을 연역적으로 해석하기보다는 시의 문면에 충실하게 스타일과 구조를 살피며 내적 정합성에 관심을 기울이는 것이 중요하다. 여기에서 이관된 문제들은 맥락적/상관적 독시 과정을 통해 분석할 수 있다. 시의 문면에 충실한 기술을 거치고 난 후에야 비로소 남겨진 문제를, 시인 자신의 렉시컨, 동시대 시의 렉시컨 등을 고려하고 문학적 관습의 맥락을 살피며 동시대의 문화적 배경, 인식과 사상, 문헌 자료에 의한 지식 등을 참조하여 다양한 각도와 관계적 맥락에서 조망할 수 있다. 그리고 문면에 충실한 기술과 맥락을 살피는 분석을 통해 드러난 의미를 종합적으로 해석하고 시의 가치를 헤아리는 작업이 해석의 최종 단계가 될 것이다.

이를 위해 시 고유의 이미지-사유의 특성을 고려하고 전언이 아

시 읽기의 3단계 방법론

해석 대상	해석 유형	해석 준거	판단 근거
1 자연적/사실적 (natural/factual) 의미	기술(description)	실제 경험, 시의 스타일과 구조, 시적 풍크툼(punctum)	내적 정합성
2 맥락적/상관적 (contextual/correlational) 의미	분석(analysis)	시인의 렉시컨, 동시대 시의 렉시컨, 렉시컨 안에서 시어의 의미 한정하기, 동시대의 인식과 사상, 문화적 배경, 문헌 자료에 의한 지식 등과 관습(convention)	관계적 맥락
3 종합적 의미/가치	해석(interpretation)	이미지-사유, 정동(affect)	직관을 통한 종합

닌 정동적 효과를 헤아릴 필요가 있을 것이다. 이 3단계 방법론을 기계적으로 시 읽기에 적용하자는 것이 아니라 시를 읽을 때 우선적으로 요청되는 바를 충족시키고 여기에 보충적으로 기입할 수 있는 요소를 참조하여 종합적으로 시 텍스트 고유의 가치를 읽자는 것이 제안의 핵심이다. 물론 중요한 것은 방법론 그 자체는 아니다. 방법은 방법일 따름이다. 그러나 때로 방법이 목적이자 내용이 되는 경우도 있다. 텍스트 내부로부터의 자기 전개를 위한 경로를 마련하는 것은 방법이지만 때로 목적이 되어 주기도 했다. 다시 한번 내부로부터의 자기 전개를 위하여!

2장

역사

국외인(局外人)의 시각으로 본 한국사

강명관

1 머리말

나는 역사학자가 아니다. 좀 더 좁혀 말하자면 한국사학자가 아니다. 대학의 사학과를 졸업했거나 한국사를 주제로 박사학위(혹은 석사 학위)를 취득한 사람이 아니다. 한국사 연구를 목적으로 하는 어떤 학회에도 소속되어 있지 않다. 한국사학자로서의 공식적인 라이선스가 없다. 한국한문학(韓國漢文學)을 전공했고, 대학의 한문학과(漢文學科)에서 30년간 재직했다. 조선 시대의 어떤 사회적·문화적 사상(事象)을 제재 삼아 몇 권의 책을 쓴 적은 있지만, 그 책을 쓰는 행위가 한국사 연구라고 생각해 본 적은 없다. 다만 궁금하게 여긴 문제에 대해 스스로 저술로 답했을 뿐이다. 한국사학계에서도 나의 이런 저작을 한국사 연구물로 여기는 것 같지도 않다. 이래저래 나는 한국사학계와는 상관없는 국외인(局外人)인 셈이다.

국외인이 한국사와 조금 관련이 있는 글을 이곳에 쓰는 것은, 당연히 한국연구원의 의뢰 때문이지만, 이외에도 다른 이유가 있다. 한문학 연구의 필요로 인해 개인적으로 오랫동안 읽어 온 조선 시대의 문헌은 한국사학계가 사료(史料)로 여기는 문헌과 겹치는 부분이 많았다. 그 독서 과정에서 나는 자연스럽게 조선 시대 사회상에 대한 모종의 시각을 갖게 되었다. 그 시각으로 읽어 낸 조선 시대상을 언어로 기술한다면, 그것은 혹 역사가 될지도 모를 일이다. 그러니까 이 글은 사학자의 면허가 없는, 국외인의 시각으로 읽은 한국사인 셈이다. 당연히 사학계의 빼어난 논문에 필적할 만한 수준을 갖춘 것은 아니다. 몇몇 구체적 사례, 곧 세종 시대의 군도(群盜), 임진왜란 시기의 민중, 조선 후기 실학의 성격 등 약간은 흥미로울 수 있는 제재로 쉽게 이야기하는 것일 뿐이다. 혹 이 글을 읽으시는 분이 있다면 모쪼록 눌러 읽으시기 바란다.

2 세종 시대의 군도

1426년 방화로 서울의 가옥 2000여 호가 연소된다.[1] 함길도 북청, 길주, 영흥 출신인 장원만과 그의 노비 진내·근내·석이, 백성 이영생·김천용, 역자(驛子) 김영기 등 수십 명의 군도(群盜)가 방화범이었다. 오랜 기간에 걸쳐 체포된 이들은 모두 교형에 처해졌고, 가족

---

1) 『世宗實錄』 8年(1426) 3月 15日(6).

들은 노비가 되었다. 세종의 치세는 조선 500년 중 가장 안정적인 시기로 알려져 있다. 그 시대에 군도의 방화로 2000호가 소실된 사건이 일어났으니 예외적인 사건인가?

당시 절도 3범과 강도는 각각 교형과 참형에 처해졌는데, 사형의 경우는 반드시 왕에게 보고하여 재가를 받아야 한다. 조선 전기의 실록 중 『세종실록』과 『성종실록』은 이 원칙을 제법 충실히 지켰던 것으로 보인다. 다음은 세종 연간의 절도범과 강도범의 참형·교형에 관한 자료를 연도별로 정리한 것이다. '절-교'는 절도 삼범(三犯)으로 교형이, '강-참'은 강도로 참형이 확정된 경우이다.

	절-교	강-참
1419년(세종 1)	4	1
1420년(세종 2)	0	0
1421년(세종 3)	0	0
1422년(세종 4)	0	0
1423년(세종 5)	4	3
1424년(세종 6)	1	25
1425년(세종 7)	0	11
1426년(세종 8)	0	10
1427년(세종 9)	0	3
1428년(세종 10)	0	18
1429년(세종 11)	0	1
1430년(세종 12)	4	11

1431년(세종 13)	1	2
1432년(세종 14)	1	1
1433년(세종 15)	0	20
1434년(세종 16)	0	0
1435년(세종 17)	0	6
1436년(세종 18)	1	13
1437년(세종 19)	0	21(+1은 능지처사)
1438년(세종 20)	2	13
1439년(세종 21)	0	10
1440년(세종 22)	8	15(+1은 능지처사)
1441년(세종 23)	0	9
1442년(세종 24)	0	9(+1은 능지처사)
1443년(세종 25)	0	6
1444년(세종 26)	0	24
1445년(세종 27)	0	52
1446년(세종 28)	1	5(+향화 야인 1명 장형)
1447년(세종 29)	20	117
1448년(세종 30)	30	192
1449년(세종 31)	19	130
1450년(세종 32)	0	0

세종 치세 32년간 절도로 교형에 처해진 경우는 96명이다. 한 해 평균 약 3명이다. 그런데 교형과 참형의 수는 1447년부터 급증하므

로, 1419년부터 1446년까지 28년 동안 25명에 지나지 않는다. 1년에 1명이 채 되지 않는 것이다. 교형에 처해지려면 체포되어야 하고, 체포된 경우 중 삼범이라야 한다. 실제 절도 발생 수에 비해 체포된 자는 적었을 것이고, 그중에서 삼범은 더욱 희소했을 것이다. 여기에 잦은 사령(赦令)으로 과거 범죄가 말소되는 경우가 빈번했기 때문에 실제 삼범으로 교형에 처해지는 경우는 드물 수밖에 없었다.

강도로 참형에 처해지는 경우는 절도-교형에 비해 압도적으로 많다. 세종 32년간 총 772건으로, 1년간 평균 약 22명이다. 그런데 강도-참형의 경우도 1447년부터 그 숫자가 급증한다. 곧 1447년, 1448년, 1449년의 3년간 강도-참형의 경우가 439명으로 전체의 57퍼센트를 차지한다. 이유는 정확히 알 수 없지만, 1년 평균 146명이다. 나머지 28년 동안은 333명이다. 1년에 평균 약 12명이다. 이 역시 적은 숫자는 아니다. 강도-참형의 경우, 절도-교형이 같은 기간 연간 1명이 채 되지 않았던 데 비해 12배 이상 많았다.

절도와 강도가 무리를 이룬 경우를 군도라고 한다. 대개 3명 이상은 군도로 본다. 다음은 『실록』에서 세종대의 군도 발생 건수를 뽑아 정리한 것이다. 강도의 출현 수와 참형에 처해진 수를 괄호 안에 표시한다. (5)이면 출현한 강도가 5명이거나 참형당한 강도가 5명이란 뜻이다. ( )가 10개이면, 강도 출현 혹은 참형당한 경우가 10번이라는 의미이다. 만약 군도 출현에 대한 서술이 있다면 (x)로 표시한다. 여러 차례일 경우, (x1), (x2), (x3)의 숫자로 표시하고 아래에 출현 지역을 간단히 밝힌다.

1424년(세종 6)	(06), (03), (06)
1425년(세종 7)	
1426년(세종 8)	(03), (03), (03)
1427년(세종 9)	
1428년(세종 10)	(05), (20), (08), (χ1), (05), (χ2), (χ3), (χ4), (χ5), (05) (χ1) 황해도 재령, 평산의 불에 탄 가옥, 살해된 사람과 체포한 도둑 수를 보고하라 명함. (χ2) 경기만이 아니라 황해도에도 군도가 발생하고 있다고 보고. (χ3) 경기 송림현(松林縣)에서 초적(草賊) 발생. (χ4) 평안도 상원(祥原), 삼등(三登)에 초적이 무리를 이룸. (χ5) 황해도 강음(江陰), 곡산(谷山)에 초적이 무리를 이룸.
1429년(세종 11)	
1430년(세종 12)	(03)
1431년(세종 13)	(16)
1432년(세종 14)	
1433년(세종 15)	(12)
1434년(세종 16)	(χ1) (χ1) 전라도 김제 군수 이백상(李伯常)이 군도를 모두 잡은 공이 있음.
1435년(세종 17)	(03)
1436년(세종 18)	(03), (χ1), (04), (χ2), (05) (χ1) 경기, 충청 연로에 군도 발생. (χ2) 하삼도에 도둑 횡행하고 있음.
1437년(세종 19)	(χ1), (06), (04) (χ1) 전라·경상·충청에 도둑이 많이 발생, 금지가 불가능.
1438년(세종 20)	(04), (04), (05)

1439년(세종 21)	(04)
1440년(세종 22)	(06), (03), (06), (06), (03)
1441년(세종 23)	(03)
1442년(세종 24)	(03)
1443년(세종 25)	(04), (χ1) (χ1) 서울 삼각산 깊은 골짜기에서 군도가 출몰.
1444년(세종 26)	(300)*, (11), (03), (χ1) (*) 경기·충청·황해·개성에서 군도 300명 체포. (χ1) 경기·황해·강원도에 군도 발생.
1445년(세종 27)	(08), (05), (03), (03), (03), (03)
1446년(세종 28)	(40)*, (03) (*) 평양 대성산 군도 40명 체포.
1447년(세종 29)	(χ1), (χ2), (07), (12), (05), (04), (05), (10), (19), (07), (06), (13), (03), (05) (χ1) 개성 청석동(青石洞)에 군도 수십 명이 있음. (χ2) 서울 성저십리(城底十里)의 군도가 소와 말을 훔쳐 도살하고, 절도 및 방화를 저지름. (χ1), (06), (16), (05), (03), (09), (06), (03), (03), (χ2), (04), (08), (10), (08), (08), (09), (04), (06), (04), (10), (05)
1448년(세종 30)	(χ1) 삼각산과 도봉산에서 무리를 지어 도둑질을 하던 노비를 추쇄하여 본 주인에게 돌려보냄. (χ2) 경기 양주(楊州)는 2개월 동안 군도 방화가 4번, 노상 강탈이 3번 있었음. 우마와 가산을 도둑맞은 경우는 부지기수.
1449년(세종 31)	(10), (16), (08), (05), (05), (04), (13), (05), (18), (25)
1450년(세종 32)	

앞의 표는 실제 발생한 군도 전체를 반영한 것은 아니다. 1444년 10월 19일 김종서(金宗瑞, 1383~1453)는 40여 명의 군도가 토산(兎山)에 있는 경성부사(鏡城府使) 김후(金厚)의 첩의 집을 포위하고 여자와 노비들을 협박해 재산을 깡그리 빼앗고 비녀(婢女)까지 죽인 사건을 언급하며 이런 사건이 자못 많다고 말한다.[2] 이 사건은 김종서의 언급을 제외하고는 『실록』 어디에도 기록되어 있지 않다. 『실록』의 공식 기록은 실재했던 사건의 일부를 반영할 뿐이다.

군도의 활동 중 규모가 큰 경우의 사례를 들어 보자. 1444년에는 경기·충청·황해와 개성부(開城府)에서 '무리를 지어 강탈하는 도적' 약 300명을 체포했다. 이들이 모두 체포된 것도 아닐 것이고 또 일부 지방의 군도에 불과하니, 전국적으로는 훨씬 더 많은 군도가 활동하고 있다고 보아야 할 것이다. 실제 1444년의 대대적인 체포에도 불구하고 1446년에는 평양 대성산에는 군도 40여 명이, 1447년에는 개성 청석동(靑石洞)에 근거를 두고 군도 수십 명이 활동하고 있었다. 대성산의 군도는 40여 명이 체포됨으로써 그 주력은 붕괴되었지만, 나머지 일부는 개성부 청석동에서 다시 활동을 시작했다.

15세기에 만들어진 각종 제도는, 곧 사족(士族)으로 제 모습을 드러낼 지배계급이 양인과 천민의 노동력 및 노동생산물을 수탈하는 것을 목적으로 삼고 있었다. 그 수탈은 언제나 '과잉'으로 현실화되었다. 그렇다면 이 제도의 주체가 아닌 대상 곧 다시 말해 노동력과 노동생산물을 수탈당한 사람들은, 이 제도에 어떻게 반응했을까? 민

---

2) 『世宗實錄』 26年(1444) 10月 9日(1).

(民)은 늘 유동(流動)하거나 유동 직전의 상태에 있었다. 유동하는 민(民)을 모태로 절도와 강도가 출현하고, 이들은 다시 군도로 응결(凝結)했다. 군도의 강도·절도 역시 분배의 한 방식이다. 사족의 수탈은 국가의 법과 제도에 입각한, 권력적 강제에 의한 분배이다. 절도와 강도는 사적 폭력의 강제에 의한 분배이다. 소규모의 절도와 강도와 달리 군도의 약탈 대상은 부호이고, 그 부호란 대부분 사족이다. 조선 사회에서 지배계급(곧 사족)의 재산은 본질적으로 수탈물이다. 군도들은 수탈로 인해 사회에서 유리(流離)된 자들이므로, 사족에 대한 수탈은 원래의 자신의 노동결과물을 되찾는 것이다. 곧 폭력적 강제에 의해 수탈당한 것을 다시 분배하는 행위이다. 이런 차원에서 수탈 사회에서 군도는 조선 전체를 통해 항시 존재했다. 여기에서는 지면 관계상 세종 시기의 군도만 다루었지만, 문종에서 선조 초에 이르는 기간에 군도는 폭증하고 있었다. 홍길동과 임꺽정은 그중 특출한 존재일 뿐이었다. 군도는 임진왜란 중에도 있었고, 조선 후기 내내 존재했다.

한국사를 덮고 있는 강력한 내셔널리즘과 지배계급 중심의 서술을 걷어 내고 사태 자체에 집중하면 전혀 다른 인간과 사회가 보일 것이다. 민족을 주어로 삼는 역사, 지배계급의 정치사와 제도로서의 경제사를 벗겨 내면, 현실을 살아야 했던 정치와 제도의 대상이 되었던 다양한 인간의 삶이 보일 것이다. 군도는 그중 하나의 경우일 뿐이다. 모든 민(民)이 유동하거나 군도로 나선 것은 아니었다. 수탈을 당하면서도 적응하고 저항하면서 생존을 도모했던 실제 상황은 어떤 것이었던가. 지배계급의 수탈에 대응하는 민의 구체적인 삶의 실태를 찾아 구성하는 것은 흥미로운 과제가 아닐까?

3 갑판 아래 사람들

　임진왜란은 이순신과 그의 함대가 거둔 놀라운 승리로 기억된다. 교과서에 실리고, 소설로, 드라마로, 영화로 제작되어 그 승전 서사는 국민의 교양이 된 지 오래다. 그런데 다음 자료는 어떤가.

　호남 지방 사정을 말하자면, 주사(舟師)가 소속된 지방의 수군(水軍)은 깡그리 흩어져 없어진 상태이고, 수령이 전지(田地)의 면적에 따라 인부를 차출해 식량을 스스로 마련하게 한 뒤 격군(格軍)에 채워 넣습니다. 격군은 한번 배에 오르면 교대할 기약도 없고, 살아갈 물자도 없어 굶어 죽도록 방치해 두었다가 죽으면 시신을 바다에 던져, 한산도에는 백골이 쌓여 보기에도 참혹합니다.[3]

　1595년 3월 2일. 갑오년(1594), 계사년(1595) 이래 수병(水兵)들의 고생이 심했다. 또 바닷가 곳곳에 전염병이 크게 번져 한산도를 지키는 군졸이 열에 여덟, 아홉은 죽었다. 이 때문에 배를 타고 간 자들은 돌아오지 않았고 남아 있는 자들은 도망하고 흩어져, 허다한 군선(軍船)들이 다 비게 되었다.
　이순신이 이것을 걱정하여 수군(水軍)에 딸린 각 고을에 명령하여 촌백성을 찾아내어 수군에 채워 넣게 하고, 군관(軍官)과 여러 장수를 바닷가 시장에 나누어 보내어 장사꾼을 덮쳐 잡은 뒤 배에 실어

---

3) 『宣祖實錄』 27年(1594) 10月 3日(2).

수군으로 삼았다. 이로부터 길가의 시장이 다 없어졌고 마을이 텅 비게 되었다. 사람들은 풀숲이나 구덩이 속에서 숨어 있다가 틈을 보아 밭을 갈고 곡식을 거두었다.[4]

넓은 남해 바다에서 함대를 움직이고 왜선(倭船)을 충파(衝破)한 것은 판옥선 갑판 아래 '격군'이었다. 강제로 끌려온 격군은 갑판 아래 갇혀 노를 저었다. 지치고 굶주리다 죽으면 바다에 던져졌다. 주검은 백골이 되어 쌓였다.

역사는 갑판 아래 있었던 수많은 격군을 특별히 기억하지 않는다. 오직 이순신과 주변의 별들만 찬란히 빛날 뿐이다. 만약 수군의 승리 서사를 벗어나 판옥선의 갑판 아래를 들여다보면, 전쟁의 리얼리티는 전혀 다른 모습으로 구성될 것이다.

전쟁이 시작되고 채 한 달이 되지 않은 1592년(선조 25) 5월 10일 홍문관 부제학 홍인상(洪麟祥, 1549~1615) 등은 선조에게 이렇게 말한다. "바다 건너 작은 오랑캐가 변경을 범하자 고을들은 바람에 쓸리듯 했고, 그놈들의 향도(嚮導)가 되었으며, 서울 백성들 중에는 적을 막는 자가 한 사람도 없었습니다. 적들이 재를 넘기 전에 이미 투항할 뜻이 있었고, 차마 들을 수 없는 말이 길거리에 떠돌았습니다. 급기야 종묘사직이 폐허로 변하고, 도성과 대궐은 잿더미가 되었습니다."[5] 왜군의 침입에 저항이 거의 없었고 도리어 길잡이가 되는 자들

---

4) 趙慶男, 『亂中雜錄』 권3.
5) 『宣祖實錄』 25年(1592) 5月 10日(9).

까지 나타났다는 것이다.

임진왜란 중 지배계급에 대한 반감과 민심의 이반은 광범위하게 확인된다. 1597년 11월 12일 전라 우수사 이시언(李時言)은 왕에게 해남·강진·장흥·보성·무안 등의 고을은 인민이 거의 다 왜적에게 붙어 사족(士族)의 피난처를 일일이 가르쳐 주었고, 이에 사족들이 거의 살육되었다고 보고했다.[6] 선조가 도성을 버리고 파천(播遷)하자 영변 지방 사람들은 숙천부(肅川府)의 관아 기둥에 "대가(大駕)가 강계로 가지 않고 의주로 갔다."라고 왕(宣祖)의 행선지를 써 놓기도 했다.[7] 근대 내셔널리즘의 입장에서는 침략 전쟁에서 외적에게 동조하는 민중의 태도는 이해하기 어려울 것이다. 하지만 그것이 역사의 실상이었다.

민중의 지배계급에 대한 반발 중 가장 눈여겨보아야 할 것은 '토적(土賊)'으로 불린 군도(群盜) 집단이다. 사족들은 "백성들이 모두 나라를 망각하고 적을 영입했고, 토적은 날뛰면서 왜군을 도와 잔학한 짓을 했다."[8]라고 증언했다. 실제 토적이 왜군을 인도하여 산을 수색한다는 말을 듣고 선조의 형인 하릉군(河陵君, 1546~1592)이 목을 매어 자살하는 사건까지 있었다. 1592년 4월 14일 전쟁의 발발로부터 불과 2개월 남짓이 지난 뒤 김수(金睟, 1547~1615)의 보고에 따르면, 왜군의 침입 이후 초계 군수 이유검(李惟儉, 1538~1592)과 의령 현감 오응창(吳應昌) 등이 패군장(敗軍將)으로서 효시된 후 토적이 빈틈을

---

6) 『宣祖實錄』 30年(1597) 11月 12日(4).
7) 『宣祖實錄』 25年(1592) 6月 28日(2).
8) 『宣祖實錄』 29年(1596) 2月 22日(2).

타서 관곡을 훔쳐 냈다고 했다.[9] 여기에서 토적이란 평소 활동하던 군도일 것이다. 이후 토적의 활동에 대한 기사가 『실록』에 쏟아진다. 1593년(선조 26) 4월 21일 안집사(安集使) 김늑(金玏, 1540~1616)은 경상도에서 '토적'이 날뛰어 수십 명씩 무리를 지어 대낮에 사람을 해치고 죽이는 등 하지 못하는 바가 없다고 보고했고,[10] 같은 해 8월 9일 우부승지 구성(具宬, 1558~1618)은 순천·광양·곡성을 분탕(焚蕩)한 무리는 왜적이 아닌 '토적'이라고 보고했다.[11]

『선조실록』과 『선조수정실록』의 기사를 근거로 하건대, 토적의 발생 사례가 가장 많았던 해는 1594년이었다. 이 중 가장 강력했던 집단은 남원의 김희(金希)·이복(李福)·강대수(姜大水), 경상우도의 고파(高波) 등이었다. 이들의 활동지는 지리산으로부터 남원의 회문산(回文山), 장성(長城)의 노령(蘆嶺) 등 수십 개 군의 산골이었다. 김희 등은 1594년 12월 5일 남원 판관 김유(金裕), 운봉 현감 남간(南侃)이 거느린 수백 명의 군사와 독포장(督捕將) 정기룡(鄭起龍, 1562~1622)의 군사 300명의 연합 공격을 여유 있게 방어하는 등 강력한 무력을 보유하고 있었다. 관군은 계속 이들을 압박했다. 이들 중 고파는 1595년 1월 장성에서, 김희와 강대수는 같은 해 6월 영남에서 패배해 죽었다. 조경남은 이로 인해 산군(山郡)의 길이 다시 열려 사람과 물자가 통하게 되었다고 했으니,[12] 1594~1595년은 전라도 일대가 이들

---

9) 『宣祖實錄』 25年(1592) 6月 28日(6).
10) 『宣祖實錄』 26年(1593) 4月 21日(7).
11) 『宣祖實錄』 26年(1593) 8月 9日(1).
12) 趙慶男, 『亂中雜錄』 권3.

에게 장악되어 있었던 것이다.

경기도에서는, 현몽(玄夢)이 광주(廣州)·이천의 산골짜기를, 이능수(李能水)가 양주의 산골짜기를 근거 삼아 활동했다. 현몽의 부대는 백성·산척·재인 등 천민으로 구성된 집단으로 짐작된다. 조정은 1593년 10월경 승병을 거느린 방어사(防禦使) 변응성(邊應星, 1552~1616)으로 하여금 이능수와 현몽 부대를 압박하고, 거액의 현상금을 내걸어 내부 분열을 유도했다. 부대는 와해되었고, 이능수는 부하들에게 살해되었다. 하지만 가장 사나웠다고 하는 현몽은 달아나 끝내 잡히지 않았다.

전쟁 중 반란도 이어졌다. 국경인(鞠景仁)과 이몽학(李夢鶴)의 난은 충분히 알려져 있으니, 여기에서는 송유진(宋儒眞)의 난을 들어 본다. 송유진은 원래 의병(義兵) 출신으로 공을 가장 많이 세웠다.[13] 송유진은 "사람은 죽이지 않고 오직 군량과 무기만 모은다."[14]라고 했던 바, 2000명의 군사를 모았던 것은 본디 의병 출신이었기 때문일 것이다. 하지만 그는 충청도 천안과 직산(稷山) 일대에서 군도로 활동했다. 그가 모은 군사는 지리산·속리산·광덕산·청계산 등지에 웅거하고 있던 토적들로 짐작된다.[15] 1594년 1월 서울의 수비가 허술한 것을 알고는 진군하여 국가를 전복하려는 '역모'를 꾸미고 행동에 나섰

---

13) 李恒福, 「以分兵曺判, 陪東宮在全州箚. 癸巳冬」, 『白沙集』: 『韓國文集叢刊』 a62, 275쪽. "昨夜伏見本道書狀, 則稷山人捕得賊將十人. 其中有宋儒眞稱名者. 此乃義兵中立功最多者."
14) 『宣祖實錄』 27年(1594) 1月 11日(6). "傳曰: '忠淸道盜賊極熾, 白晝橫行, 誘取軍糧器械, 而不殺人物, 事甚可慮.'"
15) 『宣祖修正實錄』 27年(1594) 1月 1日(3).

지만, 직산에서 체포되어 처형된다. 전쟁 중의 있었던 토적의 활동과 반란은 민중이 지배 체제에 대해 품고 있었던 격심한 반감의 표현일 수밖에 없다.

왜군은 전쟁 중 조선인을 대거 납치해 갔는데, 전쟁이 끝나고 외교가 복구되자, 조선은 그들을 쇄환하기 시작했다. 1604년 유정(惟政)이 3000여 명을, 1607년 여우길(呂祐吉)·경섬(慶暹)이 1340명을 데리고 왔다. 그 뒤 1617년과 1624년에도 다시 조선 사람을 데리고 오기 위해 사신단을 보냈지만, 데리고 온 사람은 100명 남짓이었다. 세월이 오래 지나 피로인(被擄人)들이 일본화했기 때문일 것이다.(이 점은 조선과 일본 모두 인정하는 바이기도 했다.) 그런데 정유재란 때 일본에 끌려갔던 강항(姜沆, 1567~1618)은 『간양록(看羊錄)』에서 미묘한 말을 남겼다. 당시 이예주(伊豫州) 대진현(大津縣)에 조선 사람 남녀 1000여 명 중 먼저 잡혀 온 사람들 중 절반은 귀국할 마음이 없는 것 같았다는 것이다.16) 임진왜란으로부터 불과 5년 지난 뒤인데도 귀국을 거부했던 것이다. 귀국을 거부하는 사람들의 존재는 조선 사족 체제의 불편한 진실을 드러낸다. 전쟁 종식 이후 통신사가 일본에 도착하면 소문을 듣고 미리 피하는 사람들도 있었고, 귀국을 약속하고도 정작 배를 탈 때 모습을 드러내지 않은 사람들도 적지 않았다. 귀국을 거부하는 경향이 있었던 것이다. 강홍중(姜弘重, 1577~1642)의 『동사록(東槎錄)』에 따르면, 이문장(李文長)이란 사람은 조선의 법이 일본의 법만 못하고 살기가 어려우니 돌아가는 것이 이로울 것이 없다면서, 사람들을

---

16) 姜沆, 「賊中封疏」, 『看羊錄』.

설득해 돌아가려는 마음을 끊게 만들었다고 한다.[17] 문제는 이런 말을 한 사람이 이문장만이 아니었다는 것이다. 예를 들면 이성립(李成立)·김춘복(金春福) 두 사람은 조선 사신이 머무는 숙소를 찾아와 강홍중에게 "일본에 잡혀 온 사람들이 자의로 온 것이 아닌데, 조선으로 데려가면 대우를 아주 박하게 한다고 들었다."라고 항의했던 것이다. 그런데 이들의 말이 거짓이 아닌 것이 강홍중의 입으로도 증명이 된다. 곧 강홍중은 선조(宣祖)에게 귀국 보고를 하면서 자신이 '감언이설'로 달래어 데리고 온 사람이 막상 부산에 도착한 뒤 어떻게 살 방도가 없다면서 자신을 따라오며 하소연했지만, 겨우 5일분 양식을 주고 보내고 말았다는 것이다.

1636년 일본에 파견된 황호(黃㦿)는 구걸로 연명하고 있던 해남(海南) 출신의 피로인은 귀국 의사가 전혀 없었다고 분노했다. "돌아가면 군졸이 아니면 노비가 될 것이니, 이 땅에서 차라리 편하게 지내는 것이 낫다."라며 귀국을 단호히 거절했기 때문이었다. 황호는 "목을 베어 버리고 싶다."라고 흥분했지만, 당연히 그럴 수는 없었다.[18] 노비는 말할 것도 없고, 군졸이 된다는 것 역시 임진왜란이 일어났던 16세기 말 조선 사회에서는 '상것'으로 착취의 한복판에 놓이는 것을 의미했다. 삶의 수단과 보람이 있을 수 없었다. 이 사람은 사실상 조선 사회의 기본 모순의 통처(痛處)를 찔렀던 것이다. 황호가 죽이고 싶을 정도로 흥분했던 것은, 군졸 아니면 노비라는 말에 조선 사회의

---

17) 姜弘重, 『東槎錄』, 1624年 11月 27日.
18) 黃㦿, 『東槎錄』, 1636年 12月 1日.

치부가 여과 없이 드러났기 때문이었을 것이다.

　1592년은 조선이 건국 200년이 되는 해였다. 왕조는 온갖 모순을 노정하고 있었고, 이미 붕괴의 조짐이 보였다. 양인 내부에서 사족이 분리·형성되면서 불평등한 사회구조가 만들어졌고, 그 구조 위에서 피지배층에 대한 지배층의 수탈이 강화되고 있었다. 민(民)의 저항적 에너지는 홍길동과 임꺽정 등 군도(群盜) 형태로 집약되었다. 그 저항이 본격화할 무렵 임진왜란이 발발한 것이다.

　왜군의 총칼에 가장 큰 희생을 당한 것은 민(民)이었다. 또한 민은 전쟁에 동원되었고 한편으로는 체제에 저항했다. 이 과정에서 민중의 저항적 에너지가 소모되었다. 민중이 처했던 상황을 『선조실록』의 사관은 전쟁 발발 이후 "국가는 백성을 초개(草芥)처럼 보았고, 표범이나 승냥이처럼 포악하게 굴었으며, 교활한 아전은 더욱 탐오(貪汚)하고 잔혹하게 굴었다."[19]라는 말로 압축했다.

　사족 체제는 임진왜란(여기에 병자호란을 더하여)을 거치며 민의 저항적 에너지가 사라진 것을 계기로 강화되었다. 임병양란(壬丙兩亂) 이후 유교 국가로의 본격적인 전환이 이루어졌다. 사족-남성을 위한 사회를 강고하게 유지하는 여러 장치가 좀 더 철저하게 작동할 수 있었던 것이다. 중세는 임병양란 이후 해체된 것이 아니라, 본격적으로 강화될 수 있었다고 하겠다. 판옥선 갑판 아래에 있던 사람들까지 포함하여 임진왜란을 읽고, 그 전후의 역사를 다시 구성할 필요가 있을 것이다.

---

19) 『宣祖實錄』 31年(1598) 8月 12日(4). "喪亂以來, 國家視民如草芥, 暴民如豺虎, 黠吏因之, 重其貪殘, 民安得保其生而安其居?"

4 실학 너머

먼저 다음 개혁 아이디어를 읽어 보자.

① 노비를 양인으로 할 것.
② 3정승, 6판서도 양·천민 중에서 골고루 담당하기로 할 것.
③ 유학(幼學)·교생(校生)·무학(武學) 등 한유(閑遊)한 양반들에게도 군역을 부과할 것.
④ 궁방(宮房)과 권세가의 농장을 몰수하고 이를 상급할 것.
⑤ 원부세(原附稅) 이외의 각종 잡역을 금지할 것
⑥ 노비 노동에 대신하여 고공제(雇工制)를 도입할 것.
⑦ 형벌 제도를 완화할 것 등.

노비를 양인으로 해방시킬 것, 영의정·좌의정·우의정과 6조의 판서도 양민과 천민이 골고루 담당할 수 있게 할 것, 군역을 피한 양반들에게도 모두 일률적으로 군역을 부과할 것, 궁방과 권세가의 농장, 곧 토지를 몰수하여 분배할 것 등이다. 이 개혁안은 현재까지 알려진 어떤 개혁안보다 철저하고 근본적일 것이다. 이것이 현실화된다면, 사족 체제는 붕괴하고 조선은 완전히 다른 사회가 될 것이다.

당연히 이 개혁안은 '실학'으로, 그 제출자는 '실학자'로 규정될 것이다. 하지만 유감스럽게도 이 개혁안을 제출한 주체는 명화적(明火賊) 집단이다. 1629년 2월 사형을 당한 명화적 이충경(李忠景)·한성길(韓成吉)·계춘(戒春)·막동(莫同) 등은 원래 황해도 지방의 광한적(獷

猙賊)으로 호란(胡亂)을 틈타 유민을 모아 군도 집단을 이룬 뒤 강원도로 옮겨가 철원·평강 일대에 출몰하며 살략(殺掠)을 자행했다고 한다. 이들은 드물게도 문초 기록에서 자신들이 목적하는 바를 뚜렷하게 남겼다. 그들은 산골짜기 깊은 곳에 담장을 치고, 최영(崔瑩) 장군, 남이(南怡) 장군의 화상을 그려 놓고 제사를 지내고, 약조(約條)·관원·부서(局)를 만들고 서로 맹세하여 이충경을 우두머리로 삼아 대역(大逆)을 도모했다고 한다. 이들은 명화적 집단이지만 정식으로 내부의 법을 만들고 관원과 부서까지 두었다 하니, 체계적이고 조직적이라 할 만하다. 평민과 천민으로 구성된 명화적 집단은 서울을 점령하고 15개조의 사회개혁안을 실행하려 했으니, 위에 든 것은 그중 일부이다.[20] 이들의 반서(反書)[21]가 지극히 흉악하여 차마 볼 수 없었다고 하는 『인조실록』 사신(史臣)의 지적은 이들 군도 집단의 급진적 사회개혁안에 대한 두려움의 표현일 것이다. 요컨대 실학은 유형원(柳馨遠)·유수원(柳壽垣)·이익(李瀷)·홍대용(洪大容)·박지원(朴趾源)·박제가(朴齊家)·정약용(丁若鏞)과 같은 사족 출신의 이른바 실학자의 전유물이 아니다. 이 사실을 어떻게 이해해야 할 것인가?

실학의 중심은 제도개혁론이다. 1670년 유형원의 『반계수록(磻溪隨錄)』, 유수원의 18세기 전반의 『우서(迂書)』, 1778년 박제가(朴齊家, 1750~1805)의 『북학의(北學議)』, 1817년 정약용의 『경세유표(經世遺表)』, 1858년 최성환(崔瑆煥, 1813~1891)의 『고문비략(顧問備略)』 등

---

20) 정석종, 『조선 후기의 정치와 사상』(한길사, 1994), 121~122쪽.
21) 『仁祖實錄』 7年(1629) 2月 27日(3). "其反書, 語極兇慘, 有不忍見者矣."

실학의 대표적 저작은 예외 없이 제도 개혁을 주장한다. 아, 물론 그 사이에 이익과 홍대용, 박지원 등 대단한 일류 지식인들의 개혁안이 있었던 것도 잊어서는 안 될 것이다. 이들은 거의 대부분 서울과 경기, 충청도에 세거하는 사족들, 이른바 경화세족(京華世族) 출신의 지식인이었다. 곧 이른바 지금까지 알려진 대부분의 '실학자'는 경화세족이다.

제도개혁론은 실학자만 주장한 것이 아니다. 『승정원 일기』에는 제도 혹은 관행(특히 수탈과 관련한)의 전면적 혹은 부분적 제도 개혁을 요구하는 엄청난 분량의 상소가 실려 있다. 구체적 내용을 다루기에 상소는 길어지기 일쑤이며, 그중에서도 특별히 긴 것은 '만언소(萬言疏)'라고 한다. '만언'으로도 부족하면, 따로 책자 형태로 만들어 올린다. 예컨대 우하영(禹夏永, 1741~1812)의 『천일록(千一錄)』, 박제가의 『진소본(進疏本) 북학의』 같은 것이다. 이런 장문의 개혁 상소를 올린 사람은 다양하다. 낮은 위계의 관료일 수도 있고 향유(鄕儒)일 수도 있다. 이들은 실학자인가, 아닌가?

'실학'의 제도개혁책이 실천된 경우는 얼마나 될까? 『반계수록』·『우서』·『북학의』·『경세유표』·『천일록』·『고문비략』의 구체적이고 다양하고 정연한 개혁안은 종이 위에만 존재했던 것일 뿐이다. 실천된 적이 없었다. 무엇보다 개혁책은 자신을 현실에서 구현할 방법을 결여하고 있었던 것이었다. 대체로 개혁책은 왕에게 그 실행을 희망하고 있었다. 하지만 조선 후기의 왕은 경화세족 출신의 관료들에게 포위되어 있었으며, 그 역시 제일의 경화세족이었다. 개혁안이 실행된다는 것은, 왕과 경화세족이 스스로 자신들이 독점하고 있던 권력과 부

(富)를 포기하거나 제한함을 의미했다. 개혁책은 이런 점에서 근본적인 모순을 내포하고 있었다. 개혁이 가능하려면 포기와 제한을 강제할 방법을 동시에 제시해야만 했다. 그 강제는 곧 혁명을 의미하는 것이었다. 하지만 실학은 '혁명'을 요구하지 않았다.

1670년 『반계수록』부터 1858년 『고문비략』에 이르기까지 저술로 이루어진 다양한 제도개혁책, 또 『승정원 일기』에서 확인할 수 있는 수많은 개혁 상소들(특히 장문의 상소들)의 존재는, 역으로 사족 체제가 해결해야 할 수많은 문제를 해결하지 못한 채 간신히 유지되고 있었음을 의미한다. 그것은 도리어 개혁의 필요성이 개혁에 대한 저항을 넘을 수 없는 현실을 고스란히 반영하고 있었다. 그런데 20세기 이후 한국사 연구가 무수한 제도개혁책 중 극히 일부에 주목해 그것을 실학으로 특별히 명명했던 것은 개혁이 실행되었던 것 같은 착각을 불러일으켰다.

실학에는 경제학이 있다. 실학의 경제학은 상업론·무역론·화폐론을 포함한다. 예컨대 북학파의 상업론·무역론이 대표적이다. 북학파의 대표자 박지원의 「허생전」은 박제가의 『북학의』와 함께 사족도 상업에 종사해야 한다는 관념을 선전하는 것으로, 나아가 국제무역의 정당성을 설파하는 것으로 이해되었다. 하지만 허생의 상업은 2회의 매점매석으로 끝난다. 그가 매점매석에 나선 것은 돈을 벌기 위해서가 아니라, 변산반도의 군도(群盜)를 무인도로 데려가기 위한 자금을 얻기 위해서였다. 군도는 과잉 수탈로 인해 토지에서 유리된 농민들이었으니, 그것은 사족 체제의 모순이 빚어낸 저항적 존재들이었다. 사족 체제가 존재하는 체제 내부에서는 군도의 발생을 막을 수 없었다. 곧 허생이 군도를 데려간 무인도는 사족 체제 외부의 공간이다. 허생은 그 공간에서 아나키 공동체를 만들기 위한 방편으로 두 차례 매점매석을 했던 것이다. 개인적으로 부를 축적하기 위해 상업에 종사했던 것이 아니다. 사족의 상업을 지지하거나 상업 자체를 옹호한 것이 아니었다는 말이다.

나가사키(長崎)에 기근이 들자 허생은 섬에서 수확한 쌀을 실어가 기민을 구제하고, 은 100만 냥을 받아 돌아온다. 허생의 섬은 화폐가 필요 없는 곳이다. 허생은 100만 냥 중 50만 냥을 바다에 수장(水葬)한 뒤 조선에 돌아와 40만 냥으로 빈민들을 구제하고, 10만 냥을 변 부자에게 갚는다. 허생이 매점매석으로 나가사키로 곡식을 실어 나르는 행위가 화폐를 얻기 위한 상업(무역)으로 해석되려면, 100만 냥을 자본으로 하여 곡물을 포함한 다양한 상품을 운송·판매하는 행위가 반복되어야만 했을 것이다. 하지만 그런 행위는 반복되지 않았다. 그는 화폐를 소유하지도, 자본으로 사용하지도 않았고, 도리어 50만 냥을 수장하여 화폐에 대한 경멸감을 표시한다. 박지원이 양반이 상업에 종사해야 한다거나, 상업을 적극 옹호했다고 볼 수 있는가? 허생의 행위는 위기에 빠진 타자, 곧 토지에서 축출된 농민(군도), 굶주림으로 죽음의 위기에 빠진 나가사키의 기민(饑民), 국내의 빈민을 아무 보상 없이 돕는 것이었다. 허생의 이타행(利他行)에는 화폐를 소유하는 것을 열망하는 상인의 형상이 전혀 없다! 이것은 상업과 화폐를 지향하는 상인의 형상이 아니다.

홍대용의 『의산문답(毉山問答)』은 알려져 있다시피 지전설(地轉說)을 주장한다. 이 지전설은 지구의 자전(自轉)만 주장하는 것일 뿐

정작 결정적으로 중요한 지구의 공전(태양중심설, heliocentrism)은 결여하고 있다. 그런데도『의산문답』의 지전설이 대서특필된 것은, 이것이 코페르니쿠스로부터 갈릴레이에 이르는 태양중심설과 유사한 것처럼 보이기 때문이다. 곧 착시 현상이다. 지전설은 한국사의 '근대과학의 부재'란 콤플렉스를 치료하는 효과이다. 이런 점에서 이 착시는 다분히 의도적이다.

『의산문답』의 지전설은 지구설(地球說)을 전제하는데, 지구가 구형이란 사실은 별반 신기할 것도 없는 것이었다.『열하일기』「태학유관록(太學留館錄)」에서 중국인 기풍액(奇豊額)이 박지원과의 대화에서 "땅이 둥글다는 말은 서양인이 처음으로 꺼냈다.(地毬之說, 泰西人始言之)"라고 말했듯, 지구설은 이미 동아시아 지식인들 사이에는 널리 알려진 것이었다. 다만 지전설은 홍대용이 처음 제출한 것이다. 하지만 지전설의 내부는 황당하기 짝이 없는 것이다. 예컨대 지구설은, 지구 자체가 추락하지 않는 것과 대척지(對蹠地) 문제, 곧 지구 반대편에 있는 사람과 사물이 추락하지 않는 현상을 설명해야만 했다. 홍대용은 우주를 무한히 확장함으로써 위와 아래라는 방향의 설정 자체를 부정했다. 상하의 방향이 존재하지 않기 때문에 지구의 추락과 지구 표면의 사람과 사물의 추락은 존재할 수 없다. 아마 우주무한설은 '추락'의 문제를 해결하기 위해 역으로 구성된 논리일 것이다.

또한『의산문답』의 지전설에 따르면, 지구의 회전으로 말미암아 지구 표면의 사람과 사물은 쓰러지거나 날아가야 마땅하다. 이 문제를 어떻게 해결할 것인가? 홍대용에 따르면, 지구는 포기(抱氣)로 불리는 얇은 기운으로 둘러싸여 있다. 그는, 지구가 맹렬히 회전할 때 포기와 지구를 둘러싸고 있는 우주의 기(氣) 사이에 마찰이 일어나면서 아래로 몰려 쏠리는 기(氣)의 장(場)이 인간과 사물을 쓰러지지 않게 한다고(달리 말해 지구 바깥으로 튀어 나가지 못하게 한다고) 주장했다. 우주에 가득한 '기'와 지구를 둘러싸고 있는 '포기'의 존재는 선언적일 뿐 실증된 것이거나 실증할 수 없는 것이다. 사실 지구의 회전은 우주의 기와 지구의 포기의 마찰을 말하기 위해 역으로 구성된 궁색한 발상일 수 있다. 이것은 과학이 아니다. 요컨대『의산문답』의 우주무한론과 지전설은, 당시까지 전해진 서양 과학을 중국 전근대의 자연학으로 해석한 것일 뿐이다. 하지만『의산문답』의 지전설은 태양중심설에 버금가는 비중을 갖는 것으로 해석되었다. 왜?

이제까지 언급한 ① 제도개혁론, ② 경제학(상업·무역·화폐론), ③ 과학(사실은 자연학)은 각각 다른 맥락에서 제출되었지만 한국사에서 이것은 모두 실학이란 이름으로 묶인다. 여기에 다른 것이 추가될 수 있다.

④ 실용생활학, 예컨대 서유구(徐有榘)의『임원경제지(林園經濟志)』. 물론 이전의 홍만선(洪萬選)의『산림경제(山林經濟)』, 유중림(柳重臨)의『증보산림경제(增補山林經濟)』등을 포함.

⑤ 민족학 ─ 언어학(예를 들면, 유희의『언문지』), 역사학(예를 들면, 안정복의『동사강목』), 지리학(정약용의『아방강역고』), 지도학(예를 들면, 김정호의『대동여지도』) 등.

①, ②, ③은 이미 언급한 바 있다. 여기에 추가되는 ④ 실용생활

학과 ⑤ 민족학 역시 모두 실학에 포괄된다. 각각 다른 맥락에서 제출된 이것은 한국사의 어떤 서사 안에서 '실학'으로 불리게 된다. 그 서사란 '민족이 주체가 되어 개혁을 통해 자본주의적 근대로 향했던 진보의 역사'이다. 알다시피 이런 서사는 존재하지 않는다. 그것은 20세기 한국인의 내면에 깊이 새겨진 '근대 부재'의 콤플렉스가 역으로 상상한 허구에 지나지 않는다. 실학의 내부 구성물은 허구적 근대 서사를 충족하기 위해 동원된 재료일 뿐이다. 21세기 한국 사회는 자본주의적 근대에 깊숙이 진입했다. 실학이라는 상상의 담론이 아니라 그것은 이미 경험으로 존재한다.

현금(現今)의 한국 학계는 '구성된 실학'을 부정하지 않는다. 마지못해 인정하는 것으로 보인다. 하지만 실학은 시민권을 갖고 그대로 통용된다. 실학의 구성을 해체하는 것은 사실 간단하다. 개혁론과 경제학, 자연학, 실용생활학, 민족학 등을 그것들이 있었던 각각의 콘텍스트로 돌려보내면 그만이다. 문제는 그 이후이다. 실학을 해체하면, 조선 후기에 민족이 자본주의적 근대로 진보하고 있었다는 서사 자체가 무너진다. 이것은 조선 전기의 역사상(歷史像)과 임병양란에 대한 기존의 해석까지 뒤흔들어 버릴 것이다. 그렇다면 '조선 시대사'를 다시 구성해야 한다는 난감한 문제와 맞닥뜨리게 된다. 실학이 구성된 것을 마지못해 인정하는 선에서 어정쩡한 태도를 취할 수밖에 없는 이유가 여기에 있다.

좀 더 골치 아픈 문제는 다른 데 있다. 실학을 구성함으로써 만들어 낸 '민족이 주체가 되어 개혁을 통해 자본주의적 근대로 향했던 진보의 역사'라는 서사는, 기실 20세기 이후 한국 사회에서 자본주의적 근대의 완성이 역사적 필연임을 지지하는 근거가 되었다. 역사적 진실을 밝히는 것이 아니라(뭐, 역사적 진실이라는 것이 따로 있겠냐마는) 자본주의적 근대를 위해 역사가 동원된 것이었다는 말이다. 또한 한국인은 강력한(아니 강제된) 국사 교육을 통해 내셔널리즘과 자본주의적 근대의 삶을 유일한 형태의 삶으로, 아니 절대적 진리로 믿게 되었다. 국가권력이 구성하는 역사는, 그냥 듣기 재미있는 옛날이야기가 아니다. 이 서사를 폐기하는 것은 내셔널리즘과 자본주의, 근대에 대한 근본적인 반성을 요구한다. 이 반성은 근대 이후 한국의 역사학과는 전혀 다른 차원의 역사학을 요구할 것이다. '실학 너머'에 무엇이 있을 것인가! 궁금하지 않은가?

5 끝맺음

지금까지 세종 시대의 군도와 임진왜란 시기의 민(民), 조선 후기 실학에 대해 간단히 언급했다. 세종과 임진왜란, 실학은 각 시기의 역사적 성격을 규정하는 강력한 서사를 갖는다. 연구와 이해는 대부분이 기성의 서사를 확인하면서 그 세부적 국면을 채우는 것일 터이다. 하지만 이 서사야말로 다양한 역사상(歷史像)을 은폐하는 것이다. 만약 이 서사에서 벗어나 국외인의 시각에서 역사를 읽는다면, 우리는 좀 더 다양하고 풍부한 역사상을 구성할 수 있을 것이다.

세종과 임진왜란, 실학 전체를 이끄는 서사는 앞서 지적한 바와 같이 '민족'과 '근대' 위에 축조된 것일 터이다. 지극히 사적 상상이겠지만, 조선 시대사 연구는 궁극적으로 민족이 국민국가를 건설하고 자본주의적 근대로 진보했다는 서사를, 이른바 사료라는 것으로 구성하는 작업이 아닐까? 이것은 내셔널리즘과 자본주의를 역사적 필연으로 보는 것이다. 그렇다면 모든 역사적 서술은 동어반복인 셈이다. 새 역사 서술은 당연히 동어반복을 넘는 것일 텐데, 그것은 아마도 지금의 인간과 사회를 넘어 새로운 인간과 사회를 건설하려는 비판적 상상력을 요구할 것이다. 나의 어쭙잖은 생각은 이렇다. 지금 이 작업을 하고자 하는 사람은 별로 없겠지만, 미래 세대의 어떤 국외인이 이 일을 해야 할 것이다.

중세 국가에 대한 연구는
우리에게 어떤 의미가 있을까

김인호

한국의 중세는 요즘 학생들에게 따분하게 느껴지거나, 한자(漢字)가 가득한 저 너머의 세계이다. 한국의 중세는 통상 고려와 조선왕조라는 기나긴 천년의 시간을 지닌 아득히 먼 곳이다. 그나마 이미지는 서양인에게도 알려진 갓 쓰고 한복 입은 양반의 모습, 그리고 경복궁과 같은 궁궐이나 한옥 등의 모습이다. 현재 우리에게 중세는 '전통시대'라고 말하지만, 무엇인가 실체가 분명하지 않은 과거일 뿐이다.

이 따분하고 재미없는 중세 시대가 나의 연구 대상이다. 그나마 조선왕조는 사람들의 머릿속 이미지가 분명하지만, 그림조차 많지 않은 고려왕조에 대한 연구는 더 재미가 없다. 역사 연구자는 주로 기록에 근거하여 무엇인가를 찾아낸다. 기록의 근거가 없다면, 역사적 상상력이 필요하다. 하지만 상상력의 세계는 창작의 영역으로 바뀔 수 있고, 역사가는 이를 가능한 한 회피하려 한다. 과거의 목소리는 가능한 역사적 자료에 근거하여 울려 퍼질 수 있다는 믿음 때문이다.

나의 연구는 보잘것없다. 성과가 많거나 학계에서 크게 인정받지도 못했다. 주제도 재미가 없는 '중세 국가의 운영'이다. 이 재미없는 연구 주제가 앞으로 전개되어야 할 이야기이다. 사실 중세 시대는 흔히 고려와 조선왕조를 포함하기에, 두 왕조의 국가 운영에 대한 규명이 필요하다.

이에 대한 연구는 이미 많은 선학의 성과가 산적해 있다. 그리고 성과의 결과 역시 일반적으로 잘 알려져 있다. 우선 고려왕조의 국가 운영 방식은 집권 세력에 의해 이루어졌다. 고려왕조는 지역 세력, 흔히 호족(豪族)이라고 부르는 세력이 왕조 건설의 주도 세력이었다. 그 결과 후삼국까지 이루어진 지역의 통치 질서(자율적 운영 방식)가 계속 작동했다. 때문에 고려왕조는 조선과 달리 지역 통제의 권력을 인정해야 했기에, 중앙집권이 아닌 지역의 자치성에 기반한 국가 운영 체제가 되었다. 따라서 고려왕조는 지역 세력의 통제와 중앙 권력의 침투가 제대로 이루어지지 못했다.

원래 중앙 권력의 침투는 단순히 지방관의 파견만으로 끝나는 것이 아니라, 중앙의 행정력과 조세 수취, 그리고 무엇보다 사법권이 각 개인에게까지 미침을 의미한다. 그렇지만 근대 국가 이전까지 대부분 국가의 권력이 개별적인 개인까지 작동하지는 않았을 것이다. 지역이나 가족 공동체의 사회적 역할이 때로 국가권력을 대치하는 경우가 상당했을 것이기 때문이다. 특히 사법적인 영역이 중요한 지표라고 할 수 있다. 반면 조선왕조는 중앙집권적 양반 국가라고 불린다. 이것은 집권 세력이 이른바 '양반 사대부'이며, 중앙 권력이 각 지역에게까지 미침을 뜻한다. 문제는 이와 같은 전환이 일어난 역사적 이유와 배경, 그리고 그 실체를 살펴보는 것에 있다.

우선 중세의 국가 운영과 관련해, 정치사적 접근이 기존의 연구에서 수없이 이루어져 왔다. 이러한 연구는 주로 권력 구조와 정치 세력의 실체를 다루었다. 나아가 사회적 지배 세력까지 확산하여 다루어지기도 했다.

특히 사회 지배 세력은 시대에 따라 정치적으로 새롭게 등장하는 것으로 이해해 왔다. 즉 정치 주도 세력과 비슷한 의미로 사용하면서, 때로는 명확하게 구분하지 않은 측면이 있다. 예를 들어 신라 말 새로운 세력의 등장은 흔히 '호족', '호부층'으로 불렸다. 호족은 혈연성에 기초한 지역 세력이며, 호부층은 그와 달리 경제적 기반과 사회 세력적 요소가 담긴 용어이다.

또한 고려 말에 새롭게 등장한 '신흥 유신'의 경우에는 성리학을 익히고 과거 시험에 합격한 정치 세력이지만, '신진 사대부'라는 용어를 쓸 때는 중소 지주층이란 사회계층의 개념을 포괄한다.

이 중 필자의 관심은 고려 말 성리학 이념을 받아들인 신진 사대부에 있었다. 그런데 보다 큰 관심은 사대부가 정치나 사회 세력의 존재 이상으로, 이들이 지닌 사회 현실에 대한 인식과 고민, 그리고 개혁론에 있었다.[1]

아울러 사대부가 만들려는 국가 운영 체제는 무엇이었을까? 이 물음 역시 중요한 문제였다. 원래 학계에서는 고려와 조선 시대 국가 운영과 관련한 권력 구조에 많은 관심을 기울여 왔다. 그중에서 권력

---

1) 김인호, 『고려 후기 사대부의 경세론 연구』(혜안, 1999).

의 핵심 세력과 권력 헤게모니의 장악 문제가 중심 과제였다.

특히 조선왕조에서는 국왕과 관료 중에 누가 권력을 장악하는가에 대한 정치적 갈등에 관심이 컸다. 이에 관련해 오랜 정설은 군주권과 신권의 대립으로 이를 파악하는 방식이다. 대표적으로 태종과 세조 등의 군주 권력 중심의 정치체제와 정도전(鄭道傳, 1342~1398)으로 대표하는 재상 중심론 등이 그것이다. 그 결과 국왕 중심의 육조직계제와 의정부 서사제 등에 따라서 각각 국왕권과 신권의 우위에 따른 정치사로 설명하고 있다.

고려 시대 정치권력 연구 역시 비슷한 시각에서 다루어져 왔다. 국왕과 문벌 귀족의 대립, 무신정권, 권문세족 등이 이러한 권력의 헤게모니 장악을 위한 상호 대립의 핵심 요소이다. 따라서 권력 장악자가 누구인지, 이 권력을 어떤 방법으로 쟁탈했는지가 설명의 중심이 된다. 이 방식은 권력의 소재와 함께, 정치사 이해를 쉽게 도와준다. 하지만 설명 방식은 단조롭고 무엇보다 국왕이 정치적 카리스마만으로 권력 장악이 가능한지, 또는 관료, 즉 신하들은 국왕과 대립하는 이해 공동체로만 활동하는지에 대해 알기 어렵다.

과연 고려 시대 문벌 귀족, 권문세족 등은 권력 장악을 위해 국왕에 대해 서로 동일한 이해관계로 단합할 수 있을까? 그리고 조선 시대 양반 관료(재상)는 국왕과 대립하면서 자신의 이익을 챙겼을까? 권력의 속성은 독점이 분명하다. 국왕은 형식적으로 권력 독점자이지만, 이 권력을 유지하기 위해 각 정치세력이나 주요 관료와 연합하거나, 또는 대립할 것이다. 따라서 전자의 경우는 고려 귀족 가문이나 양반 계급 내부의 통합성이 떨어진다.

조선왕조에서 붕당은 이해관계를 공유하는 세력이다. 그렇지만 붕당의 내부 역시 정치적 갈등으로 분화한다. 그렇다면 기존에 왕권과 신권의 대립이라는 설명은 정치사를 설명하는 이론 체계가 될 수 있을까? 또한 어떻게 중세 국가의 특성이나 운영 방식을 이해할 수 있을까?

조선왕조가 중앙집권 국가라고 했으니, 먼저 그 체제의 특징을 살펴볼 필요가 있다. 중앙집권 국가는 말 그대로 권력이 중앙에 집중된 형태의 국가이다. 이런 유형은 지방분권적 국가와 대립적으로 볼 수 있다. 사실 지방분권적 국가는 서구 유럽의 봉건국가를 연상시킨다. 그렇기에 중앙집권 국가로 오랫동안 살아온 우리는 지방분권적 특성을 지닌 스테이트(state)라는 체제를 이해하기 어렵다.

권력이 중앙에 집중된다는 의미는 무엇일까? 국왕이 국가 운영에 최종 결정권을 지니고, 중앙 관료는 정책을 제안·집행하는 권한을 지닌다는 뜻이다. 그렇지만 단순히 정책 결정과 집행만의 문제로 끝나지 않는다. 이외에도 중앙 권력이 지역민까지 어떻게 도달하고 영향을 주는지의 요소도 살펴보아야 한다. 중앙 권력이 민에게 도달한다는 것은 행정 이외에도 공납(貢納)·조세(租稅)·역역(力役) 징발과 함께, 무엇보다 사법권이 개인에까지 영향을 끼쳤는지가 중요하다.

또한 국가가 담당해야 할 사회 안전, 즉 치안과 각종 복지 문제가 있다. 조선왕조는 고려 시대 사회복지 기능의 일부를 수행한 불교 사원의 역할을 제한했다. 조선의 조정은 불교 사원이 했던 기민(飢民), 고아, 과부 등의 구제나 의료 기능을 국가로 가져오려고 노력했다.

그러나 가장 핵심적인 중앙집권 국가의 특징은 무엇보다 중앙에서 각종 경제적·사회적 자원을 집중하여 이를 재분배하는 구조에 있다. 이로 인해 중앙 지역에는 관료직을 매개로 한 인적 자원뿐 아니라 결국 문화적 자원까지 집중된다. 그중 경제적 자원은 조세나 공납 등으로 이루어지지만, 이를 순환하고 재분배하는 상업과 물류까지 국가가 통제하는 것이 집권화의 전제이다.

이처럼 중앙집권을 위한 자원의 집중과 배분은 자원의 분배적 효율성을 올리기 위함이다. 자원의 효율성은 고려 말 홍건적(紅巾賊)이나 왜구 문제 해결 과정에서 특히 필요했다. 전국적인 전쟁 상황은 지역의 자율성에 기반한 방어 체계를 무력화하고, 자원의 분배를 왜곡한다. 다시 말해서 중복된 자원 투여가 일어나지만, 외적 방어에 효율성이 저하되기 때문이다.

자원을 집중하는 것은 이를 감당할 운송 체계나 수취 방식, 상업 활동에 의한 유통망 발전 등이 뒤따라야 한다. 고려 후반기 중국 원나라는 상업에 기반한 국가였으며, 동아시아 무역과 교류가 활발했다. 이와 같은 유통망의 발전은 조세 수취나 상업을 동반했으며, 이로 인한 사회적 양극화는 심화했다.

이에 따른 사회적 반성과 개혁의 필요성은 새로운 지식인으로서의 성리학자인 신진 사대부를 낳게 된다. 사대부는 중앙집권화를 통한 국가의 간섭과 통제가 중요하며, 사회 윤리 확산의 중요성을 통감했던 것이다.

조선왕조는 이와 같은 역사적 배경을 바탕으로 등장했다. 그 결과 중앙집권화는 중요한 국가적 목표였으며, 민간보다 국가권력 아래 자원을 집중하여 분배하는 시스템으로 이어졌다. 중앙집권화로 인한

국가적 효율성이 확보되면서, 이를 뒷받침할 국가 운영 시스템이 요구되었다.

이와 같은 시스템은 바로 법과 제도의 정비로 이루어졌다. 원래 법과 제도는 국가가 성립한 이후에 당연하게 이루어진다. 즉 고대국가인 삼국시대 이래 법과 제도는 엄연하게 존재해 왔다. 그런데도 중세적 특성, 특히 조선왕조의 특성은 무엇일까? 이것이 바로 필자의 관심사 중에 하나였다.

보통 중세시대의 법과 제도는 차이를 구분하기 어렵다. 유교적 관점에서 법은 일반적으로 형률(刑律)을 의미하지만, 또한 국가 운영 규정까지 포괄하기도 한다. 사실 고대국가 발전 과정에서 중요한 지표는 율령(律令)의 도입이었다. 율령이 도입되면서 법과 제도의 기초가 만들어졌지만 각 지역에 사법과 형벌이 모두 미치지 못했다. 이후 고려시대에도 지역적 자율성에 따라 중형(重刑)이 아니면, 중앙에 보고하지 않고 지역에서 자율적으로 처리했다.

이처럼 사법이나 형벌의 기준이 있었지만, 모든 지역에서 동일하게 적용하지는 못했다. 형벌은 주로 관례나 판례에 따랐으며, 도덕적 감정이 주요한 처벌의 판단 근거였다. 그 결과 국가권력이 지역사회까지 미칠 수 없었으며, 법전이 발간되지 않았다. 물론 고려 말 정몽주(鄭夢周, 1337~1392) 등이 『신률(新律)』을 편찬했지만, 형법에 국한했으며 발간 여부도 불투명했다.[2]

조선왕조의 특성인 중앙집권 국가는 권력과 자원의 집중과 배

---

2) 김인호, 「14세기 형정개혁의 시도와 「신률」의 편찬」, 《포은학 연구》 29, 2022.

분, 그리고 중앙 정책과 법의 집행 등을 위해서 법전 편찬이 매우 중요하다. 왜냐하면 집권력을 실행할 준거가 보편적인 내용으로 이루어져야 하기 때문이다. 즉 법적 규정이 없으면, 집중된 권력의 남용이 일어나기 쉽다. 그래서 법전 편찬은 사적 권력과 자의적 행정을 막고 중앙 권력이 지역민 개인에게까지 미치게 할 수 있는 수단이다.

그 결과 법전에 대한 이해는 국가의 운영체제와 그 원리를 파악할 수 있는 단서이다. 조선왕조가 편찬한 최초의 법전은 『경제육전(經濟六典)』이다. 조선왕조는 이른바 육전 체제에 입각하여 국가 제도와 법을 설계했다. 『경제육전』은 이에 따라 고려 말 개혁과 신왕조에서 결정된 정책 등을 모아 법전으로 만들었다.

이 법전에 대한 연구가 조선왕조의 국가 운영 방식을 이해하기 위한 중요한 키워드이다. 『경제육전』은 태조, 태종, 세종대에 걸쳐 총 네 차례에 걸쳐 편찬되었다. 불행하게도 현재 『경제육전』은 남아 있지 않고, 『조선왕조실록』 등과 같은 곳에 파편적인 기록으로 존재한다. 일찍이 『경제육전』에 대한 복원 작업이 시도되었으며, 현재까지 어느 정도 이루어졌다. 그럼에도 아직 그 특성에 대한 연구와 각 조문의 실제적 적용 여부 등 연구되어야 할 과제가 남아 있다.

아울러 『경제육전』에서 『경국대전(經國大典)』으로의 변화 역시 중요한 문제이다. 『경제육전』은 중앙에서 정책으로 결정되어 국왕의 수교(受敎)로 내려진 것, 또는 각종 개혁 방안 등을 중심으로 한 일종의 판례집이다. 『경국대전』은 이러한 판례적 법전에서 벗어나 이를 추상화하여 집대성한 결과물이다.

이처럼 『경제육전』의 법조문은 국가정책의 결정과 집행의 전제이기에, 국가의 운영 방향을 연구하는 데 기초적 자료이다. 우리는 법조문을 통해 국가 운영의 문제 발생→정책 발의→논의 과정과 이해 충돌의 조절→정책 결정과 수교, 반포→정책 집행이라는 과정을 이해할 수 있다. 따라서 법조문의 형성과 결정, 그리고 집행에 대한 분석은 중앙집권 국가 운영의 특성이나 원리 이해에 전제가 된다.

그리고 중세 국가의 특성을 이해하기 위한 몇 가지 질문이 더욱 필요하다. 첫째 질문은 중세 국가에서 누가 통치자가 되어야 하는가에 대한 물음이다. 이 물음은 유교 경전에서부터 이루어진 오래된 질문이다. 왕조의 개창자가 존재하고, 혈연적 정통성이 있는 인물이 군주의 지위를 계승했다. 그렇다면 고려나 조선 시대의 정변으로 인한 군주의 교체를 어떻게 이해하는가의 문제가 남는다. 이 문제는 중세의 군주란 어떤 존재이고, 어떤 통치 능력을 지녀야 하는지에 대한 물음이기도 하다.

재상이나 관료는 군주 아래에서 통치 권력에 참여한 사람이다. 중세 시대에는 이들의 경우 통치를 위한 자질과 능력을 무엇으로 이해했을까? 원래 조선왕조의 관료는 학자로 출발하며, 이른바 성리학에서 자기 수양 덕목을 중시한다. 우리는 조선의 관료가 유교적 학문 능력과 도덕성을 동시에 갖추어야 한다고 보았다. 그런데도 관료상(官僚像)은 이상적이며, 실제 현실과 당연히 괴리가 있다. 그렇다면 국가 운영에서 이러한 학자적 관료상이 필요한 역사적 이유는 무엇인지, 그리고 관료의 직분(職分)이나 역할에 대한 이해가 필요하다. 나아가 현재적 관점에서도 한국 사회의 엘리트나 지식인의 역할까지 연계하여 고민해야 할 문제이다.

둘째, 중앙집권 국가는 사회에서 어느 범위까지 개인의 문제에 개입할 수 있는가? 이 물음은 현대 국가에서 흔히 논란이 되는 국가의 역할과 범위에 대한 것이다. 즉 개인의 자유와 사회적 자율, 그리고 국가 간의 균형점은 무엇일까에 대한 질문이다. 물론 중세 국가의 힘과 통치 범위는 현대 국가와 비교할 수 없다. 따라서 중세 국가의 특성 이해는 오히려 위와 같은 질문으로 분명해질 수 있다.

셋째, 중세 국가의 특성과 관련해 역발상적인 질문이다. 사실 국가론은 일종의 거대담론이라고 볼 수 있다. 우리가 현재 거대담론적 역사 이해가 어느 정도 유효한 것인지를 검토해야 할 단계라고 본다.

아울러 필자는 중세 국가의 특성과 운영 방식에 대한 질문이 어떻게 현재에도 유효한지 여부에 대해 고민해 보려고 한다. 이것은 현재 지식인의 사회적 역할, 즉 국가나 사회문제에 대한 비판은 무엇으로 전개되는지, 이것이 사회적 윤리와 당위성의 제시, 그리고 그 실천이란 문제로만 끝나는 것인지를 다시 한번 묻고자 한다.

전환기 사상사 연구법

노관범

1 유학사는 사상사와 어떻게 만나는가?

'전환기 사상사 연구법'이라고 이 글의 제목을 붙이니 문득 오래 전 학부 전공 수업이 생각난다. 필자의 사상사 공부는 아마 대학 2학년 때부터 시작했다고 말할 수 있겠다. 1학기 전공필수 '한국사 강독 2' 수업 시간에 기말 과제로 장지연(張志淵, 1864~1921)의 『조선유교연원(朝鮮儒教淵源)』「총론」을 쓰고 여기에 나오는 유학자를 조사하면서 조선 시대 유학사에 흥미를 느끼기 시작했다. 2학기 전공선택 '한국 근세사 2' 수업 시간에는 기말 과제를 위해 『한국정치사상사』(박충석, 1982)를 정독하면서는 조선 시대 사상사 공부의 즐거움을 느꼈다. 국사학과의 '한국 근대 사상사' 수업과 철학과의 '중국 사회 사상사' 수업을 수강하면서 혼잣속으로 상상의 나래를 펼치기도 했다. 중국 귀모뤄(郭沫若, 1892~1978)의 소설 『마르크스의 공자 방문기』 같은 글을 한국에서는 찾을 수 없을까? 유학사 공부와 사상사 공부가 마음속에서 서로 접점을 찾고 있었다.

겨울방학 때 우연히 『유학근백년』(금장태·고광직, 1984)을 만났다. 한국 유학사는 척사 운동과 의병 운동을 마지막으로 역사에서 사라진 줄로 알았는데, 그 통념이 산산이 부서졌다. 한국 근대 유학자는 심지어 대한민국의 시기에도 강학 활동과 문필 활동을 계속하고 있는 것이 아닌가. 이 무렵 국립중앙도서관에 다니는 데 재미를 붙이기 시작했다. 하루는 이 책에서 소개된 송병선(宋秉璿, 1836~1905)의 역사책 『동감강목(東鑑綱目)』을 열람하고 그 서문을 공책에 옮겨 적었는데, 『동감강목』은 신라·고려·조선(문무왕~철종)의 역사를 통시적으로 정리한 강목체(綱目體) 사서였다. '한국사학 개론' 수업과 '한국사적 해제' 수업에서도 듣지 못한 새로운 옛날 역사책을 처음 실견했다는 기쁨이 마음에 가득했다.

이를 인연으로 조선 말기 유학사를 공부하게 되었다. 18~19세기 조선 기호학맥의 주요 도학자의 연보를 합하여 연도별로 합보를 만들기도 했다. 19~20세기 송병선 학맥과 그 주변 유학자의 문집을 조사해서 구경하는 작업도 계속했다. 필자의 주된 관심은 조선 후기 유학사의 시각에서 조선 말기 유학을 재해석하는 데 있었는데, 구체적으로 호락(湖洛) 분열의 반성과 '정학(正學)' 운동이라는 논제를 상정해 보았다.

본래부터 19세기 후반 조선 유학을 단지 서양 근대의 충격에 대한 대응으로 간주하는 관성적인 이해에 만족하지 못했다. 폴 코언(Paul Cohen, 1934~)의 *Discovering History in China*를 읽고는 서양의 충격과 조선의 대응이라는 구도를 넘어서는 조선 중심의 근대 사상사 연구의 필요성을 절감했다. 조선 말기 유학사의 맥락적 이해에 있어서 실제적으로 중요한 논점을 조선 전통 유학의 곤경에 대한 해법에서 구하는 '내재적 독법'이 더 매력적으로 다가왔다. 조선 후기 주자학에서 실학으로의 사상 내재적 변용이라는 연구 시각이 스며든 것인지도 모르겠다.

이처럼 한국 근대 유학의 신천지를 발견했지만 그것의 맥락적 이해 과정에서 조선 후기 유학사로부터의 내재적 독법에 빠져들었다. 냉정히 말하면 서양 근대인가 조선 전통인가 하는 이분법에서 아직 벗어나지 못한 상태였다. 단지 한국 근대 유학의 이해에서 조선 유학 전통의 발언권을 높이려는 태도에 그쳤던 것이라 볼 수도 있겠다.

이에 조선 전통으로부터 바깥으로 나가되 그렇다고 서양 근대로는 다시 돌아오지 않는 새로운 길이 필요했다. 창비 계열에서 제기하는 이른바 근대 적응과 근대 극복의 이중 과제를 차용해서 말한다면 지금까지 한국 근대 유학은 지나치게 근대 적응의 차원에서만 인식되고 있었는데 근대 극복의 차원에서 접근할 수는 없을까, 다시 말해 근대 성찰의 사상으로서 한국 근대 유학의 메시지를 새롭게 읽어 낼 방법은 없겠는가 하는 생각으로 성장했다.

이렇게 필자의 관심이 변화한 원인은 아직 잘 모르겠지만 세월이 흘러 필자의 공부에도 진보처가 없지는 않았다. 언젠가 한국 유학사를 읽어 내는 기본 관점의 형성을 장지연과 현상윤(玄相允, 1893~1950?)의 유학사 저술에서 발견한 적이 있었다. 학술 저작의 구성적 지식의 견지에서 장지연의 『조선유교연원』은 조선 유교 쇠망사의 거대서사를, 현상윤의 『조선유학사(朝鮮儒學史)』는 조선 유교 운동사의 거대 서사를 장착했음을 알아냈다. 두 저술은 학술사적 시각에서 보면 전 근대의 연원록에서 근대의 사상사로 한국 유학사의 변화를 보여 주는 서로 다른 이정표였다.

양자 모두 조선 말기 유학사에서 멈추었지만 쇠망사와 운동사는 이후 한국 근대 유학사까지 투시할 수 있는 매력적인 착상으로 기대되었다. 이 무렵 만난 『군자들의 행진』(이황직, 2017)은 20세기 한국 유교인이 전개한 건국과 민주화의 운동사를 논구한 역작으로 다가왔다. 이 책의 서평을 쓰면서 밝혔지만 필자에게는 현상윤의 유학 운동사의 새로운 발현으로 느껴졌다. 근대 유학 대신 유학 근대라는 신선한 물음을 얻었다.

근대 유학이 근대로부터 유학을 생각하게 한다면, 유학 근대는 유학으로부터 근대를 다시 생각하게 한다. 최근 출간한 필자의 책 『껍데기 개화는 가라』(2022)는 근대 유학과 함께 유학 근대에 대한 관심이 실려 있는 책이었다. 호남 곡성 유학자 정일우(丁日宇)가 제기하는 껍데기 개화, 경기 강화 유학자 이건방(李建芳)이 비판하는 가짜 신학문, 이 문제는 개화와 수구, 신학과 구학의 구도에서 개화와 신학에 편향되어 있는 근대 사상사의 이해 방식을 재고하고 근대 성찰적인 시각의 배양에 도움을 줄 수 있는 주제이다.

영남 안동 유학자 송기식(宋基植)은 자신의 공부방 이름을 '바다의 창'이라고 이름 짓고 천하의 이치가 특정한 국가의 사물(私物)이 아니며 동서고금의 차이가 없음을 강조했다. 경화 벌열 김윤식(金允植)은 중국의 공교(孔教)가 유교를 일국의 종교로 한정하고 있음을 지적하고 유교가 천하의 종교로서 대동의 교화를 펼치기를 희망했다. 이 문제는 근대 주체를 개인과 국가에 집중하는 근대사상사 이해 방식을 재고하고 근대의 공간으로 새롭게 다시 천하를 사유하는 방법을 모색하는 데 도움을 줄 수 있는 주제이다.

필자의 관심사는 무엇보다 조선 유학자의 근대 비평의 목소리가 한국 근대사상사의 균형 잡힌 연구 시각에 기여할 수 있지 않을까 하는 데 놓여 있었다. 신기선(申箕善)의 『농정신편(農政新編)』 서문이 아무리 중요한 동도서기론이라 할지라도 호남 유학자 김한섭(金漢燮)의 비평과 함께 이를 읽어야 합당할 것이고, 티머시 리처드(Timothy Richard, 李提摩太)의 『태서신사남요(泰西新史攬要)』와 영 존 앨런(Young John Allen)의 『중동전기본말(中東戰紀本末)』이 아무리 중요한 근대 서학서라 할지라도 영남 유학자 권상규(權相圭)와 조긍섭(曺兢燮)의 각각의 비평과 함께 이를 읽어야 합당할 것이다.

또 '역사는 아와 비아의 투쟁의 기록'이라는 구절(《조선일보》 연재 「조선사」 총론)을 통해 역사가 신채호(申采浩, 1880~1936)의 '아(我, 나)'에서 근대 주체를 구할 수 있는 것이라면, 마찬가지로 "나의 뜻을 지키고 나의 글을 읽으며, 나의 사람과 사귀고 나의 도를 행하며, 나의 옷을 입고 나의 관을 쓰며, 나의 법언을 말하고 나의 성현을 높이며, 나의 천명을 따라 천추를 기다린다.(守吾志, 讀吾書, 交吾人, 行吾道, 衣吾衣, 冠吾冠, 語吾法言, 尊吾聖賢, 順吾天命, 以竢千秋)"라는 구절(『연재집(淵齋集)』 「경세설(警世說)」)을 통해 유학자 송병선의 '오(吾, 나)'에서도 근대 주체를 구할 수 있는 것이라고 보아야 합당할 것이다. 신채호의 '아'를 독일 철학자 요한 고틀리프 피히테(Johann Gottlieb Fichte, 1762~1814)의 자아와 비교하는 것도 매력적인 시도가 되겠지만, 이에 앞서 그것을 조선 유학자 송병선의 '오'와 비교하는 것도 흥미로운 작업이 되겠다고 생각한다.

요컨대 필자의 관심은 이제까지 전통과 근대의 이분법에 속박되어 전통 조선의 '마지막 유학자'라고 밀쳐 냈던 이들을 적극적으로 한국 근대의 '선구적 유학자'로 소환하는 데 있다. 사상사 연구에 개입하는 연구자의 근대주의를 성찰하는 방법으로 이들의 근대 체험과 근대 성찰의 메시지를 활용하여 전환기 한국 사상사의 역사상을 재정립하자는 것이다. 유학사는 사상사와 어떻게 만나는가? 한국 근대 유학자의 '과거로부터의 목소리'는 근대주의에 굴절되어 있는 사상사 지식의 혁신을 위한 귀중한 지적 자원이다.

2 개념사는 사상사와 어떻게 만나는가?

뜻밖의 발견은 우연한 검색의 결과이다. 언젠가 한국문집총간(韓國文集叢刊) DB에서 '穆陵盛世'(목릉성세)를 검색했다. '목릉성세'란 조선 선조의 능호 '목릉'과 태평성세의 '성세'가 결합해서 만들어진 이름인데, 이 시기에 문학이 융성하고 많은 인재가 배출되었음을 가리키는 말로 알려져 있다. 그런데 검색 결과는 0건이었다.

뜻밖의 결과에 당황하여 다시 '穆陵盛'(목릉성)으로 검색했더니 '穆陵盛際'(목릉성제) 49건을 얻었고, '陵盛際'(능성제)로 검색했더니 목릉(선조, 49건), 영릉(세종, 35건), 원릉(영조, 22건), 건릉(정조, 18건) 등의 순서를 얻었다. '목릉성세'의 사료적 근거는 보이지 않고 '목릉성세'의 관념을 본래는 '목릉성제'가 구현했을 것이라는 가설을 얻으니 기분이 이상했다. 만일 '목릉성세'가 김태준(金台俊)의 『조선한문학사(朝鮮漢文學史)』의 장절('穆陵盛世의 文運')에서 처음 시작한 것이라면 김태준은 어찌하여 '목릉성제' 대신 '목릉성세'를 취했을까? 어쩌면 학술 용어 '목릉성세'는 근대 외래어가 아닐까 하는 의심도 들었다.

학술 용어와 당대 사료의 불일치 현상은 조선 후기 실학의 유파에 관한 표현에서도 찾을 수 있다. 흔히 조선 후기 실학의 유파에는 '경세치용(經世致用)', '이용후생(利用厚生)', '실사구시(實事求是)' 세 가지가 있었다고 알려졌다. 이기백(李基白)은 조선 후기 실학이 경세치용의 학문, 이용후생의 학문, 실사구시의 학문을 포괄한다고 했고,[1] 이우성은 조선 후기 실학이 경세치용의 학파, 이용후생의 학파, 실사구시의 학파로 구성된다고 했다.[2] 전해종은 경세치용, 이용후생, 실사구시의 삼분법에 찬성하되 다만 이용후생은 조선 실학의 독특한 조류라고 평가했다.[3]

이에 필자는 조선 시대 '이용후생'의 용법과 어휘 추세에 흥미를 느껴 한국문집총간 DB에 의지해서 '이용후생' 및 그 유관 키워드로 '경세치용', '실사구시', '개물성무(開物成務)', '명물도수(名物度數)' 등의 빈도수 추세를 비교해 보았다. 한국문집총간 정집(1~350집)을 14개 구간(1구간=25집)으로 나누어 구간별로 해당 키워드의 증감 추세를

---

1) 이기백, 『국사신론』(1961).
2) 역사학회 편, 『실학 연구 입문』(1973).
3) 전해종, 「조선조 실학론의 (實學論) 비교소론(比較小論)」, 《진단학보》 71, 1991.

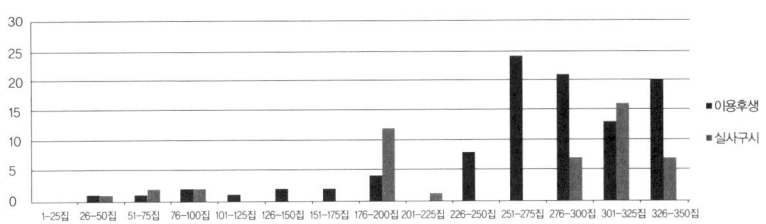

한국문집총간 정집(1~350집)의 '利用厚生'과 '實事求是'의 기사 건수

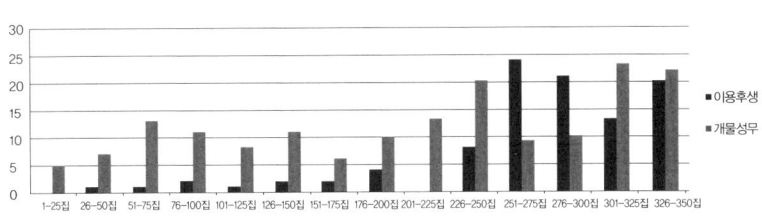

한국문집총간 정집(1~350집)의 '利用厚生'과 '開物成務'의 기사 건수

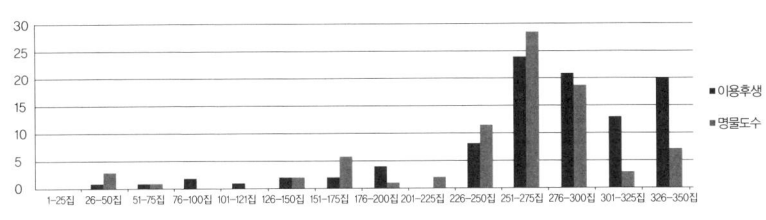

한국문집총간 정집(1~350집)의 '利用厚生'과 '名物度數'의 기사 건수

자료: 노관범, 「조선 시대 '이용후생'의 용법과 어휘 추세」, 《한국실학연구》 40, 2020

살펴보는 방법을 선택했는데, 이 과정에서 재미있는 사실을 발견했다. 아래의 그래프는 '이용후생'과 '실사구시', '이용후생'과 '개물성무', '이용후생'과 '명물도수'의 기사 건수 비교를 나타낸 것이다.

위 그림을 보면 '이용후생'은 주로 제10구간(226~250집)~제14구간(326~350집)에 집중해 있는데, 이것은 『실록』이나 『승정원 일기』에서 이 어휘가 주로 조선 후기 정조 치세와 고종 치세에 나타난다는 사실과 일치한다.[4]

'이용후생'의 구간별 기사 빈도수 증감 패턴을 다른 유관 키워드의 그것과 비교하면 마지막 그래프에서 보듯 '이용후생'과 '명물도수'가 상대적으로 가장 유사한 패턴을 보이고 있다. 반면 첫 번째 그래프에서 보듯 '이용후생'과 '실사구시'는 그다지 긴밀한 상관관계를 보이지 않는다. 양자는 개념적 친근성이 낮다는 뜻이다. 물론 첫 번째 그래프와 두 번째 그래프의 비교에서 보듯 '개물성무'와 달리 '이용후생'과 '실사구시'는 모두 제1구간(1~25집)~제7구간(151~175집)에 거의 존재감이 없다는 공통점은 있다.

필자는 '이용후생'과 '경세치용'의 비교 작업은 수행하지 않았다. 정확히 말하면 수행하지 못했다. '경세치용'은 조선 말기 허훈(許薰, 1836~1907)의 『방산집(舫山集)』에 딱 한 번 보이니 조선 시대에 쓰이지 않았던 말이라고 보아도 무방하다. '이용후생'과 '실사구시'는 비교 작업 결과, 개념적 친근성이 낮게 나오고 '이용후생'과 '경세치용'은 비

---

[4] 이경구, 「조선 후기 주자주의(朱子主義)의 동향과 이용후생(利用厚生) 개념의 부상」, 《개념과 소통》 10, 2012.

교 작업 그 자체가 불가능하다니 이는 전혀 예상하지 못한 결과였다.

조선 후기 실학의 세 가지 유파를 표현하는 '경세치용', '이용후생', '실사구시'가 학술 용어로는 동류성이 확보될 수 있을지 몰라도 사료 수준에서 보면 동류성이 인정되기 어려운 상황에 있다면 어떠한 경로를 거쳐 이 세 키워드가 조선 후기 실학과 관련된 학술 용어로 부상했을까?

가장 문제가 되는 것은 '경세치용'이다. 조선 시대에는 '경세(經世)'도 쓰이는 말이었고 '치용(致用)'도 쓰이는 말이었다. 박제가(朴齊家, 1750~1805)의 『북학의』에 '경세적용(經世適用)'이 검출되는 것으로 보아 '경세치용'의 관념도 조선 시대에 존재했다고 보아야 할 것이다. 그런데도 끝내 '경세치용'이 조선 시대의 언어가 아니었고, 따라서 학술 용어 '경세치용'의 사료적 근거가 박약하다면 '경세치용'은 어떤 경로를 거쳐 조선 후기 실학에 관한 역사 지식의 키워드로 자리를 잡게 되었을까?

관련하여 필자는 20세기 한국사 교과서/개설서에서 조선 후기 실학에 관한 장절을 검토한 적이 있었다. 현채(玄采, 1856~1925)의 『동국사략(東國史略)』(1906)부터 이기백의 『국사신론』(1961)까지 30종의 책을 대상으로 해서 '경세치용'이라는 용어가 어디에서 처음 나오는지 살펴보면 한우근이 공저로 참여한 『국사신강(國史新講)』(1958)이 최초의 책으로 보인다. 그전까지는 조선 후기 실학에서 주로 '실사구시'나 '이용후생'을 말했는데 여기에 '경세치용'이 새롭게 진입했고 그 결과 이기백의 『국사신론』이 최종적으로 조선 후기 실학을 '경세치용, 이용후생, 실사구시의 학문'이라고 정리한 것이다.

한우근은 『국사신강』이 출판된 그해에 실학 개념을 연구했다. 그는 일본의 야마이노유(山井湧)의 명말청초 중국사상사 연구를 참조하여 명대 심학과 청대 고증학 사이 명말청초 경세치용의 학문이 존재했듯 조선 역시 동시기 이와 상응하는 경세치용의 실학이 존재했음을 시론했다.5) 물론 학술 용어 '경세치용'의 내력은 이보다 더 오래되었는데, 1920년대 량치차오(梁啓超, 1873~1929)의 중국 학술사 정리 작업에서 이를 찾을 수 있다. 즉 『중국근삼백년학술사(中國近三百年學術史)』(1924)에서 보이는 '경세치용'을 향한 적극적인 관심이 그것이다.6)

그렇다면 조선의 문집에서 용례가 거의 보이지 않는 '경세치용'이 조선 후기 실학의 유파를 나타내는 학술 용어로 통용되는 이유는 외래 학술 용어 '경세치용'의 수입에서 구해야 할 것이다. 필자가 서두에서 학술 용어 '목릉성세'의 외래어 가능성을 의심한 것도 학술 용어 '경세치용'의 이러한 상황을 발견한 데에서 기인한다.

개념사 연구는 사람마다 그 취향이 다를 수 있다. 필자의 경우 근대 학술 용어와 전근대 사료 용어의 불일치라는 문제적 현장을 발견하는 유력한 방법으로 키워드 연구의 매력을 느끼는 편이다. 여기에서 '불일치'는 학술 용어가 사료 용어로 쓰이지 않는 상황도 가리키지만 이와 함께 학술 용어로 만들어 낸 역사 지식이 본래의 사료 용어의 어휘 현상에 비추어 실제와 들어맞지 않는 문제점과도 관련된다.

예를 들어 한국 근대사상사의 주요 연구 주제로 개화사상이 있

---

5) 한우근, 「이조 실학의 개념에 대하여」, 《진단학보》 19, 1958.
6) 이혜경, 「'국고정리'와 민족 주체성의 형성: 량치차오의 중국사상사 서술을 중심으로」, 《철학사상》 70, 2018.

개화와 수구의 어휘 건수 비교

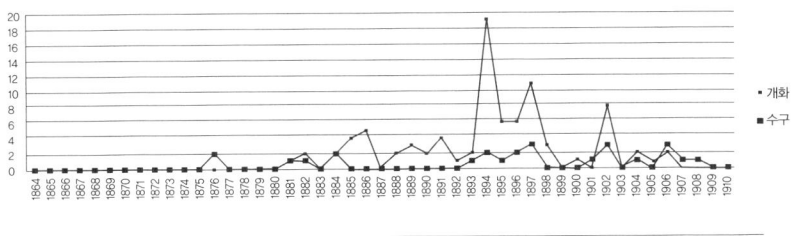

자료: 노관범, 「'개화와 수구'는 언제 일어났는가?」, 《한국문화》 87, 2019

다. 교과서/개설서에서 전달되는 개화사상에 관한 역사 서사는 개항(1876) 후 '개화와 수구'의 역사 드라마가 전개되어 갑신정변(甲申政變)에서 한차례의 스펙터클을 보이고 갑오개혁(甲午改革)에 이르러 최종적으로 이 드라마가 종결된다는 방식을 취한다. 그런데 『실록』과 『승정원 일기』에서 검출되는 '개화'의 어휘 현상을 보면 이러한 설명 방식은 한국에서 '개화'사상사를 서술할 때 채택하기 어려운 것처럼 보인다.

위의 그래프에서 보듯 '개화'의 어휘 현상에서 본다면 '개화'가 분출하는 지점은 갑오개혁(1894)부터 대한제국 선포(1897) 사이의 구간이며 '개화'의 대척점에 있다고 생각되는 '수구' 역시 이 구간에서 비로소 의미 있는 어휘 현상을 보이고 있다. 이것은 갑오개혁에 이르러 개화와 수구의 역사 드라마가 종결된다는 일반적인 역사 서사와 달리 실제로는 갑오개혁에 이르러 이 드라마가 시작한다는 새로운 역사 서사의 필요성을 시사한다. 갑오개혁으로 인해 '개화와 수구'가 촉발되었고 이 문제가 대한제국의 선포까지 요동쳤다는 것이다. 아관파천(俄館播遷, 1896) 이후 '구본신참(舊本新參)'이라는 정치적 지향의 출현 맥락에도 갑오개혁 이후 분출된 '개화와 수구'를 상정할 수 있다.

지금 이 그래프는 연대기 자료에 국한되어 있는데, 만약 신문을 활용한다면 대한제국기 개화의 사상사, 곧 개화와 수구의 드라마를 더욱 실감 나게 확인할 어휘 추세를 검출할 수 있을 것이다. 지금까지 '선각자 개화파'의 역사상에 가려진 개화사상 연구를 성찰하고 새로운 방향에서 개화의 학술적 이해를 시작할 수 있을 것이다.

위에서 '경세치용'이나 '개화' 같은 학술 용어를 예시하고 학술 용어와 사료 용어의 불일치를 드러내는 방법으로 키워드 연구의 가치를 간략히 논했다. 개념사 연구는 단지 키워드의 언어 질서를 구현하고 이를 구경하는 데서 그치는 것이 아니라 사상사를 성찰하고 새로운 학술 연구를 개척하는 방법론적 미덕을 발휘할 수 있다. 개념사는 사상사와 어떻게 만나는가? 지금까지 의심하지 않았던 학술 용어를 사료 용어의 언어 맥락에서 점검해야 할 다양한 상황이 우리를 기다리고 있을 것이다.

3 사학사는 사상사와 어떻게 만나는가?

근대 한국의 저명한 역사서 『한국통사(韓國痛史)』는 읽을 때마다 새롭다. 처음에는 지은이 박은식(朴殷植, 1859~1925)의 서론과 결론에 눈길을 주었다. 나라는 형체이고 역사는 정신이니 나라가 멸망해도 역사를 보존해서 민족의 기억으로 공유하면 나라를 회복할 수 있다는 지은이의 심정이 마음에 와닿았다. 이 책은 국가 광복을 위한 역사서이니 이 책의 독법은 광복의 의지를 북돋는 정신적 원천으로서 국치(國恥)의 발견에 있을 것이다. 이 관점에서 보면 독자가 이 책을 읽고 국치를 절실하게 느꼈다면 이 책의 목적은 충분히 달성되었다고 이를 만하다.

여기에서 한 가지 질문이 있다. 독자는 어느 나라 사람인가? 광복이라고 한다면 어느 나라의 광복인가? 국치라고 한다면 어느 나라의 국치인가? 그간 이 책을 사학사 영역에서 너무나 자명하게 민족주의 역사학의 산물이라고 생각해 왔다. 그러니 한국의 광복을 위해 한국의 국치를 전달하는 국망의 역사서라고, 이 책의 역사적 의미를 그렇게 생각해 왔다.

그러나 잊지 말아야 할 것은 이 책이 민국 4년(1915) 6월이라고 하는 중화민국의 역사적 시간에 출현했다는 사실이다. 이해 5월 9일, 베이징의 위안스카이(袁世凱) 정부는 일본의 21개조 요구를 굴욕적으로 수락했고, 이로 인해 중국에서 '국치(國恥)'의 여론이 들끓게 되었는데, 명민한 출판사가 이 시세를 타고 『한국통사』를 출판해서 중국의 '국치'에 한국의 '통사'라고 하는 기름을 부었다. '적시성(timeliness)'의 문제는 모든 역사 문헌의 이해 맥락에서 우선적인 고려 대상인데, 『한국통사』의 경우 중국의 국치라는 맥락에서 통사의 새로운 의미를 얻는 것이다.

출판 연도와 함께 중요한 것은 출판사의 욕망이다. 출판사는 세계 각국의 근대사를 '강국 근사'와 '망국 근사'의 시리즈로 출판을 기획했는데, 『한국통사』는 '망국 근사'의 제2집 '고려사' 편에 속했다. 중국은 대략 1903년부터 '망국사 편역열(編譯熱)'이라 불러도 좋을 문화 현상이 있었고 이에 따라 이 주제에 대한 독자 수요를 예상할 수 있었다.

한국의 국망의 역사는 중국의 독자에게는 낯설지 않았고 역사소설의 형식으로 이미 독자에게 소비되고 있었다. 사실 '통사'라는 이름으로 유명한 책도 남송의 멸망을 다룬 청나라 말기 우젠런(吳趼人, 1866~1910)의 역사소설『통사(痛史)』인데, 어쩌면 출판사는 우젠런의 '통사'에 기대어 박은식의 『한국통사』를 중국인 독자에게 어필한 것은 아니었을까? 물론 출판사의 욕망은 한국의 '유로(遺老)'가 들려주는 진짜 망국사 이야기를 통해 기존의 한국 관련 역사소설과는 차별성을 두겠다는 데 있었다.

그러나 역사책을 이해하는 맥락으로 출판 연도와 출판사가 제아무리 중요하다 해도 역시 역사책의 기본적인 이해는 지은이의 역사적 상황이다. 『한국통사』 서론과 결론에서 지은이 박은식이 그토록 국가 광복을 희구하고 있다면 그가 생각한 광복이란 무엇일까? 또, 그는 광복의 역사를 읽거나 쓴 적이 있는가? 『한국통사』의 서명에 들어간 '한국'은 1915년 출판 당시 세계에 존재하지 않는 국가였다. 일본은 한국을 병합한 뒤 한반도의 지역 이름을 '조선'이라 불렀고 그래서 '조선'총독부를 두었다. 『한국통사』는 제목에 한국을 명기함으로써 한국을 다시 소환하는 효과를 거두었고, 이 책을 읽은 신규식(申圭植)은 박은식에게 광복의 역사를 집필할 날이 오기를 축원했다.

그런데 박은식에게 광복의 역사는 연원이 오래된 것이었다. 조선 후기 사상사의 중요한 주제의 하나는 명나라 멸망 이후 조선 사회에서 일어나는 중화 계승과 중화 회복의 문제이다. 이것은 사학사의 흐름에서 볼 때 명나라 멸망 이후 잔여 세력이 명맥을 이어 간 남명의 역사에 관한 관심으로 나타났다. 박은식은 20대 청년기에 고향을 떠나 외지에서 유학을 공부했는데, 박은식의 유학 공부에서 중요한 사건이라 할 만한 것이 경화학계에서 스승 홍승운(洪承運)의 지도를 받아 홍석주(洪奭周, 1774~1842)의 역사책 『속사략익전(續史略翼箋)』을 공부한 사실이다. 그는 이 책을 통해 대명의리론의 시각에서 남명의 멸망 이후 언젠가 찾아올 중국의 광복 역사를 기대했을 것이다.

대한제국기에 이르러 광복의 관념은 새로운 국면에 접어들었다. 대한제국의 수립은 '독립'의 사건으로 간주되었고, 이를 배경으로 '독립'의 역사서가 출현했다. 대한제국 시기 현은(玄檃)이 번역한 『미국독립사(美國獨立史)』, 대한민국 시기 김황(金榥, 1896~1978)이 편찬한 『독립제강(獨立提綱)』은 모두 '독립'의 역사서로 주목할 만하다. 현은은 명실론(名實論)의 시각에서 미국 독립의 역사를 통해 대한제국 독립의 실질을 얻기를 원했다. 김황은 갑오개혁 이후 대한제국의 역사를 서술하고 그 역사의 본질을 '독립'으로 읽었다. 대한민국의 독립에 앞서 대한제국의 독립이 있었음을 중시하는 역사 인식이 확고했다.

문제는 대한제국이 을사늑약(乙巳勒約) 이후 독립의 역사를 잃어버리면서 일어나는 광복 의식이다.《대한매일신보》의 앙천통곡생(仰天慟哭生) 필명의 기고문은 을사늑약에 항거하여 민영환(閔泳煥)이 자결한 마음을 온 국민이 함께해서 대한제국이 광복하기를 바라는 내용이었다. 이 새로운 국면에서 정교(鄭喬)는 한국의 광복에서 명나라의 광복을 생각하고 새롭게 남명의 역사서를 편찬했다. 신채호는 한국 고대사를 새롭게 논한 신문 연재물 「독사신론(讀史新論)」에서 고구려는 멸망 후 즉각 존화양이(尊華攘夷)의 군사가 일어나 광복이 실현되었다고 논했다. 박은식도 대한제국 멸망 후 서간도에 망명하여 고구려와 발해의 건국사 이야기를 지었는데, 이것이 광복의 역사임을 분명히 말했다.

본래 조선 유학사에서 친근한 광복은 사마광(司馬光)의 역사책 『자치통감(資治通鑑)』의 사론에서 유래하는 '光復舊物(광복구물)'인데, 유방(劉邦)이 일으킨 한나라가 왕망(王莽)에 의해 중단되었으나 다시 유수(劉秀)가 한나라를 회복했음을 이르는 말이었다. 이것은 본래 전한에서 후한으로 왕조의 회복을 의미하니 발해의 건국을 고구려의 광복으로 보는 것은 광복의 어법에 맞지는 않으나 왕조사를 넘어 민족사 차원에서 광복의 의미를 부여한 것이었다. 박은식이 광복의 관점에서 『한국통사』를 지은 본뜻은 발해 멸망 이후 발해의 역사를 짓지 않아 발해의 광복이 이루어지지 않았듯이 한국 멸망 이후 한국의 역사를 짓지 않으면 한국의 광복이 실현되지 않을 수 있다는 근심 때문이었다.

중요한 것은 '독립'과 '광복' 사이에 놓여 있는 '건국'이다. 대한제국의 수립과 쇠망을 배경으로 각각 '독립'과 '광복'의 역사 인식이 형성되었음은 전술한 바 있다. 문제는 대한제국의 광무 황제가 강제 퇴위당하고 국망이 가시화되는 시점에서 박은식과 신채호가 각각 스위스와 이탈리아의 건국 이야기를 번역했다는 사실이다.

박은식이 번역한 『서사건국지(瑞士建國誌)』는 빌헬름 텔(Wilhelm Tell)을 위시한 스위스 백성이 외국인 태수의 압제를 물리치고 자유를 회복하여 공화국을 수립한다는 내용이다. 본래 독일 프리드리히

실러(Friedrich Schiller)의 희곡에서 유래하는 이 작품은 중국에서 혁명의 정치의식을 고취하는 '정치소설'로 작동했다. 박은식은 1907년의 새로운 상황에서 혁명과 건국의 문제에 깊이 공감하고 한국의 백성이 구래의 소설에서 벗어나 '정치소설'로 무장하기를 바란 것이다. 그는 이 시점에서 처음으로 '신대한(新大韓)'을 말했다.

따라서 『한국통사』 편찬의 근본정신이 민족사의 광복에 있다 할지라도 광복의 정치적 실천은 혁명과 건국으로 의식되었을 것이다. 박은식은 서간도 망명 시절 광복의 역사물은 물론 혁명의 역사물도 완성했다. 그가 지은 연개소문(淵蓋蘇文)과 명림답부(明臨答夫)의 전기는 각각 고구려 귀족정치 및 전제정치에 대한 혁명의 역사를 표출했다. 그가 지은 『몽배금태조(夢拜金太祖)』는 조선 시대에 학술혁명과 정치혁명의 주체가 없었음을 비판하고, 새로운 혁명 주체 세력을 수립할 방안을 강구했다.

혁명의 역사 서사는 『한국통사』에서도 발현되었다. 『한국통사』는 한국 근대사를 자국사(자강에 실패한 한국사), 동아시아사(일본의 무도한 이웃 침략사), 세계사(근대 변혁 주체의 혁명사)로 이해하고 역사 인식의 사상적 키워드로 자강, 인도와 함께 혁명을 제시했다. 혁명의 주체 세력으로는 흥선대원군, 갑신정변 세력, 동학운동 세력을 서술했고, 이와 관련하여 각각 한국 귀족정치에 대한 혁명(흥선대원군), 세계 혁명사의 법칙(갑신정변 세력), 서구 혁명의 혈광(血光, 동학운동 세력) 등을 논급했다. 마침내 3·1운동이 분출하자 그는 혁명사 집필에 착수했다. 『한국 독립운동의 혈사(韓國獨立運動之血史)』는 3·1운동이 곧 정의와 인도의 기치를 올려 전고(前古)에 없는 '맨손 혁명'을 개창

한 날이라고 논했다. 광복을 구성하는 혁명과 건국의 정치의식에서 본다면 건국사에 앞서 혁명사를 먼저 완수한 것이다.

지금까지 박은식의 역사책, 특히 '통사'와 '혈사'는 주로 사학사 분야에서 한국 근대 민족주의 역사학의 산물이라고 이해되어 왔다. 하지만 이들 역사책에는 역사를 읽어 내는 키워드가 내장되어 있고 그러한 키워드는 대한제국의 수립과 쇠망을 배경으로 피어났기 때문에 사상사로 접근할 때 더 잘 이해할 수 있다. 근대 초 한국사에서 독립과 광복의 사상사, 혁명과 건국의 사상사는 사학사의 문헌을 통해 심층적인 이해가 확보된다. 사학사는 사상사와 어떻게 만나는가? 역사서 역사 인식의 키워드 연구는 신문과 잡지의 표층 담론 연구와는 다른 심층 담론 연구의 차원에서 사상사 이해의 지평을 확대할 것이다.

1970년대에 태어난 어떤 한국사 연구자의 연구 행로

장지연

1 거시사 속에서 내 연구의 시작을 성찰하다

사람의 선택이란 얼마나 개인적이고 주체적인 것일까? 특정한 선택이나 선택하지 않음을 직접적으로 강요받는 경우를 제외한다면, 개인의 선택은 오로지 자발적이고 개인적인 것일까? 한때는 그렇게 생각한 적이 있었다. 적어도 나는 지극히 자발적이고 주체적으로 내 진로를 선택해 왔다고 자부했다. 노벨상을 꿈꾸던 과학도 어린이에서 역사학으로 급선회한 중학생, 조선 시대 도시사를 공부하겠다고 마음먹은 대학생까지, 모든 선택은 나 자신의 숙고에 의한 결정이었다고 말이다. 그러나 어느 순간 깨달았다. 이 모든 선택은 결국 시대의 큰 흐름을 따라 그 폭 안에서 이루어진 것이었다는 점을 말이다. 1980년대에 성장한 대한민국의 어린이로서 과학도를 꿈꾼 것도, 청소년으로서 만주 벌판을 상상하며 한국 고대사를 생각한 것도, 1990

년대 초보 연구자로서 도시사를 꿈꾼 것 모두 그 시대의 도도한 사조와 함께해 온 것이었다. 나의 선택은 온전히 개인적이지 않으며, 역사적이고 사회적이었다. 여기에서는 나의 미시사와 거시사를 함께 성찰하면서 내 공부의 현 전선이 어떻게 형성되었는지, 그것이 어떠한 역사적·사회적 의미를 지니는지를 살펴보려고 한다.

가. 1980년대, '국풍'과 '재야 사학자'의 붐

또렷하진 않지만 여의도에서 열린 국풍81 행사에 가족과 함께 구경 간 기억이 있다. 여기저기 부스를 배회하며 간식거리를 사 먹고, 아버지는 백자 항아리 하나를 사고는 어머니에게 안목 없다고 구박을 받았다. 약간 더운 날씨에 땀을 삐질삐질 흘리며 인파 속에서 부모님과 동생들 손을 붙잡고 배회한 초여름의 어느 날이었다.

1970년대 정권의 '한국적 민주주의'의 선전에 이어 1980년대에는 '주체적' '민족문화 창달'이라든가 대륙과 해양으로 '웅비'한다는 등의 단어들이 넘실댔다. 국수주의적 분위기에 편승해 '풍수지리'나 '단(丹)'과 같이 증명할 수 없는 영역이 민족문화의 하나로 활발한 발언권을 얻었고, 『정감록』, 『환단고기』 같은 책이 출판되며 선풍적인 관심을 받기도 했다. 이른바 '재야 사학'의 부상 역시 이런 분위기에서 이루어졌다. 학계에서 차근차근 축적해 온 한국 고대사의 연구 성과는 '식민사학'이라고 치부해 버리고는 국수주의적 입장에서 자국의 우월을 주장하는 것이야말로 '민족정기'를 바로 세우는 일이라는 주장이 거셌다. 이들은 강단의 학자들을 식민사학자라며 법정에 세우기도 했다. 이것이 내 초등학교(그때는 국민학교)와 중학교 시절의 시대 분위기였다.

당시 내가 과학도에서 한국 고대사학자로 꿈을 전환한 것은 교육 체계상으로는 이과에서 문과로 바꾼 것이니 엄청난 변화인 것 같지만, 한 걸음 떨어져 보면 그리 다르지 않다. 당시 과학도로서 나의 목표는 인류 보편을 위한 지식의 확충이라든지 어떤 분야에 대한 순수한 지적 호기심에 기반하지 않았다. '아무도 못 찾은 AIDS 치료법을 개발하거나 새롭게 뜨는 분야인 유전공학을 연구해서 한국인 최초의 노벨상을 받겠다.'와 같은 순진하고도 출세 지향적인 수준이었다. 위대한 대한민국을 건설하는 위대한 한국인이 되겠다는 희망의 차원에서 볼 때, 과학도라는 꿈이나 만주 벌판을 상상하며 한국 고대사를 연구하겠다고 하는 꿈은 차이가 없다. '세계 최고의 위대한 대한민국'이라는 국수주의적인 꿈은 하나의 모양, 한 가지 색깔만을 가진 것이 아니다.

이 시절의 회고는 단지 나 한 사람의 성장사에 대한 성찰로 그칠 문제만은 아니다. 같은 시절을 살아온 수많은 사람이 이런 비슷한 꿈과 세계관을 내면화했다. 권력의 주입과 위대한 공동체에 속하고 싶다는 사람들의 열망이 만나 가능한 것이었다. 이러한 사람들의 열망은 사회적 동물인 인간의 근원적인 욕구이며 정서이다. 지금은 유사 역사학 혹은 사이비 역사학이라고 지칭되곤 하는 '재야 사학'은 이러한 정서와 정치권의 동조 및 적극적인 지원을 등에 업고 이후로도 다양하게 변주하며 상당한 심도로 시민적 기반에 침투했다. 아무리 학계에서 지식의 계몽을 해도 쉽게 뿌리 뽑히지 않는 것은, 사실은 이

국풍81 행사
자료: e영상역사관(http://ehistory.go.kr)

것이 인간의 근원적 욕구를 자극하고 그 정서의 한 자락에 닿아 있는 열망이라서 그렇다.

나. 1990년대, 연성 주제와 '세계화'라는 화두

'고구려사를 연구하여 만주 벌판을 되찾겠다!'라는 자랑찬 꿈은 대학 입학 후 단 며칠 만에 사라지고 말았다. 3월 초, 학과 교수님들과 신입생의 첫 만남에서 한 명씩 돌아가며 자신의 희망을 밝히는 시간, 성씨 가나다순으로 번호를 매겼기에 앞번호 동기들의 발표를 먼저 들을 수 있었다. 아뿔싸, 나 같은 꿈을 가진 이가 한둘이 아니구나! 대부분 비슷한 부류의 위서를 읽거나 만주 벌판을 상상하며 고대사를 연구하겠다고 한 것이다. 내 꿈이 그렇게 독특한 것이 아니란 것도 은근히 자존심이 상하는데, 교수님들의 반응이 더 신경 쓰였다. 학생들이 위서 이름을 댈 때마다, 고대사 얘기를 할 때마다 교수님들이 한 번씩 한숨을 쉬시며 '너도냐.' 하는 반응을 보였기 때문이다. 차례가 돌아왔을 때 결국 나는 진심을 숨겼다. "아직 특별히 정한 것은 없는데, 공부하면서 열심히 찾아보겠습니다!" 그래도 이 정도 분위기 파악하는 눈치는 있었던 것 같다. 나중에 선배들이 이들 교수님이 바로 '식민사학자'라고 몰리며 법정에 섰던 분들이라고 이야기해 주었다.

연구 분야에 대해서는 진심을 숨겼지만, 열심히 공부하겠다는 결심은 진심이었다. 얼마 공부하지 않아 '만주 벌판'을 운운했던 소싯적의 생각이 얼마나 문제였는지도 깨우쳤다. 관심의 분야는 넓어졌고 깊이도 깊어졌다. 무엇보다 재미있어 한 것은 답사를 준비하고 다니는 것이었다. 마침 유홍준의 『나의 문화유산 답사기』가 베스트셀러로 선풍적인 인기를 끌었다. 이 책은 쉽고 감각적인 문체를 통해 문화유산에 대한 지식과 애정을 전달하여, 사회적으로 대단한 호응을 받았다. 지금의 나는 이 책에 대해 다른 관점을 가지고 있으나, 적어도 1990년대 이 책이 불러일으킨 현상과 의미는 인정한다.

당시 학계의 연구 조류가 바뀌고 있었다는 점도 내 연구 행로에 영향을 끼쳤다. 기존의 연구는 정치사·외교사·경제사와 같이 구조와 단계를 밝히려는 딱딱한 주제에 집중되어 있었다. 제도사의 경우에도 국가의 제도 구성과 의도에 주로 집중되어 있었고, 사상사를 포함하여 이들 분야는 세계사의 보편 법칙에 입각하여 한국사의 발전적 변화를 규명하고 그 변화의 계기를 내부에서 찾으려는 경향을 지니고 있었다. 일반적으로 이를 '내재적 발전론'이라고 하는데, 이 무렵 이러한 기존의 연구 경향은 다방면에서 도전을 받았다.

먼저 국내적으로는 민주화와 산업화가 일정한 성과를 거두면서 정치·경제 같은 딱딱한 주제보다 문화에 대한 관심이 높아졌다. 세계적으로는 소련을 위시한 동구권이 무너지면서 이른바 '세계사적 보편 법칙'에 대한 불신이 높아졌고 포스트모더니즘은 이러한 분위기에 발맞춰 빠르게 한국 사회에 확산했다. 더 이상 근대가 지고지순한 선도 아닐뿐더러, 근대를 향한 행로가 하나만이 아니라는 점이 분명해진 것이다. 냉전의 해체 속에서 전 세계는 빠르게 '세계화'의 바람

평화문화진지에 전시된 베를린 장벽 실물 3면 ⓒ 이봉덕
자료: 내 손안에 서울(http://mediahub.seoul.go.kr/archives/2003121)

을 탔다. 곳곳에서 '세계화'가 화두이던 시대, '내재적 발전'을 외치는 기존의 연구는 구닥다리이자, 냉전 시대의 국수주의(민족주의)적 정서에서 벗어나지 못한 관점으로 인식되었다.

나는 '내재적 발전론'에 대한 무자비하며 냉소적인 비판에 대해서는 거리를 둔다. 비판적 연구들이 나온 지 20여 년이 가까워지는데, 그사이 이들 비판론이 어떤 성과를 거두었는지에 대해서도 회의적인 입장을 지니고 있다. 다만 '내재적 발전론'이란 용어가 불러일으킨 오해도 분명 있다고 생각한다. 이는 발전의 계기가 '우리나라'에 내재해 있었다는 주장으로만 인식되기 십상이며, 일부 연구들은 그러한 차원에 머물기도 했다. 그러나 그보다 더 중요한 지점은 '우리'를 역사 변화의 수동적 객체가 아니라 능동적 주체로 설정한다는 부분이었다. 그 '우리'가 무엇이 될 수 있는가에 대한 논의는 열어 두고 탈식민을 위한 당대의 시대적 노력에 대해서는 존중을 표할 필요가 있다. '내재적 발전론'의 한계에만 몰두하고 그 성취는 제대로 곱씹지 못했기에, 지난 20여 년의 비판론이 제대로 된 성과를 거두지 못한 것이 아닐까 생각한다. 행동하고 선택하는 '주체'로 조명하는 것을 '주관'적이라고 평가절하하는 것은 또 하나의 내재된 식민지적 억압이 아닐까.

1990년대, 연성화된 시대는 문화를 향해 열렸다. 답사를 다니며 문화유적을 역사 서술과 연결하고 싶다는 나의 열망이 다행히도 시대와 부합했다. 문화사 분야로 시선을 돌린 지도교수의 권유도 있던 터, 마침 정도(定都) 600주년을 맞은 1994년을 계기로 서울 안의 여러 유적지에 대해 관심이 환기되었다. 자연스럽게 서울의 궁궐, 그리고 거기에서 확장하여 조선 시대 수도에 관심을 두고 공부를 시작했다.

개개인의 선택은 거시적인 시대 흐름을 크게 벗어나지 못한다. 온전히 나의 선택이라고만 생각한 것도 수많은 사회적·역사적 연결망 속에서 이루어진다. 이 연결망을 통찰하는 것은 현재의 나의 위치를 이해하는 데 반드시 필요하다. 그러나 개인은 단지 수동적으로 그 연결망에 점찍히기만 하는 존재가 아니다. 그 속에서 조금씩이나마 곁가지를 뻗으며, 새로운 연결망을 구성하고, 그것이 모이면 그 행로의 끝은 많이 달라지기도 한다. 학부 시절의 수많은 연결망 속에서 자연스럽게 내 관심은 새로운 방향을 향했으나 그것은 단지 고민의 시작일 뿐이었다.

2 문화사? 도시사? 어떻게 해야 하나?

1990년대 연성화된 시대를 거치며 문화 분야에 관심을 갖게 되었다. 시대 조류에 맞춰 마침 아날학파를 비롯하여 심성사, 미시사, 도시사 등 다양한 분야의 서양 연구들이 번역·소개되기 시작했다. 이러한 새로운 조류를 곁눈질하면서 그들의 실천이 한국사를 서술하는 데에도 의미가 있을지, 가능은 할지 여러 가지 모색을 해 보기 시작했다. 그러나 이론은 이론일 뿐이고, 다른 곳의 역사 서술은 그곳의 사료를 가지고 실천한 하나의 서술 사례일 뿐이다. 그렇다면 무엇을 어떻게 해야 하는가?

가. 유물·유적은 어떠한 연구를 열 수 있는가?

서울에서 나고 자라면서 사대문 안 도심을 사랑했다. 시험이 끝나면 친구와 경복궁을 산책하다가 아직 조선총독부 건물을 쓰던 국립중앙박물관을 구경하고 교보에서 책을 읽고 사는 게 하나의 의식이었다. 그렇기에 대학에 들어와 답사를 다니고 문화유적에 대한 관심이 커지면서 그것을 역사적으로 다뤄 보고 싶다는 마음을 먹게 되었을 때, 그 대상으로 궁궐을 떠올린 건 자연스러운 일이었다.

이 무렵 서울 안의 조선 시대 궁궐에 세간의 이목이 집중될 만한 여러 가지 사건도 있었다. 경복궁은 왁자지껄한 논란 속에 조선총독부 건물을 철거하고(1995년) 고종대를 기준으로 삼아 전각을 복원하기 시작했고, 종묘와 창덕궁은 각각 1995년과 1997년에 유네스코 세계유산에 등재되었다. 서울 안의 유적으로는 처음으로 등재된 것이었다. 1980년대 후반부터 계속된 경희궁 발굴을 통해 정전인 숭정전 일곽과 그 주변 핵심 전각군의 유구가 드러나면서, 이곳을 단순한 공원이 아니라 궁궐로 복원해야 한다는 목소리가 높아졌다. 지도교수였던 한영우 선생님은 조선 시대 전공자로서 이 일에 관여하셨고, 학생들을 데리고 일반인에게 공개되지 않는 궁궐 영역 등으로 답사를 다니면서 궁궐 연구를 독려하기도 하셨다.

여러 조건과 상황이 맞아떨어졌으나, 막상 궁궐을 연구하려고 주제를 잡고 보니 상당히 막막했다. 단순한 소재주의에 떨어지지 않는 연구를 하려면 어떻게 해야 할까? 궁궐을 미학적으로 다룰 것인가? 이 시기에 이런 유물·유적을 미학적으로 다룬 글은 '우리 궁궐 미학의 정수'라든가 '다른 문화와는 구별되는 차이점' 같은 것을 찾는 것으로 귀결되곤 했다. '무계획의 계획'이라든지 '자연미' 같은 단어를 찾아내던 수준에서 설명이 조금 세련되어졌을 뿐, '우리 문화에 대한 찬탄'이라는 답이 정해져 있는 연구였다. 또한 이것은 역사성을 담지 못하는 설명이기도 했다. 여기에서 '역사성'이란 시간에 따라 사회와 사람이 변화하며, 그 모습은 매우 개성적이고 다양함을 의미한다. 우리만의 미학을 찾으려는 노력은 수많을 수밖에 없는 과거의 역사상을 필연적으로 단순화하고 그중 몇 가지만을 부조적으로 집어내 그것이 원형이라고 설파하기 마련이다. 이런 식의 설명에는 그다지 동의할 수가 없었다.

그렇다면 정치사적으로 궁궐을 다룰 것인가? 조선의 정치가 이루어진 핵심 장소가 궁궐인 만큼 정치사적 설명은 비교적 접근하기 쉬운 통로였다. 학부 졸업논문을 다듬어 낸 첫 논문인 광해군대 궁궐 건설에 대한 글은 바로 그런 차원에서 경덕궁(경희궁)과 인경궁이라는 궁궐의 건설 과정을 다룬 것이었다.[1] 그러나 궁궐에 대한 정치사적 설명은 대부분 그 결론이 '해당 사안의 목표나 동기가, 혹은 그 결과가 왕권 강화였다.'로 끝나기 일쑤였으며, 나의 논문 역시 그 한계에서 그다지 벗어나지 못했기에 마음 한켠에 자리 잡은 불만이 사라지지 않았다.

사실 내가 보다 관심을 가진 분야는 정치사 자체보다는 궁궐 계

---

1) 장지연, 「광해군대 궁궐영건: 인경궁과 경덕궁(경희궁)의 창건을 중심으로」, 《한국학보》 86, 1997.

획의 이념이었다. '당대인들이 무슨 생각을 가지고 이렇게 생긴 궁궐을 건설했는가.'가 주관심사였던 것이다. 그러나 공부를 시작한 초기에 접한 연구에서는 흡족한 방법론이나 설명을 찾기 힘들었다. 대부분 사상에 대한 이해가 부족하거나 역사성이 살아 있지 않았으며, 경우에 따라서는 현대 미학을 적용한 분석에 불과했다. 그러나 이러한 비판 의식을 가진다 하더라도 양감과 질감을 가진 구체적인 건축 구성물로부터 어떻게 추상적인 사상을, 계획 이념을 추출해 낼 수 있을지는 막연할 수밖에 없었다. 더구나 목조건축은 기본적으로 관습적인 건설 관행에 따라 지어지기 때문에, 양식과 구조에서 어떤 이념의 변화를 읽어 낼 만큼의 큰 차이를 찾기 어렵다.

이러한 문제의식에서 좌충우돌하다가 찾은 한 가지 길이 바로 조선 초 정도전이 경복궁의 전각 이름을 지으면서 남긴 기문(記文)을 분석한 것이었다.[2] 유학자들은 도(道)가 언어에 담겨 있다는 의식에서 주로 장소의 이름에 자신들의 지향이나 이념을 담았다는 착안에서 비롯한 것이었다. 그가 남긴 기문에서 인용하는 경전이 고려 말 조선 초라는 특수한 시대적 맥락에서 어떻게 호출되고 재해석되었는지를 분석하면서 비로소 경복궁이라는 물리적 실체에서 당대의 사상이라는 보이지 않는 실체를 읽어 냈다는 약간의 자신감을 얻을 수 있었다. 이 기문의 분석은 후에 책으로 발전시킬 수 있었다.『경복궁 시대를 세우다』(2018, 너머북스)는 이러한 자신감을 바탕으로 기문의

---

2) 장지연, 「태조대 경복궁 전각명(殿閣名)에 담긴 의미와 사상적 지향」,《한국문화》39, 2007.

분석과 고려 말 조선 초 천도와 궁궐 건설로 이어지는 정치사를 결합하여 쓴 책이다.

유물·유적을 의미 있게 읽어 내는 방식은 다양하다. 정치사·사상사적 접근법 역시 유물·유적에 따라, 또 역사적 맥락에 따라 다양할 것이다. 중요한 점은 정치사의 서술이 단순히 권력의 의도만을 다루고 만족하거나, 동기와 결과를 혼동하거나, 단순히 강화와 약화라는 구도로만 바라보지 않아야 한다는 점이다. 또한 사상사에서 항상 역사적 맥락 속에 사상을 배치하고 사상과 현실의 연결고리와 그 실재성을 항상 고민하는 것처럼 유물·유적과의 연결고리와 실재성 역시 고민해야 한다는 점일 것이다.

나. 전근대 동양의 도시사는 가능한가?

어떤 소재와 주제를 잡든지 당대의 총체적인 상을 그려 내고자 하는 것이 역사 서술의 목표일 것이다. 이런 의미에서 좀 더 깊이 있는 연구를 위해서는 궁궐에서 조선의 한성으로 소재를 확장하는 것이 필요하다고 생각했다. 수도는 해당 시대의 정치적 중심지로 그 권력의 성격을 가장 잘 보여 주는 장소이기에 사상사적 접근을 도모하던 나에게 도성 계획의 이념이야말로 안성맞춤의 주제라는 생각이 들었기 때문이다. 1994년 정도(定都) 600주년을 계기로 서울학연구소나 서울역사박물관과 같은 기관이 태동하면서 조선 시대 한성 관련 자료들이 수집되고 연구들도 많이 발표되었기에 연구를 위한 조건도 좋은 편이었다.

이렇게 주제를 잡고 연구를 시작하자 막상 조선의 한성을 어떻게 접근해야 할지를 놓고 고민이 깊어졌다. 당시는 이제 막 도시사 연구가 시작되던 시기였기 때문에 연구 성과물 자체가 그다지 많이 축적되지 않았던 데다 한성에 대한 연구도 주로 조선 후기에 집중되어 있었다. 시각 자료는 물론 다종다양한 사료가 존재했기 때문이기도 하지만, 기본적으로 내재적 발전론의 시각에서 조선 후기 한성의 도시적 발달에 주목했기 때문이다. 이러한 연구에서 한성은 18세기 이후 인구가 증가하고 공간적으로는 성외(城外)로 영역이 확대되었으며, 상업과 계약적 임노동 관계가 발달하고 신분제도 이완되며 근대적 상업도시로의 변모하는 장소로 설명하고 있었다.

조선 후기 한성에 대한 설명은 유럽사에서 도시를 보는 관점과 관련이 깊었다. 유럽에서 도시는 문명을 보여 주는 역사적 척도이자 근대가 발상하는 원천으로 주목받았다. 특히 중세의 도시는 외부의 권위로부터 독립하여 주민자치가 이루어지는 자유로운 공간으로 일찌감치 주목을 받았다. 도시의 주민은 시민으로 성장하여 봉건적 신분 관계에서 벗어나 새로운 경제 관계를 맺었고, 이것이 근대가 발상하는 원천이었다는 설명이다. 조선 후기 한성에 대한 연구는 이러한 시각과 관련이 깊다.

이렇게 조선 후기 한성의 도시적 발달, 근대를 예비한 장소로만 주목하는 것은 일견 근대의 맹아를 찾아내는 것처럼 보이지만, 결국은 동양의 도시는 전제적 국가의 행정 중심지일 뿐이므로 서양과 같은 자유도시가 아니었다고 보는 막스 베버(Max Weber, 1864~1920)의 도시론에 긴박될 수밖에 없다. 이렇게 조선 후기의 상업적 발달만을

「수선전도」(서울역사박물관 소장).
1840년대 김정호가 제작한 것으로 추정되는「수선전도」를 1864년 전주에서 중간했다.
'수선(首善)'은 『사기(史記)』의 "으뜸가는 선을 세우는 것은 경사(京師, 서울)에서
시작한다.(建首善自京師始)"라는 문장에서 나왔다. 조선의 수도에는 도덕적으로 모범이
되어야 한다는 인식이 담겨 있었다.

강조할 경우 그 이전 시기의 도시를 설명할 수 있는 방법론은 찾기 힘들기 때문에 베버의 도시론을 더욱 강화하게 될 수밖에 없다. 비교사적으로 본다면, 조선 후기 한성의 도시적 발달 양상이 주변국에 비해 뒤처진다는 것을 부인할 수 없다는 점 역시 무시할 수 없다. 조선 후기를 강조하는 서술이 갖는 한계는 분명했다.

이러한 문제의식에서 조선 시대 한성은 어느 시기이든 기본적으로 권력의 중심지이기에, 그 권력의 성격을 보여 주는 장소로 접근해야 한다는 관점을 택하게 되었다. 또한 조선 수도의 위상과 성격은 조선의 세계관(천하관) 속에서 설명해야 한다고 생각했다. 이러한 관점에서 집필한 논문이「고려 말 조선 초 봉건제 이상 속의 수도 인식과 그 위상: 천하 질서 속의 봉건과 수도」(2015,《서울학 연구》60)이다. 마침 서양의 도시사 연구에서도 이전의 '자유도시'는 일부 지역의 사례이며, 지역별·국가별로 다양한 형태와 성격의 도시가 존재했고, 국가권력에 따라 수도의 위상이나 성격도 다르다는 점들이 밝혀졌다.

조선 시대 한성을 권력의 성격을 보여 주는 장소로 접근한다면, 이제 문제는 그 권력의 성격이 무엇인지를 설명해야 할 것이다. 어떤 면에서 1990년대까지만 해도 이 문제가 깊이 고민된 바가 없었다. 연구가 부족했기 때문이기도 하지만, '불교 국가 고려' 대 '유교 국가 조선'이라는 단순한 구도 속에서 조선의 한성은 당연히 유교적인 권력의 장소로 상정되었기 때문이다. 그러나 당시 이미 고려와 조선을 그렇게 단순하게 설명하는 것을 재검토하는 여러 연구가 나오고 있었다. 근래의 여러 연구에서는 조선을 유교 국가라고 단순히 설명하지도 않고, 고려를 불교 국가라고 단순히 설명하지도 않으며, 두 시대는 좀 더 다층적이며 복합적인 층위를 지녔다고 설명하고 있다. '유교 국가', '불교 국가'라는 말 자체의 모호성 역시 이러한 단순 비교를 주저하게 하는 요인이기도 하다.

　권력의 성격을 설명하는 데에도 세심해야 하지만, 그 권력과 수도라는 공간의 관계성은 더욱 고민해야 할 지점이다. 권력은 공간에서 '발현'만 되는 것인가? 공간이 권력에 영향을 끼치는가? 끼친다면 어떠한 방식과 기제를 통해 끼치는가? 이러한 문제들이 꼬리를 물고 이어진다.

　여하간 궁궐에서 도성으로 주제를 확장하며 그 계획의 이념을 설명할 수만 있다면, 공간과 권력, 이념의 관계를 설명할 수 있을 것이라는 기대를 품게 되었다. 이를 위해서는 조선이라는 국가, 그리고 그 이전의 고려라는 국가, 둘의 관계와 성격, 변화의 면모 등을 설명할 방법을 찾아야 했다. 그리고 그것이 수도라는 공간을 들여다볼 때 더욱 잘 보인다는 점도 증명할 필요가 있었다. 그 길은 생각보다 멀고 울퉁불퉁했다.

3　시대를 거슬러 올라가며 언어를 주목하기까지

　학부 2학년에서 3학년 사이 몇 학기에 걸쳐 한국고대사, 한국중세사, 한국근세사, 한국근대사 등 전공 수업을 연달아 듣던 어느 날이었다. 수업을 듣고 나오면서 친구에게 이런 얘기를 한 적이 있다.

"무슨 놈의 공동체는 2000년 동안 해체 중이래?"

　사연은 이러했다. 시대사 수업은 대체로 왕조의 시작부터 끝까지, 혹은 전기와 후기로 나누어 한 왕조를 통시적으로 다룬다. 이 통시적 서사는 발단 — 전개 — 절정(일종의 왕조 완성기)을 거쳐 마무리(해체와 변화)로 이어지는 구조를 갖는다. 발단이 전 시대 모순의 폭발에서 시작한다면, 마무리는 사회구조의 변동과 새로운 과제로 맺어지기 마련이다. 그런데 바로 그 사회구조의 변동이 문제였다. 듣는 시대사 수업마다 사회구조가 변동되었다는 사례로 '공동체가 해체되었다.'고 설명한 것이다. 시대사 하나만 들었을 때에는 상당히 개연성 있어 보이던 설명이 여러 시대사를 연속으로 듣고 나니 도리어 이상하게 보였다. 고대사 수업 때에도 해체되고 있던 공동체는 고려 시대에도, 조선 시대에도, 근대에도, 현대에도 계속 해체되고 있었다.

물론 여러 교수님들의 수업을 이처럼 거칠게 단순화시킬 것만은 아니다. 짧은 수업 시간에 공동체의 해체 양상을 정교하게 설명하기는 힘들었을 것이다. 그러나 이를 감안한다 해도 기본적으로는 '집단에서 개인의 탄생으로'라는 구도로 역사의 발전이나 진전을 설명하려는 경향이 근저에 깔려 있는 것이 아닌가 하는 의문이 가시질 않았다. 역사학의 서사가 결국은 시대의 흐름에 대한 개연성 있는 설명이라고 한다면, 학문 안에서 어떠한 시기 구분을 하더라도 통사로 서술할 때 문제가 없어야 하는 것이 아닐까? 이런 문제의식은 나를 자꾸 앞 시대로 거슬러 올라가게 했다.

가. 신유학의 조선, 빈칸의 고려

처음 학부 때 관심이 있었던 시기는 조선 후기 18세기였다. 지금

돌아보면 한창 18세기에 학계의 관심이 집중되며 학과의 조선 시대사 전공 교수님들이 모두 그 시대에 깊은 관심을 표명하며 연구에 뛰어드신 1990년대의 분위기에 영향을 받았던 것 같다.

어떤 시대를 설명한다는 것은 필연적으로 이전 시대와의 비교를 수반한다. 그런데 18세기를 설명하기 위해 전제되는 이전 시대에 대한 설명이 내 성에 차지 않았다. 특히 도성 계획 분야는 이때까지만 해도 기초적인 연혁과 사실 고증 이상의 연구 성과가 그다지 축적되어 있지 못하던 상황이었다. 이 때문에 계속 시대를 거슬러 올라가며 연구를 하면서, 학부 졸업논문은 광해군대로, 석사논문은 고려 말 조선 초까지 거슬러 올라가게 되었다. 기초적인 연구가 워낙 부족하던 터라 고려 수도 개경이 조선의 수도 한성에 끼친 영향에 대한 연구도 손에 꼽을 정도로 적었다. 그래서 석사논문은 고려의 수도 개경과 조선의 수도 한성을 비교하는 것이 주요한 주제이자 소재였다.

박사논문에서는 이러한 비교를 좀 더 확장할 필요가 있었다. 권력과 공간이라는 주제를 잡은 터라, 이제 고려의 어떠한 권력에서 조선의 어떠한 권력으로 변화했으며 그것이 공간과 어떠한 관련을 맺고 있는지를 설명할 필요가 있었다. 이것이 박사논문의 과제였다. 여기에는 몇 가지 문제가 있었다. 첫째, 조선의 건국자들이 신유학을 전면에 내세웠다는 부분은 명확했으나 구체성이 부족했다. 즉 14세기 말 15세기 초라는 특정 시간대와 고려·조선이라는 특정 공간에서 무엇이 문제시되어 무엇을 추구하려 한 것인지 등이 구체적으로 그려지지 않았다. 둘째, 조선의 건국자들이 극복하고자 한 고려 권력의 성격이 무엇인지가 분명하지 않았다. 사실 첫 번째 문제는 두 번째 문제에서 기인

한다. 이전의 문제가 분명히 드러나지 않으니 이후의 방향이 정확히 보이지 않으며, 이 시기 신유학 수용의 역사성이 제대로 드러나지 않은 것이다. 이 시기의 사람들은 권력의 성격 자체를 새로운 이념에 의지하여 바꾸려 했는데, 바꾸기 전의 권력이 무엇에 의지하고 있었는지, 그것이 왜 그렇게 문제가 되었는지를 설명할 필요가 있다. 그러나 정작 고려 권력의 성격에 대해서는 명확한 설명이 존재하지 않았다.

흔히 고려를 불교 사회라고 하지만, 그 정치권력은 불교에만 의존하지 않았다. 유교적인 이념과 관료제는 고려 사회를 지탱한 중요한 축이었다. 특히 후기로 가면 갈수록 과거제도와 유교의 영향력이 커졌다. 또한 거의 고려 전 시대에 걸쳐 수많은 천도, 풍수 논의가 시끌시끌했던 것처럼 풍수 역시 막강한 영향력을 끼치기도 했으나 이것을 정치 이념이나 제도 혹은 기구의 측면에서 분석하지 않았다. 이처럼 다원적인 사상 체계들이 영향을 끼칠 때 권력이 근 500년의 시간 동안 이들을 어떻게 유지했는지, 그 원리에 대한 연구도 부족했다. 다원적인 체계는 한쪽으로 기울기 마련이기에 이런 다원성을 유지할 수 있는 체계가 필요한데 이에 대한 관심은 부족했던 것이다.

이러한 문제의식 속에서 박사과정 중의 연구는 점점 시기를 거슬러 올라가 신라 말까지 이르게 되었다. 사실 역사학계는 시대별로 연구의 벽이 높은 편이라 주변에서 환영하는 선택은 아니었다. 그러나 개연성 있는 설명, 적어도 나 자신이라도 스스로 납득할 수 있는 설명을 찾다 보니 어쩔 수 없이 이르게 된 길이었다.

이러한 탐구를 통해 고려의 정치이념은 '태조 유훈'으로 개념화할 수 있다는 결론을 얻었다. 불교·풍수·유교가 모두 중요한 위치를 차지하고 있는 고려의 정치 이념은 태조 왕건이라는 정치적 권위를 통해 그 다원성을 유지할 수 있었다는 것이다. '태조 유훈'은 구체적으로는 훈요십조(訓要十條)를 일컫는 것으로서, 훈요십조라는 매개를 통해 상징화된 '태조 유훈'이 권력의 미란다(Miranda)와 크레덴다(Credenda)의 역할을 했다는 것이다. 권력에 대한 찬미와 숭배를 일으키는 것이 미란다라면, 이성에 호소하여 권력이 정당하다는 권위를 이끌어 내는 것이 크레덴다이다.

태조 유훈에서는 풍수, 그중에서도 수도를 건설하고 운용하는 것과 관련이 된 국도풍수가 매우 중요한 위치를 차지했다. 고려의 국도풍수, 즉 수도를 건설하고 운용하는 것과 관련한 풍수는 도선의 풍수를 내용으로 하고 태조 왕건을 정치적 권위로 삼아 왕권을 현창(顯彰)하고 국가 체제를 구축한 중요한 이념이었다. 이 때문에 고려 전 시기 내내 정치적 개혁이나 쇄신을 말할 때마다 태조 유훈의 권위를 존숭하며 각종 순주(천도) 논의가 일었던 것이며, 이는 고려의 마지막 왕인 공양왕대까지도 반복된 현상이었다. 조선을 건국한 이들은 국가의 개혁을 위해 결국 태조 유훈을 극복할 필요가 있었으며, 신유학은 극복의 논리와 대안을 제시했기에 열렬히 환영받았다.

다만 이 과정을 풍수와 신유학의 제로섬 구도로 볼 수는 없다. 조선에서 풍수는, 고려의 태조라는 정치적 상징은 탈각한 대신 신유학적 자연관 속에서 새롭게 재편되기 때문이다.

이러한 결론을 도출해 내면서, 또 하나 얻게 된 주요한 성과는 고려·조선의 전환에서 권력의 변화를 이해하기 위해서는 수도 공간을 이해하는 것이 반드시 필요한 일이었다는 점을 확인했다는 것이다. 전 근대 도시사, 정확히는 수도 연구의 유용성과 필요성을 확인했다는 점에서 큰 의의가 있었다.

나. 조선의 의례 공간에서 권력을 읽을 수 있을까?

국도풍수에 대한 통시적 연구가 고려 시대 권력과 공간의 관계 맺음을 보여 주는 것이었다면, 이를 극복하며 건설된 조선의 한성에 대한 연구를 심화하기 위해서는 의례 공간에 대한 연구가 필요했다. 천하를 윤리와 규범적인 공간으로 파악하고자 한 신유학의 세계관에서 조선의 수도 한성은 그 규범을 확산하는 핵심이었다. 이러한 규범을 확산하기 위해 조선을 건국한 이들은 의례 개혁에 부심했다. 의례는 권력을 선언하고 현창할 뿐 아니라 사회를 조직하고 규범을 만듦으로써, 이를 수용한 공동체를 형성하는 수단이기 때문이다. 이를 위해 수도 한성은 의례의 공간으로 창출되었기에 조선의 수도 연구를 위해서는 의례에 대한 연구가 필수적이라는 판단이었다.

박사논문 후 주목한 대상은 사직단·선농단·선잠단 등 한성 주변에 건설된 길례(吉禮)의 '단(壇)' 공간이었다. 『세종실록』 오례부터 『국조오례의』를 거쳐 조선 후기까지 지속적으로 편찬된 전례서들은 조선을 만들어 간 이들의 지향을 보여 준다. 그렇기에 전례서에서 규정한 '단'이라는 공간은 조선의 권력을 읽을 수 있는 가장 좋은 단서 중 하나이다. 그러나 전례서 속의 완성된 모습만이 아니라 그렇게 완성되기까지의 과정을 좀 더 면밀히 살펴볼 필요가 있다. 몹시 당연해 보이는 전례서 속의 단은 사실 매우 갈팡질팡하는 경로를 거쳐 도달한 모습이기 때문이다. 그 경로에 대한 주목은 한 시대의 이념을 역사화하는 데 필수적이다.

여기에서 또 하나 간과해서는 안 되는 부분은 전례서의 규정과 현장의 현실은 달랐다는 점이다. 건국 초부터 강하게 내세운 의례 개혁에 대한 포부에도 불구하고 '단' 공간은 책에 있는 대로 건설되지 않았으며 그렇게 유지되고 관리되지도 않았다. 무심하게 방치했다가 시기에 따라 갑자기 주목을 하기도 했고, 국왕에 따라 중요도를 다르게 부여하기도 했다. 전례서의 현실과 현장의 현실을 함께 시야에 넣는 것은 권력의 지향뿐 아니라 현실의 제약이나 실천을 함께 본다는 점에서 중요하다. 이상과 현실의 간극은, 조선의 권력이 지향한 바뿐 아니라 그것을 실현해 내는 힘의 강도와 심도, 수용자의 다양한 해석까지를 볼 수 있는 부분이 될 것이다. 권력을 행사하는 이의 의도만이 아니라 그 구현의 한계와 수용 정도까지를 함께 보아야 의례나 권력에 대한 연구가 권력자의 의도에 대한 주석에 그치는 우를 범하지 않을 것이다.

이상과 같은 문제의식을 정돈하고 기존에 '단'에 대해 발표한 연구를 종합하여 조선의 단에 대한 새로운 저서를 준비하고 있다. 이를 통해 조선의 수도가 갖는 의미, 공간과 권력의 관계, 의례의 역할 등에 대한 나름의 질문과 답변을 제시하고자 한다.

다. 언어/문자는 왜 중요한가?

풍수나 도참, 예언 같은 이른바 '잡스러운' 분야의 사료는 표현하는 언어 역시 '잡스럽다'. 이를 살펴보다가 얻게 된 아이디어가 있었다. 바로 언어에 대한 주목이었다. 신라 말 풍수가 처음 도입될 당시, 어떤 입지를 설명하는 신비로운 표현을 살펴보다가 문득 이런 생각을 했다. 이것이 지형과 입지를 정하는 공간 이론일 수도 있지만, 기존의 공간을 설명하는 새로운 언어였을 수도 있다는 아이디어였다. 특히 토속신앙에서 큰 위치를 차지한 산천 신앙의 성소들을 이 시기 풍수적인 언어로 표현했다는 점에 주목했다. 같은 장소를 용이 출현한 곳이라고 하다가 사신사의 형세가 이러저러하다고 풀이하는 것으로 바뀌는 것은, 사실상 그곳이 성소임을 표현하는 언어만 전환된 것은 아닐까? 이런 생각으로 박사논문에서 신라 말 풍수의 도입을 일종의 '번안'이라고 지칭했다. 산천 신앙이 각처의 지역 세력들의 권력을 강화하는 역할을 하고 있는 상황에서 건국된 고려 국가에서는 풍수적인 언어로 번안한 국도풍수 체계를 통해 중앙에서 관리할 수 있었다는 것이다.

　이렇게 풍수를 언어로 보는 시야를 얻으면서, 사료에 수록된 풍수 관련 기록도 새롭게 주목하기 시작했다. 사료에 수록된 수많은 예언은 대부분 문장이 수려하지 못하고 의미가 분명하지 않다. 이렇게 안 좋은 문장들에 주목하며 사료를 읽다 보니, 당대인들도 시대가 변하면서 이들 문장이 이해가 가지 않는다는 감상을 남기거나 주석을 다는 작업을 했다는 점을 확인할 수 있었다. 훈민정음(訓民正音) 창제 이전인 고려 시대에 차자(借字)를 활용했기 때문에 이런 이해하기 어려운 문장들이 존재하게 됐다는 점에 착안하게 되자, 고려의 문자 문화와 사상의 지형이 새롭게 보였다. 여러 종류의 문자가 경합하는 상황, 번역 과정에서의 오해 등이 보인 것이다. 또한 존재 여부만 간신히 알 수 있고 내용은 사라져 버린 수많은 예언의 흔적을 보면서 언어화 되지 못한(기록되지 못한) 세계의 크기도 상상해 볼 수 있었다. 기본적으로 역사 연구는 언어로 된 기록물에 근거해서 이루어지는데, 기록으로 남지 않은 역사적 사실이 훨씬 크다는 점을 좀 더 엄중히 인식할 필요를 느끼게 된 것이다.

이는 단지 고려 시대만의 일이 아니다. 예를 들어 근대에는 새로운 개념을 설명하기 위해 새롭게 만들어지거나 수용된 번역어들이 있었다. 이는 사고의 지평을 넓히기도 했지만, 사용한 글자의 원래 뜻 때문에 개념을 오해하게 만들곤 했다. 한편으로는 기존의 단어를 그대로 사용하되 의미를 뒤틀어 사용함으로써 기존의 단어가 지시하고 있던 현상이나 개념 자체를 왜곡하여 인식시키는 일도 발생했다. 새롭게 들어온 언어/문자가 기존의 언어/문자와 결합·경합하며 다양한 현상을 일으키고 있는 것이다. 이런 점을 파고들어 새로운 문제를 제기해 보려고 쓴 책이 필자의 『한문이 말하지 못한 한국사』(2023, 푸른역사)이다. 고대사부터 근대까지를 건드리고 있다는 점에서 개연성 있는 연결을 중시한 통사적 서사에 대한 오랜 갈증을 풀어 보려고 노력한 결과물이기도 하다.

라. 나가며

연구자로서의 최전선이라 하면 아무래도 내 연구 현장의 최전선이 떠오른다. 그러나 작금의 현실은 연구자의 최전선이 과연 어디인가라는 질문으로 돌아가게 한다. 지난 20여 년 사이에 한국사 연구자와 연구논문은 상당한 양적 팽창을 이루었으나, 양적 팽창이라는 성과에 비할 때 연구의 방향은 모호하고 새로운 서사는 창출하지 못하고 있다. 그런 와중에 역사에 대한 사회적 관심이나 상식은 현저히 저하되고 있다. 낯선 한자 단어들이 넘실대고 중고등학교 교육에서의 비중도 현저히 축소되어 버린 전 근대사에 대한 관심의 저하는 더욱 심하다. 대중만을 탓할 일도 아니다. 같은 한국사 연구자 사이에서도 시대사 사이의 간극과 벽은 더욱 높아지고 있으며, 특히 근현대 연구와 전근대 연구의 단절은 상당히 우려스럽다.

역사학 연구자들은 자신이 연구하는 시대의 언어에 갇히는 경향이 있다. 그러나 이제는 시대를 가로지르는 추상화된 질문을 만들려는 노력이 필요하다. 각 시대를 연구하는 훌륭한 연구자들의 지극히 구체적인 연구물을 바탕으로 다른 시대와 분야의 연구자들에게도 전달될 수 있을 정도로 추상화한 답을 만드는 연습도 필요하다. 그러한 질문과 답을 만드는 과정을 통해서만이 창의적인 문제의식과 새로운 시야가 열릴 것이라 생각한다.

3장

철학

철학에 비친 한국학

김동규

1 한국학이란 무엇일까?

한국학 관련 학자들을 만날 때마다 자주 물어보곤 하지만, 한국학이 무엇인지 속 시원히 답변해 주는 학자를 아직 만나지 못했다. 과연 어떻게 한국학의 정체성을 규정할 수 있을까? 아마 쉽지 않을 것이다. 민족 개념이 그러하듯이, 한국학 자체가 본시 모호한 개념이며 역사적으로 부단히 변화 가능한 열린 개념이기 때문이다.

그런데 정체를 정확히 모른 채 어떤 일을 해내는 경우도 많이 있다. 예컨대 시인은 시가 무엇인지 말하지 못하면서 시를 쓰고, 철학자는 철학이 무엇인지를 모른 채로 철학을 한다. 아마 그런 식으로 한국학도 시나브로 성장해 왔을 것이다. 그렇기에 용맹 정진하고 있는 애꿎은 학자들을 무작정 매도해서는 안 될 것이다.

사실이 그렇다 하더라도, 이젠 한국학에 대한 밑그림을 조금씩 그려 나갈 때가 되었다. 무엇보다 '필요'의 압력이 거세지고 있다. 예컨대 한국의 세계적 위상이 높아 감에 따라 '한국적인 것'을 묻는 외국인이 급속히 늘고 있고, 다른 누구보다 (한국어가 모어인) 우리가 그들의 지적 욕망에 응답할 책임이 있기 때문이다.

다음의 글은 철학하는 이의 관점에서 한국학의 정체성을 물으며 쓴 것이다. 2절에서는 이른바 '한국적인 것'에 대한 숙고의 필요성을, 3절에서는 외면당하는 한국학의 현주소를, 4절과 5절에서는 한국 철학사에 이정표를 남긴 이규성과 박동환 철학의 아이디어를, 마지막 6절에서는 당면한 한국학의 과제 하나에 대해 간략히 살펴보았다.

본격적인 논의에 들어가기에 앞서 소박하게나마 한국학의 정체성에 대한 대강의 얼개를 그려 보고 싶다. 내가 스케치해 본 한국학은 크게 세 가지로 요약된다. 일차적으로 한국학이란 '한국어로 직조된 문화 지식 전반의 체계'를 가리킨다. 굳이 '언어는 존재의 집'이라는 철학자 마르틴 하이데거(Martin Heidegger, 1889~1976)의 말을 인용하지 않더라도, 언어는 협의의 국가와 민족 정체성보다 앞선다. 예를 들어 체코 프라하의 시민이었던 유대인 프란츠 카프카(Franz Kafka, 1883~1924)는 독일학(Germanistik, 독어독문학)에서 결코 배제할 수 없다. 또한 중국 연변 용정에서 출생한 윤동주(尹東柱)나 평안북도 정주군에서 출생한 김소월(金素月)을 한국학에서 배제할 수 없는 것도 마찬가지 이유이다. 한국학에 내포된 가장 중요한 의미소(意味素)는 '한국어'이다. 넓은 의미에서 한국어로 된 모든 텍스트는 한국학의 잠재적 외연에 포함할 수 있다. 이 점에서 한국어로 완벽히 녹아든 번역 작품도 당연히 한국학의 연구 대상이 된다.

둘째, 좀 더 한정된 의미에서 한국학이란 '역사적 서사로 묶인 (한국어 사용) 공동체 전반에 대한 학적 체계'를 뜻한다. 여기에서는 특히 '역사'가 중요하다. 한국학(Korean Studies)이란 말에서 '한국(Korea)'이란 좁게는 지금의 남한 정부를 가리키는 말로 사용되지만, 넓게는 이야기와 사건을 공유하는 역사적 공동체를 뜻한다. 말하자면 한국이란 단군신화와 춘향전, 일본 제국주의의 식민 침탈과 3·1독립 운동을 공동의 기억으로 가지고 있는 공동체를 가리킨다. 이런 역사적 공동체에 뿌리내린 문화 전체가 한국학 연구의 주요 대상이다. 이렇게 한국학을 규정하면, 어느 정도 한국학의 범위를 제한할 수 있다. 예를 들어 이마누엘 칸트(Immanuel Kant, 1724~1804)의 『실천이성비판』의 단순 번역물은 한국학 범위에 속하기 어렵다. 하지만 칸트의 윤리학을 한국어로 이해하고, 변용, 굴절시켜 한국 사회 및 문화 분석에 적극 활용한 사례는 한국학의 연구 대상이 될 수 있다. 물론 우리는 한국학을 호명할 때마다 매번 편협한 민족주의에 사로잡히지 않기 위해 한국학의 범위를 매우 유연하고 탄력적으로 지정해야 한다는 점을 명심할 필요가 있다.

셋째, 한국학은 한국어 사용자들의 삶에서 우러나온 감성과 사유 체계의 고유성, 즉 '한국적인 것'이라 명명할 수 있는 것을 담고 있어야 한다. '한국적인 것'에 대한 학적 규정은 한류에 호기심이 생긴 외국인들에게 한국적 감성과 사유의 독특함을 알려 주기 위해 꼭 필요할 뿐 아니라, 한국어 사용자들의 자기 인식을 위해서도 필수적이다.

단도직입으로 말하자면, 한국학이란 '한국적인 것'을 엄밀하게 규명하는 학문 외에 다른 것이 아니다. 그렇지만 한국학은 결코 외래문화를 배척하지 않는다. 한국적인 것의 '순수성'에 집착하지 않는다. 오히려 한국학은 한국에 수용된 외래문화가 변용되는 과정에 주목한다. 과거에는 중국에서 유입된 유불선의 변모 과정에, 지금에는 서양에서 들어온 문화 및 제도의 변모 과정에 초점을 맞춘다. 문화 접변이 발생할 때 한국인의 감성과 사유 체계가 어떤 굴절을 겪는지를 포착하는 것, 변모의 이유와 배경을 정밀하게 살피는 것이야말로 한국학이 수행해야 할 과제이다. 말하자면 '한국적 고유성이 (민족주의 내지 국수주의적) 폐쇄성에 갇히지 않고, 오히려 보편성으로 향하는 길이게끔 유도하는 것이 한국학의 핵심 과제'이다. 이 과제가 이행된 다음에야 한국학은 세계문화 창달에 이바지할 수 있을 것이다. 그래야만 한국학의 학적 정당성을 확보할 수 있을 것이다.

    한국학의 기본 이념은 한글을 창제한 세종의 문제의식, 즉 "우리나라 말이 중국의 그것과는 달라서 글자를 가지고는 서로 통하지 않는 까닭에"라는 구절에 오롯이 담겨 있다. 유한한 인간은 무한한 세계를 온전히 들여다볼 수 없다. 세계로 통하는 다양한 창문을 통해 어렴풋이 짐작할 수 있을 뿐이다. 이 창이 바로 언어이다. 그리고 한국어는 인류가 결코 포기할 수 없는 우수한 창 가운데 하나이다. 이런 의미에서 한국학이란 한국어에 담기고 한국어로 형성된 문화 역량 전체를 탐구하는 지식 체계이다. 한국학은 보편성과 세계성을 지향하되 특수성과 지역성을 포기하지 않는 '글로컬(Glocal) 문화 육성'의 이념을 지향하고 있다. 이 이념의 기저에는 다음과 같은 철학적 전제, 즉 인간에게 허락된 보편은 특수를 배제하거나 지양하는 것을 통해서가 아니라, 특수라는 토양에 더 깊이 뿌리를 내릴수록 무한한 창공을 향해 더 높이 뻗어나갈 수 있다는 전제가 깔려 있다.

2 한국적인 것에 관하여

우연히 유튜브에서 BTS의 「다이너마이트」를 들었다. 세계인들을 열광시킨 노래라는데, 그동안 대충 넘겨듣기는 했어도 제대로 집중해서 듣진 못했다. 무엇보다 그들의 음악은 힘 있고 경쾌하고 흥겨웠다. 다 듣고 난 뒤, 이 노래에 이른바 '한국적인 것'이 들어 있는지를 생각해 보았다. 반복해 들으며 열심히 찾아보았는데, 결국 찾지 못했다. 당연하다. 그 노래가 한국적인지 아닌지를 묻기 이전에, 묻는 나부터 한국적인 것이 무엇인지를 정확히 알지 못했기 때문이다. 그런데 혹시 한국적이라는 건 아예 없는 게 아닐까? 한 시절 풍미했던 이데올로기나 환상 같은 게 아닐까? 아무리 생각해도 그건 아닌 것 같다. 어떤 감(感)으로는 분명 존재하기 때문이다. 그렇다면 그 감의 정체는 무엇일까?

젊은 시절 판소리에 빠져든 적이 있었다. 음악에서의 한국적인 것을 찾기 위해 이번에는 그때 들었던 임방울의 「고고천변(皐皐天邊)」한 대목을 들어보았다. 정말 오랜만에 듣는 곡이라서 그 음악을 무한 반복해 듣던 옛 시절을 회상하며 추억에 잠겼다. 그러느라 한국적인 것을 찾으려 했던 원래 의도는 까맣게 잊고 말았다.

판소리에 심취했던 그 시절, 마음이 울적하고 이런저런 번뇌로 머리가 복잡해지면 목포행 야간열차를 탔다. 꼭두새벽 목포 시내 한복판에 도착하면(지금은 기차역을 도시 외곽으로 옮겼다.) 걸어서 시내를 가로질러 해변에 있는 유달산에 올라갔다. 해가 뜰 무렵 산꼭대기에 앉아 바다로 나가는 고깃배들을 바라보고 있노라면, 이상하게도 사위었던 생의 의욕이 불끈 솟구치곤 했다. 유달산에서 만난 두 가지 인상적인 장면이 기억에 남아 있는데, 하나는 아침 산책 겸 운동 삼아 산에 오르는 목포 시민들이 예외 없이 흰옷을 입고 있던 모습이다. 누가 백의민족 아니랄까 봐 모두 흰색 옷을 입고 나온 것이다. 딱 한 명 색깔 있는 옷을 입은 사람이 보였는데, 그도 역시 얼마 지나지 않아 웃옷을 벗어젖히고 흰 러닝셔츠 차림이 되었다. 아마 백의민족이라는 언어적 편견이 은밀히 배후 조종해 만들어 낸 우연의 일치일 것이다.

다른 한 장면은 봉우리 언저리에서 본 것이다. 유달산에는 여러 봉우리가 있는데, 한 봉우리에서 갑자기 한 사람이 판소리 한 소절을 구성지게 불렀다. 전혀 예상치 못한 일이었는데, 잠시 후 더 황당한 일이 벌어졌다. 다른 봉우리에서 누군가가 답가를 부르는 게 아닌가! 또 다른 봉우리에서 또 다른 사람이 계속해서 소리를 이어 가고 …… 상상해 보시라. 이 산 저 산에서 전혀 모르는 사람들이(어쩌면 서로 알고 지내던 사람일 수 있다. 나만 몰랐던 것일 수도.) 주거니 받거니 노래를 이어 부르는 장면을 말이다. 그들은 전문적인 가인들이 아닌 아마추어들이었다. 하지만 산봉우리 사이의 거대한 공간에서 울려 퍼지는 화음(和音)과 공명(共鳴)은 터질 듯한 감동을 주었다. 판소리 명창의 남도소리는 아마추어들의 이런 문화적 토양 위에서 만들어진 것이었다.

멋진 자연경관이 발동을 걸어 누군가 흥겨워진다. 그래서 자연을 공연 무대 삼아 노래를 하니까, 또 다른 누군가가 기꺼이 화답하며 화창(和唱)한다. 이런 일이 비일비재로 일어난다는 것은 대단히 풍요로운 문화적 풍토를 지녔다는 것이다. 자연발생적인 아마추어 동아리를 낳을 수 있는 터전이야말로 귀명창의 고향이다. 그리고 일고수이명창(一鼓手二名唱)에서 더 나아가, 최고의 소리를 뽐내는 명창은 오직 이런 귀명창들의 산실에서만 탄생할 수 있다. 그리하여 음악의 으뜸 조건으로 민간의 기름진 문화 풍토를 꼽을 수 있다.

독일의 음악가 리하르트 바그너(Richard Wagner, 1813~1883)는 생존 시에 이미 세계적인 명성을 얻은 오페라 작곡가이다. 노년의 바그너는 바이로이트에 전용 극장을 만들어서 자신의 오페라를 정기적으로 상연했다. 그가 죽은 다음에는 후손들이 바이로이트 음악 축제를 이어 가고 있다. 경제적 관점에서 바라본다면, 그는 이른바 '바그너 산업(Wagner industry)'을 일으킨 재벌 기업의 1세대 창업주이다.

그런 바그너가 당시 세계적인 민족주의 조류에 발맞춰 자신의 음악을 진짜 '독일' 음악으로 포장하기도 했다. 물론 그는 일기에 "나는 가장 독일적인 사람(der deutscheste Mensch)이다. 나는 독일 정신(der deutsche Geist)이다."라고 천명할 정도로 골수 민족주의자였다. 조금 삐딱하게 바라본다면, 상업적인 광고로 써먹기 위해서라도 '독일적인 것'을 알아야 할 필요가 있기 때문인지, 바그너는 『독일적인 것은 무엇인가?(Was ist deutsch?)』라는 제목의 글을 쓰기도 했는데, 그곳에서 그는 이렇게 말한다.

'독일적인 것'이란 자신이 태어난 흙에서 고유한 언어와 관습을 유지한 게르만인에게 주어진 칭호입니다. 아름다운 이탈리아에서도 독일인은 고향을 그리워합니다. 따라서 그는 로마 황제를 떠나 고향의 왕자에게 더 큰 친밀함과 신뢰를 보냅니다. 긴 겨울 동안 거친 숲속에서 부엌의 따뜻한 화덕 연기가 구름 속으로 높이 치솟아 오르게 함으로써, 그는 대대로 전승되는 조상들의 행위를 생생하게 기억하죠. 말하자면 토착 신들의 신화를 한없는 노래(Saga) 그물망으로 엮습니다.

민족적인 것에 대한 바그너의 착상 가운데 여전히 유효한 개념은 '모국어'인 것 같다. 모국어 속에 담긴 전통의 지혜, 곧 신화(오랫동안 민간에 뿌리내린 이야기) 말이다. 그는 북유럽 신화로 「니벨룽겐의 반지」 4부작을 만들었고, 그 지역 중세 시절 이야기로 「탄호이저」, 「로엔그린」, 「마이스터징거」를 창작했다. 그랬기에 가장 독일적인 음악을 만들었다고 호언장담했던 것이다.

그렇다면 우리의 BTS는 어떤가? 그 음악은 어떤 점에서 '한국적'인가? 나는 바그너 같은 민족주의자도 아니고, (BTS를 비롯한) 한류를 책임지는 기획사 사장도 아니다. 그럼에도 그 음악 속에 한국적인 게 있다고 전제하고 그게 무엇인지를 묻는다면, 이렇게 말하고 싶다. BTS의 음악에는 유달산에서 보았던 화창(和唱)의 기미가 엿보인다고 말이다. 전체주의적인 군무(群舞) 떼창이 아니라, 자연이든 타인이든, 마주 선 독립적인(그러나 한없이 연약한) 상대들에 호응하며 자연스레 (굴곡 있게) 어우러지는 화음과 율동에 있다고 말이다. BTS가 그런 춤과 노래를 공연할 수 있는 까닭은 자연발생적으로 형성된 아미(A.R.M.Y)라는 팬클럽이 있었기 때문이 아닌가 싶다. 한국적인 만남 형식에 세계시민이 들어온 형국이다. 범박한 내 추론은 여기까지이다. BTS가 선보이는 서사의 신화적 측면과 음악학적 측면에 대한 핍진한 연구를 한국학 관련 동료 학자들에게 부탁드린다.

3 후진 한국학이라는 확증편향

한국미에 대한 이론 가운데 야나기 무네요시(柳宗悅, 1889~1961)의 평을 빼놓기 어렵다. 과거에 비해 영향력이 쇠잔해졌지만, 그 이론의 위력은 여전히 막강하다. 그가 한국 예술에 대한 조예가 깊고 일본 제국주의 시절 일본인으로서 누구보다 한국에 대한 연민과 사랑을 표현했기에, 충분히 공감할 만한 부분이 있는 게 사실이다. 그렇지만 그의 한국 미론이 상당히 평면적이며 특정 시대에 국한된 한계를 가지고 있는 것도 부정할 수 없다. 그래서 간헐적으로 야나기 무네요시의 담론을 비판한 사람들도 있었다. 하지만 나는 비판의 범위와 깊이에 있어 통렬하다는 느낌을 받지는 못했다. 오히려 비판하는 이들 대개가 옹색한 민족주의에 갇혀서 옹졸하고 박한 평가를 내리는 경우가 많았다.

이데카와 나오키(出川直樹)의 『인간 부흥의 공예: 야나기 무네요시의 '민예'를 넘어서』[1]는 일본 공예 연구가가 야나기 무네요시의 공

---

1) 이데카와 나오키, 정희균 옮김, 『인간 부흥의 공예: 야나기 무네요시의 '민예'를 넘어

과를 저울질한 책이다. 특히 야나기 무네요시의 한국미에 관한 아이디어를 비판하는 부분은 무척 통쾌했다. 한국 학자가 아닌 일본 학자가 그 일을 해낸 데에 씁쓸함은 남았지만 말이다. 물론 그렇다고 야나기 무네요시의 미론이 무조건 부정될 이유는 없다. 다만 야나기 무네요시의 한국 미론을 넘어서는 출중한 담론을 생산해 내지 못하고 있는 우리 한국학 연구자들이 더욱 분발해야 한다는 생각뿐이다. 이데카와 나오키의 야나기 무네요시 비판은 한국학에 관심 있는 사람들에게 뼈아픈 반성을 촉구한다.

야나기 무네요시의 한국미 담론은 크게 두 가지로 압축된다. 한국미는 첫째, 비애의 예술에서 나온 것이다. 둘째, 곡선과 흰색을 주조로 삼고 있다. 이데카와 나오키는 야나기 무네요시가 이런 선이해(Vorurteil)를 억지로 작품에 끼워 맞춘다고 비판한다. 그는 구체적인 작품 분석을 가지고서 야나기 무네요시 비판의 포문을 열고 있다. 예컨대 「추초문의 항아리」라는 작품이 주요 분석 대상 중 하나인데, 야나기 무네요시는 이 작품에 대해 다음과 같이 말했다. "이것은 추초문(秋草紋)이라고도 불리는 것으로, 흔히 국화나 난이 자주 그려져 있다. 늘 한 가닥 쓸쓸함을 띄워 인간의 정을 마음에 지니고 있는 듯한 모습이다. 원래는 뚜껑이 씌워진 물건이었을 것이다."

이데카와 나오키는 여러 사료에 의거하여 야나기 무네요시의 해석을 반박한다. 그것은 가을풀도 아니고 뚜껑이 씌워진 항아리도 아니다. 조선 공예품 자료를 종합해 보면, 그 무늬는 매화나 창포일 가

서』(학고재, 2002).

능성이 높다. 게다가 항아리가 아니라 술병의 아랫부분일 공산이 크다는 것이다. 여기에서 이데카와 나오키의 빼어난 추론이 이어진다.

> 그럼 왜 이 문양을 '추초'라고 애써 불렀던 것일까? 어감의 아름다움도 있었을 것이다. 그러나 무엇보다 이것이 그가 '애수의 조선'을 말하기에 가장 어울리는 호칭이었기 때문임이 분명하다.[2]

야나기 무네요시는 자기가 미리 세워 둔 한국 미론을 통해 확증 편향을 가졌던 셈이다. 말하자면 그는 한국미는 비애에서 나온다는 선입견을 가지고서 성급하게 작품을 예단했다. 그렇다면 왜 날카로운 직관과 뛰어난 예술적 안목을 가진 야나기 무네요시가 이런 어이없는 편향에 사로잡힌 것일까? 저자는 이렇게 추측한다. 이 가설 역시 설득력이 있다.

> 1919년에는 민족의 독립을 부르짖는 3·1운동이 일어나 전 국토에 탄압의 폭풍이 휘몰아쳤다. 참가자가 200만 명, 이날부터 1년 동안 이 운동과 관련해 목숨을 잃은 자가 8000명, 부상자가 4만 5000명, 체포자가 5만 명에 이르고, 공중에 매달거나 불로 지지는 등 실로 종류를 헤아릴 수 없을 정도로 일제가 무참한 고문을 자행한 이 대사건의 여파가 가시기 전인 다음 해에도 그는 이곳을 방문했다. 이 비참한 상황은 야나기의 조선 공예론이 탄생하는 데 깊이 영향을

---

2) 같은 책, 161쪽.

주어, 그 객관성을 없애는 원인이 된 듯하다.[3]

아마 그랬을 것이다. 야나기 무네요시가 비정한 군국주의자가 아니었다면 말이다. 만일 이런 이유로 야나기 무네요시가 확증편향을 가졌다면, (이데카와 나오키가 지적하는 많은 허물에도 불구하고) 그의 비애론은 존중받아야 한다. 과하게 매도하기보다는 소소한 문제는 지긋이 눈감아 주어야 한다. 한국미에 대한 보다 객관적이고 입체적인 담론을 만들어야 하는 일과는 별개로, 야나기 무네요시의 담론은 전체 한국미 담론의 일부분으로 자리를 잡아야 한다. 혹시라도 이데카와 나오키가 야나기 무네요시를 비판한 듯 보이지만 실상 그를 우회적으로 찬미하기 위해 이렇게 추론한 것일 수 있다. 그러하다면 그가 내린 추론의 역사적 진상을 따져 보아야 한다. 크게 반박할 자료가 없다면, 나는 이 해석 역시 존중되어야 한다고 본다.

정말 큰 문제는 우리 한국인들에게 한국미에 대한 관심이 거의 없다는 데 있다. 외국인들은 진심으로 '한국적인 것'을 궁금해하는데, 우리는 주야장천 글로벌 스탠더드에만 관심을 보이고 있다. BTS의 노래와 한강의 소설, 봉준호의 영화 「기생충」과 정이삭의 영화 「미나리」가 세계 무대에서 혁혁한 성과를 내고 있는데도 한국미를 다루는 한국학은 후지고 촌스러운 이미지로만 우리의 뇌리에 남아 있다. 야나기 무네요시의 것보다 더 고약한 확증편향이다.

---

3) 같은 책, 165쪽.

4   윤회란 우주적 책임 의식이다

내가 사는 아파트의 엘리베이터에서 종종 한 쌍의 할머니와 마주치곤 한다. 얼굴 모습과 체형만 보아도, 그 둘은 영락없는 모녀 사이로 보인다. 신체의 외양에서 유전자의 수직적 연속이 확연하게 발견된다. 간간이 들리는 두 노인의 대화에서 그 관계를 최종적으로 확인할 수 있었다.

한 분은 휠체어에 앉아 있고, 딸로 보이는 분이 휠체어를 밀고 있다. 딸의 나이도 고희에 가까워 보인다. 어떤 사연으로 모녀가 노후를 같이하고 있는지는 알 수 없다. 어머니는 거의 말이 없다. 주로 딸이 말을 한다. 딸의 목소리는 피부 나이에 비해 훨씬 젊다. 가끔씩 그 목소리에는 어린아이의 생떼와 아양까지 묻어 있다. 엄마랑 살기 때문일까? 노인이 된 딸도 가끔 어린이가 엄마에게 칭얼대는 느낌으로 말한다. 딸은 부지런히 엄마를 휠체어에 태우고 바깥바람을 쐬게 해 준다. 두 모녀의 모습을 보고 있노라면, 우리가 고령화 사회의 한복판에 있음을 단박에 알 수 있다. 또한 인연이라는 생의 실오라기, 더 나아가 윤회라는 것도 떠올리게 된다.

처음에는 늙은 따님이 안쓰러워 보였다. 저 연배면 자기 몸 하나도 건사하기도 힘들 텐데, 어머니를 모셔야 하니 말이다. 그런데 안쓰러운 눈으로 보기가 민망할 정도로, 그 따님의 표정은 언제나 해맑다. 활기차고 행복해 보인다. 자신을 희생할 줄 아는 고매한 인격자 같다. 아니, 정확히는 이렇게 보였다. 인격적으로 훌륭한 점도 사실이지만, 딸은 어머니를 돌보는 일이 정말로 즐거운 거다. 모친 봉양에서 삶의 의미를 발견하면서 오히려 딸이 엄마에게 심적으로 의지하며 살아가는 거다. 그들은 서로에 기대며 삶의 허전한 구석을 함께 책임지는 듯 보였다. 여기에서 책임이란 생의 공허를 기꺼이 대신(代身)하는 행위이다. 딸이 어머니의 운신(運身)을 대신하고 어머니가 딸의 고독을 대신한다.

지난여름 철학자 이규성 선생이 세상을 떠나셔서 선생을 기리는 마음으로 그의 책을 구입해 읽은 적이 있다. 선생이 이화여대에서 정년을 마치고 교정을 떠날 무렵 출간한 책, 『한국현대철학사론: 세계상실과 자유의 이념』과 『의지와 소통으로서의 세계: 쇼펜하우어의 세계관과 아시아의 철학』이 그것이다. 두 책 모두 한국 철학사의 명저로 남을 것이라는 게, 일독 후의 첫 소감이었다.

이규성 선생과의 특별한 인연은 없다. 아니, 20대 초반에 우연히 선생을 딱 한 번 만난 적이 있다. 당시의 나는 지금보다 훨씬 해맑은 눈으로 동서 철학의 차이와 융합에 대해 진지하게 고민하던 젊은이였다. 그 주제로 이대 철학과의 동년배 학생과 논쟁을 벌인 적이 있었는데, 궁지에 몰린 그 친구가 선생과의 만남을 즉석에서 주선했다. 그 친구가 자기 힘으로 상대를 설복시키기 어려우니까 스승을 부른 것이다. 어린 학생들끼리 논쟁하다가 학생이 선생을 부르고, 그렇게 부른다고 선생이 나오다니 놀랍지 않은가! 당시에도 아연실색했지만 지금 생각해 보니, 역사책에나 나올 법한 까마득한 옛일 같다. 불과 30년 전까지만 해도 그런 낭만이 있었다. 지금의 대학 분위기에서는 어림없는 일이다. 선생과 여러 내용의 대화가 오갔지만, 유감스럽게도 단 한마디만 기억난다. "철학의 마지막은 교육이다."

망각했던 그날의 대화 내용을 기억하기 위해서, 아니 단 한 번의 만남이었지만 선배 철학자와의 인연을 소중하게 간직하려고 각각 1000쪽이 넘는 두 권의 책을 그 여름내 읽었다. 그런데 개인적인 인연과는 무관하게, 책의 내용이 기대 이상으로 훌륭했다. 책장을 넘기면서, 생전에 선생께 배움을 청하지 못한 게 못내 아쉽다는 생각을 했다.

『한국현대철학사론』은 동학 이후부터 20세기에 활동했던 한국의 철학자들을 다루고 있다. 번듯한 한국 철학사를 내놓지 못한 우리 학계에서 이 일은 누군가가 꼭 해야 하는 작업이었다. 아마 선생은 이 책을 무거운 사명감으로 집필했을 것 같다. 반면 『의지와 소통으로서의 세계』는 선생의 개인적 관심, 순수한 지적 호기심에서 즐겁게 쓰여진 책처럼 보인다. 책의 제목은 아르투어 쇼펜하우어(Arthur Schopenhauer, 1788~1860)의 『의지와 표상으로서의 세계』를 패러디한 것이다. 여기에서 예상할 수 있듯이, 이 책은 쇼펜하우어 철학에 대한 해설서이다. 평범한 해설서는 아니고, 자신의 철학적 관점에서 쇼펜하우어 철학을 재구성하고 재평가한 책이다.

선생이 쇼펜하우어에 관심을 가지고 연구한 사연이 흥미롭다. 두 가지 사연이 있는데, 그중 하나는 쇼펜하우어가 서양 최초로 서양 바깥 문명의 사상에 대해 호의적인 관심을 갖고 공부하여 자기 철학의 일부로 흡수한 철학자라는 점이다. 쇼펜하우어의 경쟁자였던 G. W. F. 헤겔(G. W. F. Hegel, 1770~1831)이 동양을 무시했던 태도와는 대조를 이룬다. 다른 하나는 청년 시절 선생의 친구 가운데 쇼펜하우어를 유난히 좋아한 사람이 있었는데, 결국 그는 여러 사정상 공부할 수 없었다고 한다. 그래서 그 친구를 대신해 쇼펜하우어를 연구하겠다고 생각했다는 것이다. 동양철학 전문가로 분류되는 선생이 오리엔탈리즘에서 비껴 나 있는 쇼펜하우어에 관심을 가진 것은 당연하겠으나, 친구를 대신해서 쇼펜하우어를 연구했다는 것은 흔치 않은 사연이자 우정이다. 이 역시 검질긴 인연의 힘이다. 아무튼 선생의 쇼펜하우어 연구는 전문가 수준을 넘어선다. 국내외 이만한 쇼펜하우어 연구서는 찾아보기 어렵다. 선생의 통찰력이 돋보이는 한 문장만을 뽑아 보라면, 이 구절을 택할 것이다.

"윤회는 우주적 책임 의식을 갖게 하는 현상적 질서이다."

엘리베이터에서 만났던 모녀는 어떤 인연과 윤회를 통해 만나게 되었을까? (신화가 가미된) 윤회의 내용은 중요치 않다. 다만 모녀가 서로에게 책임 의식을 가진다는 게 중요하다. 이규성 선생과 나의 관계도 마찬가지이다. 거의 생면부지이지만 이 땅의 철학하는 선후배로서 책임 의식을 공유한다는 게 얼마나 아름다운 일인가! 별 볼 일 없고 한심한 인생살이에서 이만큼이나 멋진 일이 어디에 또 있을까? "세계는 미학적 현상으로서만 정당화된다."라는 프리드리히 니체(Friedrich Nietzsche, 1844~1900)의 말이 아련히 귓가에 맴돈다.

5 고통의 굴절, 생의 관절

아이가 레고 조각으로 무엇인가를 열심히 만들고 있다. 한참 후에 아이는 자기가 만든 것을 로봇이라며 자랑한다. 얼추 레고 집적체의 외양이 만화 속에 등장하는 로봇과 엇비슷하다. 로봇 디지털 사진을 고배율로 확대했을 때 드러나는 픽셀 뭉치 모양 같다. 그런데 애니메이션에 등장하는 로봇과 다른 점이 있다. 레고 조각으로 조립해서인지 거의 움직일 수 없다. 로봇보다 훨씬 더 뻣뻣하다. 살아 있는 생명체처럼 몸동작을 유연하게 하려면 어떻게 해야 할까? 방법은 간단하다. 수많은 관절을 로봇의 몸 구석구석에 삽입하면 된다. 우리의 몸이 유연하고 섬세하게 움직일 수 있는 것은 전적으로 이 관절 덕분이다.

요즘에는 진화론을 믿지 않는 사람은 거의 없을 것이다. 주지하다시피 찰스 다윈(Charles Darwin, 1809~1882)의 진화 개념은 진보라든가 발전과는 전혀 무관하다. 차라리 예측 불허의 변전에 가깝다. 진화론의 양대 주축은 '공통 조상'과 생명의 '변화'이다. 지상의 숱한 생명체가 서로 무관한 것처럼 보이지만, 그 기원을 추적해 올라가면 공통 조상을 가졌다는 것, 그리고 하나의 공통 조상으로부터 셀 수 없을 정도로 다양한 생명체가 가지를 치고 나왔고, 지금도 계속 변화하는 중이며 앞으로도 그럴 것이라는 추론이 진화론의 핵심 내용이다. 추상적인 논리 수준에서 말한다면, 진화론은 '동일성과 차이'를 뼈대로 삼고 있다. 그렇다면 '같음과 다름'이라는 이 상반되고 모순적인 두 가지를 이어 주는 것은 무엇일까?

이 질문에 대한 답변으로 관절이나 마디 등이 좋은 후보이다. 관절은 신체의 부분을 이어 주면서 동시에 구분해 준다. 이것은 나누기만 할 뿐, 결코 완전히 분리시키지 않는다. 그래서 차이화 활동이 아이러니하게도 연속적 동일성을(그것도 유연한 동일성을) 확보해 준다.

역으로 같은 것을 접고 나눔으로써 특정 마디 부분이 분화되고 개체화된다. 또한 관절의 틈새, 사이를 통해서 자유로운 방향 전환이 가능해진다.

생명은 '하나'에서 시작했다. 지금도 모든 생명체는 그 하나와 모종의 끈으로 연결되어 있다. 하지만 시간의 경과에 따라 무수한 꺾임을 통해서 다양한 형태의 종과 개체로 분화되었다. 지금도 그 분화는 진행 중이다.

개체는 하나의 생명 전체의 마디이다. 티끌처럼 아주 작은 마디이다. 개체가 된다는 것은 마디를 이룬다는 뜻이다. 마디의 경계를 이루는 데에서 개체가 시작된다. 그 경계 '사이'에서 생명의 변화가 일어난다. 한편에서는 마디를 맺음으로써 새로운 개체가 출현하지만, 다른 한편으로 다른 마디를 내 마디의 부분으로 만듦으로써 새로운 개체가 출현하기도 한다. 몸을 가진 생명체는 다른 생명체의 몸을 먹는다. 다른 마디를 내 마디로 병합하는 일이다. 병합이 매번 성공적인 것은 아니다. 무엇인가를 삼켰는데, 배탈이 나거나 오히려 삼킨 것의 먹잇감이 되는 경우도 있다. 심지어 마디를 유지한 채 삼킨 그것과 공생하는 경우도 있다. 미토콘드리아나 엽록체의 세포내공생설(endosymbiosis)은 그런 공생에 바탕을 둔 이론이다.

관절은 둘을 구분하고 있지만, 분리되지 않는다. 이어진 채 굽힐 수 있다. 이런 굴절은 어떻게 가능했을까? 마디들이 모이고 나뉘는 관절은 '고통의 발원지'이다. 까마득한 과거에 타자를 만나 꺾인 곳이다. 무엇과 만나 어떻게 꺾였는지 모르는 경우가 허다하다. 몸의 컨디션이 좋지 않을 때마다 뼈마디가 시리거나 쑤신 것은 다 이유가 있다.

분명한 것은 꺾였지만 분리되지는 않도록 봉합되었다는 것이다. 마디가 되었다는 점이다. 그런데 역설적으로 이런 마디야말로 우리에게 사방팔방으로 움직일 수 있는 자유를 허락해 준다. 관절 없는 사지를 떠올려 보라. 얼마나 뻣뻣하게 굳어 있는가? 관절은 고통스러운 자유가 회합하는 장소이다.

양립 불가능해 보이지만, 상반되고 모순되는 것들이 동거하는 경우가 있다. 도저히 함께할 수 없을 것 같지만, 신기하게도 동전의 앞뒤처럼 딱 붙어 있다. 언어의 측면에서 보면, 역설이 그렇다. "한 크레타인이 말하길, 모든 크레타인은 거짓말쟁이다." 이 말은 참말일까? 거짓말일까? 이것을 자기 지칭의 역설이라고 부르기도 한다. 두 개의 거울을 맞대 놓으면 무한히 이미지들이 이어지듯이, '자기'는 지시된 자기 뒷면에 하염없이 남을 수밖에 없다. 바로 이 잉여의 자기가 바로 타자적인 '생'이다.

산전수전 다 겪으며 험난하게 살아온 인생을 시쳇말로 '굴곡진 인생'이라 말한다. 그건 굵직한 장애물에 부딪혀 수없이 꺾인 생이다. 꺾일 때마다 온몸에 참기 힘든 고통이 스몄을 것이다. 많은 경우 이 굴절 현상 때문에 인생은 망가진다. 사지가 절단되듯 생이 갈기갈기 찢겨 나간다. 마디의 관절이 되지 못한다. 반면 몇몇 사람은 생의 풍파를 만나 꺾일 때마다, 꺾인 자리를 새로운 관절로 만든다. 관절로 만들고 나서는 이전보다 더 자유롭고 능수능란해진다. 온실 속 화초처럼 살아온 사람보다 굴곡진 생을 살아온 사람이 훨씬 더 믿음직스러운 까닭이 여기에 있다. 상선약수(上善若水)처럼 삶이 물처럼 부드러워진다는 것은 굴절의 고통을 통해 마디의 디테일을 형성함으로써 뻣뻣해진 자기로부터 벗어남을 뜻한다.

원하든 그렇지 않든, 인생길은 그리 평탄하지 않다. 현대 한국 철학의 토대를 놓은 박동환에 따르면, "변함없는 목표를 향해 달리는 인생은 없다. 지향하던 목표가 도중에 꺾이고 다시 꺾이어 변형된 뜻밖의 결과가 나의 현재이다". 생의 굴곡진 능선에서 우리가 겪어야 할 고통은 아무렇지도 않다는 듯이, 생은 꺾인 부위를 관절로 삼아 풍부한 몸짓과 다양한 모습을 뽐낸다. 얄밉고 야속하지만 어쩔 수 없다. 변화무쌍한 생에 올라탄 이상 속수무책인 것이 사실이다. 생의 롤러코스터를 즐기는 것 외에는 어찌할 도리가 없다.

6 죽이고 살리는 활

몸싸움은 대개 근력의 세기로 판가름 난다. 더러 기지를 발휘하여 판세를 뒤집는 경우도 있으나, 본능적인 민첩함과 근력이 승패를 가른다. 칼과 창이 등장하고 난 후에도, 물론 도구 사용 능력이 덧붙여 요구되었지만, 여전히 근접전에서는 근력과 민첩성이라는 몸의 역량이 결정적이었다. 이 싸움의 판도를 현격하게 바꾼 것이 바로 활〔弓〕이다.

활이 등장하면서 전투의 양상은 완전히 바뀐다. 활은 원거리에서 자신의 안전을 확보한 채 적을 공격할 수 있는 무기이다. 심지어 정확히 보이지도 않는 적을 향해 화살 세례를 퍼붓기도 한다. 이제부터 전쟁의 승패는 인간 몸의 근력이 아니라 도구 기계의 성능으로 결판난다. 근대전에서 '포문(砲門)을 열다'라는 말이 전쟁 개시를 뜻할 정도로 대포의 위력은 엄청났다. 특히 보이지 않는 표적을 어김없이 타격할 수 있는 곡사포는 가히 위협적이었다. 이런 점에서 최첨단 대륙간탄도미사일도 처음 활에서부터 시작되었다고 할 수 있다.

고대 그리스어에는 활을 가리키는 두 개의 낱말이 있다. 하나는 톡소스(toxos)이고 다른 하나는 비오스(bios)이다. 흥미롭게도 '비오스'는 앞 음절에 강세가 있으면 '활'이란 뜻으로, 뒤 음절에 강세가 있으면 '생명'이란 뜻으로 사용되었다. 그리스 철학자 헤라클레이토스(Heracleitos, B. C. 540~B. C. 480)는 이 동음이의어를 가지고 다음과 같은 말을 한 적이 있다. "활이 생명을 뜻하는 말이지만, 하는 일은 죽음이다."[4] 활이라는 게 자기 생명을 살리기 위해 다른 생명체를 죽이는 무기이기에, 이런 역설적인 문장이 가능하다.

활은 인간의 행위와 운명을 설명하는 비유로도 자주 사용되었다. 아리스토텔레스(Aristoteles, B. C. 384~B. C. 322)는 『시학』에서 그리스 비극을 설명하면서, '하마르티아(Hamartia)'라는 단어를 소개한다. 하마르티아는 비극의 주인공이 자신을 파멸에 이르게끔 하는 어떤 실수, 잘못을 가리킨다. 그런데 원래 이 단어는 화살을 쏠 때 과녁에 빗맞는 것을 뜻하는 말이었다. 인간은 선한 의도를 가지고 행위하더라도 뜻밖의 나쁜 결과를 초래할 수 있다. 그리하여 자신도 모르는 사이에 비극의 주인공이 될 수 있다. 시위를 떠난 활은 통제 불가능

---

[4] 탈레스 외, 김인곤·김재홍 옮김, 『소크라테스 이전 철학자들의 단편 선집』(아카넷, 2009), 242쪽 참조.

한 영역에 들어선 것이다.

예컨대 청년 오이디푸스는 부친을 살해하고 모친과 동침한다는 신탁이 꺼림칙해서 고향을 떠난다. 당시 그가 알고 있던 부모는 실은 양부모였다. 이웃 나라에서 방랑하다가 성질 고약한 노인(친부 라이오스 왕)의 행패를 응징한 끝에 죽이게 되고, 스핑크스의 수수께끼를 풀어 역병을 퇴치하여 영웅이 된다. 마침 왕위를 오래도록 공석으로 놔둘 수가 없어서 백성들은 그 영웅과 왕비(친모 이오카스테)의 결혼을 주선한다. 보는 시선에 따라, 오이디푸스는 아무 잘못이 없다. 무지 상태에서 선한 의도로 행위했을 뿐이다. 하지만 그가 쏜 선의의 화살은 번번이 과녁을 빗나갔다. 결국 그의 손을 떠난 화살은 자기 눈을 맞춘 꼴이 되었다.

동양 고전에도 활이 등장한다.『중용』에 이런 말이 등장한다. "공자께서 말씀하셨다. 활쏘기는 군자와 비슷한 것이 있으니 정곡을 잃으면 돌이켜서 그 자신에게서 구한다."(子曰 射有似乎君子 失諸正鵠 反求諸己身)[5] 돌이켜 자신에게서 구한다는 뜻의 '반구(反求)'라는 말에도 이처럼 활을 쏘는 태도가 내포되어 있다. 반구란 뜻대로 안 될 때 남 탓을 할 게 아니라 자신의 자세나 태도를 바꾸는 것을 뜻한다. 자기 수양법이다. 실패했을 때, 보통 사람들은 남 탓을 한다. 딱히 탓할 사람이 없으면 환경이나 조상에게까지 탓을 돌린다. 잠시 마음이 편할 수는 있어도, 그렇게 해서는 같은 실패를 반복할 가능성이 높다. 타자의 반응에 호응하여 자신을 조정하는 방법, 그것이 반구이다. 이것도

---

[5] 증자·자사, 김원중 옮김,『대학·중용』(휴머니스트, 2020), 173쪽.

활쏘기에서 나온 말이다.

　예부터 한국인은 활쏘기에 능했으며, 지금도 수십 년간 양궁은 올림픽 금메달 효자 종목을 지키고 있다. 한민족을 가리키는 동이(東夷)라는 말은 원래 '활 잘 쏘는 동쪽의 민족'을 뜻한다. '오랑캐 이(夷)'를 큰 대(大)와 활 궁(弓)으로 풀이한 설명이다. 정사(正史) 『삼국지』 「위서 동이전」에는 동이족(가운데 읍루)에 대해 이렇게 설명한다. "그곳 사람들은 활쏘기에 뛰어나 사람을 쏠 때에는 모두 눈을 적중시킨다. 화살에는 독이 칠해져 있기 때문에 그것에 맞으면 모두 죽는다. …… 이웃 나라 사람들은 그들의 활과 화살을 두려워했기 때문에 끝까지 항복을 받을 수 없었다."6)

　일찍이 백범(白凡) 김구(金九, 1876~1949) 선생은 "오직 한없이 가지고 싶은 것은 높은 문화의 힘"이라고 했다. 최근 우리네 문화 창작자들이 세계를 향해 활을 쏘고 있다. 한강의 『채식주의자』, 봉준호의 「기생충」, BTS의 노래가 그것이다. 그들의 활이 정작 세계인의 선한 심중에 꽂혔는지, 행여 살상 무기는 아닌지, 혹은 편협한 민족주의자들의 농간으로 하마르티아로 판명되는 것은 아닌지, 반구의 성찰을 가질 때이다. 이것이야말로 현재 긴요하게 한국학이 수행해야 할 과제이다. 우리의 활은 '살림'의 비오스이어야 한다.

---

6) 진수, 김원중 옮김, 『정사 삼국지: 위서 2』(휴머니스트, 2020), 620쪽.

주인의 철학

손영식

나는 「우리에게 '철학'은 사치일까」, 「신유학의 연구 방법 반성」, 「보리밭: 민주주의를 기념하여」라는 세 꼭지의 글을 통해서, 철학이 어떤 것인지를 보여 주려 했다. 세 글에 담은 것은 이렇다.

첫째, 죽음. 철학은 주인의 학문이다. 노예는 주인의 철학을 따르면 된다. 노예가 그 자신의 철학을 가지면, 그것은 죽을죄이다. 많은 이유로 한국에서 목하 철학은 소멸하고 있다. 역사를 보면, 3위 이하 국가는 1위에 붙어야 생존할 수 있다. 그 방법 가운데 하나가 1위의 철학과 문화를 자기 것으로 가지는 것이다. 그렇게 보면, 사실 우리에게 철학은 사치일 수 있다. 강자도 아니고 주인도 아닌데 무슨 철학이 필요할까?

둘째, 방법론. 내가 하는 동양철학의 주요한 연구 방법은 훈고학이다. 성현의 글을 경전으로 모시고, 그 글을 풀이하고 훈고하는 것이다. 이는 노예적 이성이다. 나는 45년 넘게 철학을 하면서, 훈고학적 연구 방법을 거부했다. 데카르트의 '코기토'를 따랐다. 그래서 나는 0.5주의자이다. 정원재 선생은 꼼꼼하게 찾고 또 찾아도 함부로 단정하여 결론을 내리지 못했다. 나는 그것을 0.9주의라 했다. '0.999……'로 가도 1이라 하지 않는 것이다. 반면 나는 0.5이면 반올림해서 1이라 했다. 왜냐고 누군가 물었다. 나의 답은 내가 그렇게 생각하기 때문이다. 내가 '명석판명'하게 생각한 것(cogito)이 진리이다. 데카르트가 그렇게 말했다. 내가 볼 때 철학은 주인의 학문이다.

셋째, 적용. 칸트는 철학은 고정된 것이 아니라, '철학함'이라는 활동이라고 했다. 나는 네 개의 그림 혹은 조각상과 자화상을 통해서 그 시대를 읽어 보고자 했다. 철학의 핵심은 논리적 추론이다. 헤겔과 카를 마르크스(Karl Marx, 1818~1883)는 이를 역사·사회·국가에 적용했고, 아르투어 쇼펜하우어는 마음의 바닥 어두컴컴한 곳에 적용했다. 나 역시 그 눈으로 세상을 보고자 했다.

이제 대학에서 철학이 소멸해 가는 추세 속에서 강단 철학에는 과연 무엇이 남을까? 나는 늘 '취소주의, 청산주의'가 내 삶이었다는 생각이 든다.

1 우리에게 '철학'은 사치일까

1) 철학이라는 학문의 핵심은 형이상학(形而上學), 즉 세계관이다. 이 형이상학이 맞는지 따지는 인식론, 그것을 개인 삶의 규칙에 적용한 윤리학, 사회와 국가에 구현한 사회철학과 역사철학, 그리고

이성적 추론의 규칙인 논리학 등이 철학을 구성한다. 누가 철학-형이상학-세계관을 가지려 하는가? 자신의 뜻에 따라 주체적으로 행위하고, 이 세계를 마음대로 만들 수 있는 사람이다. 따라서 철학은 강자의 학문이다. 역사적으로 보더라도 그리스와 로마, 영국과 독일, 미국 혹은 중국 등 그 세계를 주도하는 자들이 철학을 만든다. 이는 주인과 노예의 관계로 설명할 수 있다. 정복 전쟁을 통해 승자는 주인이 되고, 패자는 노예가 된다. 승자는 패자에게 묻는다. 너는 노예가 될래? 아니면 죽을래? 죽음을 두려워하는 비겁한 자가 노예가 된다.

헤겔은 노동의 관점에서 노예를 정의한다.

노예=노동을 하되, 생산물을 하나도 소유하지 못하는 자
주인=노동하지 않되, 모든 생산물을 소유하는 자

이는 제로섬게임이다. 정복자는 모든 것(sum)을 가지고, 정복된 자는 하나도 갖지 못한다. 0, 즉 제로(zero)를 가진다. 노예는 소유할 수 없다. 나아가 노예는 주인의 감정과 욕망, 사유와 의지를 그대로 자신의 것으로 가져야 한다. 자신의 감정과 욕망, 사유와 의지를 가지면, 그것은 죽을죄이다. 철학의 핵심은 형이상학이고, 형이상학은 세계관이다. 결국 철학은 주인의 것이다. 노예는 주인의 철학과 종교를 그대로 가져야 한다.

이는 국제 관계에 그대로 적용된다. 최강국은 2위 이하 나라를 모두 멸망시킬 수 있다. 반대로 2위 이하 국가는 최강국에 예속되어야 살아남을 수 있다. 최강국에 정치적으로 종속될 뿐만 아니라, 사

상과 종교 역시 최강국의 것에 종속되어야 한다. 그래야 생존한다.

우리 역사는 이를 잘 보여 준다. 신라의 태종무열왕 김춘추가 당나라를 끌어들여 백제를 병합하는 통일을 하면서, 한반도는 구조적으로 3위 이하가 된다. 고구려처럼 중국의 국가와 대결할 수 없게 된다. 따라서 인조가 명나라에 올인하여 후금과 대결했다가 병자호란으로 거의 나라가 망할 뻔했고, 고종이 청나라에 빌붙어서 정권을 유지했다가 조선이 일제의 식민지가 되었다. 고종 때문에 여전히 중국은 한국을 속국 취급한다.

바로 이런 점에서 우리의 철학은 늘 중국의 것과 거의 같다고 할 수 있다. 신라와 고려의 불교, 조선의 유교는 사실상 중국의 것과 같다. 지눌의 화엄 사상과 선의 종합, 이황의 사단칠정 이론처럼 약간의 변형이 있지만, 기본적으로 중국과 같다. 그렇다면 왜 독자적인 철학이 없고, 늘 중국의 것을 그대로 우리의 것으로 삼아야 했는가?

동아시아(몽골·만주·중국·한국·일본)는 구조적으로 하나의 세계였고, 그 가운데 최강자는 중국을 통일한, 혹은 삼킨 국가였다. 김춘추가 한반도 남부만 통일한 이래 우리는 3위 이하가 숙명이 되었다. 따라서 한반도의 국가는 그 통일 국가를 종주국으로 삼고, 봉건적인 천자-제후 관계를 맺는다.

여기에서 한국은 독특한 전략을 취한다. 우리가 1위가 될 수 없고, 1위에 붙어야 살게 된다면, 무력이 아니라 문화에서 1위와 같아지자고. 구조적으로 '물질적 힘'으로 강대국이 될 수 없다면, 문화에서 최강이 되자고. 최강자의 문화를 그대로 구현하면, 최강자와 거의 같아질 수 있다. 이것이 신라 이래 한국이 가진 기본자세이다. 한자의 사용, 불교와 유교, 동양화 등이 모두 그런 점에서 나온 것이다. 어차피 같아질 것이라면, 가장 최고의 수준을 구현해야 한다.

김구 선생이 말했다. "우리의 강력(强力)이 남의 침략을 막을 만하면 족하다. 오직 한없이 가지고 싶은 것은 높은 문화의 힘이다." 그는 한반도의 과거와 미래를 꿰뚫어 본 것이다. 문화의 힘의 핵심은 노예가 아니라 주인의 자세이다.

2) 요즘 한류가 초강세이다. 사실상 세계를 제패했다. 여기에서 자주 나오는 말이 '세계관'이다. 아이돌 그룹이 쏟아져 나오면서, 저마다 그룹의 탄생 설화, 멤버별 캐릭터, 노랫말과 춤에서 자신들의 세계관을 추구한다. 심지어는 최고의 세계관을 지닌 아이돌을 뽑는 투표도 할 정도이다. 또한 한류 드라마나 영화에서 세계관을 찾는 수요자가 많다.

대중가요 가사에도 '철학'이라는 말이 나온다. G-idle의 「nxde」라는 노래에는 "철학에 미친 독서광 hah, Self-made woman"이라면서, 신문을 찢는 장면이 나온다. 이는 매릴린 먼로(Marilyn Monroe)를 기린 것이다. 그녀는 지적인 사람으로 굉장한 독서광이었지만, 대중은 오직 섹시한 모습에만 열광했다. 이제 한류는 '철학'을 들먹일 수준이 된 것이다.

한류가 전 세계에 먹히지 않는다면, 어떻게 세계관을 가질 수 있겠는가? 원래는 미국의 마블 히어로물이나 세계관을 가진다. 둘 이외에 세계관까지 들먹이는 대중문화를 가진 나라는 없을 것이다. 앞에서도 말했지만, 철학은 강자의 전유물이다.

3) 윤석열 대통령은 후보 때부터 '자유와 연대(동맹)'를 주문(呪文)처럼 외우고 다녔다. 유엔에서도, 미국 상하 양원에서도 연설의 핵심이었다. 그의 '자유와 연대'는 결국 따지고 보면, 세상을 '자유민주주의' 대 '공산 독재'로 나누고, 자유민주주의와 연대하겠다는 것이다. 미국 세력과 연대와 동맹을 통해서 중국-러시아와 맞서겠다는 것이다. 그래서 한국의 생존을 도모한다. 왜 그는 태극기 할아버지들의 철 지난 냉전적 사고에 불과한 모호한 이념에 매달리는 것일까?

국제 관계는 주인과 노예의 변증법이 철저하게 적용된다. 2등 이하는 최강자에 빌붙어야 생존할 수 있다. 물론 이 경우도 최강자가 허락할 때 가능하다. 현재 한국이 최강자에 빌붙어야 겨우 생존이 유지되는 궁박한 처지인가? 이제 한국은 경제력이 세계 10위이고, 군사력은 6위이고, 한류는 세계를 휩쓴다. 이제 우리도 독자적인 목소리를 낼 수 있지 않은가? 뭣에 씌운 것처럼 일본에 미국에 빌붙어야 하는가? 한국의 보수는 강대국에 안겨서 생존하려 한다.

빌붙어 사는 존재에게 무슨 철학이 필요하겠는가? 강자의 철학을 그대로 노예처럼 추종하면 된다. 현재 한국에서 철학은 바람 앞의 등불과 같다. 지방은 국립대를 제외하고는 '철학과'라는 이름을 단 곳이 많지 않다. 울산대학교는 2024년부터 철학과의 신입생 모집 중지를 결정했다. 2년 연속 정원 미달이었다는 이유에서이다. 정원 미달인 과가 생기면, 그 과를 없애면 문제가 해결되는가? 아니 그 이전에 울산에서 철학이란 사치인가?

우리나라는 여전히 '우리는 3위국' 의식이 높다. 그러면 최강국의 철학·문화·예술을 그대로 받아들이면 되는가? 문화·예술은 이미 세계 최강에 올라와 있다. 그러나 정치권에서는 여전히 한국을 미·일 동맹의 하위국으로 생각하고 있다. 대중 예술에서는 세계관을 말하지만, 우리의 국가적 힘에 걸맞은 철학을 가지려 하지 않는다. 우리에게 철학은 여전히 사치인가?

2 신유학의 연구 방법 반성

우리나라의 국력은 괄목할 만큼 발전했다. 그러나 그 위상에 걸맞은 철학을 갖지 못하고 있다. 이는 일차적으로 우리 철학계의 문제이기도 하다. 2010년을 경계로 철학 교수가 급격하게 줄어들었다. 지방 대학에서 철학과가 사라지기 때문이다. 한국에서 연구자는 결국 대학에 남을 수밖에 없는데, 이제는 비정규직을 감수하면서 철학에 종사해야 한다. 이렇듯 연구 인력이 줄어들면, 어떻게 독자적인 철학이 나올 수 있겠는가?

이는 외적인 문제이고, 철학 내부의 문제도 있다. 나는 중국과 한국의 신유학(성리학)을 전공했다. 중국에서 가장 유명한 형이상학이다. 그만큼 난해하다. 그러나 여전히 우리의 신유학 연구는 수박 겉핥기 수준을 넘어서지 못했다. 동양철학 연구에는 치명적 문제가 있기 때문이다.

나는 45년 넘게 중국 철학을 연구했다. 나의 연구 방법은 첫째, "한문 원전을 읽자. 남이 쓴 논문은 2차 자료일 뿐이다." 둘째, "나의 상식과 이성의 관점에서 보자." 나는 학부에서 주로 서양철학을 배웠고, 현대 자연과학을 나름 잘 알고 있다. 그리고 한국에 살고 있다. 이것이 나의 상식과 이성을 구성한다. 이런 점에서 신유학의 연구 방법을 반성해 보겠다.

가. 성현(聖賢)과 노예적 이성

내가 가장 이해하지 못했던 것은 공자의 술이부작(述而不作, 잇되 짓지 않음)의 태도이다. 이 결과는 과거 철학자의 말을 무조건 진리로 인정하는 것이다. 이를 비판하여 펑유란(馮友蘭, 1895~1990)은 진시황 이전을 자학(子學, 제자백가의 학문), 이후를 경학(經學)으로 구분한다. 경학은 제자백가의 학설을 경전으로 모시고 훈고와 고증을 하는 것이다. 지적인 노예 상태이다.

나는 언젠가 수업 시간에 학생들에게 물었다. "학생들이 볼 때 나와 퇴계 이황은 누가 더 나은가?" 왕수인(王守仁) 역시 제자를 요순과 비교하기도 했다. 그러나 이는 예외이고, 거의 모든 학자는 성현과 그 자신을 질적으로 완전히 다른 존재로 간주했다.

맹자는 군주 천명론을 주장한다. 어떤 이가 왕이 되는 것은 하늘의 명령(天命)을 받았기 때문이라 한다. 이는 서양 근대의 왕권신수설과 비슷한 신화적인 황당한 이야기이다. 문제는 과거 기나긴 중국 및 한국 역사 전체에 걸쳐 공화정을 주장하기는커녕, 소개한 학자가 단 한 명도 없다는 사실이다. 심지어는 'republic(공화정)'을 뜻하는 한자 낱말 자체가 없다.(중국어에는 '딸'에 해당하는 낱말도 없다.) '共和(공화)'라는 말은 주나라 때 왕이 없어지자, '共(공)'과 '和(화)'라는 신하가 대신 다스렸다는 일화에서 나왔다. 공화정은 'republic'의 번역어이고, 그것은 'res publica(대중, 국민)'라는 말에서 나왔다. 나라는 왕의 소유가 아니라 국민 대중의 소유라는 것이다.

'왕정' 대신 '공화정'이라는 생각을 그토록 하기 어려웠을까? 서양에서는 그리스 시대부터 해 오던 생각이다. 그런데 중국은 왜 그 많은 학자 가운데 단 한 명도 거론하는 자가 없었을까? 분서갱유와 같은 황제 독재 국가의 탄압 때문이기도 했지만, 가장 큰 이유는 맹자에게 '노예화된 학자들' 탓이다. 맹자의 말은 무조건 진리인가? 성현은 나와 급이 다른 인간인가?

나. 철학→신화로 퇴행, 철학→문학으로 변질

원래 인류의 지성은 신화→철학→과학으로 발전했다. 그러나 신유학 연구는 주희(朱熹, 1130~1200)가 형이상학 체계를 세운 뒤에 더 이상의 발전을 하지 못하고, 이후 철학→신화로 퇴행했다. 신화는 세상의 모든 것을 신의 변신으로 설명한다. 왜 비가 오는가? 우사(雨師)가 비를 내린다. 철학은 '신'을 '형상과 질료', '원인과 결과'로 분리한 후 논리적으로 설명한다. 과학은 경험적 증거, 수학적 기술(記述)에 근거한다.

주희 이후의 연구자들은 개념을 명료화하고, 사실에 근거하는 쪽으로 가지 않는다. 반대로 오직 형이상학적 개념의 조작에만 몰두한다. 철학은 논리학에 근거해야 하며, 최소한의 원리로 최대한 설명해야 한다는 지적 금욕주의, 형이상학적 사변을 하되 최대한 현실에 근거해야 함 등을 팽개친다. 철학을 규정하는 최소한의 원칙을 버리기 때문에, 신유학의 연구는 한편으로는 신화로 퇴행하고, 한편으로는 문학으로 변질된다.

역사학은 증거로, 철학은 논리로, 문학은 상상으로 말한다. "증거 < 논리 < 상상" 순으로 제한과 규제가 철폐된다. 문학은 '별에서 온 그대', 천년을 죽지 못하는 '도깨비' 등 말하지 못할 것이 없다. 논리와 현실성이라는 원칙을 포기하기 때문이다.

중국 철학의 문제는 자신들이 하는 것이 철학이 아니라 문학에 가까워졌음을 자각하지 못한다는 점이다. 여전히 철학을 한다고 자각하기 때문에, 난해한 형이상학적 개념을 동원해서 세계와 인간의 마음을 설명한다. 그래서 신화적인 수준으로 나가게 된다.

다. 형이상학 개념의 사물화·의인화

신유학 연구가 신화로 퇴행하는 가장 생생한 현실은 형이상학적 개념의 사물화·의인화이다. 주희의 성리학은 난해한 용어로 무장한 형이상학이다. 그것에 눌린 결과 의인법적 사고에 빠진다. 2011년에 어떤 분이 쓰신 논문을 예로 들어 보자.

그 格物·物格의 순간이 바로 본래 '하나'에서 근원한 인식 주체의 理와 인식 대상의 理가 아무런 매개체(氣質)의 장애 없이 만나, 본래 하나(一理)임이 인식되는 순간임을 뜻한다. 그 순간에 氣質은 완벽하게 理의 통제하에서 理의 잠재성을 온전히 구현하는 도구로 작용되므로……

낯설고 난해한 글임을 떠나 그냥 읽어 보자. 그러면 의인법적 사고가 돋보인다. '인식 주체의 리(理)와 인식 대상의 리(理)가 만난다', 그 둘은 '본래 하나이다', '기질은 리의 통제 아래', '기질은 리의 잠재성을 구현하는 도구'. 이런 구절에서 '理, 기질' 등의 형이상학적 개념은 마치 '사물'인 것 같기도 하고, '사람'인 것 같기도 하다. '만난다, 통제하기, 구현하기' 등은 인격적 주체자가 하는 행위이다. 형이상학적 개념이 할 수 있는 것은 아니다.

추상적 개념의 이런 '사물화·의인화'는 이미 이황의 '理發, 理動, 理到'(리가 드러난다, 움직인다, 도착한다) 개념에도 있다. 이런 위험성을 알았는지 주희는 리(理)에는 '감정과 의지〔情意〕, 헤아림〔計度〕, 행위〔操作〕'가 없다고 했다. 그러나 그 자신도 '리가 귀하고, 기가 천하다'는 식으로 말한다. 논리성 부족은 중국 철학의 고질병이다.

'리(理), 기(氣)'[1] 같은 추상적 형이상학적 개념은 사물도 아니고 사람과 같은 행위자도 아니다. 그런데 마치 사물-사람인 것처럼 말한다. 이는 사유의 미성숙을 뜻한다.

---

[1] 신유학에 가장 기본적인 개념이 '理, 氣'이다. 이 말이 무엇을 뜻하는지 정의하고 사용하는 학자는 별로 없다. 그러니 학계에 합의된 정의는 없다. 다 안다고 치고, 앞의 인용문처럼 그냥 '理, 氣'로 쓴다.(심지어 한글로 '이, 기'라고 표기해서, 나는 '理'는 '이'가 아니라 '리'로 쓰자고 제안했다.) 나는 논문을 읽을 때마다 늘 드는 의심이 있다. 도대체 이 글을 쓴 사람은 '理, 氣'라는 개념을 제대로 알고 쓰는지, 아니 개념 규정이라도 하고 있는지 의심스러울 때가 많다. 합의된 개념 정의가 없기에, 신유학 연구는 발전이 없다.

신유학 연구에서 고질은 의인화 현상이다. 형이상학적 개념을 현상 사물화 혹은 의인화시킨다는 점이다. 사칠 논쟁에서 리와 기의 관계를 사람이 말을 타고 가는 것으로 비유하는 것이 대표적이다. "사단(四端, 도덕적 감정, 욕망)은 '리가 발하면 기가 따름'이요, 칠정(七情, 육체적 감정 욕망)은 '기가 발하면 리가 올라타야 함'이다." 이는 정말 기괴한 신화이다. 그런데 정색하고 말한다.

라. 비유를 증명으로 간주함: 철학 → 문학으로 변질

철학이 문학으로 변질되는 가장 생생한 현실이 바로 '비유를 증명'으로 간주하는 전통이다. 또한 형이상학적 개념의 '사물화·의인화'의 원인 가운데 하나가 바로 '비유를 증명'으로 간주하는 중국 철학의 고질병과 연관이 있다.

중국 철학은 시초부터 '논리'보다는 '비유'가 우위를 가진다. 비유로 유명한 사람이 맹자와 장자이다. 반면 논리적 증명으로 나간 것이 혜시(惠施), 공손룡(公孫龍)과 같은 명가(名家), 후기 묵가이다. 그러나 이들 명가는 진시황의 중국 정복 이후에 흔적도 없이 사라진다.

앞에서 말한 리와 기를 말타기에 비유한 것과 비슷하면서 다른 것이 사례 들기이다. 예를 들면 그것이 증명되었다고 생각한다. 그러나 예를 들기와 증명은 엄연히 다르다. 예를 들기는 설명의 방식이지 증명하기는 아니다.

맹자는 사람이 본래 '인(仁, 사랑)'을 가졌다면서, 우물에 빠진 어린아이를 보면 누구나 무조건 구해 주려는 '측은히 여기는 마음'이 있음을 예로 든다. 이는 '인'이라는 사랑의 예를 하나 든 것에 불과하다. '그런 예'를 들었다고 해서 '그런 사랑'이 있다는 것이 증명된 것이 아니다. 예를 들기로 치면, 빠지려는 어린아이가 안 빠지면 발로 차서 빠뜨리고, 구해 주고 나서 그 부모에게 아이를 구해 준 대가를 요구하는 사람도 있다. 그 반대 예도 들 수 있다.

이황은 기대승과 사단과 칠정에 대해서 치열하게 논쟁하면서 "사단(四端)=리가 드러나면 기가 따름(理發氣隨)", "칠정(七情)=기가 드러나면 리가 올라탐(氣發理乘)"이라고 했다. 덧붙여 리와 기의 관계를 "사람〔理〕이 말〔氣〕에 올라탐"에 비유했다. 주희는 리와 기를 장수와 졸병에 비유했다. 이렇다 보니 요즘 학자들은 리와 기를 부부 관계에 비유하기도 한다. 도대체 형이상학적 개념을 가지고 논리적으로 사유할 생각을 하지 않는다. 단지 비유에 비유를 덧칠한다.

이 배경에는 장자가 있다. 그는 혜시와 공손룡의 명제를 궤변으로 낙인찍는다. 물론 "하얀 말은 말이 아니다.", 돌의 "딱딱함과 하얌은 분리된다."와 같은 공손룡의 명제는 얼핏 궤변처럼 보일 수 있다. 그러나 공손룡은 그 명제들을 엄밀하게 논리적으로 증명한다.

장자는 이를 논리적 증명으로 반박하지 못하고, 그 명제들을 궤변이라 낙인찍어 왕따시킨다. 그러면서 자신은 "수천 리 크기의 붕새가 구만 리 상공을 낢, 나비가 장자 꿈을 꿈"과 같이 황당한 이야기를 한다. 이는 문학이라면 모를까, 철학이라면 말이 안 된다.

이후 중국에는 철학이 문학으로 변질된다. 혜시, 공손룡, 후기 묵가의 논리적 추론과 증명은 사라지고, 비유 혹은 의인법과 같은 문학적 표현법이 증명과 추론을 대신한다. 이는 여전히 현재까지 살아 있는 학자들의 버릇이다.

마. 모순의 용인

철학을 버리고 문학으로 옮긴 극단에는 모순의 용인이 있다. 형식논리학에서 모순은 무조건 오류이다. 그러나 중국 철학에서는 모순의 용인을 넘어서서, 심지어는 모순이 심오한 진리인 것처럼 말한다. 20여 년 전 한 연예인이 음주 단속에 걸리자, "술은 먹었지만, 음주 운전은 아니다."라고 변명했다. 누구는 "인위적 실수"라는 말을 남기기도 했다. 인위(人爲)는 '일부러 했다'는 말이고, 실수는 '일부러 하지 않은 것'이다. 이처럼 일상에서 보자면 모순은 오류를 넘어서서 웃기는 말이다. 그러나 중국 철학에서는 모순이어야 심오해진다.

율곡 이이가 '리와 기의 묘합(妙合, 묘하게 합해짐)'을 말하자, 한 연구자는 이를 '리기일원론(理氣一元論)'이라 한다. 일원론은 1이다. 리와 기는 2이다. 그러나 묘하게 합해져서 하나이다. '2=1'이라는 말인데, 이게 말이 되는가? 초등학생도 이것이 틀린 것을 안다.

주희 이래 현재까지 대부분의 학자는 '관점주의'에 근거한다. 관점에 따라, 보기에 따라 모순도 용인된다는 것이다. 예컨대 이렇다. 리와 기의 관계는 '혼륜(渾淪, 뒤섞음)'으로 보면 하나이고, '분개(分開, 나눔)'로 보면 둘이다. 이런 관점에서 보면 이렇고, 저런 관점에서 보면 저렇다. 물론 문학적으로는 그럴 수 있다. 그러나 철학자가 관점주의를 가지고 '하나=둘', '같음=다름'이라 할 수 있는가? '관점이 다름'이 그런 '모순'을 합리화시킬 수 있는가? 절대 그럴 수 없다.

철학과 논리학을 버리고 문학과 수사학으로 간 결과가 이렇게 참혹하다. 철학 학술지를 들여다보면 모순의 용인으로 가득 차 있다. 어떤 연구자들은 '리일분수(理一分殊)'에 대해서 말한다.

理는 우주·자연에 보편적이되,
種마다 또는 개체마다 다른 법칙·규범이 되기도 한다.
사물은 각기 지닌 차이와 다양성에도 불구하고,
'하나의 리(理一)'를 부여받고 있다.

'보편 법칙과 개체마다 다른 법칙', '근원적 동일성(하나)과 현상적 다양성(여럿)'. 이는 모순이다. 모순은 무조건 오류이다. 왜 이런 자각이 없을까? 이 모순을 해결할 추론은 왜 하지 않는가? 모순을 해결하려는 추론을 하지 않기 때문에, 이 나라 학계에서 '리일분수(理一分殊)'라는 말은 여전히 신비화된다.

바. 개념 정의가 없는 학술 용어

'주자학(朱子學), 퇴계학, 율곡학, 남명학, 다산학' 등의 용어가 대표적이다. 이는 '朱子+學'처럼 '고유명사+학'으로 이루어졌다. 고유명사는 의미가 없다. 따라서 '朱子學' 같은 말은 의미(내포)를 담고 있지 않다. 단지 '주자(朱熹)의 학설·학문'이라는 뜻이다. 문제는 주희의 초년과 말년에 학설이 다르다는 것이다. 게다가 주희의 어느 저서를 보느냐에 따라서 주희의 이론을 제각기 다르게 규정할 수 있다. 결국

'주자학'이라는 말에 제각기 다른 의미를 부여하게 된다. 제각기 다른 의미를 부여한 '주자학'이라는 말에 대해서 상대는 그 의미를 알지 못 한다.

이처럼 객관적 의미가 규정되지 않는다면, 토론 자체가 어렵다. 조선 중기에 '서경덕, 조식, 이황, 이이'라는 걸출한 사상가가 등장한다. 이 네 명의 학자는 완전히 서로 다른 이야기를 한다. 그런데 네 명의 학자 이론을 모두 '주자학'이라 한다. 이런 식으로 말하면, 사실상 그믐밤에 까마귀를 백로라고 하는 것과 다를 것이 없다. 이래서야 무슨 학문적 발전이 있겠는가?

왜 굳이 '퇴계학'이라 할까? 이황의 이론을 '학문' 수준까지 올려서 존숭하겠다는 문중적 관심이다. 우리는 '물리학'의 '학'과 '퇴계학'의 '학'이 다르다는 것을 안다. 문중 사람이라면 존숭해도 되지만, 연구자는 객관적 입장을 취해야 한다.

사. '규율 규범 한계'가 없는 사유

1) 서양 근대에 물리학(자연과학)이 생길 때, 데카르트의 '실체' 개념이 작동한다. 그는 실체를 '물질·정신·신'으로 규정한다. 자연과학은 '물질'을 연구 대상으로 삼는다. 실체는 자체적으로 존립한다. 따라서 자연과학은 '물질'을 '물질만으로' 설명해야 한다. 이는 가장 중요한 원칙이다. 신이나 초자연적 힘을 동원하면 자연 설명은 너무 쉽다. 그러나 그 모든 유혹을 배제하고, 물질적 자연은 오직 물질만으로 설명한다는 힘든 길, '지적 금욕주의'로 간다. 이는 자연과학을 비

약적으로 발전시킨다. 이처럼 근대과학은 엄격한 규범을 가진다.

앞의 가절~사절에서 든 이유 때문에 중국 철학은 방만함 그 자체가 된다. "역사학은 증거로 말하고, 철학은 논리로 말하고, 문학은 상상력으로 말한다." 철학이 '논리'를 포기할 때, 한계도 없고, 근거도 없는 상상력에 빠지고, 문학으로 전락한다. 문제는 그 문학이 정말 재미없는 문학이라는 것이다.

2) 지적 금욕주의가 없는 방만함은 경학(經學)과 함께 간다. 성현의 말씀을 경전으로 모시고, 무조건 진리로 숭배하면서 훈고, 고증을 한다. 금욕도 없고, 규범도 없기에, 훈고(訓詁, 풀이)를 하기 위해서 마음대로 상상하고, 심지어는 원문 변조를 서슴지 않는다. 원문을 뜯어고칠 것이면, 왜 훈고는 하는가? 그냥 자기 이야기로 자기 글을 쓰면 될 텐데.

객관적 현실을 연구 대상으로 삼을 때 사실 증거와 논리적 추론-증명이 필요하다. 서양 근대가 그러했다. 그러나 중국은 '성현(聖賢)·선현(先賢)의 말씀과 가르침(사서오경, 제자백가서 등)'을 연구 대상으로 삼는다. 이는 객관적 대상과 다르다. 그 결과 논리적 추론을 버리고 문학적 상상력으로 나간다. 지적 금욕주의가 사라지고, 방만한 상상력만 난무하게 된다.

3) 논문이 자기 성장 보고서와 사소설로 흐른다. '성현=진리'이다 보니, 대다수의 논문이 '내가 성현을 이렇게 이해'했다는 성장 보고서가 된다. 성현 자체를 의심·비판하고 새 이론을 세우는 이는 드

물다. 결국 학문적 토론과 논쟁이 거의 사라진다. 타인의 성장 보고서에 관심을 둘 이유가 없기 때문이다. 연구자는 '자기의 성에 갇힌 1인 성주'가 된다.

아. 철학 멸망의 시대

요즘 대학은 철저하게 장사 논리가 지배한다. 신입생 지원자가 줄어드는 철학과와 물리학과 같은 기초 학문은 과 자체를 없애는 추세이다. 2010년을 경계로 전임 철학 교수는 확 줄어들었다. 철학이 교양과목으로 그나마 대학에 남게 된다.

철학은 강자의 학문이다. 철학은 강자에게 필요하지, 약자에게 쓸모가 있는 것이 아니다. 약자는 강자의 철학을, 노예는 주인의 이성과 감성을 따르면 된다. 과거에 한국은 중국의 철학을 그대로 들여왔다. 그렇다면 현재도 우리의 철학이 필요 없는 것일까?

한국에서 철학은 밖으로는 물리적 축소에 직면해 있고, 안으로는 연구의 빈곤에 시달린다. 50여 년 전 내가 처음 철학을 했을 때는 비록 나라가 혼란했지만, 철학은 활력이 있었다. 정년이 될 무렵 나는 많은 것을 취소 청산하는 자리에 있었다. 그리고 철학도 청산될까 두렵다.

우리가 물질적 힘으로 세계 1위를 할 수는 없겠지만, 문화적으로는 최강국이 될 수도 있다. 이것이 김구 선생의 말이다. 그리고 한류가 휩쓰는 지금 한국은 문화 강국이 되었다. 그런데 철학이 없는 문화 강국이 지속 가능할까?

3 보리밭: 민주주의를 기념하여

데카르트는 철학의 정신을 이렇게 말한다. "나는 생각한다. 그러므로 존재한다.(cogito ergo sum)" 내가 '명석 판명하게 생각한 것'이 진리이다. 이는 '있는 것'을 '있는 그대로 보려는 시도'이다.

변증법적 사유는 상대가 A라고 하면, 나는 ~A라고 의심할 수 있는 자유 혹은 능력이다. 이는 상대를 거부하고 맞서는 것이다. 이것이 가능하려면 나에게 '자유, 힘, 능력'이 있어야 한다. 약한 자가 감히 강한 자에 맞서서 ~A라고 할 수는 없다.

철학이 사라지는 시대에 과연 철학이 해야 할 일은 무엇인가? 바로 그런 정신을 우리 주변의 일에 적용하는 것이다. 한국의 신유학 연구가 망하는 것은 바로 그런 정신이 없기 때문이다.

제주 추사기념관에서 김정희(金正喜)의 흉상을 보면서 나는 많은 생각이 들었다. 떠오른 것 중 하나가 바로 옆의 그림이다.

보리밭 위로 불쾌한 표정을 짓고 무언가를 째려보는 인물, 대체 그는 누구인가? 작가는 누구인지 말하지 않는다. 감상자가 마음대로 생각하라는 것이다. 나는 그를 민주주의의 상징으로 생각한다. 내가 생각하는 민주주의는 심성이 천사처럼 고운 백성을 상징하지 않는다. 성질이 고약하고 더러우며, 참지 못하는 시민들이 실천한다. 이기심이 가득하고, 불공평을 참지 못한다.

독재의 본질은 가산(家産) 국가이다. 최고 권력자가 독재자가 되어서 국가를 사유화하려는 것이다. 나라 전체를 그 개인의 재산, 그 집안의 재산으로 만드는 것이다. 이승만도 박정희도 그러했기에 물러

임옥상, 「보리밭」, 캔버스에 유채, 100×140cm, 1983

나려 하지 않았다.

 민주주의의 시민들은 그것을 참지 못한다. 네가 뭔데 독식하려 드는가? 나도 똑같은 권리를 가졌으니 나도 좀 가져야겠다. 이런 이기심은 투쟁의 동력이 된다. 고약한 심성은 화염병과 최루탄이 난무하는 싸움도 불사한다. 이런 극렬한 저항에 독재자도 손을 들게 된다.

 민주주의는 기본적으로 영국과 미국에서 발전했다.(프랑스대혁명도 있다.) 영미의 특징이 경험론이다. 경험의 단위는 개인이다. 개인이

성립하기 위해서는 '자유'가 필요하다. 따라서 '경험론, 개인주의, 자유주의, 이기심과 공리주의'는 논리적으로 같다. 이를 기반으로 해서 민주주의가 성립한다. 영국은 800년 넘게 왕에 대해서 신하들이 싸운다. 그 결과가 영국 민주주의이다.

언젠가 TV에 북한 사람들의 사진이 나왔다. 못 먹고 굶어 죽어도 자존심이 가득하다. 김일성 수령 아래에서 '더 이상 부러울 것이 없어라!' 하면서 살고 있다. 저렇게 몇백만이 굶고 죽고 하는 상황에서 국가에 대해 자존심을 가지며, '더 부러울 것이 없다' 하는 저 천사처럼 비단결처럼 아름다운 마음씨. 전체를 위해서, 국가를 위해서 개인을 기꺼이 희생하는 저 아름다운 마음. 정말 눈물겹고 정이 많다.

그래서? 그러니까 저런 독재를 참고 사는 것이다. 마음씨가 저리 비단결 같은 사람들은 절대로 민주주의를 할 수 없다. 그냥 노예로 사는 수밖에 없다. 굶어도 부러울 것이 없으니, 굶어 죽어야 한다. 200만이 굶어? 우리 같았으면 청와대 쳐들어가 다 때려 부쉈을 것이다.

프랑스의 1830년 7월 혁명을 기려서 외젠 들라크루아(Eugène Delacroix, 1798~1863)는 「민중을 이끄는 자유의 여신」을 그렸다. 실제로 반라의 여인이 데모와 싸움을 이끈 것은 아니다. 프랑스대혁명 때는 잔 다르크가 없었다. 들라크루아가 생각하는 민주주의, 혹은 민주주의의 원동력을 바로 저런 여신으로 형상화한 것이다. 민주주의는 아름다운 것이다! 그러나 현실적으로 보자면, 김대중이 말했듯, 민주주의는 피를 먹고 자라는 나무이다. 풀로 치자면, 인동초(忍冬草)이다. 저 여인이 과연 저 치열한 싸움에서 무엇을 할 수 있을까? 너무 관념적인 미화를 한 그림이다.

들라크루아, 「민중을 이끄는 자유의 여신」, 캔버스에 유채, 260×325cm, 1830

들라크루아의 그림도 훌륭하다. 그러나 나는 그 그림과 맞먹거나, 그보다 더 나은 것이 임옥상의 「보리밭」이라고 생각한다. 이는 한국 민주주의의 본질을 보여 주며, 동시에 그것을 기리고 찬양하는 그림이라고 생각한다. 무엇보다도 민주주의의 본질을 꿰뚫고 있기 때문이다. 들라크루아가 민주주의를 낭만적으로 여신으로 그렸다면, 임옥상은 민주주의의 원동력인 백성의 자화상을, 그 자의식을 잘 표현하고 있다.

민주화 시대에 걸개그림 등 민중미술이 유행했다. 임옥상은 그중 하나이다. 우리가 그 대단한 민주화를 이루었던 그 시기를 기념해야

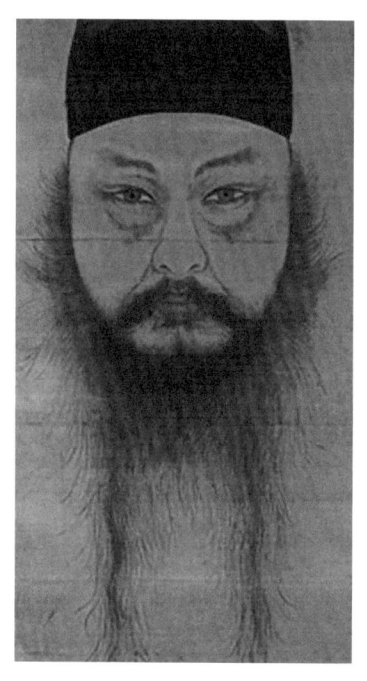

공재 윤두서, 「자화상」(국보 제240호),
지본담채, 20.5×38.5cm, 1710

하지 않겠는가? 그래서 나는 임옥상의 「보리밭」을 기념비적인 작품이라고 생각한다.

공재 윤두서의 「자화상」은 지식인의 자의식을 잘 보여 주고 있다. 나는 조선 시대 그림을 별로 치지 않는다. 특히 산수화를 보면, 저런 익명의 그림이 무슨 의미가 있나 싶다. 겸재 정선의 금강산 산수도나 한강 혹은 인왕산 그림도 그렇다. 저것이 그렇게 잘 그린 것인가? 나아가 추사 김정희의 「세한도」를 보면 정말 한심하다. 저런 게 그림인가?

동시대 유럽의 작품과 겨룰 수 있는 조선 시대의 유일한 작품은 아마 윤두서의 「자화상」뿐이다. 이것이 나의 생각이다. 그 그림에는 확실히 무엇인가 있다.

조선을 이끈 주도자는 사대부 선비이다. 선비는 '지주 지식인 관리'이다. 고려→조선의 변화의 핵심은 무사→지식인(선비)으로 지배자가 변한 것이다. 칼이 아니라 말로 싸운다. 그들은 조선을 유교적 이상 국가로 만들려 했다. 동아시아 삼국에서, 공자가 제시한 유가 이론을 가장 모범적으로 구현한 나라는 조선이 유일할 것이다. 유교적 유토피아를 지향한 지식인의 자아가 잘 드러난 것이 윤두서의 「자화상」이다. 그는 마음을 그린 것이다.

제주도 대정에 승효상이 설계한 추사기념관이 있다. 「세한도」에 그려진 집을 본뜬 이 기념관 2층에는 덜렁 김정희의 두상만 있다. 어두컴컴한 속에서 두상은 앞쪽을 내려다본다. 이는 임옥상의 작품이다. 물론 모티프는 「보리밭」일 것이다. 그 불쾌한 인물이 떠오른다.

김정희는 50대에 윤상도(尹尙度, 1768~1840)의 상소문 사건에 연루되어 고문을 받다가 친구 조인영(趙寅永, 1782~1850)의 상소로 간신히 제주도로 귀양 가서 8년 3개월을 살고, 63세에 석방된다. 그리고 67세에는 함경도 북청에 유배 갔다. 이듬해 풀려나서 과천에서 살다가 4년 뒤에 세상을 떠났다.

그의 유배 생활은 세도정치 싸움에서 밀렸기 때문이라고 보아야 한다. 그는 명문 집안에서 태어나 명석한 학자로 소문났다. 안동 김씨 세도가는 그를 라이벌로, 자신들의 권력을 약탈할 자로 본 것이다. 조선에서 유배를 보내는 기준은 서울에서의 거리이다. 예컨대 정약용은 강진으로, 정약전(丁若銓, 1758~1816)은 흑산도로 귀양을 가고, 정약종(丁若鍾, 1760~1801)은 처형을 당한다. 서울에서 가장 먼 곳이 저승이다. 그다음으로 먼 곳이 제주도와 북청이다.

결국 김정희를 죽이려 했지만, 감하여 저승 바로 앞인 곳으로 보낸 것이다. 가서 죽으라는 것이다. 이토록 권력이란 무서운 것이다. 제주도에서 쓸쓸히 살면서 추사체를 완성한다. 승효상과 임옥상은 그런 추사를 일종의 투사로 본 것 같다. 그러나 그는 대체 무엇을 위한 투사였나?

김정희는 당대의 문제와 싸운 이가 아니다. 권력을 독점하는 세

임옥상, 「김정희 흉상」, 추사기념관

도 가문이 될 유력한 후보였을 뿐이다. 그렇다고 그가 학문적으로 별 업적을 남긴 것도 없다. 단지 서예뿐이다. 그의 서예도 글자가 담고 있는 내용은 아무도 거들떠보지 않는다. 단지 글자체가 예쁘다는 것이다. 동국 정체를 비판하고, 중국 청나라의 예서체의 연장선인 추사체를 만든 것이다. 그가 살던 1800년대에 아직도 한문 글꼴에 힘을 쏟은 반면, 곧 시대의 대세가 될 한글에는 아무런 관심도 없었다. 그의 「세한도」를 보면 쓸쓸함은 느껴진다. 그렇다고 그게 국보가 될 명작인가? 이는 예술에 대한 모독이다.

'현상학'이라는 말은 수상하다. 현상은 내 눈앞에 펼쳐져 있고, 눈 뜨고 귀 열면 보고 들린다. 특별히 노력하지 않아도 지각되는 것이 현상이다. 그런데 '현상학'이라고? 그렇다면 과학의 연구 방법론인가? 그것도 아니다. 오히려 과학적 관찰 실험과 수식화를 혐오하는 학문이다. 대체 그렇다면 현상학은 현상을 어떻게 하자는 것인가?

현상은 눈 뜨고 귀 열고 지각하면 되는 것 아닌가? 에드문트 후설(Edmund Husserl, 1859~1938)은 그것을 거부하고, '환원'을 제시한다. 현상을 지각한 내용을 내 마음에 담고, 다시 내가 내 마음속에 담은 현상을 되새김질하자는 것이다. 아니 그냥 보고 들으면 (감각 지각하면) 되지, 굳이 마음에 담아 놓고, 그것을 다시 씹어야 하는가?

결국 현상학이란 '의미를 부여하는 작업'이라 할 수 있다. 내가 보고 들었던 것(현상)을 마음에 담고, 그것을 다시 곰곰 씹는 것이다. 씹으면서 그것에 나름의 의미를 부여하는 것이다. 내가 감각 지각한 세상은 스쳐 지나간다. 그냥 억겁의 인연이 지나갈 뿐이다. 그러나 내가 그것을 씹고 음미하면서 나는 그것에 의미를 부여하게 된다. 김춘수가 노래했듯이, 내가 이름을 지어 주었을 때, 그것은 나에게 다가온다. 하나의 존재가 된다.

예술 작품이란 '이야기'를 곁들여야 비로소 그 존재가 완성한다. 고흐의 마지막 작품 「까마귀가 나는 밀밭」도 그의 비극적 인생이라는 이야기가 없었다면 명작이 될 수 있었을까? 이야기는 의미이다. 의미는 다시 작품을 완성한다. 현상은 늘 우리를 스쳐 지나간다.

철학적 대화에서 대화의 해석학으로

이승종

공자의 『논어』나 플라톤의 『대화편』이 예증하듯이, 동서를 막론하고 철학은 대화에서 비롯되었다. 사유는 대화에서 싹튼다. 대화는 상대를 이해하고 자신을 돌아보는 계기인데, 이해와 돌아봄(반성)이 곧 사유이다. 3인칭에 머물러 있던 타자는 대화 상대자가 되면서 2인칭으로 격을 달리해 사유에 동참한다. 대화는 3인칭과 1인칭으로부터 2인칭이라는 새로운 시점을 창출하는 획기적 사건이다.

대화로 말미암아 사유는 더욱 예리하고 풍성해진다. 자신이 미처 짚어 내지 못한 부분을 대화 상대자가 짚어 주거나 대화를 통해 스스로 깨닫게 되곤 한다. 사람은 저마다 달리 조건지어진 유한자이기 때문에 각자에게 주어진 한계를 넘어서기 어렵다. 그렇지만 대화 상대자의 눈을 통해 세상과 텍스트를 달리 보게 되는 대리 체험을 할 수 있으며, 이를 통해 자신의 이해의 경계를 깨뜨려 변화의 계기를 얻곤 한다.

이에 비해 대화에서 누가 옳고 그른지는 2차적인 문제라고 생각한다. 일치에 이르지 못해도 차이를 인정하고 존중하는 것만으로도 대화의 성과는 충분하다고 본다. 서로의 견해 차이를 확인함으로써 사안에 대한 시각의 다양성을 깨닫게 되고, 자신의 견해를 점검하게 되고, 상대의 견해가 노정하는 장단점을 통해 사안을 보다 입체적으로 헤아리게 되는 것이다. 논증이나 비판은 이 과정에서 생겨나는 부산물로서 그 역시 대화에 부쳐져야 한다.

반면 대화의 부재나 단절은 2인칭의 부재나 소멸을 야기한다. 서로는 서로에 대해 굳게 잠긴 문이 된다. 대화가 없는 상대는 나와 엮일 일 없는 3인칭 타자일 뿐이다. 대화를 한다 해도 그것이 서로의 목적을 달성하기 위한 방편일 뿐이라면, 앞서 살펴본 의미에서의 2인칭적 대화로 보기는 어렵다. 상대를 수단이 아닌 목적으로 대하라는 칸트의 가르침은 대화의 2인칭 정신을 잘 표현하고 있다.

나는 대학원생 시절 수업 중에 박동환 교수님(연세대 철학과)이 이끄는 대화와 토론에서 많은 것을 배우고 생각하게 되었다. 교수님은 2인칭적 대화와 토론을 매개로 대학원생들과 함께 철학이라는 심해를 탐사하는 역할을 해 주셨다. 미국 유학 시절 대학원 수업에서는 존 코코란 교수님(John Corcoran, 뉴욕주립대학교 버펄로캠퍼스 철학과)이 역시 2인칭적 대화와 토론을 매개로 대학원생들과 함께 논리학이라는 또 다른 심해를 탐사하는 역할을 해 주셨다. 나는 두 분의 소크라테스적 교수법에 매료되었고 대화의 중요성에 눈떴다.

지금까지 나는 읽은 글에 내 생각을 섞어서 책을 지어냈다. 그것은 3인칭으로 주어진 글과 1인칭인 나 사이의 2인칭적 대화로 이루어져 있다. 3인칭적 텍스트와 1인칭적 생각의 접점에서 양자를 넘어서는 어떤 돌파구를 찾으려 한 것이다. 동과 서를 가리지 않고 내 관심이 이끄는 글을 찾아 읽었지만, 지금까지 지어낸 나의 책이 준거하고 있는 글의 저자들은 모두 먼 과거의 인물들이다. 그러나 『우리와의 철학적 대화』(김영사, 2020)에서는 내가 걸어온 철학의 길에서 만난, 내게 영향을 끼친 동시대인들로 대화 상대자의 범위를 설정했다. 그러다 보니 자연스레 20세기와 21세기 한국이라는 지역성과, 철학이라는 주제가 기준이 되었다.

『우리와의 철학적 대화』의 얼개를 소개하면 다음과 같다. 1부 '현대철학의 지형도'에서는 한국 현대철학에 직접적으로 영향을 끼친 현대철학의 면모를 조망하는 글들을 통해 현대철학의 지형도를 그려 보았다. 1장 「동일자의 생애」에서는 전통철학에서 현대철학으로의 이행을 동일자에서 타자로의 주제 변환의 관점에서 서술했다. 2장 「한국 현대철학의 지형도」에서는 서양 현대철학이 한국에 수용되면서 형성된 한국 현대철학의 지형도를 대륙철학과 영미철학 사이의 대립 구도를 중심으로 그려 보았다. 3장 「철학과 사회」에서는 분석철학이 한국에 수용되는 과정과 현황, 한국철학의 정체성 문제, 학제 간 연구와 융합 연구, 역사철학 등의 주제를 대화로 풀어내고, 4장 「철학사의 울타리와 그 너머: 로티와 김상환 교수」에서는 대표적 탈현대 사상가로 국외에서는 리처드 로티(Richard Rorty)를, 국내에서는 김상환 교수를 택하여 이들의 탈현대적 철학사론이 지니는 문제점을 비판적으로 검토했다.

2부 '고유섭과 서영은'을 시작하는 5장 「고유섭의 미술철학」은 고유섭의 저술들에 대한 독해를 통해 우리 예술사의 철학을 살펴보며, 이 과정에서 우리 학계가 전통으로부터 전수받은 문화소(文化素)의 함축과 한계를 가늠해 보는 마당이다. 서영은의 소설들을 니체의 철학과 견주어 가며 허무주의의 극복이라는 이 시대의 과제에 대한 하나의 시도로 읽어 내는 6장 「우리는 누구인가: 서영은 문학의 철학적 독해」는 서구의 시대정신이 우리 문학에 끼친 영향과 그에 대한 우리의 응답을 짚어 보는 장이기도 하다.

3부 '김형효와 박이문'에서는 우리 시대의 대표적 한국철학자로 김형효 교수와 박이문 교수를 집중 조명했다. 7장 「김형효의 노장 읽기」의 주요 텍스트인 김형효 교수의 『노장사상의 해체적 독법』은 포스트모던 사상으로 우리 학계에 소개된 해체주의를 동아시아의 대표적 사유의 하나인 노장사상에 접목한 획기적 저서이다. 이 책의 성공에 영향을 받아 『노자에서 데리다까지』를 위시해 여러 종의 유사한 연구물이 출간되기도 했는데, 이로 말미암아 동양의 고전 사유가 현대의 철학과 종적으로 연결될 수 있는 가능성을 확보하는 계기가 되었다. 이 장에서 나는 노장에 대한 김형효 교수의 해체적 독법이 지니는 의의와 문제점을 몇 가지 범주로 대별해 구체적이고도 비판적으로 거론했다. 8장 「박이문의 철학 세계」에서는 박이문 교수의 광활한 사유 세계를 탐사하는 작업을 진행했다. 박이문 교수는 국문 저술 이외에도 영문으로 쓰인 방대한 분량의 저술들이 있는데, 이들은 그 중요성에 비해 국내에서는 지금까지 조명을 받지 못했다. 나는 그의 국문 저술뿐 아니라 영문 저술을 섭렵하여 그가 전개하는 논지의 결함과 문제점을 비판하고 보완해 나가는 데 주력했다. 이 장은 예술과 생태학으로까지 뻗어 있는 박이문의 넓은 관심사를 추적하는 학제 간 횡단 연구의 형태로 전개되었다.

4부 '토론과 대화'를 여는 9장 「토론과 스케치」에서는 승계호, 이기상, 이진경, 박영식, 최진덕 교수 등 국내외에서 활동해 온 대표적 한국 현대철학자들의 저술을 비판적으로 거론하여 이들이 기여한 한국 현대철학의 현황을 조망하고 이들 분야에 대한 국내외 연구의 현황을 점검했다. 10장 「대화」는 나의 인터뷰와 학생들과의 대화가 담긴 장인데, 시대가 철학에 부과하는 사명, 철학의 본령이 기술 문명 시대에 굴절을 겪게 되는 과정, 미래의 철학이 나아가야 할 방향 등을 한국 사회의 당면 문제들과 결부해 하나하나 살펴 나갔다.

『우리와의 철학적 대화』는 대중서나 교양서가 아니라 학술서를 지향하지만, 소수의 해당 전공자만을 겨냥한 것이 아니라 인문학, 나아가 문학이나 예술과 같은 인접 분야의 고급 독자들에게도 널리 읽히기를 기대한다. 불통의 전문성만을 고수하다 고립을 자초해 위기에 빠진 한국 현대철학이 나아가야 할 새로운 방향의 하나를 이 책이 보여 주었기를 희망한다. 대화가 없었던 독백의 한국 현대철학을 학술 광장으로 이끌어 거기에서 공적인 검증을 받고자 하는 것이 이 책의 체제를 대화 중심으로 방향 잡은 주된 연유이다.

한 학계가 연구 역량을 축적하려면 선대의 연구에 대한 정당한 평가와 비판적 계승이 있어야 한다. 그렇지 못한 학계는 늘 해외 학술 동향과 같은 외풍에 휩쓸리는 종속성을 탈피하지 못하게 된다. 그렇게 수입된 해외의 학문이 설령 한국에서 어떤 성과를 낸다 해도 그것이 제대로 평가·계승되지 못한다면, 이 또한 밑 빠진 독에 물을 붓는 오류를 반복하게 된다.

『우리와의 철학적 대화』에서 나는 절실히 요청되는 우리 학문에 대한 정당한 평가 작업을 수행하려 했다. 아울러 그 과정에서 선배의 학문에 대한 평가를 넘어 나름의 철학적 비전을 제시하려 했다. 한국에서는 이 두 작업이 서로 연결되는 일이 드물었다. 선행 연구에 대한 심도 있는 논의가 별로 없었기 때문이기도 하고, 자신의 학문을 개진한다 해도 그것이 어떤 학문적 배경에서 잉태된 것인지가 불분명했다. 이 책은 이러한 오류를 극복해 우리 철학의 어제와 오늘과 내일을 창의적으로 이어 나가는 역할을 수행하고자 했다.

『우리와의 철학적 대화』는 해석학자 윤유석(연세대 철학과 박사과정)과 함께 집필한 후속작 『철학의 길: 대화의 해석학을 향하여』(세창출판사, 2024)와 짝을 이루는 작품이기도 하다. 『우리와의 철학적 대화』가 내가 만나 교류했던 동시대의 철학자와 예술가와의 대화를 줄거리로 하고 있다면, 『철학의 길: 대화의 해석학을 향하여』는 내가 그동안 지은 일곱 권의 책을 텍스트로 윤유석과 나누었던 대화를 줄거리로 하고 있기 때문이다. 『우리와의 철학적 대화』에서 내가 동시대의 철학자와 예술가에 대해 인터뷰를 진행했다면, 『철학의 길: 대화의 해석학을 향하여』에서는 역할이 바뀌어 내가 인터뷰의 대상이 되었다.

『우리와의 철학적 대화』의 마지막 장에서 내가 이미 인터뷰의 대상으로 나온다는 점에서 『철학의 길: 대화의 해석학을 향하여』는 『우리와의 철학적 대화』가 끝나는 곳에서 시작한다고 할 수 있다. 『철학의 길: 대화의 해석학을 향하여』에서는 현대철학, 영미철학, 대륙철학, 비교철학, 한국철학, 역사철학 등 철학의 다양한 영역과 주제에 대한 나의 발제를 시작으로 그에 대한 윤유석과의 토론이 이어진다. 거기에는 철학을 바라보는 두 저자의 개성적인 시선이 반영되어 있으며, 단순한 정보 전달 위주의 철학 강좌와는 뚜렷하게 구별되는 여러 특징을 지니고 있기도 하다. 대화 형식으로 진행된 만큼 그 내용에는 철학에 대한 일방적인 소개와 수용을 넘어서 '비판'과 '재비판'이라는 생생한 토론의 과정이 담겨 있기도 하다. 나는 이 책의 특징을 크게 세 가지로 꼽는다.

첫째, 『철학의 길: 대화의 해석학을 향하여』는 '대륙/영미', '서양/동양', '이론/실천'이라는 구분을 넘어서 철학의 다양한 주제를 다룬다. 나는 미국에서 루트비히 비트겐슈타인(Ludwig Wittgenstein, 1889~1951)의 모순론으로 박사학위를 받았지만, 영미철학을 넘어서 다양한 철학의 분야를 꾸준히 연구해 왔다. 나는 『비트겐슈타인이 살아 있다면: 논리철학적 탐구』(문학과지성사, 2002)와 『비트겐슈타인 새로 읽기: 자연주의적 해석』(아카넷, 2022), 『역사적 분석철학』(서강대학교 출판부, 2024) 같은 영미철학 연구서들 이외에도, 『데리다와 비트겐슈타인』(뉴턴 가버(Newton Garver)와 공저, Temple University Press, 1994; 민음사, 1998; 수정 증보판 동연, 2010)과 『크로스오버 하이데거: 분석적 해석학을 향하여』(생각의나무, 2010; 수정 증보판 동연, 2021)처럼 대륙철학자들을 다룬 단행본을 쓰기도 했다. 『동아시아 사유로부터: 시공을 관통하는 철학자들과의 대화』(동녘, 2018)에서는 유교·불교·도가의 사유를 현대철학의 눈으로 성찰했고, 김형효와 박이문 등 한국의 현대철학자들을 논평한 『우리와의 철학적 대화』와 한국의 역사·정치·사회에 대한 비판적 평가를 담은 『우리 역사의 철학적 쟁점』(소명출판, 2021)을 출판하기도 했다. 『철학의 길: 대화의 해석학을 향하여』는 나의 이러한 관심의 스펙트럼을 반영하고 있다.

둘째, 『철학의 길: 대화의 해석학을 향하여』는 나의 철학 여정에 대한 자기 고백적 이야기를 담고 있다. 대학의 학술적 철학이 얼핏 어렵게 느껴지는 중요한 이유 중 하나는, 철학이 강단에서 전달될 때 대개 '맥락'이 상실되고 만다는 점 때문이다. 특정한 철학자의 개념이나 주장이 마치 단독적으로 취급될 수 있는 지식인 것처럼 제시되다 보니, 그 개념이나 주장이 도대체 어떤 고민으로부터 나온 것인지가 불분명해지는 것이다. 예를 들어, 칸트가 '시간'과 '공간'을 감성의 형식으로 제시했고 '12 범주'를 지성의 개념으로 제시했다는 사실만으로, 그 사실이 정확히 어떤 철학적 의의를 지니는지까지 우리가 곧바로 이해하기는 힘들다. 칸트가 감성의 형식과 지성의 개념을 강조한 '맥락'을 알기 전까지는, 그의 주장은 아무런 의미도 지니지 못하는 공허한 말로만 남을 뿐이다. 특별히, 이와 같은 '맥락'으로는 그 철학이 출현한 사회적·역사적 배경도 중요하겠지만, 그 철학을 의미 있는 것으로 받아들이는 사람들의 개인적·실존적 배경도 매우 중요하다. 아마도 이 책은 철학이 어떤 개인적·실존적 배경을 지닌 사람들에게 본래의 효과를 발휘할 수 있는지 궁금해하는 독자에게 큰 도움이 되리라고 생각한다. 그중에서도 난해한 듯 보이는 하이데거와 비트겐슈타인의 사유가 우리 각자의 삶의 문제를 고민하는 데 어떤 길을 제시할 수 있는지를 조명해 줄 것이다.

셋째, 『철학의 길: 대화의 해석학을 향하여』는 '대화'의 길을 걸어가는 과정에서 쓰였다. 여기에서 '대화'는 이 책을 구성하는 형식일 뿐 아니라, 이 책이 지향하는 목표이기도 하다. 즉 철학에서 이루어지는 활동이 1인칭적 독백이나 3인칭적 관찰이 아니라, 2인칭적 대화가 되어야 한다는 것이 이 책이 강조하고자 하는 내용이다. 철학이 우리에게 밝혀 주는 진리란, 주관적 심리 상태에 대한 진리도 아니고, 객관적 사물에 대한 진리도 아닌, 사람과 사람 사이에서 성립하는 '사람의 진리'와 '사람의 사실'이라는 것이 이 책이 말하고자 하는 요지이다. 즉 이 책에서 소개하고 있는 내용은 철학의 역사나 철학의 주제에 대한 뻔한 개론 수준의 설명이 아니다. 오히려 이 책의 내용은 '2인칭 철학'이라는 나의 분명한 철학적 입장에 따라 구성되어 있다. 철학의 다양한 영역에 대한 소개와 비판도 2인칭 철학의 관점에서 이루어진다. 따라서 이 책의 독자는 일반적인 지식 나열식 철학 입문서에서는 접하기 힘든, '철학'이라는 학문 자체에 대한 비판적 성찰을 경험할 수 있을 것이다.

『철학의 길: 대화의 해석학을 향하여』가 수록하고 있는 대화는 결코 미리 정해진 대본에 따라 이루어진 것이 아니다. 강좌를 준비하면서 나와 윤유석은 사전에 대략적인 질문지와 답변지를 공유하긴 했지만, 실제 대화의 상황은 언제나 우리가 생각했던 것과는 꽤 다른 방향으로 흘러가곤 했다. 나는 사안의 정곡을 찌르는 윤유석의 당찬 도전에 자극을 받았고, 질문자인 윤유석은 내가 종종 예상을 훨씬 벗어난 답변을 할 때마다 어떻게 반응해야 할지 몰라서 당황스러워 했던 적도 많았다. 그러나 바로 이 낯섦, 돌발적임, 예측 불가능함, 당황스러움은 대화의 끝에 이르러서는 매번 커다란 즐거움과 유익함을 남겼다. 평소에는 전혀 생각조차 해 보지 않았던 사태가 대화의 과정을 통해 중요한 철학적 사유의 대상으로 드러났기 때문이다. 그 과정에서 철학에 대한 서로의 관점도 여러 면에서 바뀔 수 있었다. 독자들도 이 책을 읽으면서 우리가 느꼈던 대화의 경험에 함께 참여할 수 있게 되기를 희망한다. 이 책이 단순한 정보 전달의 역할을 넘어서 '철학함'이 어떻게 수행되는지를 보여 주는 하나의 구체적인 사례로 읽힐 수 있다면 좋겠다.

우리가 진행한 대화의 텍스트가 내가 지금까지 지어 낸 일곱 권의 철학 서적이라는 점에서 『철학의 길: 대화의 해석학을 향하여』는 과거와 연결되어 있다. 그러나 그 길은 이 책의 부제가 시사하듯이 대화의 해석학이라는 미래의 철학을 향한 것이자 그 학문에 입각한 현재의 실천이기도 하다. 대화의 해석학이라는 우리의 철학은 『철학의 길: 대화의 해석학을 향하여』가 그러하듯이 도상에 있는 진행형의 과제이다.[1]

---

[1] 이 글을 작성하는 데 윤유석의 도움이 컸음을 밝혀 둔다.

현대 한국 생태 사상의 특징과
세계 철학적 의의

황종원

　오늘날 인류는 심각한 수준의 생태적 재앙을 겪고 있다. 지구촌 곳곳에서 빈발하는 대형 산불, 초강력 태풍, 폭염과 가뭄, 꿀벌의 실종, 인수(人獸)공통감염병의 빈발 등이 그 대표적인 사례이다. 이들 현상을 저명한 대기과학자나 생물학자 등은 기후 위기와 생물 다양성 급감을 나타내는 명백한 징후라고 보고한다. 이에 과학을 신뢰하는 현대인들 다수도 최근에는 비로소 환경오염이 인류의 생존을 위협할 만큼 엄중한 문제임을 인정하게 되었다.

　과학자들은 오늘날 지구 생태계가 얼마나 훼손되었는지 그 실상을 정확히 파악하여 알려 주는 중요한 역할을 한다. 그렇지만 과학자가 생태 위기의 원인을 명료히 인식하거나 그 극복 방향을 제대로 제시하지는 못한다. 이는 당연하다. 생태 위기는 다름 아닌 인간 혹은 인간 사회가 초래한 것이기 때문이다. 따라서 이는 인문학자와 사회과학자가 함께 풀어야 할 문제이며, 특히 철학 연구자가 깊이 사색해야 할 문제이다. 20세기 후반에 서구에서 태동한 생태철학은 바로 인간과 자연의 관계 문제를 중심으로 인류가 봉착한 생태 위기의 근본 원인을 진단하고 그 위기의 해소 방향과 원칙을 모색하는 철학 분야이다.

이 서구의 생태철학을 지난 1990년대부터 일군의 학자들이 국내에 소개하고 연구해 왔다. 그런데 흥미로운 것은 그와 거의 동시에 이 땅에서 한국의 독자적 특색을 띠는 생명 사상과 생태철학이 형성되었다는 점이다. 이 글에서는 서구 생태철학의 의의와 한계를 간략히 살피고, 그런 맥락에서 1990년대에 형성된 한국의 생태 사상에 어떤 독특한 특징이 있는지 기존의 연구 성과를 토대로 정리함으로써 현대 한국 생태 사상의 세계 철학적 의의를 천명하려 한다.

1 서구 생태철학의 두 가지 쟁점과 그 한계

환경윤리에 대해 조금이라도 관심이 있는 사람이라면 서구의 그것이 크게 인간 중심적 환경윤리와 생태 중심적 환경윤리로 나뉜다는 점을 알 것이다. 서구의 환경윤리가 이 두 관점으로 갈리는 이유에는 여러 가지가 있지만, 철학적으로 가장 중요한 쟁점은 자연의 가치가 어디에 있느냐는 문제일 것이다. 인간 중심적 환경윤리에 따르면 이 지구상에서 가치를 판단할 수 있는 유일한 주체는 인간밖에 없으므로 자연의 가치는 인간이 부여하는 것이며, 그 가치는 인간 중심적인 관점에서 부여되는 도구적 가치밖에는 없다고 주장한다. 이와는 반대로 생태 중심적 환경윤리에서는 인간의 판단과는 관계없이 자연에 본연적 가치 혹은 내재적 가치가 있다고 한다.

가치의 소재 문제와 관련한 전자의 시각은 실질적으로는 상공업적이다. 예컨대 나무 한 그루의 도구적 가치는 주로 그것이 인간에게 이익을 가져다주는 목재로 쓰일 때 생겨난다. 하지만 누군가 유용한 목재로 쓰이지 못하는 나무도 생명이기 때문에 그 자체로 존중할 만한 가치가 있다고 주장한다고 치자. 그러면 아마도 대부분의 사람은 생명은 그 자체로 소중한 것이라는 관념을 떠올리며 그 주장에 공감할 것이다. 이 점에서 위에서 언급한 후자의 시각은 자연을 상공업적으로 바라보는 데 길들여진 현대인의 눈이 편견임을 일깨워 생태계 보전의 관점에서 자연의 가치를 생각하게 한다. 하지만 좀 더 깊이 생각해 보면 서구 환경윤리학은 이른바 자연의 도구적 가치와 내재적 가치 혹은 본연적 가치를 단지 대립적으로만 사고해 왔다는 데 문제점이 있음을 발견하게 된다. 나무 한 그루는 생태 중심적 환경윤리학의 견지에서 보면 물론 그 자체로 가치가 있다. 그 역시 인간과 마찬가지로 생존, 성장하는 생명이기 때문이다. 그러나 생태 중심적 환경윤리는 저 나무 한 그루가 생존과 성장을 위해 어떤 생명 운동을 하는지 그 실상을 철학적으로 깊이 사유하지 못한다. 바로 나무는 자신의 생장을 위해 햇빛, 물, 흙, 흙 속의 미생물 등을 이용하는 동시에 그 과정에서 산출하는 산소, 열매 등이 인간과 다른 짐승들에게 이용된다는 실상 말이다. 바꿔 말하면 나무는 다른 자연물을 도구로 이용하는 동시에 자신이 도구로 쓰이기도 한다. 즉 자연이 자체적으로 지닌 생명 가치는 타자를 도구로 쓰고 자신이 도구로 쓰임을 받는 과정을 통해 구체적으로 실현된다. 생태 중심적 환경윤리는 이 점을 생각하지 못하고, 인간 중심적 환경윤리는 도구적 가치 개념을 인간 중심적으로만 생각하는 우를 범한 것이다.

서구 생태철학의 또 다른 쟁점은 생태적 정신, 세계관, 윤리의 정립을 중시하느냐, 아니면 생태적 생산, 생활의 공동체를 건설하는 일에 주력하느냐에 있다. 대표적으로 심층생태학(deep ecology)과 사회생태학(social ecology)은 공히 급진적 생태주의로 분류되지만, 전자가 서구 근대적 세계관을 비판하며 생태주의적 세계관으로의 전환을 강조하고 원생 생태계의 보전 운동에 치중했다면, 후자는 인간의 자연 지배와 인간 사회의 서열화, 위계화가 긴밀히 연결되어 있음에 주목하면서 자유롭고 평등한 사회적 관계 속에서 인간과 자연의 공생도 추구하는 공동체 건설을 중시했다. 이들은 서로 대립하고 때로는 격렬하게 논쟁했다. 사회생태학 진영에 선 이들은 심층생태학을 에코 파시즘이라 공격했고, 심층생태학 진영에 선 이들은 사회생태학을 인간중심주의를 극복하지 못했다고 비판했다.

이들의 논쟁을 살피노라면 두 가지 관점과 견해가 과연 그렇게 대립적이기만 하느냐는 의문이 든다. 우선 한 시대의 정신과 생산양식은 떼려야 뗄 수 없는 관계에 있다. 상공업적 정신은 상공업적 기술과 서로 영향을 주고받는다. 생태적 공동체를 이루어 살고자 한다면 그 공동체의 성원들은 우선 생태적 정신을 삶의 중심에 군건히 세우지 않으면 안 된다. 마찬가지로 생태적 정신으로 충만하게 삶을 살아가고자 한다면 그 삶의 토대인 기술, 인간의 사회적 관계 등이 공생, 협동적 성격을 띠지 않으면 안 된다.

또 지구 생태계의 평형과 조화를 최우선적인 도덕적 고려 사항으로 삼는 심층생태학의 전체론적 관점을 생태 파시즘이라 지나치게 몰아붙이는 것도 온당치 않아 보인다. 철학적으로 말하자면 이는 전체와 개체의 분립을 절대화하는 편향적 사유에서 탈피하지 못한 것이다. 전체는 개체의 단순한 합이 아니라, 개체가 내적으로 복잡하게 연결된 유기적 전체이다. 개체 역시 원자적 개체가 아니라, 우주 자연 전체를 자기 안에 내재한 우주적 개체이다.

소규모 공동체에서 사람들 사이의 협력과 자치에 힘쓰는 일을 인간 중심적이라 비판하는 것 역시 지나치다. 사회생태학이 자칫 인간과 자연의 관계 변화보다 인간 사이의 사회적 협력 문제에 지나치게 치중하는 경향이 있는 것은 사실이지만, 생태적 생산과 생활을 함께해 나가는 사회적 연대 없이는 생태적 문명으로의 전환은 요원하기 때문이다.

2 현대 한국 생태 사상의 몇 가지 특징

현대사회에서 생태 사상은 주로 그 사회가 산업화, 즉 상공업적 사회로 전환하는 시기에 등장했다. 이는 한국의 경우도 예외가 아니어서, 산업화가 한창이었던 1970~1980년대에 장일순(張壹淳, 1928~1994), 김지하(金芝河, 1941~2022) 등에 의해 생명 사상이 형성되고 생명운동도 일어났으며, 1990년대에는 이준모(1935~)에 의해 서구와는 다른 생태철학이 형성되기도 했다.

현대 한국 생태 사상의 '한국적'인 특색은 19세기 동학사상에 대한 생태적 해석에 힘입어 정립되었는데, 그 특징을 간략히 정리하면 다음과 같다.

첫째, 이론적으로는 동서양 종교 및 철학 회통적(會通的)이다. 동학의 창시자인 최제우(崔濟愚, 1824~1864)는 하놀님(天主)이 세상에서 신령과 기화로 계신다(內有神靈, 外有氣化)고 했으며, 최시형(崔時亨, 1827~1898)은 이를 계승하여 하놀님의 자연 내재성을 더욱 강조했는데, 장일순은 동학의 이 사상을 토대로 기독교, 불교, 노자의 가르침을 하나로 회통시켰다. 그는 이들 종교나 사상이 각각 하느님의 뜻, 부처님의 마음, 도(道)를 삶의 중심으로 삼으라고 가르치는데, 그 삶의 중심을 가리키는 명칭은 비록 다르지만, 소아(小我, ego)의 자기중심성을 최대한 초극하라고 하는 점에서는 공통된다고 여겼다. 또 이에 근거해 이들 종교와 사상이 진지하게 대화한다면 모두 이웃을 넘어 천지만물 역시 '남'이 아닌 '나'로 여기는 생태적 대아(大我)의 성취를 지향하는 가르침으로 그 지평이 넓어질 수 있음을 역설했다. 김지하도 동학의 종교사상과 서구 신과학운동의 성과를 결합했다. 그는 '신령의 기화'라는 종교적 개념을 우주 생명이 자율적·창조적으로 진화한다는 과학 이론과 융합해 설명했고, 불연기연(不然其然)이라는 역설의 논리에 근거해 종교와 과학적 진리가 공존할 수 있다고 주장했다.

이 점은 이준모도 마찬가지이다. 그는 서양철학, 특히 독일의 칸트, 헤겔 철학이 상공업적 노동 논리에 바탕을 두고 있고, 동양의 노장철학과 유학은 농업적 노동 논리에 토대를 두고 있음을 체계적으로 논증했고, 동학에 의해 그 두 대립적인 노동 논리가 생태적 노동 논리로 지양되고 있음을 밝혔다.

둘째, 실천적으로 그것은 생태 노동론적이다. 장일순은 산업사회의 생산양식이 자연 지배주의적인 성격을 띠고 있음을 비판하고 그 대안으로 생태적 농사와 그 농산물의 도농 간 직거래로 땅을 살리고 사람을 살리는 '한살림 운동'을 주도했다. 초기에 이 운동을 함께 주도한 김지하는 동학을 노동론적으로 해석함으로써 실천 이론의 토대를 제공했다. 그는 하늘님의 기화(氣化)를 우주 자연이 생명 살림을 목적으로 '일'을 하고 있는 것으로 해석했다. 이에 하늘님을 따르는 인간이라면 그 역시 생명을 살리는 노동을 해야 한다고 했으며, 그 노동의 '열매'를 나누는 일 역시 제사를 받들 듯 거룩해야 한다고 했다.

한편 이준모는 최시형의 이천식천설(以天食天說)에 착안해 자연의 생명 노동과 인간의 협동 노동에 관한 생각을 체계적으로 제시했다. 그에 따르면, 하늘은 광의의 노동을 하는데, 그 노동은 하늘이 자

장일순   김지하   이준모

신의 기운을 내주어 만물을 먹여 살리는 자기희생적인 성격을 띠고 있다. 이렇게 인간을 포함한 만물을 두루 섬기는 하늘에 대해 인간은 공경의 태도를 갖지 않을 수 없으며, 무엇보다 자연과 직접 접촉하는 노동이 자연을 공경하는 거룩한 노동, 자연과 공생을 지향하는 협동 노동이지 않으면 안 된다고 주장한다.

셋째, 종합적으로 볼 때 그것은 생태적 영성의 배양과 생태적 문명으로의 개벽(開闢)을 동시에 추구하는 경향을 띤다. 장일순은 동학과 불교의 대화를 통해 '나락 한 알 속 우주'라는 말로 대표되듯, 개별 자연물 하나하나가 모두 우주적 존재임을 자각하는 우주적 영성의 배양을 거듭 강조하면서도, 이 영성은 인간과 자연, 인간과 인간 사이의 관계를 공생과 협력의 관계로 변화시키는 사회적 실천을 통해 고양될 수 있다고 여겼다. 김지하 역시 개인과 사회가 생명 살림을 중심 가치로 삼아 개인과 사회의 성화(聖化)를 꾀하는 영성 배양을 중시하면서도 그것은 주로 생태적 생산과 소비를 일으키는 다양한 소규모 생활 운동과 생명 살림의 대의에 공감하는 주민들이 광범위하게 참여하여 민주적 토론과 의사결정을 하는 주민자치 운동을 통해 실현될 수 있다고 했다.

이준모 역시 영성과 기술은 서로 긴밀히 연결되어 있음을 전제로 하되, 인류가 역사적으로 개발해 온 대표적인 기술은 자연에서 그 엇비슷한 것이 발견된다고 했다. 예를 들어 지렁이는 흙을 먹어 흙을 살아 있는 흙으로 가공하는데, 이는 자연에서 일어나는 일종의 공업 기술이다. 또 흙 속의 수분과 영양분은 식물의 뿌리에서 줄기, 가지, 잎, 열매, 그리고 열매를 따 먹는 짐승과 사람에게 유통되는데, 이것이 곧 자연의 상업이다. 중요한 것은 이 자연의 공업과 상업 기술은 전체적으로 조망할 때 생태계의 안정과 조화, 바꿔 말하면 생명을 살리려는 목적에 부합하는 기술이라는 점이다.

즉 자연에서 농공상의 기술은 생명 살림의 뜻을 중심으로 유기적으로 통일되어 있다. 바로 자연의 기술이 알려 주는 이 특징에 착안하여, 이준모는 인간의 기술이 자연과 마찬가지로 생명 살림의 영성을 기반으로 농공상이 유기적으로 통일되는 기술로 사회적 재편을 이룬다면 인류가 생태적 사회로 전환하는 문명사적 전회, 즉 개벽이 일어날 수도 있다고 전망한다.

3 현대 한국 생태 사상의 세계 철학적 의의

이상으로 간략히 정리한 현대 한국 생태 사상의 특징을 다시 그에 앞서 논한 서구 생태철학의 쟁점 및 한계와 비교해 보면 현대 한국의 생태 사상에는 세계 철학적으로 다음과 같은 의의가 있음을 알게 된다.

첫째로 서양의 생태 윤리는 자연의 가치와 관련하여 그것의 본연적 가치를 다소 추상적으로 생각하고 도구적 가치를 인간 중심적인 각도에서만 협소하게 이해한다. 이는 이 두 가치의 대립을 절대화하는 것으로, 서구 철학 전통 속 인간과 자연, 주체와 객체, 목적과 수단의 이분법을 절대화하는 사유의 반영이다. 반면 현대 한국 생태 사상의 첫 번째 특징에서 서술했듯, 장일순·김지하·이준모는 동학사상을 기반으로 이질적인 기독교·불교·노장 철학·독일관념론 등을 회통시킨다. 특히 이준모는 그 진지한 대화를 통해 기독교적 신의 자기희생을 동학적인 하늘의 만물을 먹여 살리는 자기희생과 소통시켰는데, 이를 참조하면 자연의 본연적 가치가 실제 생명운동 속에서 타자를 위한 도구로 쓰임 받는 방식으로 실현된다는 생각을 도출할 수 있다.

둘째로 심층생태학과 사회생태학의 대립이 보여 주듯, 서구의 생태철학은 생태적 정신, 영성의 배양을 중시하는 사조와 생태적 공동체의 건설을 중시하는 사조가 크게 대립하며 서로를 비판해 왔다. 대표적으로 생태 파시즘이라는 공격과 인간 중심적이라는 비판이 그것이다. 그러나 한국 현대 생태 사상의 기본 관점에서 보면 이는 지나친 대립, 비판, 공격이다. 생태적 공동체를 일구려는 사람들이 우선 생태적 정신, 영성으로 내면이 고양되지 않는다면 그 공동체는 빈껍데기이기 쉽다. 반대로 생태적 정신과 영성을 개인적으로 기르는 일에만 힘쓴다면 그 영성의 지속적 고양은 어렵고 사회적 확산도 난망할 것이다.

이런 이유에서 생태적 영성과 기술의 긴밀한 관련성에 대한 인식을 전제로 이 둘의 연결을 주장하는 한국 생태 사상가들의 생각은 전적으로 옳다. 또한 전체를 중시하는 관점이 반드시 전체주의로 귀결되지는 않는다는 점은 나락 한 알 속에 우주가 있다는 생각에서 확인된다. 그 밖에 노동 양식, 기술의 문제를 중시하는 김지하와 이준모의 사상에 주목하여 그것이 생태 위기의 문제를 극복하는 핵심 고리임을 분명히 한다면 인간 사이의 연대와 협력을 중시하는 것 역시 문제 될 것이 없다는 점 또한 알게 된다.

4장

종교

한국 종교학의 전개와 과제

임현수

1

한국에서 종교학은 비교적 오랜 역사에도 불구하고 학계나 일반 사회에 잘 알려진 형편은 아니다. 종교학과가 설치된 대학도 드물어서 전공자도 소수에 그친다. 학문 분과 간 장벽이 높은 현실에서 종교학에 대한 학계의 인식은 다른 분야에 비해 상대적으로 낮다고 판단된다. 이 글에서는 그동안 한국 종교학이 지나온 길과 최근의 흐름을 간단히 소개한다.

한국에서 근대적인 학문 체계가 성립된 이후 종교학은 나름의 전통과 공동체를 형성하며 하나의 분과 학문으로 자리를 잡았다. 근대 학문 대개가 그렇듯이 서구에서 출현한 종교학은 국내로 유입되어 새로운 환경과 조응하면서 한국 종교학의 면모를 갖추어 나갔다. 그렇다면 한국 종교학은 어떤 고민을 안고 여기까지 왔을까? 그동안 한국의 종교학자들을 사로잡았던 문제는 무엇이며, 어떤 방법으로 돌파구를 찾았던 것일까? 최근 종교학자들의 주목을 받으며 새롭게 떠오르는 과제는 무엇인가? 이런 일련의 물음을 해명하는 작업은 한국 종교학의 성격과 지향이 무엇인지를 이해하는 것과 다를 바 없다. 또한 한국 종교학사 전체를 조망하는 일과도 관련되어 있다. 하지만 제한된 지면을 통해서 온전히 풀어낼 수 있는 문제는 아니며 개인의 능력 밖의 일인 것도 분명하다. 여기에서는 다만 자의적인 선택의 한계를 무릅쓰고 몇 가지 사례를 중심으로 한국 종교학의 단면을 스케치하는 것으로 그친다.

현재 국내에서 종교학과가 설치된 대학은 서넛에 그친다. 이 중에서도 최근 폐지를 고려 중인 대학도 있다고 하는데 녹록지 않은 한국 종교학의 현실을 대변하는 듯하여 불편해진다. 그렇다고 한국에서 종교학의 역사가 짧은가 하면 그렇지도 않다. 한국에서 종교학과는 해방 직후부터 국립대학교인 서울대에 설치되었다. 일제강점기 경성제국대학에도 있었으니 이 땅에서 종교학이 지나온 역사는 웬만한 학문과 비교해도 손색이 없다. 한때 종교학이란 이름조차 낯설게 여겨지던 시절이 있었지만 지금은 사정이 많이 달라졌다. 학계는 물론 일반에도 종교학이 어느 정도 알려진 느낌이 들 때가 많다. 하지만 그 내용을 들여다보면 종교학에 대한 사회적 인식이 예전에 비해 별로 나아진 것 같지 않아서 씁쓸하기도 하다.

종교학에 관한 편견이나 오해라고 할 만한 태도로 다음을 꼽을 수 있다. 먼저 신학이나 교학(敎學), 종학(宗學)과 같이 특정 종교의 신앙 및 진리 주장을 체계화하기 위한 목적에서 이루어지는 호교론적 연구와 종교학을 동일시하는 태도가 있다. 종교학을 그 목적이나 방법과 상관없이 종교에 관한 연구라면 무엇이든 포괄하는 용어로 이해하는 데서 빚어진 오류이다. 호교론적 연구 중에서도 특히 그리스도교 신학과 종교학을 동일시하는 관점이 주로 눈에 띈다.

둘째는 종교학을 비교종교학으로 여기는 관점이다. 본래 서구에서 종교학은 지리상의 발견 이후 다종교 상황을 맞이하면서 종교 간 비교를 통해 종교가 무엇인지를 파악하려는 목적에서 출발했다. 종교학을 비교종교학으로 이해하는 태도는 그 자체로 아무런 문제가 없으며 오히려 종교학에 대한 심도 있는 이해를 기대하게 한다. 하지만 비교종교학이 자기 종교의 우월성을 증명하려는 호교론으로 변질되면 이야기는 달라진다. 종립대학교 신학과나 교학과에 비교종교학이 커리큘럼에 포함되거나 비교종교학 담당 교수를 채용하는 사례가 늘고 있다. 여기에서 비교종교학 과목은 대개 종교 간 비교우위를 따지는 용도로 개설된다. 앞으로 이야기하겠지만 이와 같은 유형의 비교종교학은 종교학에서 추구하는 비교종교의 목적과 취지에 부합하지 않는다.

종교학에 대한 또 하나의 오해는 종교를 바라보는 학계의 시선과 관련이 있다. 학계 일각에서는 아직도 종교는 초월적이거나 초자연적인 존재와 연관된 현상이므로 학문적으로 연구하는 데 적합하지 않은 대상으로 여긴다. 종교는 신학이나 교학처럼 처음부터 초월적 존재의 실재성을 전제한 채 신앙의 참됨을 입증하거나 옹호하려는 관심을 지닌 분야라면 모르되 근대적인 학문 체제 내에서는 연구 대상으로서 채택될 수 없다는 것이다. 게다가 종교의 허구성을 주장하거나 반종교적인 견해를 펼치는 진영이라면 종교학의 존재 이유를 이해하지 못할 가능성이 더 높다.

한국 종교학의 전개 과정을 유심히 살펴보면 출발점부터 학문으로서 자기 정체성 문제에 골몰한 흔적이 역력하다. 앞서 언급한 종교학에 대한 주변 환경의 몰이해는 그 중요한 원인 가운데 하나이다. 그뿐 아니라 종교학이 처한 내부 조건도 정체성 확립의 시급함을 환기하는 데 한몫했다. 1950~1960년대 당시 국내 유일의 서울대 종교학과 커리큘럼을 참고하면 거의 그리스도교 신학 과목으로 구성되었고, 담당 교수진도 대부분 신학 전공자였다. 적어도 종교에 대한 중립적 접근을 유지해야 할 종교학과가 그리스도교 중심으로 치우친 상황은 누가 봐도 의아하지 않을 수 없었다. 종교학과라는 제도적 장치는 마련되었는데 실제 운영은 그에 걸맞지 않은 모순은 그야말로 종교학 자체에 관심을 가진 종교학도들에게는 가장 우선해서 극복해야 할 장애였다.

한국에서 종교학의 정체성을 확립하기 위한 노력은 여러 방향에서 진행되었다. 무엇보다 종교학을 특정 종교의 자기장 밖에서 새롭게 정립하는 일이 시급했다. 커리큘럼의 개정이라든지 교수진의 교체와 같은 제도적 개편 외에 더 근본적으로는 학문으로서 종교학의 성격을 전면적으로 다시 가다듬는 일이 중요했다. 종교학이 거리를 두어야 할 대상은 그리스도교 신학에 국한되지 않았다. 대개 각각의 종교는 자신들이 주장하는 진리가 신성할 뿐 아니라 다른 무엇보다도 우월하며 심지어 절대적이라고 여긴다. 더욱이 종교란 신앙의 영역으로서 앎의 대상이 될 수 없다고 강조한다. 그렇다면 종교에 대한 인식을 추구하는 종교학이란 각 종교의 관점에서 볼 때 불필요한 학문으로 비추어질 공산이 크다.

종교학은 그리스도교 신학을 포함하여 특정 종교의 진리에 봉사함을 목적으로 성립된 모든 분야와 철저하게 다른 길을 걷는 학문이다. 오히려 이와 같은 분야는 종교학의 연구 대상이라고 해야 적합한 표현이다. 왜냐하면 신학이든 교학이든 종교 영역에 속하기 때문이다. 그렇다면 어떻게 종교학은 자신을 차별화하며 독자적 학문으로 나아갈 수 있을까? 종교학이 신앙 영역인 종교를 연구 대상으로 취할 수 있는 정당한 근거는 무엇인가? 한국의 종교학이 자기 정체성을 확보하는 데 동원한 내적 논리나 방법론적 진술은 어떤 것인가?

한편 앞서 언급한 바와 같이 근대적인 학문으로서 종교학의 가능성에 회의를 표명하는 분위기가 학계 저변을 감싸고 돌았던 점도 한국 종교학의 정체성을 심각하게 고민하게 하는 또 하나의 계기였다. 과연 성스러움의 영역, 초자연적 영역, 초월적 영역, 초역사적 영역 등의 용어로 묘사되는 종교가 근대적 학문의 연구 대상으로서 채택될 수 있는가에 대한 회의는 종교학의 정체성에 심각한 위기를 초래한 요인이었다. 그렇다고 해서 종교가 근대적 학문 분과에서 전혀 연구되지 않았던 것은 아니다. 예를 들어 역사학·사회학·심리학·인류학 등의 분과에서 종교의 실체를 해부하기 위해서 기울인 노력에 대해서는 이미 학술사적으로 잘 알려져 있다. 다만 여기에서 이러한 분과들이 종교를 연구한 인식론적 기반에 대한 고려가 필요할 듯하다.

위의 근대적 학문 분과들이 종교를 연구할 수 있었던 배경은 한마디로 종교의 실재성을 인정하지 않는 태도를 견지하고 있었기 때문이다. 종교란 그 자체로는 허구로서 종교 아닌 다른 실재의 외피로 보았다는 이야기이다. 이때 종교 연구는 종교라는 외피에 둘러싸인 실재가 무엇인지를 밝히는 작업으로 이해된다. 이렇게 되면 결국 초월적 영역인 종교를 어떻게 연구할 수 있는가와 같은 회의론은 더는 제기되지 않는다. 종교의 실재성을 인정하지 않는 태도를 자연주의나 세속주의 등 다양한 방식으로 규정할 수 있지만 이 글에서는 일단 역사주의라 부르고자 한다. 역사주의에 대한 정의는 한 가지로 정리할 수 없을 만큼 복잡하다. 역사주의를 논쟁이나 반론의 여지를 줄이기 위하여 가능한 한 소박하게 규정하면 다음과 같은 정도의 논의가 가능하다고 본다.

역사란 인간이 살아가는 삶의 현장이자 거기에서 일어나는 모든 사건을 가리킨다. 역사주의는 역사란 신적 존재와 같은 타자의 개입 없이 인간 스스로 만든다는 관점을 취한다. 역사적 사건에 관한 설명이나 이해도 초역사적인 별도의 준거에 의존하는 일 없이 사건 자체가 지닌 고유의 가치나 구조적 연관성을 분석함으로써 달성된다. 역사주의가 근대성의 산물임은 의심의 여지가 없다. 근대성은 인간의 삶으로부터 초월성의 지표를 탈각시키려는 강력한 속성을 지니고 있기 때문이다. 참고로 종교학자 미르체아 엘리아데(Mircea Eliade, 1907~1986)는 근대사회에 팽배한 역사주의의 한계를 비판한 바 있다. 역사주의는 인류의 기나긴 삶의 역정 가운데 최근에 나타난 세계관이자 인식론에 불과하다. 인간이 살아온 삶의 방식을 이해하는 데 역사주의를 유일무이한 창구로 보는 태도는 오류이다. 엘리아데는 역사주의를 일종의 이데올로기로 비판한다.

근대적인 학문 분과에서 종교를 연구했던 배경으로 역사주의가 끼친 영향력은 과소평가할 수 없다. 하지만 각 분과가 얻은 연구 성과의 자리에는 종교가 증발해 있다. 종교 연구가 종교의 소멸을 초래하는 상황은 당혹스럽다. 한국의 종교학은 종교가 종교 아닌 다른 것으로 환원되는 국면에서 어떻게 종교의 실재성을 훼손하지 않으면서도 근대적 학문으로서 자기 정체성을 찾을 수 있었을까? 종교학은 두 진영으로부터 학문적 가능성을 의심받는 가운데 돌파구를 찾지 않으면 안 되었다. 두 진영은 모두 종교를 인식의 대상으로 설정할 수 없다는 데 입장을 같이한다. 하지만 양자가 그러한 견해를 취했던 배경은 다르다. 한쪽은 종교의 실재성을 독점하려는 의지가 강하지만 다른 한쪽은 종교의 실재성을 부정한다. 한국 종교학이 처한 과제는 종교의 실재성을 인정하면서도 앎의 대상으로 다루는 방안이 무엇인지를 찾는 것이었다.

2

한국 종교학이 1950~1960년대의 정체성 혼란기를 서서히 벗어나기 시작한 것은 1970년대 들어와서이다. 한국 종교학의 정체성을 모색하는 작업은 다양한 방향에서 진행되었다. 그중에서 결정적인 전회라고 할 만한 몇 가지 시도를 언급하기 전에 당시 학계의 분위기를 언급하고 넘어갈 필요가 있다. 특히 인문학 분위기는 한국 종교학의 정체성 형성에 일정한 영향을 주었다.

1960~1970년대 한국 사회는 국가적인 모든 역량을 근대화에 쏟아부었던 시대였다. 근대화가 본격적으로 궤도에 오르며 여러 심각한 문제점을 노정한 시기이기도 했다. 민주주의 실현과 경제적 불평등 해소 등 한국 사회가 지향해야 할 새로운 과제가 무겁게 제기되었다. 이와 같은 정치경제적인 문제와 더불어 근대화 자체에 대한 회의와 반성의 분위기도 조성되었다. 근대화 과정은 두 가지 방면에서 위기의식을 불러일으켰다. 하나는 한국인의 정체성에 대한 위기이며, 다른 하나는 생활세계의 파괴로 인한 인간성 상실의 위기이다. 전자는 근대화의 진행 과정에서 과도한 서구화 및 전통문화의 단절로 인하여 나타난 위기였다. 후자는 근대화에 내재한 근본적 한계, 예컨대 도구적 합리성 중시, 효율 만능주의, 산업화 및 도시화의 가속화로 인한 인간소외 등의 문제로 말미암아 발생한 위기였다.

　이러한 위기에 가장 예민하게 대응한 분야는 인문학이었다. 인문학을 중심으로 학계의 중심 의제로 부각한 국학 혹은 한국학은 근대화 과정에서 돌출된 한국인의 정체성 위기를 극복할 대안으로 자리잡았다. 이와 같은 학계 분위기는 종교학이 학문으로서 자기 정체성을 찾아 나가는 데 깊은 영향을 끼쳤다. 당시 그리스도교 신학 중심으로 운영되던 종교학이 한국 종교 연구로 관심을 선회함으로써 학문적 자기 정체성을 위한 토대로 삼은 것은 매우 의미심장하다.[1] 한국의 종교학은 한국 종교의 원형, 한국인의 기층 신앙, 한국 종교의 유형 등에 관한 연구를 통해서 한국학의 외연을 넓히는 데 기여했을

---

1) 張秉吉, 『韓國固有信仰硏究』(서울대학교 문리과대학 東亞文化硏究所, 1970).

뿐 아니라 그동안 신학으로 오해받던 자기 정체성을 재확립할 수 있는 기틀을 마련했다. 오늘날 한국의 종교학자 중 상당수가 한국 종교를 전공 분야로 선택한 현상은 단지 우연이라고만 볼 수는 없다. 한국의 종교학이 새로이 정체성을 확립해 나가던 당시 한국 종교에 부여한 특별한 관심은 추후 전개될 연구 경향에 상당한 영향을 주었다.

한편 근대화가 초래한 인간성 상실의 위기에 대응하여 인문학은 삶의 참다운 본질과 의미를 회복하는 데 관심을 쏟았다. 합리적 이성과 과학주의로 인해 은폐된 인간 고유의 가치를 재발견함으로써 현실의 위기를 타개할 수 있다고 보았다. 인문학의 여러 분야 중에서도 현상학과 해석학은 이와 같은 노선을 따르는 대표적 분야에 속한다. 이 두 분야가 지향하는 바를 간단한 몇 마디 언어로 서술할 수는 없다. 다만 이 글의 전개를 위하여 부득이 요약하자면 이렇다.

인간은 오랜 세월 수많은 경험을 통해서 의미로 충만한 삶의 세계를 축적했다. 그동안 근대화 과정을 통해서 망각된 인간의 본질과 가치를 회복하려면 바로 이런 의미의 보고로부터 자원을 발굴하여 재해석하는 작업이 필요하다. 한국의 종교학이 정체성을 찾아 나가던 시기에 종교현상학이 관심사로 떠오른 것은 이와 같은 인문학의 분위기와 무관하지 않았다.

종교현상학은 서구 종교학의 한 흐름으로, 19세기 후반과 20세기 초반에 걸쳐서 형성되었다. 20세기 후반은 종교현상학이 풍미한 시대라고 해도 과언이 아닐 정도로 종교학에서 차지하는 비중이 높았다. 서구 종교학사에서도 종교현상학의 의의는 과소평가할 수 없다. 왜냐하면 종교현상학의 등장과 함께 종교학이 비로소 자율적이며 독립적인 분과 학문으로서 자리할 가능성을 찾았기 때문이다.[2] 그 이전까지만 해도 종교는 인류학과 사회학, 심리학 등 주변 학문의 연구 대상 중 하나로서 다루어지는 경향이 강했다. 이러한 분과에서 종교는 그저 사회적 실재이거나 심리적 실재의 외피로서 다루어질 따름이었다. 종교현상학은 종교를 다른 무엇으로도 환원할 수 없는 그 자체의 독자성을 지닌 실재로서 연구한다.

종교현상학의 목표는 종교의 본질을 규명하는 데 있다. 종교현상학의 연구 범위는 원시 및 고대 종교에서 근현대 종교에 이르기까지 인류가 경험한 모든 종교를 포괄한다. 광범위한 자료의 수집과 정리는 종교현상학의 기본 절차에 해당한다. 종교의 본질을 파악하는 핵심 단계는 수집 자료의 비교 과정이다. 자료의 비교와 분류는 종교의 유형론으로 이어진다. 종교 유형론을 전개하는 최종 단계에서 종교의 본질과 의미가 규명된다.

종교현상학의 비교 방법은 단순하지 않다. 연구자가 수집한 외부 자료를 비교하기 위해서는 우선 '종교현상'으로 전환하는 절차를 거쳐야 한다. '종교현상'은 연구자가 공감 능력을 통해서 자신의 눈앞에 놓인 외부 자료를 지각한 결과물이다. 즉 종교 관련 자료를 연구자가 공감적으로 지각하는 과정을 거쳐 의식 내재적 자료로 전환한 것이 '종교현상'이다. 그러니까 수집한 외부 자료와 '종교현상'은 같은 것이 아니다. 비교는 이렇게 의식 내부로 들어온 '종교현상'을 대상으로 이루어진다. 여러 종교현상을 비교하고 종교현상의 형태를 다양하고

---

2) 정진홍, 『종교 문화의 인식과 해석: 종교현상학의 전개』(서울대학교 출판부, 1996).

무제한으로 변경시킴으로써 전형적인 유형을 분류하는 작업이 의식 내부에서 일어난다. 연구자는 의식 작용을 통해서 도출된 유형을 있는 그대로 묘사하며, 그 과정에서 각 유형 간의 차이를 넘어서는 종교의 본질이 규명된다.

인류의 종교사를 기술하는 일은 종교현상학이 떠맡은 또 하나의 과제이다. 종교사는 종교의 본질이 각기 다른 역사적 맥락에서 다양한 형태로 현현한 결과이다. 종교현상학자는 종교사 서술을 통해서 종교의 본질이 각각의 역사적 맥락에서 어떤 의미를 지니는지를 해석하는 작업을 수행한다. 종교현상학은 종교사를 통해서 인간은 종교적 존재(homo religiosus)라는 사실이 여실히 드러난다고 강조한다. 역사적 상황의 변화에 따라서 형태만 달리할 뿐 종교적 인간의 본질은 변함없이 유지된다는 것이다. 그러므로 인간에 대한 총체적이며 온전한 이해에 도달하기 위해서 종교학의 역할은 필수적이다.

한국의 종교학이 자기 정체성을 새롭게 정립하기 위하여 종교현상학의 잠재력을 높이 평가했던 배경은 몇 가지 조건이 충족되어 있었기 때문이다. 첫째, 종교현상학은 모든 종교를 편견 없이 동등하게 바라보는 안목과 방법을 제공했다. 개별 종교의 특수성을 넘어서 모든 종교를 관통하는 본질을 탐색할 수 있는 비전을 보여 주었다. 이로써 특정 종교의 배타적 진리 주장의 한계를 넘어설 수 있는 기초를 마련할 수 있었다. 둘째, 종교현상학은 종교의 본질을 규명하는 방법을 신앙이 아닌 인식의 한계 안에서 찾았다. 이는 종교를 신학이나 교학이 아닌 일반 학문 분과에서 다룰 수 있는 토대를 다진 것이다.

한국의 종교학이 종교현상학과 결합한 배경은 양자의 공통된 관심사가 접점을 형성했기 때문이다. 공교롭게도 한국의 종교학이 정체성 위기에 처했을 당시 서구에서 종교현상학도 유사한 문제에 사로잡혀 있었다. 자율적이며 독립적인 학문으로서 종교학을 정초해야 할 과제가 양자의 만남이 이루어진 계기였다. 하지만 한국의 종교학은 종교현상학의 아이디어를 원용하는 데 만족하지 않았다. 한국의 종교학은 '종교' 개념이 지닌 한계에 주목함으로써 정체성 문제를 해결하는 데 새로운 활로를 열었다. 이러한 시도는 한국 종교학이 처한 특수한 정황에서 기인했다.

종교가 종교학의 연구 대상인 것은 당연하다. 누구나 종교가 존재하기 때문에 종교학이 성립했다고 생각한다. 그런데 어느 순간 종교학의 정체성에 오히려 '종교' 개념이 방해 요소로 작용한다는 인식에 이르면 어떤 결과가 초래될까? 한국의 종교학이 '종교' 개념에 불편함을 느끼기 시작한 이유는 이 용어가 심각한 오해의 소지를 안고 있다고 판단했기 때문이다. 종교란 어디까지나 인간이 경험하는 삶의 한 차원임에도 '종교' 개념은 이러한 사실을 간과하게 만드는 취약성이 있다. 종교계를 중심으로 마치 종교란 인간의 삶을 초월하여 존재하는 것처럼 여기는 태도는 그와 같은 한계를 고스란히 드러낸다. '종교' 개념은 종교가 태어나고 성장한 토양에 대한 인식을 어렵게 하거나 불필요한 것으로 치부하게 할 가능성이 높다. 이러한 약점을 극복하기 위하여 '종교'라는 용어를 대체할 새로운 개념이 필요하지 않을까?

한국의 종교학에서 학술 용어로 만들어진 '종교문화' 개념은 이러한 문제의식을 배경으로 등장했다. 현재 '종교문화'는 '종교'보다 사용 빈도가 높다고 해도 무리가 없을 정도로 종교학자들 사이에서 선호하는 개념이다. '종교문화'는 종교와 문화의 합성어로 다양한 의미로 읽힐 수 있다. 그러나 '종교문화'가 '종교' 개념의 한계에서 비롯한 조어임을 상기하면, 이 개념의 의미는 종교란 더도 덜도 아니고 문화라는 사실을 천명한 것과 다를 바 없다. '종교문화'에서 '문화'는 말하자면 '인간이 경험하는 삶의 총체'이다.[3] 문화에는 경제·정치·예술·기술·군사 등 다양한 양태의 인간 경험이 속한다. 종교는 그런 문화의 한 요소라는 이야기이다.

'종교문화' 개념이 한국 종교학의 정체성 형성에 기여한 측면은 명확하면서도 단순하다. 한국의 종교학이 정체성 문제에 가로막힌 근본 원인은 종교를 경험의 세계와 전혀 무관한 것으로 치부하는 태도가 상식처럼 자리 잡고 있었기 때문이다. 신학이나 교학 등의 호교론적 연구 진영은 자신들만이 종교를 온전한 방식으로 연구할 수 있다고 주장한다. 다른 한편으로 근대적 학문 분과들은 종교의 허구성을 거론하며 종교 연구의 무용론을 주장하거나 종교를 다른 실재의 외피로 취급한다. 양자의 주장에 따르면 종교학이란 애초부터 불가능하거나 불필요한 학문에 불과할 수밖에 없게 된다. 이와 같은 분위기에서 '종교문화' 개념의 등장은 종교를 철두철미하게 경험 세계에 뿌리를 둔 실재로 인식함으로써 한국의 종교학이 근대적인 학문 분과로 정체성을 찾는 데 영향을 주었다.

---

3) 정진홍, 『종교문화의 이해』(서당, 1992).

3

　　1980년대 이후 한국의 종교학은 새로운 전기를 맞이했다. 정체성 위기에서 벗어난 한국의 종교학은 이때를 기점으로 다양한 방면에서 구체적인 성과를 거두기 시작했다. 저술, 학위논문, 번역서 등 연구물이 증가했고, 연구자들의 전공 영역도 다변화하는 현상이 뚜렷했다.

　　특히 석·박사 과정에서 한국 종교 전공자들의 수가 다른 분야에 비해 두드러졌다. 한국 종교에 관심이 높아지는 만큼 한국 종교사를 서술하려는 의지도 강하게 나타났다. 한국 종교사 서술은 고대부터 근현대까지 광범위한 분야의 선행 연구가 축적되어야 가능하다. 하지만 이러한 과제를 수행하기에는 연구 역량의 한계를 절감해야만 했다.[4] 다른 분야에 비해 한국 종교 연구자의 비중이 높다는 발언은 그저 상대적인 평가일 뿐이다. 한국 종교학계의 규모가 그다지 크지 않은 점을 고려하면 한국 종교 연구자의 수는 아직도 절대적으로 부족하다. 한국 종교 전공자 중에서도 근현대 시기를 선호하는 경향이 강한 나머지 고대나 중세는 공백이 생기는 난점이 발생하기도 했다. 물론 시간이 지남에 따라서 이러한 상황은 점차 개선되고 있지만 여전히 갈 길이 멀다.

　　한국 종교사 서술을 위해서 넘어야 할 난관은 그뿐만이 아니다. 어쩌면 가장 심각한 문제일 수도 있는 그 어려움은 한국 종교사가 개

---

4) 한국종교연구회, 『한국 종교문화사 강의』(청년사, 1998).

별 종교사의 단순한 종합이 아니라는 점에 있다. 말하자면 한국 종교사는 한국 불교사, 한국 유교사, 한국 도교사, 한국 기독교사 등의 개별 종교사를 단순히 합한 것이 아니다. 전통적으로 한국의 종교 지형은 단일 종교의 독점이 아니라 여러 종교의 공존이 빚어낸 복합체였다. 어떻게 하면 이 종교 복합체를 시대별로 효과적으로 묘사할 수 있는가에 한국 종교사의 성패가 달려 있다. 여기에는 예를 들어 개별 종교가 서로의 차이에도 불구하고 공유하고 있던 공통의 기반에 대한 이해, 종교 간 소통과 갈등 상황, 각 시대의 한계를 반영하거나 넘어섰던 종교의 역량 등 고려해야 할 사안이 무수히 많다. 한국 종교사 서술에 앞서 복합적이며 중층적인 종교 지형을 어떻게 풀어야 할지 방법에 대한 고민이 절실하다.

한국 종교사 서술에서 또 한 가지 고려해야 할 사안이 '종교' 개념이다. 엄밀히 말해서 '종교' 개념은 한국 종교사만의 문제는 아니다. 사실 '종교' 개념은 한국 종교학 전반에 걸쳐서 종교학자라면 한번쯤은 성찰을 요구할 정도로 중요한 문제로 취급받고 있다. 한국 종교학은 1970년대 이후 정체성 위기를 해소하는 방안을 모색하던 중 '종교' 개념의 한계를 절감한 바 있다. '종교문화' 개념은 이러한 성찰 과정에서 나온 하나의 대안이었다. 현재 '종교문화' 개념은 종교학의 정체성을 드러내는 학술 용어로 정착하여 통용되고 있다. 그런데 이와 다른 차원에서 '종교' 개념을 문제 삼는 분위기가 1980년대 후반부터 새롭게 조성되기 시작했다. 1980년대 후반은 한국 학계에서 탈근대성에 대한 논의가 본격화한 시기이다. 한국 종교학계는 근대성 자체에 대한 성찰을 통해서 근대 이후 현재까지 우리가 경험하는 종교 지형이 어떻게 구성되었는지를 밝히는 데 관심을 보이기 시작했다.

앞서 한국 종교 전공자 중에서 근현대 시기 종교를 선택하는 비중이 높았다고 언급한 바 있다. 근대성 논의가 표면화되면서 근현대 종교에 관심이 높아진 점은 자연스러운 일이었다. 근대성이 우리의 현재를 규정하는 조건이라는 인식은 종교학에서는 '종교' 개념에 관한 관심으로 이어졌다. 우리는 보통 어떤 개념과 그 의미의 관계가 처음부터 주어진 것인 양 자연스럽고 당연하다고 생각하는 경향이 있다. '종교' 개념도 예외는 아니어서 그동안 일상은 물론 학술적으로도 아무런 의심 없이 사용해 왔다. 그러나 근대성에 대한 성찰을 통해서 '종교'에 대한 상식적인 견해를 더는 유지할 수 없게 되었다. '종교'는 서구 근대성의 산물로서 역사적 한계를 지닌 개념이다. 서구어 '릴리전(religion)'의 번역어인 '종교'는 개항기 이후 서구 근대 문물과 더불어 도입되어 정착한 개념이다. 오늘날 '종교'는 그리스도교·불교·유교·도교 등 개별 종교를 포괄하는 유적 범주로 사용된다.

한편 한국 사회는 본디 전통적으로 '종교'라는 말이 없었다. 이는 '종교'에 해당하는 지시물도 존재하지 않았다는 의미이다. 한 가지 사례를 들어 말하면 오늘날 '종교'에 속하는 유교·불교·도교가 전통 사회에서는 전혀 다른 범주로 인식되었다는 이야기이다. 혹 불교와 유교를 '철학'이라는 범주로 묶는다고 해도 사정은 달라지지 않는다. '철학'이라는 개념도 서구에서 유래한 것으로 한국 전통 사회에서는 낯선 개념이었다. '종교'든 '철학'이든 새로운 인식 범주로서 자리를 잡았다는 사실은 세상을 바라보는 방식이 예전과 달라졌음을 의미한다. 유교·불교·도교를 가지고 말하자면 이들은 '종교'라는 범주로 묶이는 순간 전통 사회와 전혀 다른 존재로 인식될 수밖에 없다.

서구 근대성의 체제에서 '종교' 개념이 탄생하고 한국에 들어와 정착되는 과정을 따져 보는 것은 매우 복잡하며 흥미롭다. 하지만 여기에서 자세히 언급할 사안은 아니다.[5] 근대성이 낳은 '종교' 개념이 어떤 의미인지를 간단히 살피는 데 그친다. 일반적으로 종교는 사적인 영역에 속하는 것으로 여겨진다. 특정 종교와 관련된 신념과 행위를 공적인 차원에서 드러내는 것은 금기시된다. 종교의 자유와 정교분리의 원칙은 종교의 활동 범위를 제도적으로 규정한 것이다. 신도들의 모임인 종교 공동체는 사적인 영역에 속하는 것으로 간주한다. 종교는 개인의 영역 중에서도 내면의 세계와 관련된다. 육체적이거나 물질적인 차원은 종교에 부차적인 요소에 불과하다. 종교에서 말하는 신앙이란 개인의 내면에서 일어나는 어떤 현상을 가리킨다. 신앙의 대상인 초월적 존재와 인간의 만남은 내면의 세계를 매개로 이루어진다. 초월적 존재는 세속적 세계와 철저하게 차별화되며 신앙과 같은 특수한 방법을 통해서만 접할 수 있다고 여겨진다.

만약 누군가가 '종교'의 정의를 내려 달라고 요구하면 각자 다양한 방식으로 답변을 제시할 것이다. 하지만 세부적인 차이에도 불구하고 앞에서 말한 의미의 범위를 대체로 벗어나지 않는다. '종교' 개념이 근대성의 산물이라는 말은 다른 것이 아니다. 근대성이 출현하기 이전부터 그리스도교·유대교·이슬람교·힌두교·불교·유교·도교 등은 각각이 속한 공동체 안에서 존재하고 있었지만, 이들을 통칭해

---

5) 장석만, 『한국 근대 종교란 무엇인가?』(모시는사람들, 2017).

서 부르는 용어는 부재했다. 이들을 하나로 묶는 일반 범주로서의 '종교' 개념은 근대성의 출현과 더불어 나타났다. 여기에서 서구 프로테스탄티즘(Protestantism)은 '종교' 개념을 대표하는 모델로서 채택된다. '종교' 개념의 내용에 프로테스탄티즘의 분위기가 흠씬 풍기는 이유는 이런 배경에서 기인한다.

대부분 종교는 어느 시대 어느 곳에서도 존재하는 보편적 실재라고 생각하는 경향이 있다. '종교' 개념에 관한 성찰적 연구는 이러한 관성에 제동을 거는 효과를 발한다. '종교'라는 창으로 과거와 현재, 미래를 바라보았던 종전의 태도가 과연 타당한 것이었나 하는 회의를 부른다. 당장 한국 종교사를 서술하는 일만 해도 그렇다. '종교'가 서구 근대성의 산물에 불과하다면 어떻게 고대부터 현재에 이르는 종교의 역사를 서술할 수 있겠는가? '종교'가 없었던 시대의 종교사를 기술할 수는 없다. 그럼에도 한국 종교사를 기술한다면 '종교' 범주를 '종교'가 없던 시대에 투영하는 오류, 연구자의 관점이 연구 대상을 자의적으로 재단하는 오류에 빠지는 것이 아닐까?

'종교' 개념의 시대적 한계로 인해 딜레마에 빠지는 것은 한국 종교사 분야에 국한하지 않는다. 종교학의 정체성도 이로 인해 흔들릴 위험성에 노출된다. '종교' 개념의 해체와 함께 종교학 자체도 해체될 위기에 처하지는 않을까? 그러잖아도 종교학은 궁극적으로 문화연구로 나아가야 한다는 주장이 일각에서 제기되고 있음을 참작하면 이러한 평가가 비현실적이지만은 않다. 개념사 연구가 전하는 자극은 비단 종교학에만 국한하지는 않는다. 현재 대학의 각 학문 분과별로 다루어지는 연구 대상 대부분이 근대성의 산물임을 고려하면 근대적인 학문 체제의 취약성이 고스란히 드러난다. 그렇다고 당장 근대적인 학문 체제가 붕괴하지는 않겠지만 우리가 현재 발 딛고 서 있는 자리의 역사적 기원에 대해서 성찰의 기회를 준다는 점에서 의의가 있다.

그러나 근대성과 '종교' 개념의 관계를 규명한 이와 같은 개념사 연구가 논쟁의 여지를 전혀 남기지 않은 것은 아니었다. 동아시아는 근대 초기 서구의 '종교' 개념을 수용한 공통점이 있다. 문제는 전통적으로 '종교'에 해당하는 개념이 이 지역에 아예 부재했는가 하는 점이다. 이 물음에 대하여 중국과 일본 등을 사례로 열띤 찬반양론이 벌어지는 중으로 알려져 있다. '종교' 개념이 서구로부터 일방적으로 유입된 것에 불과한지, 아니면 원래부터 이 개념을 수용할 수 있는 바탕이 이 지역에 마련되어 있었던 것인지 매우 중요한 문제이므로 앞으로 논쟁의 추이를 계속해서 따라갈 필요가 있다. 최근 한국 종교학계도 서구 '종교' 개념의 도입을 둘러싸고 다양한 이견이 표출되는 분위기가 조성되고 있다. 좀 더 성숙한 토론과 논쟁이 이루어지기를 기대한다. 여기에서 도출된 연구 성과는 한국 종교사 서술이나 종교학의 정체성을 따지는 작업에 방법론적 기초로 활용될 수 있을 것이다.

한국 종교학은 짧지 않은 기간 동안 '종교' 개념과 씨름한 이력이 있다. 그 첫 번째는 종교학의 정체성을 확립하기 위하여 '종교' 대신 '종교문화'를 선택한 일이었고, 두 번째는 '종교' 개념의 구성주의적 맥락을 파악한 것이었다. 양자의 목적과 의도는 다르지만 '종교' 개념이 지닌 한계를 지적한다는 공통점이 있다. 종교학이 '종교' 개념의 한계를 인식하는 사태는 역설적이면서도 근본적이다. 종교학은 일반 범주로서 '종교' 개념이 발생한 이후 등장한 학문이다. '종교' 개념은 구체적인 개별 종교를 관통하는 공통의 요소를 바탕으로 도출한 것이 아니라 서구 근대성의 체제에서 그리스도교를 모델로 삼아 출현했다. 따라서 '종교' 개념은 개별 종교의 특성을 반영하기보다는 그들이 도달해야 할 기준으로써 종교 간 위계를 형성하는 원인으로 작용한다.

한국의 종교학은 '종교' 개념의 한계가 부각될 때마다 정체성을 새롭게 다지는 기회로 활용했다. 현재 한국의 종교학자들은 '종교' 개념으로는 포괄할 수 없을 정도로 광범위한 주제를 다룬다. 종교학자들이 생각하는 종교는 '종교'와 다른 것이 분명하다. '종교' 개념의 관점에서 보면 그 기준에 미치지 못하여 무시당하거나 탈락한 것, 세속적인 것 안에 숨어 있는 종교적인 것 등이 모두 종교학자가 생각하는 종교 범위에 포함된다. 종교학자들이 보여 주는 이와 같은 태도는 한국 사회에서 '종교' 개념을 축으로 형성된 위계 구조를 문제 삼는 것이기도 하므로 의미심장하다. 그렇다면 한국의 종교학자들은 종교를 어떻게 정의하고 있을까? 이들의 종교 정의는 '종교' 개념과 무엇이 다를까? 연구의 출발점에서 가설적인 수준이라도 자신만의 정의가 있기 마련이다. 한국 종교학의 특성이 있다면 여기에서 찾을 수도 있지 않을까 기대하며 글을 맺는다.

2부

세계 속의 한국학과 대학의 현실

1장

세계 속의 한국학

디아스포라 재오스트리아
한인 문학의 현황과 성향

김낙현

1 들어가는 말

2023년 외교부 자료에 따르면, 우리 재외동포는 708만 명이 해외에 체류하거나 거주하고 있는 것으로 확인된다. 가히 노매드(nomad)의 시대이며, 디아스포라(diaspora)의 시대이다.

자크 아탈리(Jacques Attali, 1943~)는 현대사회를 '노매드의 시대'로 규정하고, 현대 문화의 특징을 '노매디즘(nomadism)으로 정의한 바 있다. 그는 국가, 인종, 민족 간을 초월하여 끊임없이 이동하며 살아가는 현대인을 '호모 노매드(homo nomad)', 즉 '유목하는 인간'이라고 지칭했다. 바로 이러한 '노매디즘의 시대'에 수많은 디아스포라가 필연적으로 발생한다.

이제 한국문학에서는, 국내 문학뿐 아니라 그동안 경시하거나 소외되어 온 디아스포라 한인 문학에 관한 연구가 꽤 활발하게 진행되고 있다. 이러한 경향과 태도는 그동안 한국문학이 고집했던 국내 중심의 문학의 견고한 패러다임에서 탈피하여 한국문학의 저변과 인식의 지평을 확장할 수 있다는 점에서, 그리고 재외 한인의 문학 유산을 한민족의 문학으로 통합할 필요가 있다는 점에서 매우 고무적이며 당연한 귀결이라 여겨진다.

그동안 디아스포라 한인 문학에 관한 연구는 중국·구소련·일본 등을 비롯한 북중미 미국이나 캐나다를 중심으로 진행되었다. 여기에 재외 한인 문학 중에서도 주변부에 해당되는 호주, 남미 대륙의 한인 문학 연구가 더해졌으며, 특히 기존에 다루어지지 않았던 유럽의 재독 한인 문학에 대한 이명재의 본격적인 연구[1]는 주목할 만한 성과라 할 수 있다. 최근에는 유럽 지역에 거주하고 있는 한인들이 쓴 작품을 모은 《유럽 한인 문학》[2]이 발간되기도 했다.

이제 점차 디아스포라 한인 문학 연구는 재외 한인 문학 중에서도 소외되어 온 주변부로 확대되어 가고 있지만, 그 중요성에 비해 여전히 미개척 상태로 남아 있는 지역이 실재한다.

이러한 문제의식 아래 이 글은 아직까지 연구가 전무한 오스트리아 한인 문학을 소개하고자 한다. 분량의 제한으로 인해 개괄적이나마, 시론(試論)으로서의 의의가 있다고 하겠다. 이 글에서 다룰 텍

---

1) 이명재, 「유럽 지역의 한인 한글 문단 — 'Berlin 문향', '재독한국문학', 기타 경우」, 《한국문학과 예술》(숭실대학교 한국문학과예술연구소, 2014).
2) 유럽 전 지역에서 한글로 작품 활동을 전개하고 있는 한인들의 작품을 모아 펴낸 《유럽 한인 문학》은 2017년 4월에 국내 출판사 '꿈과비전'에서 창간호와 2019년 6월에 제2호가 발간되었다. 제3호는 국내 '에디아출판사에서 2020년에 간행되었다.

스트는 재오 한인들이 '오스트리아 한인문우회(오스트리아 한인여성 문우회)'라는 이름으로 발간한 문집인 《도나우 담소》이다. 《도나우 담소》는 2013년 창간되어 2년마다 간행되는 종합 문예지로, 오스트리아의 유일한 한인 문학 잡지이다. 이 글은 2013년 창간호부터 2019년 제4호까지 발표한 텍스트를 논의의 대상으로 하며, 주된 논의 텍스트는 필자가 입수한 제2호부터 제4호까지이다.

2023년 외교부 자료에 따르면, 오스트리아에는 2,681명의 재외동포가 거주하고 있는 것으로 확인된다. 이는 결코 많지 않은 숫자이나, 오스트리아 한인 문학의 붐을 일으켜, 홍진순·김자경 등이 국내 문단에 공식적으로 등단하는 성과[3]를 냈으며, 그 어느 지역보다도 한글문학에 대한 의욕과 열의가 지대한 곳이다.

2 재오스트리아 한인 문학의 형성과 《도나우 담소》 수록 작품 현황

'오스트리아 한인문우회'는 2012년 창립 당시 처음에는 '오스트리아 한인여성문우회'라는 명칭으로 창립되었다. 이 명칭은 2015년 《도나우 담소》 제2호까지 유지되다가 2017년 발간된 제3호부터는 '오스트리아 한인문우회'로 이름을 바꾸었다. 이어서 2019년 11월 23일에

[3) 홍진순은 2019년 《한겨레문학》 제1회 수필 부문에 「나치 소녀」로 당선되어 공식적으로 문인으로 데뷔했으며, 김자경은 2019년 《문학나무》 가을호 신인 작품상에 응모해 단편소설 「메리 크리스마스」로 신인 작품상을 수상하며 등단했다.]

제4호 문집인《도나우 담소》를 발간했다.

오스트리아 한인문우회는 처음에는 20명의 회원으로 시작했다. 일주일에 한 차례 글짓기 시간을 가졌으며, 매년 '이리수 글방'에서 작문을 통해 서로의 생각과 경험을 함께 나누면서 문학작품을 창작하게 되었다. 또한 한인문화회관 등에서 문학작품 수업을 열었고, 국내외의 문인과 종교인 등을 교사로 초빙하여 문학 활동을 전개하기도 했다.

작품을 창작하는 회원들은 다른 지역의 디아스포라 한인 문학처럼 이주 1세대들이다. 제3호에 수록되었던 비엔나(빈) 한글학교 세 명의 학생의 작품을 제외하면 아직 2, 3세대들의 작품 창작은 공식적으로 확인되지 않는다. 작품을 창작하고 있는 이주 1세대들은 대부분 고령의 여성들이다.

현재 확인할 수 있는《도나우 담소》제2호부터 제4호까지 작품을 실었던 회원들은 강선덕, 강유송, 김귀중, 김방자, 김양미, 김자경, 김현숙, 명경아, 무개, 박영숙, 서혜숙, 신경옥, 유순희, 은가비, 이영실, 이은희, 전윤령, 정화자, 최차남, 홍진순, 황병진 등 총 스물한 명이다. 물론, 글짓기 지도교사였던 최영식, 백충관의 작품도 수록되었지만, 실질적으로 작품 활동을 꾸준히 하고 있는 회원은 스물한 명이다. 최영식, 백충관을 제외하면 회원은 모두 여성으로 파악된다.

다음은 필자가 현재까지 자료상으로 파악한 회원에 대한 정보를 토대로 회원 구성원의 면모를 간략하게나마 제시한 것이다.

먼저 파독(派獨) 간호사 출신이 재오한인문우회 구성원 일부를 이루고 있다. 김방자, 정화자, 홍진순 등과 같이 파독 간호사로 파견되었지만 독일의 이민법 개정으로 자리를 얻지 못하고, 다시 오스트리아로 재이민을 떠나 현지인 남자와 결혼하여 다문화가정을 이루면서 글을 쓰는 회원들이 그들이다. 이들은 간호사로서 파독되었던 점은 동일하지만, 조금씩 다른 상황과 배경을 지녔다. 알다시피 1966년부터 1976년까지 한국 정부에서는 실업 문제 해소와 외화 획득을 위한 해외 인력 수출의 일환으로 서독에 1만여 명의 간호사를 파견했다. 김방자와 정화자는 국가에 의해 파독되었으며, 홍진순은 한국에서 국군간호사관학교를 졸업한 후, 간호장교로 복무하다가 예편하여 1981년에 스스로 취업하기 위해 서독으로 이민을 떠났다. 이외 김자경이나 김현숙처럼 국내에서 대학을 졸업하고 오스트리아로 이민을 떠나 현지인과 결혼한 후 정착하면서 글을 쓴 경우도 있다.

한편, 오스트리아의 유일한 한인 문학 종합 문예지인《도나우 담소》에 수록된 한인들의 작품 현황을 창간호부터 제4호까지 검토해 보면, 유별나게 수필 장르가 많이 창작되었음을 확인할 수 있다. 그렇다면 재오 한인들은 왜 그렇게도 수필 장르에 유독 집착하여 다량의 작품을 창작했을까? 이에 대한 단서를 다음 글에서 쉽게 포착할 수 있다.

타국에 와서 그 나라의 문화를 이해하기 위해서는 그 나라의 언어를 배우면서 이중문화 속에 있는 자신들을 발견하게 된다. 아울러 그 속에서 '나'라는 존재 의식과 '고향' 그리고 의사소통의 근원인 '우리말'의 중요성을 인식하게 되면서 자신의 삶에 대한 것을 새삼스럽게 느낀다. 자신들의 삶이 헛되지 않았다는 것을 자손들에게 남기기 위한 일환으로 글이란 매체를 통해 기록을 하면서 문학에 대한 관심을 갖고, 또 문학이란 형태의 글들을 쓰기 시작한 것[4]이다.[5]

인용문은 오스트리아를 비롯한 재외 한인들이 문학작품을 쓰는 근본적인 이유를 표상하는 매우 중요한 진술이다. 인용문에 따르면, 디아스포라 한인들은 국내외 문단에 등단을 위한 수단으로 글을 쓰기보다는, 자신들의 후손들에게 자신들의 삶의 기록을 남기기 위해 글을 쓴다고 밝히고 있다. 이는 그들의 글이 곧 자신들의 디아스포라 삶의 기록이며, 역사이자 삶 그 자체라는 인식을 반영한 것이라 할 수 있다. 따라서 과정이야 어떻든 고국을 떠나 이방인으로서 타국에서 살아가기 위해 감내해야 했던 자신들의 각고의 체험과 노력, 그리고 그 정신을 기록하여 후손들에게 남기고자 한 의지가 글쓰기라는 행위로 귀결된 것이다. 이렇게 보면, 그들에게 글쓰기란 디아스포라의 삶을 살아가는 그들의 생생한 삶의 체험이자 역사인 셈이다. 글쓰기의 행위 그 자체가 문인으로서 문단에 데뷔하여 영광을 누리겠다는 의식의 발산이 아닌, 낯선 땅에서 소수민족인 디아스포라 한인으로서 살아가는 그들의 삶의 역사를 후손에게 남기고자 한 숭고한 정신이 깃든 의식적인 행위인 것이다.

---

4) 밑줄은 필자가 한 것이다.
5) 쾨펠연숙, 「유럽 속의 한글 문단 — 타향 속의 고향」, 『제2회 세계한글작가대회 발표자료집』(2016), 153쪽.

이런 점을 감안하면, 재오 한인들이 왜 그렇게 유독 수필에 관심을 보이고 다량으로 창작했는가를 능히 짐작할 수 있다. 수필은 다른 어떤 장르보다도 '나'를 드러내고 표출하기가 쉬운 장르이다. 수필은 짧은 서정시에 담을 수 없는 서사를 비교적 쉽게 담아낼 수 있으며, 자신의 정서를 직접적으로 고백하는 1인칭 문학이라는 점에서 그렇다. 다시 말해 형식적인 개방성과 소재의 다양성, 그리고 자신의 정서를 직접적으로 표출할 수 있는 1인칭 문학이라는 점에서 수필이라는 장르는 그 어떤 문학적 장르보다 그들 삶의 역사를 효과적으로 재현하고 전달할 수 있는 매우 적합하고 유용한 장르였던 셈이다. 바로 이러한 요인으로 재오 한인들은 유독 수필을 다량으로 창작하여 문집인《도나우 담소》라는 그릇에 자신들 디아스포라의 서사를 담아냈다고 할 수 있다.

3 재오스트리아 한인 문학의 성향

가. 그리움의 정서, 노스탤지어의 문학

재오스트리아 한인 문학 역시 다른 재외 한인 디아스포라 문학에서 주류를 이루고 있는 것처럼, 그리움의 정서를 담고 있는 작품이 전 장르에 걸쳐 표출되고 있다. 이는 디아스포라 한인 문학에서 가장 본질적인 성향이라 할 수 있다.

특히 오스트리아 한인문우회의 유일한 문학작품집인《도나우 담소》에 수록된 작품을 검토해 보면, 그리움을 표출한 노스탤지어 성향의 작품이 압도적으로 주류를 이룬다. 그리움을 표출한 대상은 고향이나 현지인 남편, 친족, 친구 등으로 재현되고 있다. 이 중에서도 고향이나 현지 남편에 대한 그리움의 정서를 담은 작품이 다수를 차지하고 있다.

나. 이방인(경계인)으로서의 외로움과 문화적 차이로 인한 갈등

한편 현지에서 느낀 이방인 혹은 경계인으로서의 정서를 표출한 대표적인 작품으로 신경옥의 시 「5월에 내리는 눈」이 있으며, 현지인 남편과의 갈등을 다룬 대표적인 작품으로는 홍진순의 단편소설 「연어」를 들 수 있다.

「5월에 내리는 눈」에서 하얀 '홀씨 꽃'은, 낯선 이국땅에서 정처 없이 걷고 있는 화자에게, 애틋한 고향과 그 고향에 남겨 두고 온 자신의 딸을 떠오르게 하는 반가운 대상이면서, 동시에 고향에 두고 온 딸과 공존할 수 없는 자신의 처지를 상기시키는 야속한 대상이기도 하다. '홀씨 꽃'은 화자와 동일시하면서 '홀씨 꽃' 역시 자신과 같은 이방인이라는 사실을 깨달으며 시상은 마무리된다. 결국, 이 시는 노매디즘 시대에 낯선 이국땅인 오스트리아에서 디아스포라 이방인으로서 살아가는 외로움과 서글픔의 정서를 시화(詩化)한 작품이라 할 수 있다.

이방인으로서 현지인 남편과의 갈등을 그린 대표적인 작품으로는 홍진순의 단편소설 「연어」가 있다. 이 작품은 현지인 남편과 결혼해 아이까지 낳고 살아가지만, 이방인으로서 겪을 수밖에 없는 견디기 힘든 남편과의 갈등을 그린 결과물이다. 「연어」에서 화자는 문화적 차이 혹은 가치관의 차이로 인해 남편과 심한 갈등을 겪으면서 하루하루의 삶을 고통스럽게 살아가는 것으로 제시된다. 화자는 남편이 바라는 '이상형의 조각상'으로 점점 변하게 되었고, 자신의 "심장의 피는 다 말라 버렸으며, 교양 있는 박제가 된 귀부인이 되었다."라고 토로한다. 결국, 단편소설 「연어」는 문화적 차이나 가치관의 차이에서 비롯된 부부간의 심한 갈등을 그리고 있지만, 결국 어머니의 삶이 그랬듯 화자 역시 자신의 원래 자리를 찾아 회귀하는 연어의 고유한 습성처럼 자신의 가정으로 되돌아가는 일련의 과정을 그린다.

다. 정체성 자각과 민족적인 동질성 확인

한국인으로서의 정체성에 관한 대표적인 작품은 강유송의 시 「내 남자」(제4호), 황병진의 수필 「붉어진 김밥」(제4호), 김현숙의 동화 「꿈」(제3호) 등이 있다. 아울러 두 나라 간 민족적인 동질성을 다룬 작품으로는 홍진순의 수필 「나치 소녀」(제4호)가 있다.

「내 남자」는 화자와 전혀 다른 환경에서 자라고 성장한 남편이 자신의 고국인 한국의 문화를 습득하는 과정을 보여 주고 있으며, 남편과 화자가 죽음을 맞이할 때, "존경하는 단군의 후손"으로 남으리라고 노래한다. 특이하게 화자는 오스트리아 현지 남편에 대해 "야만인 타국에서 태어나 젓가락 사용법도 모른다."라고 진술하면서 "해가 거듭될수록 이러한 남편은 반(半)한국인으로 변해 가고 있는데, 아직도 남편을 제대로 된 사람으로 만들려면 아직 많은 시간이 필요하기에 남편과 함께 살아가길 바란다."라고 진술하고 있다.

　이 시는 화자가 의도적으로 진술했든 그렇지 않든 간에 완전히 현지 문화에 적응했다는 사실을 보여 준다고 할 수 있다. 현지 문화에 적응하고 그것을 수용·포용했기에 자신의 고국인 한국의 문화와 단군의 후손이라는 자부심이 거침없이 표출되기에 이른 것이다. 그렇기에 자신의 남편을 "야만인의 타국" 출신으로 명명하고 있으며, 그러한 남편이 반한국인으로 변해 가는 모습에서 화자의 기쁨과 보람이 배어남을 능히 짐작할 수 있다. 결국, 이 시는 디아스포라 문학의 전형적인 특징인 혼종성과 탈민족적인 성격을 여실히 잘 보여 주는 대표적인 작품이면서 동시에 자신의 뿌리에 대한 정체성의 자각을 표출한 대표적인 작품이라 할 수 있다.

　한편, 현지 문화에 적응하는 과정, 그리고 이를 통해 자신이 한국인이라는 정체성을 자각하는 대표적인 작품으로는 황병진의 수필 「붉어진 김밥」이 있다. 초등학생인 화자의 큰아이가 소풍 가는 날, 화자는 새벽부터 전형적인 한국식으로 큰아이와 담임선생님의 도시락을 온갖 정성을 들여 준비한다. 목적지에 도착한 후 점심시간이 되자 한국식 엄마가 된 화자는 큰아이의 담임선생님에게 도시락을 드렸으나, 담임선생님은 뜻밖에 깜짝 놀라며 자기가 준비해 온 빵을 먹겠다며 화자가 준비해 온 도시락을 극구 사양한다.

　이에 화자는 한국식 풍습과 너무나도 다른 의외의 상황에 무척 당황스러워하며 부끄럽고 무안한 감정을 느끼며 얼굴이 붉어진다. 이 같은 얼굴 붉어지는 경험을 한 이후 화자는 "한국적인 정서로는 소풍 가는 날만이라도 학부모가 선생님을 위해 도시락을 준비하여 감사의 뜻을 표하는 것이 훈훈한 정인데, 그 후 학교에서는 우리의 것만, 내가 해야 할 역할만 하며 자신도 인정 없는 사람으로 변해 가는 것은 아닌지 하는 혼동을 느끼게 되었다."라고 고백한다. 이러한 혼동은 곧 깨달음으로 이어지는데, 그 깨달음은 "처음에는 서양 사람들은 에고이스트라고 생각했는데, 화자는 오랜 세월 동안 서양에서 살면서 시행착오를 거친 후, 그들의 사고가 꼭 이기적인 것만이 아니라는 것, 오히려 상대방의 입장을 배려하고 존중하며 상대방에게 폐를 끼치지 않으려는 예의 있는 태도라는 사실을 깨닫게 되었다."라고 밝힌다. 동시에 화자는 "자신의 몸에는 여전히 한국인의 정서로 흠뻑 적신 피가 순환하고 있으며, 그래도 한국인은 역시 마음이 푸근해지는 정으로 엮어야 한다."라고 되새기면서 자신이 한국인이라는 사실을 자각하기에 이른다.

이상과 같은 작품들은 '정체성 특히 사회, 문화적 정체성이 한 집단에 고착된 속성이라기보다는 다양한 집단의 역동적인 상호작용의 결과로 생기는 산물이고, 그 정체성은 서로 다른 문화적 배경을 가진 타 집단과의 관계나 문화 접변을 통하여 새롭게 형성되고 변화해 나가는 것[6]이라는 사실을 다시 한번 상기시켜 주는 것이라 할 수 있다.

---

[6] 김완규, 「다문화주의 시대의 문화 상호적 문학 텍스트 분석」, 《독일어문학》 40, 한국독일어문학회, 2008, 27쪽.

한편, 홍진순의 수필 「나치 소녀」는 금발에 파란 눈을 가진 시어머니가 겪은 제2차 세계대전과 화자 자신의 고국에서 벌어진 한국전쟁을 대비하면서 서로 다른 두 나라 간의 고통스러웠던 역사적인 삶을 함께 공감하고 공유할 수 있음을 내비치는 작품이다. 이와 같은 점에서 「나치 소녀」 역시 디아스포라 문학의 성격인 혼종성과 탈민족적인 색채가 두드러진 작품으로서, 두 나라 간에 민족적인 동질성을 확인할 수 있는 작품이다. 따라서 민족이란 '상상의 공동체'라는 말을 다시금 되새기게 하는 작품이라 할 수 있다.[7]

상기한 특징 외에도 현지에서의 일상적인 삶을 노래한 단상적(短想的)인 서정시가 《도나우 담소》 제2호에서 제4호까지 전 장르에 걸쳐 주류를 형성했다.

4 맺음말

이상과 같이 디아스포라 한인 문학에서 상대적으로 소외되어 다루어지지 않았던 미개척 분야인 재오스트리아 한인 문학의 현황과 작품의 성향을 살펴보았다. 전술한 바와 같이 현대 문화의 특징은 '노매디즘'이라 할 수 있다. 이러한 시대에 낯선 이국땅인 오스트리아

---

[7] '상상의 공동체'라는 관점에 따르면, 민족의 정체성이 원래부터 존재하던 본질적 요소라기보다는 여타 민족과의 관계, 즉 갈등이나 교섭 등을 통해 후천적으로 형성된 사회적·문화적 구성물이라는 점에서 그렇다고 할 수 있다. 베네딕트 앤더슨, 윤형숙 옮김, 『상상의 공동체』(나남출판사, 2007), 23쪽.

에서 한인들은 그들의 삶과 문화를 문학적으로 재현하여 작품 활동을 전개했으며, 지금도 그 문학 활동은 지속되고 있다. 그들이 고국이 아닌 낯선 이국에서 살아가는 자신들의 삶을 문학적으로 형상화했다는 점에서 그들의 문학은 디아스포라 문학이며, 그들의 문학에 대한 관심과 연구는 그동안 국내 중심의 문학에 집착하여 고집해 왔던 견고한 패러다임을 깨고 한국문학의 저변과 지평을 확장하는 데 의의가 있다.

'오스트리아 한인문우회'는 2012년 창립 당시 '오스트리아 한인여성문우회'라는 명칭으로 출발했으나, 그들의 유일한 문집인 《도나우 담소》 제3호(2017)부터는 '오스트리아 한인문우회'로 이름을 바꾸어 그 명맥을 유지하고 있다. 그들이 문학 활동을 전개하는 중요한 요인 중의 하나는 자신들의 디아스포라의 삶의 역사를 후손들에게 전하고자 함이며, 그래서 다른 장르보다 자신들의 삶의 역사를 기록하기에 더 수월한 수필 장르를 눈에 띄게 다량으로 창작한 것으로 이해된다.

디아스포라 재오스트리아 한인 작품의 성향은 그리움의 정서를 담은 노스탤지어, 이방인 혹은 경계인으로서의 외로움 표출, 문화적 차이로 인한 갈등, 정체성의 자각, 민족적인 동질성 확인, 현지의 일상적인 삶을 노래한 단상적(短想的)인 서정시 등이 있다.

문학적 평가나 작품의 질적인 평가를 떠나, 디아스포라 재오스트리아 한인 문학은 소수의 회원 중심으로 구성된 단체에 의해 전개되고 있으나, 그 어느 지역보다 일정한 문학적 성과를 냈고 한글문학에 대한 의욕이 제고되어 있다. 그런 점에서 재오스트리아 한인 문학에 참여한 모든 재외동포 문인들에게 심심한 존경과 경의를 표하기에 충분하다.

미국의 한국인 교수,
한국의 미국인 교수

유상근

    필자는 현재 미국 뉴욕주에 위치한 메리스트대학의 영문과 교수로 일하면서 미국의 대학생들에게 영미 문학, 특히 영미권 SF와 대중문화를 연구하고 가르치고 있다. 한국인인 내가 미국의 대학생들을 가르치며 느낀 점 중 하나는 어려서부터 영어를 배우는 한국의 학생들과 달리, 미국의 대학생들은 초중고 시절에 모국어가 아닌 다른 외국어로 된 문학작품을 접할 기회가 많지 않다는 것이다. 내 수업을 듣는 학생들이 어떻게 하면 문학에 대한 지평을 넓힐 수 있을까 고민하던 와중에, 전미번역상을 수상한 저명한 한국 시 번역자인 계명대학교 문예창작과의 제이크 르빈 교수가 마침 뉴욕에 방문할 계획이 있다는 이야기를 듣게 되었고, 나는 이 기회를 빌려 올해 1월 그를 학교로 초대해 학생들이 한국 시의 아름다움과 번역에 대한 그의 생각들을 들을 기회를 갖도록 했다.

    제이크 르빈 교수와는 벌써 10년 넘게 친교를 이어 가고 있다. 미국 애리조나에서 태어나고 자란 르빈 교수는 10년 전쯤 한국어와 한국 시를 공부하기 위해서 서울대 비교문학과 석사과정에 입학했고, 당시 같은 대학의 영문학과 석사과정에 재학 중이던 나는 그와 같은 수업을 듣게 되면서 서로 친해지게 되었다. 당시 르빈 교수는 한국 시인들의 시를 영어로 번역해 출판하는 일을 하고 있었고, 나는 아직 한국어가 서툴렀던 그를 위해서 한국 시에 담긴 어휘의 중의적이고 상징적인 의미를 영어로 설명해 주었다.

시간이 지나 이제 나는 미국의 대학에 교수로 있으면서, 미국 문학을 가르치는 미국의 한국인이 되었고, 마찬가지로 르빈 교수 역시 그의 시 창작 능력과 번역 능력을 높이 인정받아 대구 계명대학교 문예창작과에 첫 외국인 교수로 임용되었다. 한국어 시에 대한 강연자로서 르빈 교수를 미국 대학에 초청하자, 나의 미국 대학 동료들은 그 상황을 매우 재미있게 여겼다. 한국에서 태어나고 자란 한국인인 나는 미국 대학의 영문학과에 있었고, 반대로 미국에서 대부분의 인생을 보낸 르빈 교수는 한국문학에 대해 강의하는 한국의 대표로서 미국에 초청되었기 때문이다. 이러한 상황이 가져다주는 아이러니는 강연회가 끝나고 함께 저녁을 먹으며 더욱 크게 다가왔다.

르빈 교수는 내가 살면서 한 번도 들어 본 적 없던 대구의 온갖 토속 음식과 맛집, 그리고 사투리에 대해 이야기하며 경상도의 시인들이 그러한 사투리를 시에서 어떻게 창의적으로 활용하는지 알려 주었고, 나는 반대로 뉴욕이란 도시에 대해 르빈 교수가 모르는 이야기들을 한참 떠들었다. 이제는 나보다 훨씬 더 한국 사회와 국문학에 대해 잘 알게 된 르빈 교수의 이야기를 들으며, 과연 내가 한국인이라고 할 수 있는지, 반대로 르빈 교수야말로 이제는 나보다 더 한국인에 가까운 것이 아닌가 하는 의문이 들었다. 특히 나는 성인이 된 후 삶의 절반 가까이를 미국에서 보냈기에, 르빈 교수의 이야기를 들으며 과연 내가 아직 스스로를 한국인이라고 해도 괜찮을지, 이제 나는 미국인이 되었거나 되어 가고 있는 것은 아닌지, 혹은 한국인과 미국인 중간 어딘가에 존재하는 중간자적 존재가 된 것은 아닌지 하는 정체성에 대한 고민을 하게 되었다.

이 일화는 물론 내가 개인적으로 겪은 것이지만, 오늘날과 같이 국경을 넘어 활발한 문화적·인적 교류가 이루어지고 있는 시대에 과연 한국인이란 무엇이며, 한국학은 누가 하는 것인가에 대해 생각할 지점을 던져 준다. 최근에는 특히 미국에서도 한국학을 전공하는 학생들의 수가 많이 증가했다. MLA가 작년 발표한 자료에 따르면, 2016년부터 2021년까지 5년간 미국 대학 내 대부분의 외국어 수강생 수가 급감했으며, 특히 기존에 강세를 보이던 독일어, 프랑스어, 아랍어 등의 수강생 수는 20~30퍼센트가 감소했다. 그러나 반대로 한국어의 경우 5년간 무려 학생 수가 38퍼센트나 증가했다. 이들 중 몇몇은 K팝이나 한국 드라마에 대한 막연한 관심으로 한국어 공부를 시작해, 나중에는 한국학을 전공으로 선택하는 전문 연구자나 번역자가 되기도 한다. 르빈 교수처럼 한국의 역사와 언어, 문화에 대해 한국인보다도 더 잘 아는 외국인들이 점차 많아지고 있는 것이다.

물론 한국어와 한국학에 대한 관심은 비단 미국에서만 벌어지는 일이 아니며, 동남아시아나 남미 국가에서도 마찬가지로 열기가 뜨겁다. 이들 중 많은 수가 자국에서 한국어 수업을 들은 뒤, 한국에 교환학생으로 오거나 혹은 한국의 대학원에 지원한다. 이와 같이 한국 내 외국인 유학생 수의 빠른 증가와 한국인 학령인구 수의 급격한 감소가 서로 맞물리면서, 한국의 대학들은 빠른 속도로 한국인 대학생들을 외국인 유학생들로 대체하고 있다. 지방의 대학들에서는 한국인보다 외국인 유학생 수가 더 많은 것이 이제는 흔한 현상이 되었고, 심지어 외국인 유학생 수가 99퍼센트에 달하는 대학도 등장했다. 대학원도 사정은 마찬가지이다. 2023년 기준 전체 국내 대학원생 중 외국인 유학생 비율은 무려 19.6퍼센트에 육박하며, 이는 한국 학계의 미래를 끌고 갈 미래 연구자의 다섯 명 중 한 명이 외국인이라는 것을 뜻한다.

그러나 이와 같은 변화가 한국 대학에서 너무나 갑작스럽게 이루어지면서 여러 가지 문제가 발생하고 있다. 예를 들어 이들 대학은 외국인 유학생들이 가지는 문화적·종교적 특수성을 섬세하게 배려하거나 지원해 주지 않은 채, 이들을 잠시 머물고 돌아갈 '뜨내기손님' 혹은 등록금 벌어 주는 '돈벌이' 정도로만 치부하고 있다. 이와 더불어 국내 대학원 과정의 비싼 등록금, 순수 학문에 대한 지원 부재, 졸업 후 유망한 직장으로의 취직의 어려움, 학계 내의 외국인 차별 등 다양한 문제가 겹겹이 쌓여 있다. 그러다 보니 이들 외국인 유학생은 한국이 좋아 한국에서 공부를 했는데도 졸업 후 한국 사회에 편입되어 보탬이 되기보다는, 상당수가 고국에 돌아가거나 혹은 제3의 다른 나라에 취직을 한다.

가령 2021년 자료를 보면 한국 내 외국인 유학생 수는 총 15만 명이며 이들 중 무려 80퍼센트인 12만 명이 중국, 베트남, 우즈베키스탄, 몽골에서 왔다는 것을 알 수 있다. 이와 같이 한국의 대학에서 수많은 중국, 베트남, 몽골 학생들이 학업하고 있지만, 왜 한국의 학술대회를 가 보면 연구자나 교수 중에 이들을 찾아볼 수 없을까? 왜 이들은 소위 말하는 인기 대기업, 네카라쿠배(네이버, 카카오, 라인, 쿠팡, 배민)나 삼성, LG, 하이닉스에서 전혀 볼 수 없을까? 실제로 법무부가 발표한 '2023년 이민자 체류 실태 및 고용 조사 결과'를 보면 외국인 유학생 중 "한국 학위가 취직에 도움이 돼서" 한국 유학을 선택했다고 답한 비율은 단 10퍼센트밖에 되지 않으며, 한국에 취직한 외국인 근로자 중 94퍼센트가 정규직이 아닌 비정규직으로 일하고 있고, 이들 중 절반 이상이 200만 원대의 임금을 받는 것으로 조사되었다.

이와 같이 외국인 유학생을 어떻게 한국 사회의 주류로 포함시킬 것인가에 대한 장기적 계획 없이 당장 빈 정원만 외국인 유학생들로 채우고 보자는 근시안적 시각으로 접근한다면, 외국인 유학생들이 한국의 대학을 곧 외면할지 모른다. 당장 지금은 K팝의 인기로 이들의 수가 유지될지는 모르겠지만, 이들이 한국에서 교육을 받더라도 한국의 학계나 산업계에 정착할 수 없다면 이들은 앞으로 한국으로 유학을 오는 대신 좀 더 정착과 취직이 용이한 미국이나 캐나다 혹은 제3국을 선택할 가능성이 높다. 이것이 바로 외국인 유학생들을 대거 받아들여 가까스로 인공호흡기를 달고 있는 한국의 대학과 학계의 붕괴가 우려되는 이유이다.

한국에서 고등교육을 받은 뒤, 한국에 남지 않고 외국을 선택하는 것은 비단 외국인 유학생들만의 문제가 아니다. 더 심각한 것은 한국인 학생들조차 한국의 대학, 대학원, 학계를 떠나고 있다는 것이다. 미국의 예를 보면, 미국의 대학은 한국보다 더 먼저 많은 외국인 유학생을 받아들였지만, 미국의 대학을 채우고 있는 유학생 중 인구수 대비 가장 많은 외국인을 차지하는 것은 다름 아닌 한국의 학생들이다. 절대적 숫자만 본다면 중국과 인도에서 온 유학생의 수가 각각 28만 명, 26만 명으로 1, 2위를 다투고 있지만, 그 뒤를 4만 3000명의 한국인 유학생이 뒤따르고 있다. 중국과 인도의 인구수가 각각 14억 명으로 한국보다 서른 배가량 많다는 점을 고려한다면, 한국은 인구수 대비 무려 네 배가 많은 학생이 미국으로의 유학을 선택하고 있다는 것을 알 수 있다. 미국 내 유학생 수로 4, 5위를 차지하는 베트남이나 일본과 비교하더라도 한국은 이들 국가에 비해 인구수가 절반밖에 되지 않지만 두 배나 많은 학생이 미국 대학을 선택한다.

다른 나라에 비해 인구수 대비 네 배나 많은 한국의 학생들이 미국행을 선택한 것에 대해서, 단지 '세계화'나 '국제화'라는 이름으로 허울 좋게 포장해, '외국에서 활약하는 자랑스러운 한국인들'이라는 '국뽕' 방식으로만 접근해서는 매우 곤란하다. 물론 세계 유수의 대학이나 실리콘밸리 등 세계적 기업에서 한국인들이 두드러진 활약을 하는 것은 그 자체로 고무적인 일임에 틀림이 없다. 그러나 이러한 '국뽕' 이면에는, 한국에서 고생해 학위를 받아 봤자 양질의 직장에 취직하기는 어렵고, 운 좋게 취직에 성공해 평생을 일하더라도 집한 채 살 수 없다는 '탈조선'의 논리가 숨어 있다. 한국의 대학생들은 인터넷 게시판에서 "탈출은 지능순"이라는 밈을 유행시키며, 오늘도 '탈조선'의 꿈을 꾼다.

이런 관점에서 내가 미국에서 지난 6년간 유학 생활을 하고, 이후 교수로 있으며 느낀 미국이란 사회가 외국인 유학생 혹은 외국인 학자들에 대해 어떻게 대하는지 살펴본다면, 적어도 몇 가지는 한국 사회가 새겨 볼 만한 지점이 있을 듯하다. 미국의 대학이나 학계를 덮어 두고 사대주의적으로 칭송할 생각은 없다. 미국의 고등교육 현장 역시 아직 심각한 인종차별과 성차별, 외국인에 대한 차별 문제가 존재하고, 매년 유리 천장(여성 차별), 대나무 천장(동양인 차별)을 깨는 용감한 혁신가의 사례들이 등장하고 있지만 아직 갈 길이 요원한 것이 사실이다. 그럼에도 불구하고 내가 미국 대학에서 활동하며 보고 느낀 몇 가지 요소를 언급하고 싶다.

첫 번째로, 미국 학계의 순수 학문 연구에 대한 지원이다. "문송"(문과라서 죄송)하다는 말이 유행어가 된 한국의 학계에서 전통적인 문과 전공은 빠르게 쇠퇴하고 있다. 무한 경쟁의 자본주의 사회에서 졸업 후 취직률과 기대 수익이 높은 컴퓨터공학이나 법학, 의학 등의 인기가 높은 것은 전 세계 어디에서나 공통적으로 발견되는 현상인 것이 사실이기에, 미국의 대학 역시 철학·역사학·문학·미학 등 전통적 인문학 대학원을 선택하는 학생들의 수가 매년 줄어들어 하루가 멀다 하고 역대 최저치를 갱신하고 있다. 그러나 이와 같은 전 세계적 '인문학의 위기' 시대에도 아직은 미국의 학계가 인문학을 연구하고자 하는 대학원생들에게 훨씬 더 좋은 환경을 제공해 주고 있다.

실제 내가 한국에서 대학원을 다닐 때는 매년 수백만 원에 달하는 등록금을 비롯해서 따로 생활비까지 마련해야만 했다. 당시 최저 시급이 지금의 절반가량 되었다는 점을 고려하면 매달 200만 원 정도의 금액을 벌기 위해서는 파트타임 알바가 아닌 매일 출근하는 직장에 다녀야 했는데, 따라가기 벅찬 대학원 연구를 하면서 직장에 풀타임으로 근무한다는 것은 사실상 불가능하다. 따라서 나 역시도 과외나 강연 등의 알바를 통해 생활비를 일부 마련하기는 했지만 그럼에도 불구하고 부모님의 경제적 지원이 없었더라면 아마 석사 학위를 받지 못했을 것이다. 똑똑하고 유능한 학생들이 집안의 경제적 지원이 없다고 해서 대학원에 진학하지 못하고 있다면, 이는 우리 사회 전체에 엄청난 손실이 아닐 수 없다.

아이러니한 것은 내가 미국에 유학을 갔을 때 오히려 경제적 부담이 더 적게 느껴졌다는 것이다. 미국 대학의 대학원 프로그램의 경우 MBA(전문 경영석사)나 MED(전문 교육석사) 등 전문대학원 과정은 천문학적 액수의 등록금을 요구하지만,(특히 외국인에게는 내국인보다 더 많은 등록금을 요구한다.) MA나 PhD를 수여하는 정규 석·박사 과정의 경우 대부분 합격만 할 수 있다면 전액 장학금을 지원하는 것이 관례처럼 되어 있다. 더불어 상당수의 인문 사회계 석·박사 과정은 대학원생들이 교수들의 수업 조교나 연구 조교를 맡게 하거나, 혹은 신입생 대상 강의를 맡게 하고, 이를 통해 매달 생활비를 지급한다.

대학마다 조교 월급이나 생활비 지원 금액에 차이는 있지만, 한국과 비교하면 결코 적은 금액이 아니다. 예를 들어 코로나 시기 이후 미국 연방정부의 제로금리정책으로 인해 집값과 물가가 오르자, 캘리포니아대학교의 석·박사들은 기존의 월급으로 생활이 어렵다며 수업과 강의, 조교 업무 등을 전면 거부한 채 6주간의 파업에 돌입했다. 사실상 캘리포니아대학교가 두 달간 마비 상태에 있었고, 그 결과 2만 3250달러에 불과하던 대학원생들의 최저 연봉을 무려 3만

4000달러로 올리는 성과를 거두었다. 물가가 특히 더 많이 오른 캘리포니아대학교 버클리(UCB)나 캘리포니아대학교 샌프란시스코(UCSF)의 경우 이보다 더 높은 3만 6500달러로 50퍼센트가량 올랐다. 비록 UC 계열 캘리포니아대에 국한된 예시이기는 하지만, 이들 미국의 대학원생은 등록금을 내지 않으면서도 학교의 수업 조교 등의 업무를 통해 매월 3000달러 정도, 즉 한화로 400만 원가량의 월급을 받고 있는 것이다.

한국 대학들이 대학원생들에게 높은 등록금을 부과하려는 것이 이해되지 않는 것은 아니다. 한국의 대학 등록금은 미국에 비해 턱없이 낮고, 사실상 정부 차원에서 등록금 통제를 받고 있다 보니, 부족한 재정을 대학원 과정을 통해 메우려는 경우가 많다. 하지만 이로 인해 대학원 과정은 연구에 열정 있는 유능한 인재들의 학술 현장이 아닌, 돈 많은 집 자녀들만 공부할 수 있는 공간으로 변질되었다. '자본주의 끝판왕'으로 알려진 미국에서조차 대학원생들의 대대적 파업이 주민들의 지지와 공감을 얻고, 결국 50퍼센트의 임금 상승이라는 결과를 가져왔는데, 왜 한국에서는 대학원생들이 노동조합을 만들어 파업에 돌입한다는 생각을 상상하기조차 어려울까? 나는 이 차이가 대학원생에 대한 사회적 인식 차이에서 발생한다고 생각한다. 미국의 학계가 대학원생을 학계를 이끌어 가는 엔진이자 곧 동료 교수가 될 대등한 연구자로 인식하는 경향이 강한 데 반해서, 한국의 학계는 대학원생을 교수보다 열등한 학생, 혹은 사회의 잉여 자원으로 보는 경향이 강하다. 특히나 한국 사회에서 순수 학문을 연구하는 대학원생으로 살다 보면 "쓸데없는 거 공부한다고 집안 재산 다 털어먹는다."거나 "여자가 쓸데없이 가방끈만 길면 시집 못 간다."든가 "어디 조교가 감히 교수에게"와 같이, 대학원생을 교수와 차별되는 열등한 사회적 잉여 자원으로 비하하는 표현을 자주 접할 수 있다.

 21세기를 맞이하여 세계의 질서는 총칼로 하는 전쟁이 아닌 문화와 경제 전쟁으로 결정되고 있다. 이러한 시점에서 학계에 새로운 아이디어를 수혈하고, 학부생들을 지도하며, 미래의 학계를 이끌어 갈 대학원생들이 없다면, 누가 국가의 문화 자산을 발전시키고, 사회 문제를 미연에 경고하며, 미래의 가치관과 방향성을 설정할 수 있을 것인가? 주변 강대국들이 자국 중심의 역사 새로 쓰기나 영토 분쟁 문제를 들고나올 때, 이를 학문적으로 반박할 수 있는 역사학자나 고고미술학자들이 한국에 단 한 명도 남아 있지 않다면, 도대체 나라를 어떻게 지킬 수 있겠는가? 지금과 같이 넷플릭스 영화 한 편이나 K팝 노래 한 곡을 팔아 벌어들이는 수익이, 자동차나 냉장고를 팔아서 벌어들이는 수익만큼 커진 시대에, 글을 읽고, 영화를 분석하며, 창의적으로 사고하는 법을 가르칠 대학원생들이 없다면 어떻게 문화 강국의 지위를 유지할 수 있겠는가? 이를 해결하기 위해서는 대학들이 부족한 운영자금을 대학원생들로부터 충당하지 않아도 되는, 국가 차원의 대대적 순수 학문 지원 정책이 반드시 필요하다. 대학원생에 대한 국가적 지원에 대한 요구를 "복지병 걸린 철없는 대학원생들의 공산주의 논리" 정도로 무시한 채, 단지 수요-공급의 자유시장경제 논리에만 맡겨 두어서는 대단히 곤란하다. 앞서 말했듯, 한국보다 먼저 자본주의를 시작한 북미와 유럽 국가에서조차 대학원생들의 연구 환경을 단순히 수요-공급으로 결정되는 자유시장경제 논리로만 미뤄 두고 있지 않기 때문이다. 유능하고 실력 있는 학생들이 돈 걱정 하지 않고도 대학원에 진학해, 한국에서 박사학위를 받고도 세계적 학자가 될 수 있도록 국가가 지원해 주어야 한다.

두 번째로는 뛰어난 외국인 유학생들이 한번 한국에 왔다면, 이후에도 한국에 남아 한국 학계의 연구에 기여할 수 있도록 국가적 지원을 비롯해 외국인 연구자에 대한 학계의 차별적 인식이 개선되어야 한다. 미국 내 대학원 과정의 경우 컴퓨터공학, 전기공학, 경제학, 통계학 등 소위 말하는 인기학과의 70~80퍼센트가 외국인 유학생으로 이루어져 있으며, 이들은 대부분이 졸업 후 미국 학계에 남거나 실리콘밸리 등 미국 기업에 취직한다. 이와 같이 미국 사회가 유능한 대학원생들을 미국 사회에 흡수해 사회의 구성원으로 정착시킬 수 있는 것은 바로 앞서 말했듯 대학원 전액 장학금과 생활비 지원이 미국인과 외국인을 차별하지 않고 동일하게 지원하기 때문이다. 나 역시 외국인 신분임에도 불구하고 등록금 한 푼 내지 않고, 오히려 학교로부터 일정 금액의 생활비 지원을 받으며 5년간 미국에서 박사학위를 마칠 수 있었다. 미국은 이렇게 졸업한 학생들을 이후 OPT 제도나 취업비자 제도, 더 나아가 영주권 부여 등을 통해 미국 사회에 성공적으로 정착할 수 있도록 지원한다.

물론 이들 외국인 유학생이 미국이라는 새로운 환경을 집처럼 편하게 느낄 수 없다면 이러한 경제적·법률적 지원이 물거품이 될 것이다. 따라서 미국의 대학들은 유능한 외국인 유학생들에게 경제적·법적 지원을 떠나 문화적·사회적 지원 역시 적극적으로 제공하고 있다. 앞서 말했듯이 미국의 학계가 여전히 심각한 인종차별, 성차별,

외국인 차별 등의 문제를 가지고 있는 것은 두말할 것도 없는 사실이지만, 이러한 차별이 과연 다른 나라에 비해 더 심각한가에 대해서는 생각해 볼 필요가 있다. 최근 박찬욱 감독이 드라마로 연출한 「동조자」의 원작 소설을 쓴 비엣 타인 응우옌(Viet Thanh Nguyễn) 교수는 베트남에서 태어나 미국으로 온 이민자이다. 그는 캘리포니아대학교 버클리(UCB)를 졸업한 뒤 현재 미국 최고의 명문대인 서던캘리포니아대학교(USC)의 교수로 재직하며, 퓰리처상과 맥아더상 등을 수상했다. 그가 미국 대신 한국으로 이민을 왔다면 어땠을까? 베트남에서 태어난 베트남 학생이 서울대 국문과에서 박사학위를 받는다고 한들 과연 한국 대학의 국문과에 교수로 취직할 수 있었을까? 다른 나라도 사정은 마찬가지이다. 호주나 프랑스, 독일, 일본 등의 학계에서 흑인이나 다른 소수 인종의 비율은 인구 전체의 비율과 비교해 보았을 때 현저히 떨어진다. 앞서 말했듯, 한국인인 내가 미국에서 미국 문학을 가르치는 연구자, 교수가 될 수 있었던 것은, 이와 같이 미국의 학계가 외국 출신 연구자에 대해 보다 더 개방적이기 때문에 가능했다.

 외국인 연구자를 학계의 일원으로 받아들이는 것에 대해 이를 단지 사회적 약자를 배려하려는 시혜적 차원의 복지로 여겨서는 곤란하다. '자본주의 끝판왕' 미국은 외국인 학자들을 받아들이고, 그들을 미국 사회에 취직시키고, 그들의 연구가 외국이 아닌 미국에서 진행되도록 하는 게 실용적으로 가치 있는 선택임을 알고 있다. 다시 말해서 외국인을 배려하는 것이 '돈 드는' 일이 아니라 '돈 되는' 일이라는 것이다. 예를 들어 넷플릭스가 「오징어 게임」에 투자하는 게 소수 인종의 작품과 주제의식을 널리 확산하려는 인도적 복지 차원의 결정은 결코 아닐 것이다. 넷플릭스는 「오징어 게임」에 투자한 뒤, 그 지적재산권을 구입하고, 이후 패러디 콘텐츠와 각종 2차 저작물을 판매해 결국 투자한 금액의 몇 배에 달하는(《LA 타임스》 추산 최소 9000억 원) 수익을 거둬들였다. 마찬가지로 인도에서 온 수많은 유학생 역시 이후 실리콘밸리에 취직해 미국의 기업을 세계 최고의 지위에 오르게 하고 있다.

이러한 문화적·사회적 지원책의 일환으로 상당수의 미국 대학들에서는 DEI(Diversity, Equity and Inclusion) 부서라고 불리는 이른바 '다양성, 평등, 포용'의 문제를 다루는 부서나 혹은 위원회를 운영하고 있다. 이 DEI 부서는 주로 학내 인종차별 문제에 대한 조직 구성원의 인식 개선 교육, 인종차별 가해자에 대한 조사 및 처벌, 타 국가 및 소수 인종의 문화 행사 운영 등의 업무를 담당한다. 내가 속해 있는 메리스트대학의 경우 DEI 부서의 장을 부총장(vice president)급으로 격상하고, 학내에서 총장 다음으로 큰 권한을 가질 수 있도록 했다. 미국의 대다수 대학이 마찬가지인데, 내가 속한 대학 역시 전 교직원과 학생들을 대상으로 매년 인종차별, 성차별, 성소수자 차별에 대한 인식 개선 강의를 필수적으로 수강하도록 하고 있다.

이제 한국도 각 대학에 DEI 부서의 설치를 적극 검토해야 한다. 지금처럼 외국인 유학생의 수가 많고, 앞으로 훨씬 더 증가할 것이 예상되는 상황에서, 한국에 유학 온 학생들이 문화적·사회적 배려를 받을 수 있도록 지원해 줘야 한다. 예를 들어 흑인 학생들이나 동남아 국가 출신 학생들이 교실 안팎에서 알게 모르게 겪고 있는 인종차별이 존재하지는 않은지, 만약 인종차별적 발언이나 불이익을 겪었다면 어디에 신고할 수 있을지 등에 대해 구체적이고 체계적인 제도가 마련되어야 한다. 학내 구성원 중 누군가가 인종차별적, 성차별적적, 성소수자 차별적 발언을 한 것이 확인된다면, 그것이 교수나 총장이라고 할지라도 강력하게 처벌할 수 있어야 한다. 한국에 유학을 온 무슬림 학생들이 하루 다섯 번 인간적인 조건에서 자신의 종교적 신념에 따라 기도할 수 있는 공간이 있는지, 베트남, 몽골, 우즈베키스탄 등의 국가에서 온 학생들이 각각 언어적·문화적 차이로 인해 겪는 불편함이 있지는 않은지, 성소수자 학생들이 필요로 하는 공간이 있는 것은 아닌지 등 다양한 소수자 학생의 목소리에 귀 기울일 필요가 있다. 물론 학내 개개인의 모든 취향과 불편함을 전부 고려하는 극단적 방식의 비효율적인 다양성 지원을 하자는 말은 아니다. 각 대학마다 고유한 사정이 있을 것이고, 한국 사회의 전통적 가치관으로는 아직 받아들이기 어려운 문화적 차이도 분명 존재하겠지만, 외국인 학생들의 요구가 정의·평등·자유 등 인간 보편의 가치관과 배치되지 않고 그러한 배려를 요구하는 학생들의 수가 일정 정도 된다면 대학이 먼저 적극적으로 나서서 배려하려는 조치가 필요하다는 것이다.

얼마 전 영화 「울지마 톤즈」로 유명해진 고(故) 이태석 신부가 키운 남수단 출신 제자 토머스 타반 아콧과 존 마엔 루벤이 인제대학교 의대로 유학 온 뒤 성공적으로 졸업하고 백병원에서 전임의 과정을 시작했다는 기사를 접했다. 이들 역시 고국을 위한 봉사 정신에 뜻이 있어 언젠가는 남수단으로 돌아갈 계획이라고는 밝혔지만, 서구 강대국 출신도 아니고, 백인도 아닌 이들이 한국의 병원에서 전임의로 근무할 수 있게 되었다는 사실은 매우 고무적이다. 한국에서도 이러한 사례가 더 많아져야 한다. 한국에 외국인 유학생 수가 늘어나고 또 외국인 이민자가 늘어나는 것을 보면서, '한국 문화에 맞춰서 살든가, 한국이 싫으면 너희 나라로 돌아가'라는 차별적 시각으로 이들을 상대해서는 곤란하다. 점점 많아지는 이민자의 요구를 '세금 거덜 내는 복지병 걸린 외국인들'로 보는 대신에, 미래 한국 사회에 돈을 벌어다 줄 중요한 사회경제적 자원이자 사회 구성원의 일원으로 바라보아야 한다. 네팔 출신의 유학생이 한국에서 국문학 박사학위를 받은 뒤 서울 소재 대학의 국문과 교수가 되거나, 중국 출신 유학생이 한국의 대학에서 중문학을 전공한 뒤 이후 교수로 채용되어 중국어로 강의하는 교수가 된다거나 하는 것이 가능한 학계가 되어야 한다. 미국에서 미국 문학 가르치는 한국인이 늘어나는 것처럼, 한국에서 한국학을 가르치는 외국인을 우리가 동등한 사회 구성원으로 받아들이고, 우리 학계의 자산이자 자양분으로 끌어안고 키울 수 있는 환경을 만들어야 한다.

학술 연구의 토양은 자동차 공장 만들 듯이 단기간에 도입할 수 있는 것이 아니다. 교육은 백년지대계(百年之大計)라는 말처럼, 학술 연구 분야는 오늘날의 대학원생들이 성장해 10년 뒤 부교수가 될 때쯤에야 가시적 성과가 나오는 초장기 투자와 인내가 필요한 분야이다. 만약 어떤 학술 단체나 연구 분야가 연구 예산 부족 혹은 대학원생 입학 미달로 붕괴한다면, 나중에 사후약방문 격으로 급하게 필요하다고 해서 이를 되살리려 해도 때는 이미 늦은 것이다. 붕괴된 학계를 살리는 데는 다시 10년 이상이 걸릴 것이기 때문이다. 대학원 귀한 줄 알아야 한다.

지역학 연구의 '근대 문헌'
수집과 활용안

유춘동

1 근대 시기 지역학 연구를 위한 자료 수집의 문제

우리 학술사에서 자신이 거주하는 지역과 지역 문화에 실질적으로 관심을 갖고 이를 본격적인 연구 대상으로 삼은 것은 1990년대 초 지방자치제의 시행부터 시작되었다. 각 지자체에서는 지역의 연구만을 위해서 전문 연구 기관을 세우고, 지역에 위치한 대학에서는 특화된 지역학 전문 연구소를 설립하여, 국문학·역사학·민속학·사회학·인류학·지리학 분야에서 다양한 연구를 진행했다.

그 결과 2000년대에 들어와서, 지역과 지역 문화에 대한 관심은 이제 전문 연구자만이 아니라, 일반인들에게도 확산되었다. 이로 인하여 각 지역에서는 지역을 주제로 각종 지역사·지역 문화 연구, 지역 대상 교육 프로그램 개발이 증가하는 추세에 있다. 그런데 이러한 상황에 발맞추어 보완해야 할 부분이 많겠지만, 가장 시급한 과제는

'지역학 관련 자료'의 수집과 확보일 것이다.

이 문제를 해결하기 위해 지금까지 다양한 국책 사업이 이루어졌다. 가장 대표적인 예가 한국학중앙연구원에서 운영하는 지역거점 자료센터이다. 이 사업은 전국을 권역으로 구분하고, 해당 권역에 거점 연구소를 정하여, 각 지역에 산재한 자료를 수집하고 구축하는 작업을 진행하고 있다. 그 결과 각 지역마다 상당한 양의 지역학 자료가 구축되었다.

하지만 아쉬운 것은 '지역거점 자료센터'에서 수집하고 있는 자료가 대부분 1910년 이전 시기에 산출된 고문헌 자료에 집중되고 있다는 점이다. 현재 학계와 젊은 연구자들의 주된 관심은 우리의 삶과 밀접하게 연결된 '근대 시기'에 있다. 따라서 이 시기에 산출된 각종 '근대 문헌'에 더 많은 관심을 두고 있다.[1] 이러한 현실을 반영하여 '지역거점 자료센터'에서도 근대 시기에 간행된 근대 문헌을 수집하는 작업에 집중할 필요가 있다.

그러나 근대 시기에 산출된 근대 문헌은 각 분야별로 스펙트럼이 너무 넓게 형성되어 있다. 연구 분야와 연구 목적에 따라 자료의 수집 및 수집 방향의 설정이 필요하다. 이 글에서는 이러한 문제와 관련해서 우선적으로 정리해야 할 작업, 수집하고 아카이브로 구축해야 할 작업 및 자료 등에 대해서 제언하고자 한다.

---

1) 근대 시기는 학문 분과별로 시대 설정에 다소 차이가 있다. 국문학이나 서지학 분야에서는 일제강점기에서 해방기(1945년)를 근대 시기로 규정하고 있으며, 이 시기에 산출된 각종 자료를 '근대 문헌'이라고 한다.

2 근대 시기 지역학 연구를 위한 자료 활용의 방안

현재 각 학문 분야 연구자들은 한목소리로, 일제강점기에서 해방기에 산출된 '근대 문헌'을 시급하게 수집하고 정리해야 할 자료로 꼽고 있다. 근대 문헌은 앞서 언급했던 한국학중앙연구원 외에도, 국가기록원의 조선총독부 기록물, 국사편찬위원회의 한국사 데이터베이스와 한국역사정보통합시스템, 국립중앙도서관 지식정보통합검색, 국회도서관 DB구축사업을 통해서 상당량의 자료가 구축되었다. 그리고 최근에는 문화재청에서 근대문화유산제도를 시행하면서, 이 시기에 산출된 자료를 분야별로 나누어 조사하고 자료의 중요도에 따라서는 이를 유무형 문화재로 지정하는 사업도 병행하고 있다.

이러한 일련의 사업을 통해서, 근대 문헌이 체계적으로 수집되고 정리된 것처럼 보인다. 하지만 지금도 누락되거나 정리가 이루어지지 못한 자료가 많다. 국가기관에서 정리한 근대 문헌은 공개하고 공개 속도도 빠른 편이지만, 지역 기관, 사설 기관, 특정 용역 연구 등을 통해서 정리된 근대 문헌은 이 부분이 제대로 이행되지 못하고 있다. 이로 인해 연구자가 필요한 자료를 재조사해야 하는 경우가 많다. 어려움 속에서 진행된 귀중한 작업의 결과가 합리적인 통로를 통해서, 활용할 수 있는 시스템의 구축과 방안이 요구된다.

근대 문헌이 수집되고 활용되기 위해서는 일본어로 작성된 자료의 처리 방안 마련이 시급한 과제이다. 일제강점기에 산출된 근대 문헌은 대부분 일본어로 작성되어 있다. 이렇게 일본어로 작성된 자료는 전문 인력이 투입되어야만 정리할 수 있다. 해당 언어를 모르는 인력이 자료를 정리할 경우에는 내용을 모르기 때문에 자료를 간단히 처리하거나 필요한 내용을 누락시키는 경우가 많다. 따라서 근대 시기 연구의 수준을 높이기 위해서는 일본어로 작성된 자료의 처리를 위한 전문가의 도입 방안이 요구된다.

근대 시기에서부터 일제강점기, 조선 전 지역의 전체 현황을 일목요연하게 살펴볼 수 있는 자료로 『도세일반(道勢一斑)』, 『도세요람(道勢要覽)』, 『군세일반(郡勢一斑)』 등이 있다. 이들 책자는 조선총독부에서, 식민지 지배 이후 조선 각 지역의 경제·사회·역사·문화의 발전상을 대내외적으로 홍보하기 위해 매년 제작되었다. 이들 책자에는 지역의 연혁(沿革), 지세(地勢), 호구(戶口), 교육, 종교, 위생 등의 인문 정보, 농업, 상공(商工), 수산(水産), 교통, 운수(運輸), 무역, 금융, 물가(物價), 임금 등의 경제 정보와 이를 시각화한 통계 자료, 지역민의 직업 및 주거 상황 등의 인적 정보, 지역의 문학, 역사·문화를 자세히 기술한 내용 등을 담고 있다. 특히 이 자료에는 지역과 관련된 '사진'으로 수록해 놓았다.[2]

문제는 이처럼 중요한 자료를 그동안 조선총독부의 단순한 홍보물 또는 선전물로 인식하여 방치했다는 점이다. 최근에 와서야 이 책자를 근대 시기의 각 지역 연구의 기본·기초 자료로 인식하면서, 지자체별로 이 책자에 대한 체계적인 수집·번역·연구가 이루어지고 있다. 현재 이 책자는 국내 각 기관, 국립중앙도서관, 그리고 일본의 국

---

2) 유춘동·이혜은,「일제강점기 지역 선전 매체『부세일반(府勢一般)』의 구성과 시각화 전략」,《철학·사상·문화》30, 동국대학교 동서사상연구소, 2019, 107~121쪽.

회도서관 등에 분산, 소장되어 있다. 근대 시기, 특히 일제강점기 조선 전 지역의 연구 및 지역학 연구를 위해서는 이 자료를 지역별·연도별로 체계적으로 수집·정리하여, 지속적으로 번역하고 체계적으로 연구할 필요가 있다.

근대 시기 조선총독부에서 간행된 자료, 각 지역에서 간행된 지역학 자료를 소장하고 있는 국내 최고의 보고(寶庫)는 '한국연구원'이다. 한국연구원은 현재 근대 시기에서부터 일제강점기, 그리고 1970년대 이전까지, 국내 각 지역에서 발행된 《부세일반》과 같은 자료를 다수 소장하고 있다. 대표적인 사례가 바로 《강원휘보(江原彙報)》이다.

이 자료는 일제강점기 강원도청에서 강원도의 발전상, 강원 지역의 행정 및 정책의 제시, 도정(道政)의 성과 등을 선전하기 위해 자체적으로 매달 간행한 잡지였다. 1937년 5월에 창간되었고, 현재 1937년 12월호 발행분만 확인되고 있다. 그동안 이 잡지는 학계와 일반인에게 존재가 알려진 적이 없었다. 하지만 한국연구원에서 간행하는 등재 학술지 《한국연구》를 통해서 해당 자료가 영인되어 내용이 소개되었다. 이로 인해 일제강점기 강원지역학 연구에 새로운 기여를 할 수 있었다.

이러한 유형의 자료는 현재 한국연구원에서 다수 소장하고 있다. 국내 각 지역에서는 근대 시기 지역학 연구를 위하여, 본 기관을 이용하고 이 자료를 상황에 따라서는 한국연구원과 협조하여 해당 자료의 연구, 번역 작업을 진행할 필요가 있다.

근대 시기 각 지역의 경제, 정치, 역사, 민속, 문화의 상황 등을 살펴볼 수 있는 중요한 자료로 빼놓을 수 없는 것이 당대 발행된 신문과 잡지이다. 그중에서도《동아일보(東亞日報)》문화면에 연재되었던 「내 고을 명물(1926. 6~1927. 3)」과 「내 고장의 풍속 습관(1927. 1~3)」 등은 일제강점기 지역학 연구에서 중요한 의미를 지닌다.

해당 연재물은 조선총독부에서 출간했던 자료나 '조선 조사보고 사업' 등에 대항하여, 동아일보사에서 전국의 동아일보 독자들로 하여금 자신이 살고 있는 지역의 역사·민속·문화를 직접 발굴하여 신문에 투고하고 이를 소개하도록 한 코너이다. 두 연재물은 일제강점기 조선총독부 등에서 다루지 못했던 조선의 다양한 역사·민속·문화 등을 소개하고 있다. 한편 해당 연재물에는 당대 독자들이 내용과 관련하여 보낸 사진이 함께 수록되어 있다. 이것을 현재 남아 있는 문화유산의 모습과 견주어 보면 중요한 연구 자료로 활용할 수 있다.

근대 시기에서 일제강점기, 국내 각 지역의 진면모를 보여 주는 근대 문헌은 조선총독부에서 간행한 단행본은 물론,《동아일보》등의 대중매체로 구분할 수 있다. 따라서 해당 시기의 역사문화 자원, 생활문화 자원을 기록화하고 체계화하려는 시도는 이러한 자료의 활용 및 문제점 등을 생각하며 체계적으로 정리하는 작업이 요청된다.

3 근대 시기 강원학 연구의 주요 사례

근대 시기, 근대 문헌에 기반을 두어 강원도를 일반인과 전문 연구자들에게 충실히 안내하는 역할을 하는 대표적인 사례는《강원도

민일보》의 박미현 기자와 춘천학연구소에서 운영하는 '춘천디지털기록관'을 들 수 있다.

박미현은 《강원도민일보》의 기자로, 현직 기자인 장점을 살려, 강원도 전역을 돌아다니며 근대 시기 및 일제강점기에 간행된 각종 근대 문헌 등을 발굴했고, 특히 2000년대부터는 논의되지 못했던 '강원 지역 여성 사료 발굴·정리' 작업에 헌신적인 역할을 하고 있다. 그리고 이 작업의 결과를 「시대를 연 강원 여성」, 「항일운동과 강원 선각 여성」 등의 기획 연재 기사를 통해서 일반인과 전문 연구자들에게 알리고 있다.

최근에는 연재물 「박미현의 옛 신문 속 강원도 읽기」를 통해서, 강원 지역의 간호사·이발사·운전사 합격자, 120년 전에 실린 신문광고, 춘천 신씨(申氏) 4형제의 특별한 한글 사랑, 양양 물치에서 무슨 일이 있었나, 관동학우회 100년의 희망, 철도에 얽힌 열망과 질곡, 강원도청 이전설과 건축비, 화전민 마을에서 무슨 일이, 춘천 기업 전습소 개혁과 학생들, 일제강점기 설악산 신흥사 스토리, 근대 다목적 공간 삼척 죽서루, 그 많던 고래는 어떻게 사라졌나, 북강원도와 동해북부선, 강원도 임시의정원 의원 김진우의 묵죽화, 호외로 발행된 강릉 항일운동과 같은 근대 시기 '강원학' 연구의 수준을 끌어올리고 있다.

「박미현의 옛 신문 속 강원도 읽기」는 근대 시기에 발행된 신문에 수록된 강원도 지역의 주요 사건, 사고, 인물 기사 등을 발굴하여, 이를 수도권 지역의 사례와 비교하고, 이에 기반을 두어 강원 지역의 사회사적·문화사적 의미를 부여하는 방법론을 취하고 있다. 박미현의 이러한 연구는 근대 시기 신문을 활용한 지역학 연구의 방향을 제시한다는 점에서 의미가 있다. 이 방법론은 강원도에만 국한된 것이 아니라, 근대 시기 국내 각 지역의 지역학 연구의 주요 사례로 벤치마 킹할 필요가 있다.

한편 강원학 연구의 수준을 끌어올리는 중요한 기관으로 '춘천학연구소'가 있다. 이곳에서는 누리집에 '디지털 기록관'을 개관하여, 춘천 지역과 관련된 '사진-일반 문서-박물류-고신문-도서 간행물-조사보고서 영상' 등을 수집하여 공개하고 있다. 이중에서 주목해 볼 것은 옛날 신문을 정리하는 방식이다.

근대 시기에 발행된 신문을 대상으로, 춘천 지역과 관련된 기사를 발굴 및 재정리하고, 이를 아카이빙하며 해당 기사가 지닌 의미를 부여하는 순서로 작업을 진행하고 있다. 지금까지《매일신보》,《부산일보》에 게재된 춘천 지역, 강원 지역 관련 기사를 정리·완료했다. 앞으로 근대 시기에 공개된 다양한 신문 디지털 아카이빙 전체에서, '춘천 지역', '강원 지역' 관련 내용을 정리할 예정이다.

옛날 신문을 아카이빙하고 관련 내용을 정리하는 작업은 매우 중요하다. 옛날 신문은 구한말, 일제강점기, 해방기, 미군정기, 한국전쟁 등으로 이어지는 우리나라 근현대 정치·경제·사회·문화·역사를 보여 주는 1차 사료로서 중요하다. 특히 옛날 신문은 1차 사료에만 머무르는 것이 아니라 현재 근현대사 연구, 교육, 출판, 영화 제작, 스토리텔링 등 다양한 분야에서 활용하고 있다.

다만 강원지역학 연구에서 신문을 활용할 수 있는 여건은 반드시 개선되어야 한다. 강원 지역을 대표하는 신문은《강원일보》,《강원도민일보》두 가지가 있다. 현재 두 신문 모두 아카이빙 작업이 이루어지지 않았다. 이미 간행된 과거의 신문을 아카이빙하는 작업은 막대한 예산이 필요하다. 하지만 강원학 연구의 도약과 발전을 위해서, 지금이라도 강원 지역을 대표하는《강원일보》,《강원도민일보》두 신문의 아카이빙 작업이 필요하다. 아카이빙이 이루어져야 연구자들이 연구할 수 있고 더 많은 연구가 이루어져 지역에 대한 연구가 활성화될 수 있다.

그리고 근대 문헌의 활용안을 개선할 필요가 있다. 현재 강원 전역에는 다양한 지역학 연구 기관이 설립되어 있다. 각 기관에서는 연구를 위하여 예산을 편성하여 각종 근대 문헌을 수집하고 있다. 그리고 각 기관에서 구입한 자료는 대한민국 대표 전자정부 누리집인 이뮤지엄(e-museum)에 등록되어 있다. 이뮤지엄은 전국에 있는 각 박물관의 소장품에 대하여 지역별·시대별·유형별 이미지 검색이 가능하도록 만들어졌다. 그런데 문제는 이 사이트에서는 기관에서 정리된 자료, 기관에서 선별된 자료만을 검색 및 확인할 수 있다는 점이다.

강원도에 설립된 각 기관은 이미 상당한 양의 근대 문헌을 확보한 상황이다. 강원학 연구의 활성화를 위해서는 각 기관이 연계하여 자료를 공개하고 중복 자료의 확인 작업이 필요하다. 그리고 각 기관별로 경쟁적으로 자료를 수집할 것이 아니라 이러한 이뮤지엄 공동 운영, 근대 문헌 수집과 구축에서 연구 기관 간의 연계 방안이 필요하다.

마지막으로 강원도에만 국한된 것이 아니라, 지역사·지역 문화 연구, 지역 교육의 활성화를 위한 제안이다. 지역학의 연구는 이제 따로 강조할 필요가 없을 만큼 중요한 문제로 부각되었다. 하지만 이러한 지역학의 교육적 연계는 초등교육 과정에만 국한되어 있다. 지역학의 확산을 위해서는 교육과정과의 연계가 필수적이다. 현재 우리의 교육과정은 입시제도와 얽혀 있기에 쉽게 해결할 수 없는 문제도 있다.

하지만 중등교육에서도 지역학에 관심을 갖고 교육과정에 이를 반영할 수 있는 새로운 정책이 필요하다. 2015년 교육과정 공표 이후에, 우리 교육의 현장은 "교육과정 운영의 자율화, 학생 중심 선택 교육과정 운영, 에듀테크를 활용한 온·오프라인 연계 혼합형 수업(blended learning)"처럼 미래형 교육과정 및 인재 양성을 표방하고 있다. 그리고 그 핵심 방안으로 내가 살고 있는 지역, 내가 살고 있는 마을과 연계한 교과목의 편성 운영, 민주 시민교육 등을 제시하고 있다. 그러나 구호만 외칠 뿐 실질적인 대안이 없는 것도 문제로 지적할 수 있다. 지역사·지역 문화 연구, 지역 교육의 활성화를 위해서는 이 문제를 해결할 필요가 있다.

18세기 지성사 연구의
혁신과 전파

이우창

　이 글의 목표는 17~18세기 영국 정치사상사에서 출발하여 계몽사상, 철학사, 초기 여성주의, 그리고 소설사 연구를 돌아보며 해당 분야의 지적인 변화를 조망하는 인식의 지도를 제공하는 데 있다. 왜 17~18세기 영국인가? 잉글랜드 내전(1642~1651)과 명예혁명(1688~1689)에서부터 미국 혁명과 프랑스혁명에 이르는 기간 동안 영국, 특히 잉글랜드는 정치와 사회 모두에서 거대한 변화를 겪었다. 그 중 특기할 점이 하나 있다면, 그것은 근대성(modernity)의 자의식이다. 이 시기 잉글랜드인들은 자신들의 문명이 과거와는 명확히 구별되는 '근대적인' 발전 단계에 진입했다고 생각하기 시작했으며, 그러한 변화를 설명하는 언어를, 또 새로운 시대에 부합하는 규범을 제시하고자 했다. 간단히 말해 초기 근대 영국은 근대성의 역사를 이해하는 작업의 출발점이 될 수 있다.
　그렇다면 앞의 다섯 가지 연구 영역, 즉 정치사상사와 계몽사상,

철학사, 여성주의, 소설사 간에는 어떤 연관이 있는가? 이들 간의 교류가 드물게만 이루어지는 한국 학술장과 달리, 영어권의 초기 근대 연구는 서로의 성과물을 참조하는 과정을 통해 발전해 왔다. 나는 그중에서도 20세기 중반 이래 영국 지성사 연구가 성립하고 또 다른 영역과 영향을 주고받는 과정을 제한적으로나마 재구성하고자 한다. 이러한 사례를 살펴보면서 우리는 현재 한국 인문학 분과를 갈라놓는 지적 장막을 재검토하는 계기를 마련할 수 있을 것이다.[1)]

1 '케임브리지 학파'와 18세기 잉글랜드 정치사상사의 혁신

지난 반세기 동안 18세기 잉글랜드사(史) 연구의 혁신가들은 두 가지 전통적 패러다임을 극복하겠다는 기치를 천명했다. 하나는 역사가 허버트 버터필드(Herbert Butterfield)가 '휘그 사관(whig interpretation of history)이라 지칭한 관점, 즉 영국사를 영국민의 자유와 개신교의 승리가 확대되어 가는 과정이라 전제하고, 18세기를 그 일부분으로 규정하는 통념이었다.[2)] 다른 하나는 왕조·정치인 중심

---

1) 이하 1~3, 5~8절의 내용은 이우창, 「영어권 계몽주의 연구의 역사와 "잉글랜드 계몽주의"의 발견」, 《코기토》 97, 2022, 227~260쪽의 2절 및 이우창, 「문인의 글쓰기와 지성사적 전기: 제임스 해리스, 『데이비드 흄: 지성사적 전기』(2015)」, 《전기, 삶에서 글로》(교차 3호)(인다, 2022), 143~169쪽 2절의 일부 내용을 수정·보완한 것이다. 본문에서 언급하는 문헌들의 구체적인 서지 사항은 원 논문을 참조하라.
2) 휘그 사관에 대한 비판과 케임브리지 지성사 학파의 관계에 관한 상세한 논의는 다음을 참조. 안두환, 「케임브리지 학파의 지성사와 역사주의 정치학」, 《한국정치학회보》 55(1), 2021, 57~81쪽.

의 고전적인 정치사 및 경제 환원론적 성향을 띠었던 사회경제사와 같은 기존의 역사학 방법론이었다.

그중 한국의 독자들에게 비교적 익숙한 집단으로는 레이먼드 윌리엄스(Raymond Williams) 및 E. P. 톰슨(E. P. Thompson)처럼 이후 문화연구의 출발점으로 기억되는 전후 마르크스주의 역사가들이 있다. 역사는 경제적·물질적 요인만으로 충분히 설명할 수 없으며, 이데올로기와 문화가 고유의 대상으로 탐구되어야 한다는 이들의 요구는 20세기 후반 인문사회과학에 막대한 영향력을 끼쳤다. 하지만 18세기 잉글랜드사의 연구자들은 그에 만족할 수 없었다. 직접적인 이유는 18세기가 마르크스주의자들의 주 관심사가 아니었기 때문이다. 또 다른 영국 마르크스주의 역사가 크리스토퍼 힐(Christopher Hill)의 18세기 연구에서도 잘 나타나듯이, 18세기 잉글랜드는 17세기와 19세기의 두 혁명기 사이에 놓인 '부르주아적' 세계이거나, 기껏해야 산업혁명과 노동계급의 전사(前史) 정도로 취급되었다. 특히 18세기의 사상과 언어를 탐구하려는 이들에게 마르크스주의자들의 접근법은, 제아무리 '상부구조'를 강조한다고 해도, 여전히 경제결정론의 속박에서 벗어나지 못한 '전도된' 휘그 사관처럼 보였다.

18세기 사상사 연구에 새로운 물길을 공급한 원천은 17세기 두 차례의 혁명을 둘러싼 정치사상사 연구였다. 버터필드의 후임자 피터 래슬릿(Peter Laslett)은 1950년대를 전후하여 로버트 필머(Robert Filmer, 1588~1653)와 존 로크(John Locke, 1632~1704)의 저작에 대한 엄밀한 문헌사적 연구를 통해 1680년대 정치 팸플릿 논쟁을 새롭게 역사화할 수 있는 토대를 마련했다. 버터필드와 래슬릿의 문제의식에 기초하여, 후대에 '케임브리지 언어맥락주의 학파'의 핵심 인사로 불리게 될 역사가들, 즉 J. G. A. 포콕(J. G. A. Pocock), 존 던(John Dunn), 퀜틴 스키너(Quentin Skinner) 등은 혁명기의 논쟁과 언어를 재구성하는 혁신적인 연구를 내놓기 시작했다. 1960년대 전후로 이들은 정전(正典)에 국한되지 않은 다양한 문헌 자료를 조명하면서 17세기 중후반 잉글랜드의 문헌을 이해하는 새로운 핵심 주제를 제시했다.

먼저 포콕의 『고대 헌정과 봉건법(*The Ancient Constitution and the Feudal Law*)』(1957)은 17세기 잉글랜드 역사 서술이 당대 정치적 논쟁의 중요한 무기였음을 지적하면서 혁명기 정치사상과 역사관, 학문 논쟁의 관계를 새롭게 이해하는 시선을 제공했다. 던의 『존 로크의 정치사상(*The Political Thought of John Locke*)』(1969)은 로크 정치사상에서 개신교 자연법이 차지하는 의미를 일깨웠다. 스키너의 『근대 정치사상의 토대(*The Foundations of Modern Political Thought*)』(전 2권, 1978)와 리처드 턱(Richard Tuck)의 『자연권 이론(*Natural Rights Theories*)』(1979)은 자연법 및 공화주의 사상의 연구를 통해 잉글랜드 내전기 정치사상이 근대 초 유럽의 더 넓은 지적 맥락과 연결되어 있음을 보여 주는 거대한 교두보를 구축했다. 이들은 한편으로 자유주의, 보수주의, 마르크스주의적 사상사 해석의 비역사적인 면모를 철저하게 공격하면서, 동시에 영국혁명 전후로 근대적인 '정치 이론(political theory)'이 만들어지는 과정을 찾아낼 수 있다고 주장했다.

정치사상사의 17세기 혁명사 다시 쓰기는 1680~1690년대 및 18세기 초의 정치 언어를 맥락화하는 새로운 연구를 촉발했다. 18세기 대서양 세계의 공화주의 정치 언어를 탐구한 캐럴라인 로빈스

(Caroline Robbins) 및 버나드 베일린(Bernard Bailyn)의 선도적인 작업과 결합하여, 정치사상사 연구자들은 공화주의, 자연법, 고대 헌정론과 같이 혁명기에 구축된 정치 언어가 18세기에 활용되고 변용되는 양상을 추적하는 연구에 뛰어들었다.[3]

그중 포콕의 『마키아벨리언 모멘트(The Machiavellian Moment)』 (1975)는 의심의 여지 없이 이후 18세기 영국의 언어·사상·문화의 연구에 가장 크고 넓은 파급력을 끼친 저작 중 하나이다. 다행히 국역본이 존재하지만, 저자가 매우 압축적인 서술 방식을 채택하고 있으며, 또 그가 당연하게 전제하는 많은 내용이 우리에게 낯선 만큼 책의 내용과 의의를 간략하게 짚어 보자. 전체 줄거리는 다음과 같이 요약할 수 있다. 1부는 서구 정치사상에서 정치체를 역사화하는 사유, 즉 국가가 시간의 흐름 속에서 흥성하고 쇠망하는 기제를 설명하는 주요 패러다임을 제시한다. 드디어 마키아벨리가 등장하는 2부는 15~16세기 이탈리아 도시공화국의 정치사상가들이 아리스토텔레스적인 정치 언어를 바탕으로 '덕성의 과학(science of virtue)', 즉 시민의 덕성에 따라 정치체의 운명이 뒤바뀌는 원리를 체계적으로 규명하는 이론적 모델을 구축하는 과정을 보여 준다.

근대 초 대서양 세계를 다루는 책 3부는 세 가지 이야기를 담고 있다. 먼저 내전기 전후 잉글랜드에 수입된 이탈리아 공화주의가 제임스 해링턴(James Harrington)의 저작을 통해 잉글랜드 고유의 공화

---

[3] 베일린의 책은 『미국 혁명의 이데올로기적 기원』(배영수 옮김, 재물결, 1999)으로 한국어 판이 나와 있다.

주의 정치 이론으로 재구축되는 과정이 스케치된다.(10~12장) 13장 및 14장은 혁명 이후 잉글랜드가 재정 혁명과 상비군을 토대로 강력한 근대 상업 국가로 거듭남에 따라 잉글랜드 공화주의 정치 이론이 한계에 직면하는 상황을 보여 준다. 공화주의 패러다임의 '과학적' 설명에 따르면 상업과 사치, 부채, 중앙집권적 상비군 모두 시민의 덕성을 부패하게 만들어 국가의 쇠망을 초래하는 부정적인 요인이었다. 하지만 18세기 잉글랜드는 그러한 도덕적 부패의 요인이 역으로 국가의 존속과 번영을 위해 필수적인 기능을 수행하는 '근대적' 시공간이 되어 버렸다. 상업 사회의 등장을 마주하여 공화주의 정치 이론은 더는 국가의 작동을 설명하는 '정상 과학(normal science)'으로 작동할 수 없었다. 마지막 15장은 18세기 후반 미국 혁명의 정치 언어를 검토하면서, 혁명의 주역들에게는 로크식 '자유주의'보다는 오히려 (신)해링턴주의, 즉 공화주의 정치 이론이 지배적인 사상으로 작용했음을 주장한다. 더는 공화주의의 언어가 그대로 지탱할 수 없게 된 영국과 달리, 북아메리카의 정치 언어는 공화주의 패러다임을 지속하는 방향으로 나아갔다.

『마키아벨리언 모멘트』는 서구 인문학의 역사에서 가장 야심만만한 책 중 하나였다. 포콕은 기존의 공화주의 정치사상사를 18세기 잉글랜드를 근대국가 체제로 이해하는 새로운 역사 연구의 맥락과 연결했다. 공화주의적 국가 이론이 하나의 정상 과학으로 등극하지만, 이내 중앙집권적 국가와 상업 사회가 맞물려 작동하는 근대적 상황 앞에서 설명력의 한계를 드러낸다는 '패러다임 전환(paradigm shift)'의 줄거리는 토머스 쿤(Thomas Kuhn)의 『과학혁명의 구조(The

Structure of Scientific Revolutions)』(1962)가 끼친 영향을 보여 준다. 정치적 주체로서의 시민이 상업 사회에서 맞이할 소외의 운명은 한나 아렌트(Hannah Arend)의 '행동하는 삶(vita activa)'에 관한 정치철학적 성찰을 사상사적 연구로 옮긴 것이라 해도 무방했다.

우리의 이야기에서 포콕의 작업은 무엇보다 공화주의 정치 언어와 상업 사회 담론의 연결 고리를 구축했다는 점에서 중요하다. 18세기 영국에서 상업과 경제가 중요하다는 사실은 당연한 이야기였으나, 당시의 도덕적·정치적 담론에서 그러한 주제가 어떤 방식으로 논의되었으며 관련 개념이 어떠한 의미망을 이루고 있는가를 전체적으로 조망할 수 있는 인식의 틀을 제공한 것이 『마키아벨리언 모멘트』의 명백한 기여였다. 앨버트 O. 허시먼(Albert O. Hirschman)의 『정념과 이해관계(The Passions and the Interests)』(1977)와 함께, 포콕의 작업은 급격한 변화를 맞이하는 초기 근대 세계에서 사람들의 세계관과 인간관이, 정치이론과 도덕철학이 상호작용하며 변모하는 과정을 관찰할 수 있게 해 주었다.

포콕은 후속 논문집 『덕성, 상업, 역사(Virtue, Commerce and History)』(1985)에서 고전적 시민성의 이상과 근대 상업 사회의 긴장, 그리고 악덕·부패의 양가성이 '덕성, 권리, 예절(virtues, rights and manners)'과 같은 18세기 영국의 정치·도덕 언어의 핵심 개념을 통해 어떻게 작동하는가를 탐구했다. 그의 문제의식은 도덕철학과 문학 연구, 젠더 연구에 이르기까지 18세기 유럽 및 영국의 사상과 언어를 연구하는 기본적인 토대가 되었으며, 나아가 연구자들이 시대를 서사화하는 방식 자체를 바꾸어 놓았다.

이제 18세기 영국은 부르주아계급이 성장하는 지루하고 따분한, 혹은 산업혁명을 향해 뻗어 나가는 단선적인 시공간으로 그려지지 않았다. 내전의 터널을 지나 자신들이 점차 과거에 경험하지 못한 단계에 접어들고 있음을 인식한 잉글랜드인들의 담론에는 기대와 우려가 공존했다. 사회의 토대라 할 수 있는 강건하고 독립적인 시민의 이상이 힘을 잃어버리는 상황을 제대로 설명할 언어가 부재한 상황은 낯선 현상을 설명하고 올바른 대응 방향을 도출할 수 있는 새로운 언어의 탐색을 촉진하는 조건이 되었다. 요컨대 이제 18세기 영국은 낙관론과 비관론이, 번영과 쇠락의 감각이 공존하는 복잡하고 역동적인 시공간으로 인식되었으며, 당대인들의 언어와 사고를 복원하는 연구는 이러한 시대를 이해하기 위한 필수적인 작업이 되었다.

1980년대 이래 질과 양 모두에서 한차례 급성장을 이룬 18세기 연구의 발전은 여기에서 끝나지 않았다. 18세기에는 공화주의와 상업, 정치경제 같은 주제를 결합해 더 풍부한 의미를 끌어낼 수 있는 거대한 범주, 바로 '계몽(enlightenment)'이 존재했던 것이다. 계몽이란 무엇인가? 우리는 이 단어가 '야만과 무지로부터 벗어나 합리적이고 성숙한 정신 상태로 진입하는 과정'을 뜻함을 대략적으로나마 이해한다. 질문을 조금 바꾸어 보자. 계몽이란 무엇이었나? 유럽사에 약간의 배경지식이 있는 사람이라면 18세기 언저리에 유럽 사회가 무언가 지식과 이성의 발전을 이루었다고 답할 것이고, 그중에는 '이성의 지배', '세속화', '관용', '근대적 주체' 같은 키워드를 떠올리는 예도 있으리라. 그렇다면 우리는 어떻게 18세기 유럽이 계몽의 시대임을, 나아가 계몽사상이 무엇을 의미하는지 알게 됐을까? 이 질문에 답하기 위해서는 20세기 유럽 계몽사상 연구사의 궤적을 살펴볼 필요가 있다.

2 고전적 계몽주의 해석과 벤투리의 도전

이제 18세기의 영국인들은 대체로 자신들의 시대가 정신적으로 또 문화적으로 개화되었으며 또 그러한 개화가 진행 중인 시대라 믿었다. 로크는 『인간지성론』에서 "내가 이처럼 우리의 개명된 시대(this our knowing age)를 가르치기라도 할 것처럼 군다면, 이는 어마어마한 허영심 혹은 오만함의 발로로 지탄받을 수 있으리라."라고 말했다. 「학예의 흥성과 진보에 관하여」나 「기예의 개선에 관하여」와 같은 평론에서 흄은 야만스러운 고대로부터 어떻게 근대의 문명화된 상태가 발달할 수 있었는가를 논했으며, 『프랑스혁명에 관한 성찰(Reflections on the Revolution in France)』에서 에드먼드 버크(Edmund Burke, 1729~1797)는 자신의 시대를 '이 계몽된 시대(this enlightened age)'라고 지칭했다. 하지만 이것이 곧 그들이 어떤 구체화가 가능한 사조혹은 정치적·사회적 실천으로서의 '계몽'이 존재했다고 인식했다는 뜻은 아니다. 적어도 18세기 잉글랜드에서는 프랑스의 '계몽철학자(philosophes)', 독일의 '계몽가(Aufklärer)'에 상응하는 집단을 찾기 어려웠다. 19세기에 이르면 직전 18세기에 커다란 사상적 변화가 있었고, 특히 프랑스와 독일에서 이를 촉발한 사상운동이 있었다는 역사 인식은 나타난다. 하지만 구체적인 시대범주로서의 'Aufklärung'의 영어 번역어로서 'enlightenment'가 확고한 지위를 차지하게 되는 것은 20

세기 초에 이르러서이다.

1930년대 독일과 프랑스에서 각각 20세기의 계몽사상 이해에 막대한 영향을 끼치게 되는 고전적인 연구서들이 나왔다. 철학자 에른스트 카시러(Ernst Cassirer, 1874~1945)의 『계몽주의 철학(*Die Philosophie der Aufklärung*)』(1932)과 문예학자 폴 아자르(Paul Hazard, 1878~1944)의 『유럽 의식의 위기, 1680~1715(*La crise de la conscience européenne, 1680~1715*)』(1935)가 그것이다.(두 책 모두 1950년대에 영어로 번역되었다.) 각각 그 나름의 방식으로 깊이와 풍부함을 갖춘 두 저작은 과학적이고 비판적인 이성을, 프랑스와 독일의 철학자들을 시대의 주인공으로 설정하는 고전적인 계몽사상 해석을 확립했다. 영어권 역사학계에서는 1960년대에 피터 게이(Peter Gay)의 노작(勞作) 『계몽주의의 해석(*The Enlightenment: An Interpretation*)』(전 2권, 1966~1969)이 출간되었다. 카시러에게서 많은 영향을 받았음을 밝히는 게이 역시, 영국인들을 무대에 잠시 등장시키기는 하지만, 프랑스와 독일의 계몽사상가들이 철학적·과학적 이성으로 무장하여 기독교 지배에 맞선다는 전통적인 서사를 이어받았다.

계몽사상을 곧 철학적 이성과 동일시하는 관점에 반기를 들고 계몽사상 연구의 지성사적 전환을 촉진한 것은 프랑코 벤투리(Franco Venturi)의 1969년 케임브리지대학교 강연을 출간한 『계몽사상의 유토피아와 개혁(*Utopia and Reform in the Enlightenment*)』(1971)이다. 벤투리는 카시러와 게이가 대변하는 철학사적 접근은 물론 계몽사상을 당시의 사회·경제적 조건으로 환원할 수 있다고 주장하는 마르크스주의 사회사가들 역시 강력히 비판했다. 그는 다음과 같은 계몽 연구의 방향을 제시했다. 첫째, 계몽은 왕정·전제국가에 대항하는 공화국의 투쟁이라는 18세기의 정치적 맥락을 고려해야만 제대로 이해할 수 있다. 따라서 '이성적 정신의 발전'과 같은 추상적인 이야기 대신 공화주의와 같은 당대 정치사상의 구체적인 전개에 주목해야 한다. 둘째, 계몽은 독일과 프랑스에 국한된 것이 아닌 전 유럽적인 사상운동으로 이해해야 한다. 활발하게 교류하면서도 각자의 의제를 형성한 유럽 각지의 계몽사상가들을 따라, 연구자들 또한 지역별로 고유한 계몽사상의 상호작용을 추적해야 한다. 이후 계몽사상 연구사는 대체로 여기에 부합하는 방향으로 전개되었다. 공화주의와 함께 당대의 정치적 논쟁에서 중요한 위치를 차지한 정치경제학·상업담론 및 국제정치사상의 역할에 주목하고, 이탈리아와 스코틀랜드를 포함해 프랑스와 독일 외의 계몽사상을 추적하는 연구가 등장하면서 계몽사상 연구는 본격적인 성장 궤도에 올랐다.

3 스코틀랜드 계몽주의 지성사의 형성: 포브스, 필립슨, 혼트

영어권 학술장에서 계몽사상 연구의 폭과 깊이를 넓힌 대표주자 중 하나는 단연 스코틀랜드 계몽사상 연구라 할 수 있다. 벤투리의 강연 이전 영국에서 스코틀랜드 계몽사상 연구의 초석을 놓은 대표적인 역사가로는 옥스퍼드대학교의 근대사 흠정교수였던 휴 트레버로퍼(Hugh Trevor-Rope)와 케임브리지대학교에서 가르친 덩컨 포브스(Duncan Forbes)를 꼽을 수 있다. 여기에서는 이중 후자로부터 이어지는 계보를 조명해 본다.

1950년대부터 본격적인 활동을 시작한 포브스는 정치사상에서 근대성을 각 시대가 그 시대에 고유한 원리와 문제에 따라 움직인다는 인식을 바탕으로 국가와 사회의 작동 원리를 과학적으로 또 학문적으로 설명하려는 태도로 규정했다. 이때 18세기 스코틀랜드는 급격한 정치경제적 변화를 역사이론적 모델로 설명하려는 정치의 '과학(science)'이 등장한다는 점에서 근대 정치사상이 등장하는 시공간이었으며, 흄과 스미스를 포함한 "스코틀랜드 계몽사상가"들은 최초의 근대적 정치이론가들이라 할 수 있었다.

포브스의 문제의식이 가장 철저하게 추구된 작업은 『흄의 철학적 정치학(Hume's Philosophical Politics)』(1975)이다. 책의 1부에서 저자는 스코틀랜드 계몽사상을 토대로 '근대 자연법 이론(A Modern Theory of Natural Law)'을 제시한다. 그에 따르면 17세기 이래 후고 그로티우스(Hugo Grotius, 1583~1645)와 사무엘 푸펜도르프(Samuel Pufendorf, 1632~1694)의 저작을 중심으로 인간 사회의 경험적 관찰로부터 자연법적 원리를 도출하는 근대 자연법 사상이 확산되었다. 18세기 스코틀랜드의 자연법학자와 도덕철학자들은 근대 자연법 이론과 베이컨·뉴턴의 실험철학적 접근법을 결합하여 인간의 심리에서 정치적 권위의 성립, 문명의 발전에 이르는 다양한 주제를 성찰했다. 포브스의 주인공인 흄은 인간 본성의 원리를 경험적으로 분석하면서, 그것이 역사적·사회적 변화에 따라 상이한 면모로 발현됨을 인식했다. 흄은 인간에게 타인의 인정을 획득하고 또 타인의 상태에 공감하려는 사회적 본성이 있다고 규정했으며, 이러한 사회성 및 소유권의 보장에 기초하여 인간 사회가 형성되고 또 근대 상업 사회로 발전해 왔다고 설명하면서 개별 인간의 본성에서 문명의 역사적 발전에 이르는 철학적이고 역사적인 사유 모델을 구축했다. 그의 정치론은 당대의 지배적인 도덕 정치적 프로파간다에 대항하여 정치를 과학적으로 분석하려는 일종의 '응용철학(applied philosophy)'이었다.

포브스는 흄을 통해 선과 악, 지배와 저항의 구도로 정치를 이해하는 과거의 도덕 정치적 담론 대신 정부 형태, 경제, 사회문화 등의 요소가 상호작용하는 과정을 비정파적으로 분석할 수 있는 '정치의 과학(science of politics)'이 등장하는 순간을 묘사했다. 정치의 분석은 도덕적 선악을 분석의 일부로 포함할지언정 그에 매몰되어서는 안 된다. 정파 간의 갈등이나 상업 발달이 초래한 사치·부패처럼 그 자체로는 바람직하지 않으나 국가의 작동을 위해 어쩔 수 없이 받아들여야만 하는 요소도 존재한다. 사회와 문명의 진보에 따라 정치적 행위의 조건 역시 변화하며, 이러한 복잡한 변화를 이해하기 위해서라도 과학으로서의 정치학에는 역사적인 성찰이 요구되었다. 냉전기 서구 정치사상사 연구가 여전히 민주주의 대 권위주의와 같은 규범적 도식에 지배되고 있었음을 고려하면 포브스의 작업은, 포콕의 『마키아벨리언 모멘트』와 함께, 18세기로부터 동시대의 맹목을 비판하기 위한 사유의 원천을 찾아내는 시도였다고도 할 수 있다.

스코틀랜드 계몽을 주도한 문인들은 당대 스코틀랜드에서 실질적으로 어떤 위치에 있었으며, 그들의 저작은 그것을 배태한 사회와 어떠한 관계를 맺고 있었는가? 흄을 비롯한 스코틀랜드 계몽사상가들을 더 깊이 탐구하기 위해서는 결국 18세기 스코틀랜드 사회라는 맥락 속에서 그들의 활동이 지닌 의미를 이해해야만 했다. 하지만 스코틀랜드 사회의 성격과 변화를 설명하는 작업은 정치사상사의 영역 내에서 해결할 수 있는 과제가 아니었으며, 포브스는 사상사의 영역을 벗어나지 않았다. 다행히도 케임브리지 학파에는 이러한 노고를 맡아 줄 뛰어난 동료가 있었다. 바로 일찌감치 에든버러대학교에서 교편을 잡은 니컬러스 필립슨(Nicholas Phillipson)이었다. 그는 스코틀랜드 계몽사상을 단순히 사상의 집적체가 아닌 하나의 역사적 실체로 구축하는 과정을 이끌었다. 케임브리지대학 재학 중 포브스의 수업을 들었으며, 스코틀랜드 계몽사상 연구의 또 다른 선구자인 옥스퍼드대학의 휴 트레버로퍼와도 가까운 사이였다. 필립슨은 스코틀랜드 계몽을 주도한 문인들, 특히 흄과 스미스의 궤적을 중심으로 18세기 스코틀랜드 사회문화의 발전을 탐구하기 시작했다. 그의 테제는 늦어도 1970년대 중반의 작업에서 대략의 얼개를 드러내는데, 이를 요약하면 다음과 같이 풀어낼 수 있겠다.

필립슨의 설명은 크게 세 가지 층위로 나눌 수 있다. 가장 기저에 있는 것은 정치경제적 변화이다. 1707년 연합법(Acts of Union)으로 잉글랜드와 스코틀랜드가 합병한 이래, 에든버러와 글래스고를 비롯한 스코틀랜드 저지대의 주요 도시들은 잉글랜드의 교역망과 연결되면서 본격적으로 상업적 발전을 이루기 시작했다. 합병의 효과는 제도와 물질 차원에 그치지 않았다. 명예혁명 이후 런던의 지적이고 문화적인 성장을 선도한 저자들, 예컨대 로크와 조지프 애디슨(Joseph Addison, 1672~1719), 섀프츠베리(3rd Earl of Shaftesbury, 1671~1713), 버나드 맨더빌(Bernard Mandeville, 1670~1733) 등의 저술이 스코틀랜드로 유입되었다. 필립슨은 특히 애디슨과 리처드 스틸(Richard Steele, 1671?~1729)의 『스펙테이터(*The Spectator*)』(1711~1714)가 끼친 영향을 강조한다. 그로부터 일종의 문화 충격을 경험한 스코틀랜드의 문인들 역시 보다 '세련되고 우아한(polite)' 문예를 추구하도록 이끌렸다. 문인 협회나 클럽은 스코틀랜드의 문화적 '교화'를 주도하는 전진기지로 작동했으며, 흄처럼 아예 런던으로 이주해 문필가로서의 성공을 꿈꾸는 이들도 있었다. 스코틀랜드의 대학은 프랜시스 허치슨(Francis Hutcheson, 1694~1746)으로 대표되는 새로운 도덕철학, 푸펜도르프의 저작을 교과서로 삼는 근대적 자연법 등 새로운 학문을 가르쳐 후속 세대의 사상적 발전에 중요한 토대를 제공했다. 후대에 스코틀랜드 계몽사상가들로 불릴 일련의 문인 네트워크가 사회 중심부에 본격적으로 모습을 드러내는 시점은 1740년대를 지나서이다. 당대 영국의 가장 명망 있는 역사가이자 스코틀랜드 국교회 및 에든버러대학 모두에서 요직을 거친 윌리엄 로버트슨(William Robertson, 1721~1793)을 비롯한 '온건파(moderate)' 지식 엘리트 집단은 교회 '정통파(orthodox)'와의 긴장 속에서도 대학과 문인 협회 모두에서 막강한 영향력을 발휘했으며, 유럽 문예공화국의 역사에도 족적을 남겼다. 필립슨은 스코틀랜드 계몽사상가들의 지적인 실천을 당대의 경제적 변화, 대학·협회 등 교육 문화 기구의 활동, 지식인 네트워크의 형성과 연결했으며, 이를 통해 스코틀랜드 계몽사상의 종합적인 서사를 구축했다.[4]

---

[4] 필립슨의 정수를 집약한 책으로는 애덤 스미스에 대한 빼어난 전기를 꼽을 수 있다. 니콜라스 필립슨, 배지혜 옮김, 『애덤 스미스: 경제학의 아버지, 신화가 된 사상가』(한국경제신문, 2023).

앞서 말한 바와 같이, 포브스는 근대 정치사상의 본격적인 출발점으로 상업과 정치, 그리고 역사의 진보를 본격적으로 사유하기 시작한 스코틀랜드 계몽사상을 지목한 바 있다. 계몽사상 연구에서 이러한 '근대 정치사상'으로서의 측면을 깊이 있게 파고든 대표적인 역사가는 포브스의 또 다른 후계자라고 할 수 있는 이슈트반 혼트(Istvan Hon)이다. 헝가리 망명자였던 그는 옥스퍼드에서 휴 트레버로퍼의 지도 아래 (헝가리에서 취득한 학위에 이어) 두 번째 박사과정을 밟았다. 1977년 혼트는 케임브리지대학교 킹스칼리지에서 스코틀랜드 계몽사상과 정치경제학의 형성을 주제로 발족한 연구 프로젝트의 연구원으로 발탁되었으며(여기에는 케임브리지 학파의 주요 구성원 외에도 벤투리 역시 참여했다.) 이후 30여 년간 케임브리지 학파의 18세기 유럽 정치경제 사상사 연구를 이끄는 역할을 맡게 된다.

혼트는 데이비드 흄과 애덤 스미스가 대표하는 18세기 스코틀랜드의 정치경제론에서 마르크스 이래 현대 정치경제학 논의를 비판적으로 재검토할 수 있는 지적 원천을 찾을 수 있다고 믿었다. 포콕과 포브스의 연구에 깊은 영향을 받은 혼트는 공화주의와 자연법의 언어가 당대의 정치적 논쟁을 거치면서 근대적인 정치경제학으로 재구축되는 과정을 지성사적 연구로 보여 주고자 했다. 정치경제 논쟁은 올바른 국가 발전 전략과 정책 방향을 찾아내려는 실천적인 고민 또한 담고 있기도 했다. 늦어도 17세기 후반부터 영국과 유럽의 논자들은 어떠한 산업을 육성하는 게 좋을지, 어떠한 시장 정책(혹은 식민 정책)이 자국의 발전에 가장 유리한지를 두고 복잡한 논지를 개진하고는 했다. 대표작『무역의 질투(*Jealousy of Trade: International Competition and the Nation-State in Historical Perspective*)』(2005)에 수록된 논문들에서 홉트는 정치경제를 매개로 당대의 정치적 논쟁, 도덕철학적 쟁점, 국가 발전 전략, 정치경제학이 발전하면서 교차하는 과정을 정교하면서도 위력적인, 무엇보다 독자의 지성을 자극하는 방식으로 풀어냈다.

홉트의 또 다른 기여는 케임브리지 학파와 스코틀랜드 계몽사상의 문제의식이 유럽 계몽사상의 연구로 확장될 수 있는 가교를 마련했다는 것이다. 스스로가 동유럽 출신 망명자였던 그는 (한국을 포함한) 다양한 국적의 학생을 지도했다. 그의 제자들은 유럽 각지에서 유사한 문제의식과 분석 언어를 공유하면서도 각자의 맥락에서 사고하고 논쟁했던 여러 사상가와 논객을 발굴하고, 당대의 논쟁이 정치 및 경제의 제반 요소를 아우르는 복잡한 것이었음을 보여 주었다. 홉트와 제자들의 연구는 계몽사상 연구가 상업 사회·정치경제론·국제정치의 문제의식을 포괄하는 데 지대한 영향을 끼쳤을 뿐 아니라, 계몽사상을 어느 한 나라에 국한되지 않는, 유럽 전반을 아우르는 논쟁의 언어로 바라보는 토대를 마련했다. 잉글랜드의 상인이자 논객인 존 케리(John Cary, 1649~1722?)가 1695년 처음 출간한 잉글랜드 경제론이 18세기 중반 프랑스어, 이탈리아어, 독일어로 번역·출간되면서 각국의 논쟁 지형에 따라 변모하는 여정을 추적한 소푸스 A. 라이너트(Sophus A. Reinert)의 『제국을 번역하기(*Translating Empire: Emulation and the Origins of Political Economy*)』(2011)는 이러한 면모를 잘 드러내는 대표적인 저작이었다.

4 스코틀랜드 계몽에서 초기 근대 철학사의 수정으로[5]

스코틀랜드 계몽사상 연구의 파장이 닿은 대표적인 영역 중 하나는 초기 근대 유럽 철학의 연구이다. 덴마크 출신의 크누드 하콘센(Knud Haakonssen)은 스코틀랜드 계몽의 기원을 근대 자연법에서 찾는 포브스의 서사를 정교한 철학사 연구로 발전시켰다. 그는 에든버러대학교 철학과에서 흄과 스미스를 연구하면서 포콕을 비롯한 케임브리지 학파의 작업을 접했다. 자연법 전통과 스코틀랜드 계몽사상의 연관성을 강조한 그의 학위논문은 외부 심사위원이었던 포브스에게 높은 평가를 받았다. 포브스의 추천에 힘입어 하콘센은 자신의 학위논문을 발전시킨 첫 단독 저작 『입법자의 과학: 데이비드 흄과 애덤 스미스의 자연법(*The Science of Legislator: The Natural Jurisprudence of David Hume and Adam Smith*)』(1981)을 케임브리지대학 출판부에서 발간했다. 그는 이후 스코틀랜드 계몽과 자연법 전통을 중심으로 18세기 유럽 철학사 연구를 갱신하는 선구자 중 한 명이 된다.

하콘센은 포콕과 스키너가 발굴한 공화주의 전통, 그리고 무엇보다 리처드 턱이 재구성한 '근대적' 자연법 전통을 주의 깊게 참조했다. 턱의 설명에 따르면, 근대 자연법 이론은 기독교인의 정체성만으로는 종파 간의 격렬한 갈등을 봉합하는 게 불가능해진 종교전쟁 시기의 정치적 요구와 맞닿아 있었다. 그로티우스는 기존의 스콜라주

---

[5] 이 절의 내용은 베르너 슈나이더스, 오창환 옮김, 『계몽은 계속된다』(그린비, 2024)에 수록된 나의 국역본 해제(165~184쪽)의 일부를 미세하게 수정한 것이다.

의적 자연법을 활용, 종파 혹은 교리와 무관하게 인간 개개인의 자연적 권리와 의무로부터 국가와 사회의 통치권을 도출하는 '최소주의적' 논변을 제시했고, 이는 17~18세기에 푸펜도르프와 홉스, 장 바르베이락(Jean Barbeyrac, 1674~1744) 등을 거쳐 프로테스탄트 유럽의 식자층에 확산되었다. 하콘센은 스코틀랜드 계몽사상을 이러한 프로테스탄트 자연법 이론(들)의 전파와 변용이라는 맥락에서 읽을 때 전자를 근대의 개인주의적 자유주의나 주관적 권리의 대변인으로 규정해 온 통념을 벗어나 좀 더 정교함과 설득력을 갖춘 해석이 가능하다고 생각했다.

논문집 『자연법과 도덕철학: 그로티우스에서 스코틀랜드 계몽까지(*Natural Law and Moral Philosophy: from Grotius to the Scottish Enlightenment*)』(1996)를 포함하여 하콘센의 주요한 기여는 다음과 같이 요약할 수 있다. 첫째, 책의 제목에서도 드러나는 것처럼, 그는 근대 자연법이 정치사상만이 아닌 도덕철학의 성격 또한 지니고 있다는 사실에 주목했다. 이는 우리가 근대 자연법 및 이로부터 영향을 받은 저작을 읽을 때 이들이 도덕적 심리학, 존재론,(미덕과 선은 독립적인 실체인가, 혹은 인간 의지·행위의 구성물인가?) 인식론,(인간은 자연법을 어떻게 알 수 있는가?) 신학 등에서 어떠한 입장을 채택하는지 또한 염두에 둘 필요가 있음을 의미했다. 둘째, 특히 스코틀랜드의 계몽사상가들을 분석하면서, 하콘센은 이러한 도덕철학적 입장이 정치적 함의와도 이어져 있다는 것을 보여 주고자 했다. 예컨대 인간이 자연법을 포함한 도덕적·규범적 지식을 어떻게 인지하고 습득할 수 있는가는 국가와 교회의 정당한 관할권을 설정하는 일과 곧바로 연결된 쟁점이었다.

셋째, 독일어권 자연법의 연구를 보강하면서, 하콘센은 영국과 유럽 대륙을 아우르는 철학사적 시야를 제공할 수 있었다. 그는 후기 스콜라주의자 프란시스코 수아레스(Francisco Suárez, 1548~1617)에서 그로티우스와 푸펜도르프를 거쳐 스코틀랜드 계몽으로, 다시 또 이마누엘 칸트의 저작으로까지 가는 프로테스탄트 근대 자연법사상의 전통을 그려 냈다.

여기에서는 잠시 철학(사)에 관심을 가진 독자들을 고려하여, 고전적 계몽 해석의 핵심이었던 18세기 유럽 철학사의 이해가 그동안 어떻게 바뀌었는지를 간략하게 언급하자. 『케임브리지 18세기 철학사(*The Cambridge History of Eighteenth-Century Philosophy*)』(2006)의 편집을 맡은 하콘센은 서론 격의 논문 「18세기 철학사: 역사인가, 철학인가?(*The History of Eighteenth-Century Philosophy: History or Philosophy?*)」에서 "18세기 철학을 계몽의 수단으로 규정하려는 시도는 그것이 대중적으로 널리 퍼져 있는 만큼이나 부적절하다."라고 잘라 말한다. 한편으로 '계몽'의 개념이 지칭하는 범위가 더는 철학만으로 아우를 수 없을 만큼 넓어졌으며, 다른 한편으로 초기 근대 철학에 대한 학계의 이해 역시 엄청난 변화를 겪었기 때문이다. 특히 하콘센은 17~18세기 철학을 회의주의에 대항하여 (주로 유럽 대륙의 문화와 동일시되는) 합리론과 (주로 영국적 풍토의 산물로 간주된) 경험론이 경쟁하는 구도로 간주하는 통념을 비판한다. 19세기 초 토머스 리드(Thomas Reid) 및 칸트의 추종자들이 확산시킨 이러한 인식론 중심의 철학사관은 도덕·정치·법학·예술과 같이 당대의 철학자들이 실제로 진지하게 논의했

던 여러 핵심 영역을 거의 포괄하지 못한다.[6]

하콘센의 주장은 적어도 영어권 철학사 연구에서는 더는 소수의 목소리로 치부하기 어렵다. 1990년대 중후반에 스티븐 다월(Stephen Darwall)의 『영국 도덕가들과 내적 '의무': 1640~1740(The British Moralists and the Internal 'Ought': 1640~1740)』(1995), 하콘센 본인의 『자연법과 도덕철학』, 얼마 전 타계한 J. B. 슈니윈드(J. B. Schneewind)의 대작 『자율의 발명: 근대 도덕철학의 역사(The Invention of Autonomy: A History of Modern Moral Philosophy)』(1998)와 같은 굵직한 연구서들이 나오면서, 지성사 연구를 활용하여 초기 근대 도덕철학과 정치철학 논쟁에 주목하는 작업은 점차 드물지 않게 되었다. 이는 특히 18세기 철학사 연구에서 종교와 철학의 연관성이 부각되면서, 도덕·정치철학 및 미학이 차지하는 비중이 높아지는 결과로 이어졌다. 예컨대 2000년대 중반부터 출간된 굵직한 개설 논문 모음집을 몇 권 뽑아 목차를 훑어보기 바란다. 『케임브리지 18세기 철학사』, 『옥스퍼드 18세기 영국철학사 핸드북(The Oxford Handbook of British Philosophy in the Eighteenth Century)』(2013), 『루틀리지 18세기 철학 지침서(The Routledge Companion to Eighteenth Century Philosophy)』(2014) 모두 도덕·정치철학 및 미학 관련 논의가 최소한 절반 가까운 분량을 차지하고 있음을 알 수 있다. 지성사 연구의 성장은 계몽을 철학적 이성으로부터 해방했을 뿐 아니

---

6) 인식론 중심의 철학사 서사가 확산되는 과정에 관해서는 다음을 참조하라. Alberto Vanzo, "Empiricism and Rationalism in Nineteenth-Century Histories of Philosophy", *Journal of the History of Ideas* 77(2), 2016, pp. 253~282; Peter Anstey and Alberto Vanzo, *Experimental Philosophy and the Origins of Empiricism*(Cambridge: Cambridge University Press, 2023), 특히 3부.

라, 반대로 철학을 (인식론 중심의) 계몽 서사의 속박으로부터 해방하고 있다.[7]

유럽 곳곳의 필자들이 공유하는 언어였다는 점에서 계몽사상 정치경제론 연구는 진정으로 스코틀랜드와 유럽을 잇는 지적인 경로가 될 수 있었다. 포브스와 그 후계자들이 개척한 영토의 풍요로움을 인정하면서도, 우리는 그것이 지성사 연구의 범주로서 계몽사상이라는 개념을 전부 대표하는 것이 아니라는 사실을 잊어서는 안 된다. 예컨대 유럽 국가들이 공유해 온 또 다른 전통, 즉 기독교와 계몽사상은 어떤 관계에 있었을까? 스코틀랜드가 아닌 잉글랜드는 그러한 계몽사상 연구에서 어떤 위치에 놓여 있는가?

5 계몽사상 연구의 '종교적 전회', 그리고 잉글랜드 계몽

앞의 내용을 요약하면 지난 반세기 동안 유럽 계몽사상 연구에는 다음과 같은 큰 변화가 있었다. 첫째, 프랑스 및 독일을 넘어 유럽 각지로부터 다양한 양태의 계몽사상을 발굴하는 방향으로의 지리적인 확장이다. 둘째, 철학(자) 중심의 계몽사상 이해로부터 실천적인 논쟁을 포함한 여러 담론적 층위의 변화를 살펴보는 방향으로의 이행이다. 스코틀랜드 계몽사상 연구의 형성과 정치경제 담론의 대두는 이

---

[7] 초기 근대 철학사 연구의 통념이 수정되는 과정에 대한 좀 더 상세한 논의는 필자의 블로그 포스팅을 참조하기 바란다. https://begray.tistory.com/605.

와 같은 계몽사상 연구의 성장을 잘 보여 주는 단적인 사례라 할 수 있었다. 이번에는 또 다른 두 가지 물음에 답변하고자 한다. 종교, 특히 기독교 전통과 계몽의 관계는 어떻게 규정할 수 있는가? 18세기 유럽에서 문화적으로든 정치경제적으로든 가장 번영한 국가 중 하나였던 잉글랜드에는 계몽사상이 없었는가?

전통적인 관점에 따르면 계몽은 기독교·교회와의 투쟁을 통해 보수적인 비합리성을 극복하려는 합리적인 이성의 운동과 같은 것이었다. 오늘날에도 자명한 상식처럼 통용되는 이 단순하고 직관적인 구도에는 몇 가지 문제가 있었다. 먼저 종교개혁에서 유럽 전역을 휩쓴 종교전쟁으로 이어지는 16~17세기와 18세기의 관계를 그렇게 쉽게 칼로 잘라 내듯이 구별할 수 있느냐는 것이었다. 사회의 구체적인 면모를 단 한 번만이라도 들여다본 적이 있다면, 역사에서 한 사회의 '정신'이 한 단계에서 다른 단계로 깔끔하게 도약하는 일 따위는 없다는 냉정한 회의주의자의 시선을 체득하게 된다. 계몽사상 연구가 지리적으로만이 아니라 시간적으로도 확장되면서, 종교전쟁의 시대와 계몽의 시대 사이를 제대로 설명하기 위해서라도 종교와 계몽의 관계를 깊이 있게 고민할 필요가 있었다.

종교와 계몽사상의 관계 역시 마찬가지였다. 무엇보다도 개혁과 내전을 거치며 유럽의 기독교는 단순히 보수주의라고 부르기에는 너무나 이질적인 집단이 공존하는 매우 복잡한 대상이라는 사실이 점차 분명해졌다. 수많은 (종종 합종연횡하는) 종파로 구성된 기독교는 학술 활동과 논쟁이 이루어지는 거대한 제도와 네트워크의 집합이었을 뿐 아니라, 국가의 통치와 안정을 정당화하는 담론 못지않게 현재의 통치자를 규탄하고 그에 대한 반란을 선동하는 담론적 무기의 원천이기도 했다. 무엇보다도 기독교 내부에서 생산되고 유포되는 지식은 오늘날 우리가 계몽의 일부로 규정하는 수많은 지식인과 문인에게도 중요한 지적 자원이었다. 스코틀랜드 계몽사상 연구의 선구자이기도 했던 휴 트레버로퍼는 1967년 발표한 논문 「계몽사상의 종교적 기원(The Religious Origins of the Enlightenment)」에서 국제적 칼뱅주의 네트워크의 아르미니우스파·소치니파, 가톨릭 '에라스뮈스주의(Erasmianism)'와 같은 관용적인 기독교 지식인들로부터 종교전쟁 이후 계몽사상의 기원을 찾을 수 있다고 주장한 바 있다.

 18세기와 계몽사상을 기독교의 지배로부터 이탈하는 세속화 과정으로 보는 고전적인 해석에 도전을 제기하는 흐름을 본격적으로 주도한 것은 1990년 전후의 영국사 연구였다. 1985년 J. C. D. 클라크(J. C. D. Clark)는 20세기 후반 영국사 연구에서 가장 도발적인 저작 중 하나로 악명높은 『잉글랜드 사회, 1688~1832(English Society 1688~1832)』를 출간했다. 책은 장기 18세기 잉글랜드를 여전히 왕권과 잉글랜드 국교회가 지배하는 '구체제(ancien régime)'로 규정하면서, 이 시기 교회와 종교가 쇠퇴했다는 19세기 이래의 통설을 신랄하게 논박했다. 휴 트레버로퍼의 뒤를 이어 신교 세계에서 다양한 종파의 기독교가 공존한다는 사실이 다시금 부각되었다. 무신론자와 이신론자가 정통 기독교에 대항하는 단순한 이분법적 도식을 대체하여 상이한 종파 간의 긴장과 협력이 만들어 내는 복잡한 구도를 복원하는 작업이 이어졌다. 17세기 후반 이래의 영국 사회는 그러한 구도를 잘 보여 주는 대표적인 사례로 자리매김했다.

초기 근대 종교·교회사 연구의 축적이 계몽사상 연구에 끼친 직접적인 결과물 중 하나는 '초기 계몽(early Enlightenment)' 범주의 등장이라고 할 수 있다. 이 개념은 주로 17세기 후반에서 18세기 초 성경 비판 및 교회사 서술을 비롯하여 기독교 안팎에서 축적된 지식이 '계몽사상적 문제의식'에서 활용되고 변모하는 양상을 지칭하는 용도로 사용된다. 물론 종교적 관용, 국가·교회·시민사회의 관계와 같은 주제를 다루는 지적 실천이 이전 시대부터 지속된 기독교 인문주의의 연장선에 있음을 지적하면서 초기 계몽사상이라는 범주 자체에 회의를 표하는 이들이 있는 것은 사실이다. 하지만 이러한 개념이 여전히 국가와 종파(들) 사이의 관계가 언제든지 위태로워질 수 있었던 시대의 까다로운 종교적·정치적 맥락의 연구가 풍성해지고, 무엇보다 계몽사상 연구의 외연을 크게 넓히는 데 기여하고 있음은 분명하다.

6 '잉글랜드 계몽'의 발견: 휘그파, 교회사, 학술사

철학에서 정치사상으로, 또다시 종교적 언어로 계몽사상 연구가 확장되는 과정은 한 가지 예기치 못한 변화를 가져왔다. 바로 '잉글랜드 계몽'을 하나의 학문적 범주로 성립하려는 일련의 시도였다. 기존 계몽사상 해석에서 잉글랜드는 프랜시스 베이컨(Francis Bacon, 1561~1626), 로크와 같은 몇몇 중요한 인물이나 이신론적 전통 외에는 별다르게 다뤄지지 않았다. 프랑코 벤투리 역시 스코틀랜드나 이탈리아 도시국가들과 달리 잉글랜드에는 딱히 계몽이랄 게 없다고 말한 바 있다. 이후 벤투리에 반론을 제기하여 잉글랜드에도 고유의 계몽사상이 있었음을 주장하는 논의들이 뒤따랐다.

잉글랜드의 계몽이란 도대체 무엇이었으며, 이를 어떻게 규정할 수 있는가? 별다른 정당화 없이 잉글랜드에 계몽이 존재한다고 당연하게 전제하는 수많은 논자를 제외하면, 크게 네 가지 입장을 식별할 수 있다. 첫째, 한국에도 번역되어 있는 로이 포터(Roy Porter)의 『근대 세계의 창조(Enlightenment: Britain and the Creation of the Modern World)』 (2000)와 같이, 18세기 잉글랜드에서 세속화로서의 계몽이 전개되었다는 주장이다. 둘째, 전자와 같이 세속화를 자명하게 받아들이는 태도를 거부하면서, 대신 17세기 후반에서 18세기 초반에 성행했던 (비주류 혹은 일부 휘그파의) 급진적 '자유사상(Freethought)', 즉 국교회 체제 및 사제 계급 비판론으로부터 계몽의 기원을 찾으려는 입장이다. 셋째, 국교회 성직자 및 이들과 우호적인 관계를 유지하던 평신도 지식인에게 초점을 맞추어, 잉글랜드 계몽의 중핵은 다양한 종파의 공존을 인정하는 온건하고 보수적인 개혁론에 있다는 주장이다. 넷째, 앞서 언급한 J. C. D. 클라크처럼 애초에 18세기 잉글랜드에서 세속화 과정으로서의 계몽은 유의미하게 나타나지 않았다는 해석이다.

이러한 해석의 스펙트럼 한쪽 끝에는 세속화를 자명하게 받아들이는 시각이, 다른 쪽 끝에는 세속화 자체를 부인하는 견해가 자리한다. 18세기 잉글랜드는 유럽에서 가장 발전한 사회 중 하나이면서도, 정치·제도와 지식·담론 모두에서 기독교의 영향력이 강하게 지속되는 곳이기도 했다. 탈기독교와 근대적 발전을 암묵적으로 동일시하는 세속화 테제를 손쉽게 적용할 수 없다는 사실은 잉글랜드 계몽을 규정하는 하나의 지배적인 해석이 성립하기 어렵게 만들었다. 하지만 그것이 역설적으로 이 문제를 놓고 연구자들이 인접 분야의 다양한 연구 성과를 도입하는 계기가 되었다. 그중 관련 논의를 풍성하고 복잡하게 만드는 데 기여한 경향 세 가지는 다음과 같다.

첫째, 명예혁명 이후 정치적·문화적 헤게모니를 쥔 '휘그파'가 잉글랜드의 계몽을 주도했다는 연구이다. 포콕의 지도학생이었던 로런스 클라인(Lawrence Klein)은 명예혁명기에서 18세기 초반에 이르기까지를 배경으로 '우아한 교양(politeness)'의 덕성을 칭송하는 문화정치가 나타난다고 주장했다. 가톨릭과 신교도의 대립은 물론, 국교회 안팎의 종파 갈등을 포함해 17세기의 정치적·종교적 분열을 지켜보면서, 섀프츠베리와 애디슨을 포함한 일련의 휘그파 문인들은 '우아한 교양'의 온화하고 교양 있는 태도를 예찬하고 투쟁과 갈등을 유발하는 거친 태도를 공격했다. 현대의 가장 중요한 로크 연구자 중 한 명인 마크 골디(Mark Goldie)는 명예혁명기를 전후하여 로크를 포함한 휘그파 저자들이 사제 계급의 권위를 비판하는 저술을 계속해서 출간한 데 주목하고, 이를 잉글랜드 계몽의 한 흐름이라 규정했다. 명시적으로 포콕의 테제를 받아들인 브라이언 영(Brian Young)은 로크에서 윌리엄 워버턴(William Warburton, 1698~1779)에까지 이어지는 '휘그파'의 신학 논쟁에서 잉글랜드 계몽의 주요한 흐름을 찾아내고자 했다.

둘째, 1980년대를 기점으로 부흥한 18세기 잉글랜드 국교회 연구이다. 19세기 후반 이래 18세기 국교회는 신학적으로 또 도덕적으로 불모지로 간주되었으며, 극소수의 예외를 제외하면 진지한 역사적 연구의 대상으로 여겨지지 않았다. 1980년대, 18세기 교회와 성직자들의 역할을 들여다보는 연구가 등장하면서 상황은 바뀐다. J. C. D. 클라크의 공격적인 연구가 천명하듯, 장기 18세기 잉글랜드는 기독교, 특히 국교회가 지배하는 사회였고, 국가와 교회는 영적·정치적 통치의 파트너로서 긴밀한 관계를 맺고 있었던 것이다. 당대 국교회 성직자들이 기존의 통념과 달리 평신도 사회의 영적 통치에 깊은 노력을 기울였다는 사실이 재조명되었다. 골디와 존 스퍼(John Spurr)의 연구는 왕정복고기 및 명예혁명기에 신학적·종교적 교의가 정치적이고 도덕적인 담론장에 끼친 영향에 주목했다. 2000년대 이후 계몽사상, 국교회의 국외 선교 사업 등과 같은 주제와 접합하면서 18세기 국교회 연구 영역은 더욱 확장되었으며, 잉글랜드 계몽을 넘어 '잉글랜드 국교회 계몽(Anglican Enlightenment)'을 거론하는 저작도 등장한다.

셋째, 인문주의 학술사(history of scholarship) 연구의 성장이다. 학자들의 역사를 기록하는 작업은 그 자체로 오랜 역사를 자랑했으나, 양차 대전기 당대 서구 인문학 연구의 정점에 있던 독일 및 대륙의 문헌학·역사학 연구자들이 나치를 피해 대거 영미로 망명해 오면서 영어권 인문학계에 현대적인 학술사 연구가 본격적으로 성립하게 된다. 그 흐름에 본격적인 영향을 끼친 인물은 반유대인 법안을 피해 영국으로 와야만 했던 이탈리아의 역사가 아르날도 모밀리아노(Arnaldo Momigliano)이다. 고전기 역사 문헌 전문가였던 그는 역사학과 역사 서술의 역사를 탐색하는 일련의 작업을 통해 18세기 학술사 및 역사 서술 연구에 지대한 영향을 끼쳤다. 18세기 저자들의 역사 서술은 철학, 박식함(erudition), 고전적 서사(narrative)와 같은 여러 글쓰기 장르의 결합물이었다.[8] 근대 초에 살았던 역사가들, 특히 유물 수집가(antiquarian)들은 과거 시대의 유물과 자료를 수집했을 뿐 아니라 그로부터 다양한 역사적 사실을 도출해 내는 자료 비판 기법을 구축했고, 이러한 기법은 계몽사상의 역사 서술, 나아가 근대 역사학의 주요 요소가 되었다.

과거의 역사서와 학술 문헌을 탐구하는 일에서 저자들이 사용하는 기법들과 서술 방식 자체를 중요한 연구 대상으로 바라볼 때, 18세기까지의 서구 인문학사에서 가장 중요한 요소 중 하나는 르네상스 인문주의자들의 문헌 비판 기법이었다. 15세기 피렌체에서 활동한 인문주의자 안젤로 폴리치아노(Angelo Poliziano, 1454~1494)는 여러 판본의 대조 및 검토를 통한 문헌 비판 기법의 토대를 놓았다. 이는 유럽 각국의 인문주의자들, 특히 조제프 스칼리제르(Joseph Scaliger, 1540~1609)와 같은 학자들을 통해 정교화되었다. 문헌비판론의 발전과 확산은 시와 같은 좁은 의미의 문학작품만이 아니라 의학, 법학, 역사서와 같이 고전 문헌에 기초한 다양한 학문 분과에까지 영향을 끼쳤다.

종교 논쟁은 문헌 비판 기법이 가장 강력한 정치적 파급력을 끼친 분야 중 하나였다. 종교개혁 이래 점차 격렬한 종파 갈등에 휘말려 들어간 서방 세계에서, 서로 다른 종파에 속한 문인·학자들은 상대편이 기대는 논거의 역사적 정당성을 학문적으로, 즉 역사학적 문

---

[8] 모밀리아노는 『로마제국 쇠망사』의 저자 에드워드 기번(Edward Gibbon)을 세 장르 모두를 완숙하게 사용하고 종합한 '계몽의 역사가'로 규정했다.

헌 비판 기법을 통해 검토하고 논박하는 학술 투쟁의 장에 뛰어들었다. 성경의 독해 방식이나 전례의 해석은 물론, 교부 문헌을 비롯해 교부들이 참고했던 이교도들의 문헌을 포함해 많은 것이 역사적 비판의 대상이 되었다. 종파 갈등에서 종교전쟁으로 이어지는 근대 초기의 탐구가 축적되면서 특히 교회 정치사의 맥락 속에서 특정한 학문적 실천이 갖는 정치적인 의미를 이해하려는 작업이 등장했고, 이는 계몽사상 연구에도 새로운 동력을 제공하고 있다.

7 포콕의 '잉글랜드 계몽' 테제

포콕의 『야만과 종교(*Barbarism and Religion*)』(전 6권, 1999~2015) 연작, 특히 1권(1999)과 5권(2010)은 잉글랜드 계몽사상을 규정하려는 가장 정교한 저작이자, 2000년대 이후 계몽사상 지성사 연구에 가장 강력한 영향력을 끼치고 있는 연구서이다. 여기에서는 포콕의 방대한 연구 중에 우리 논의의 맥락에 필요한 것만 간략히 소개한다.

포콕은 잉글랜드 계몽을 왕정복고 이후 다시는 종교전쟁을 반복하지 않겠다고 결심한 국교회 성직자와 귀족 등의 지배층이 주도한 '위로부터의 계몽(enlightenment from above)'으로 규정한다. 그 핵심은 어떠한 형태의 종교적 열광에도 동조하지 않고 이질적인 견해를 지닌 사람들의 평화로운 공존을 추구하는 회의주의적인 면모에 있었다. 『야만과 종교』 1권은 이를 토대로 다음과 같은 논점을 제출한다. 첫째, 근대 초 유럽에는 국가와 종파에 따라 '복수의 계몽

(Enlightenments)'이 존재했으며, 잉글랜드의 경우 잉글랜드 국교회 안팎의 종파적 정체성과 결부된 잉글랜드 계몽사상이 독립적인 범주로 존재했다. 둘째, 에드워드 기번과 장 달랑베르(Jean d'Alembert)의 학문론 논쟁을 검토해 보면, 프랑스 계몽사상의 철학적이고 이성 중심적인 태도와 구별되는 잉글랜드 계몽사상의 역사적이고 회의주의적인 면모가 드러난다.

종교와 교회의 역할을 부정하지 않으면서도 그것을 상대화하는 '부드러운 세속화'로서 잉글랜드 계몽사상을 설명하는 포콕의 입장은 『야만과 종교』 5권에서 한층 미묘해진다. 주지하다시피 기번은 『로마제국 쇠망사』 1권 15장, 16장의 서술로 말미암아 '불신앙자(infidel)'라는 비난을 받았으며, 이는 이후의 기번 해석에서도 유지되어 왔다. 학술사적 접근법을 활용하여 기독교 교회의 역사가 서술되어 온 과정을 검토하면서, 포콕은 통념과 달리 기번을 기독교와 계시 자체를 부인하는 무신론자라고 보기는 어렵다고 주장한다. 기번은 초기 기독교사를 정통적인 교회사 혹은 성사(聖史, sacred history)의 방식을 따르지 않고 세속 세계의 역사를 다루듯이 서술하고자 했을 뿐이었다. 포콕이 보기에는 이처럼 열광론자도 무신론자도 아닌 온건한 회의주의자의 입장에서 종교와 교회를 세속적 시민사회의 일부분으로 규정하고 상대화하는 시선이 기번이 대표하는 잉글랜드 계몽사상의 중요한 특성이었다.

『야만과 종교』 5권은 인문주의 학술사의 접근법을 본격적으로 활용하고 있다는 점에서도 중요하다. 앞서 살펴보았듯 잉글랜드 계몽사상 해석의 양쪽 스펙트럼에는 각각 계몽을 기독교 세계의 세속화와 동일시하는 고전적 입장과 근대 초기의 '구체제적' 성격을 강조하며 세속화 테제를 비판하는 태도가 자리한다. 포콕의 전략은 양자의 가운데로 침투, '기독교를 부인하지 않으면서도 종교를 상대화하는' 입장을 발굴하고, 이것이 프랑스·독일·스코틀랜드와 구별되는 잉글랜드 계몽사상의 독특한 면모를 보여 준다고 주장하는 것이다.

문헌비판적 도구를 활용하여 교회와 종교를 역사화하는 기번의 『로마제국 쇠망사』는 그러한 가운뎃길의 존재를 입증하는 과업에서 매우 중요한 사례였다. 포콕은 기번의 역사비판적인 독해 방식이 18세기 초 전후 제네바와 암스테르담, 런던에서 활동한 문인 장 르 클레르크(Jean Le Clerc, 1657~1736)의 작업에서부터 기원한다고 보았다. 르 클레르크는 복음서를 '맥락주의적'으로 읽어 내면서 기독교 교리의 역사를 과거인들의 사상사로 읽어 내고자 했다. 이러한 '지성사적' 접근법은 18세기 잉글랜드 성직자들의 교회사 서술로 이어졌고, 기번의 작업은 그러한 성과가 축적된 산물이었다. 종교가 잘못된 것이 아니라, 단지 그 또한 역사적 이해의 대상이 되어야 할 뿐이다. 과거의 학문적 실천을 역사 연구의 대상으로 삼는 학술사 연구에 힘입어 포콕은 자신의 잉글랜드 계몽사상 해석을 뒷받침하고 갱신할 수 있는 중요한 근거를 제시할 수 있었다.

교회사와 학술사의 풍부한 성과를 활용하여 지나치게 범박한 반세속화 테제를 거부하고 한층 더 복잡하고 섬세한 해석적 서사를 도출하고자 하는 역사가들에게 포콕의 '회의주의적' 잉글랜드 계몽사상 테제는 하나의 준거점이 되었다. 하지만 여기에서 이야기가 끝이 아니었으니, 위대한 포콕을 기다리는 젊고 강력한 도전자가 있었던 것이다.

8 레비틴의 『고대의 지혜』: '잉글랜드 계몽사상' 테제의 비판

드미트리 레비틴(Dmitri Levitin)의 『새로운 과학의 시대에 고대의 지혜: 1640년에서 1700년까지 잉글랜드의 철학사들(*Ancient Wisdom in the Age of the New Science: Histories of Philosophy in England, c. 1640~1700*)』(2005)은 2000년 이후 출간된 가장 뛰어난 지성사 혹은 인문학 연구서 중 하나이다. 본문 약 550여 쪽, 참고 문헌 목록 100여 쪽에 이르는 이 두툼한 책에서 저자는 17세기 중후반 잉글랜드에서 활동한 지식인과 학자들의 저작을 광범위하고도 면밀하게 검토한다. 레비틴은 당대인들이 고대철학사를 어떻게 서술했는지, 나아가 이 시기 '전문 학술장'이 어떠한 방법론적 전환을 맞이하고 있었는가를 설득력 있게 재구성한다.

『고대의 지혜』는 지성사 연구 모델이 발전해 온 과정의 최전선에 있는 저작이기도 하다. 앞서 언급했듯, 아르날도 모밀리아노와 앤서니 그래프턴(Anthony Grafton) 이래 학술사 연구자들은 과거인들이 남긴 학술 문헌에 사용되는 방법론에 관심을 갖기 시작했다. 2000년대 이후 정치사상사·교회사 연구와의 조우를 거쳐 이는 학문적 방법의 활용이 어떤 맥락에서 정치적인 함의를 지닐 수 있었는지를 설명하는 연구 모델로 확장되었다. 레비틴은 여기에서 한 걸음 더 나아가 포콕이 『야만과 종교』 연작에서 보여 준 모델, 즉 과거의 역사 서술 자체를 역사학적 연구의 대상으로 탐구하는 접근법을 받아들인다. 요컨대 『고대의 지혜』는 17세기 잉글랜드의 학자들이 고대철학사 및 이로부터 기원하는 '학문의 역사'를 서술했던 방법에 주목하여, 그것이 학문적으로 또 정치적으로 어떤 의미를 지닌 선택이었는지를 설명하고자 한다. 이런 의미에서 레비틴은 포콕의 가장 뛰어난 계승자라고 할 수 있을 것이다.

동시에 『고대의 지혜』는 포콕의 잉글랜드 계몽사상 테제를 가차 없이 비판하는 저작이기도 했다. 레비틴은 (포콕이 에드워드 기번의 기원 중 하나라고 생각한) 장 르 클레르크의 역사비판적 방법은 새로운 태도의 출현이 아니라 이전 세기 인문주의적 전통의 지속을 보여 주는 근거라고 지적한다.9) 15~16세기에 이미 종교개혁이 촉발한 종교 갈등과 인문주의 문헌비평이 결합하는 흐름이 나타났으며, 종파 간의 경쟁이 격화되었던 17세기 잉글랜드의 학술장은 역사적이고 비판적인 연구 기법이 한층 전문화되는 과정을 겪었다. 그런 점에서 이제까지 계몽사상 연구자들이 주목한 종교비판적 사고의 '기원'은 실제로는 17세기 잉글랜드와 유럽의 학술장 내에서 일상적으로 행해지던 실천에 불과하다. 저자는 단순히 계몽사상이 인문주의를 계승하고 연장했다는 지적을 넘어, (특정한 문헌에는) 계몽이라는 범주 대신 '장기 인문주의(a long humanism)'의 범주가 더욱 유효하다고까지 주장한다.

레비틴의 도전은 특히 잉글랜드주의 연구에서 쉽게 간과할 수 없는 문제로 남아 있다. 앞서 살펴보았듯, 잉글랜드 계몽 연구가 성장할 수 있던 주요한 동력은 종교적인 구체제 대 세속화라는 단순한 이

---

9) 르 클레르크의 위치에 대한 좀 더 상세한 해석으로는 다음의 논문을 참고하기 바란다. Karen Collis, "Reading the Bible in the 'Early Enlightenment': Philosophy and the Arts Critica in Jean Le Clerc's Early Theological Dialogues", *Erudition and the Republic of Letters 1*, 2016, pp. 121~150.

분법에 갇히지 않는 정교한 역사적 해석을 제시하려는 열망에서 비롯되었다. 근대 초의 문인들이 집필한 비판적이고 역사적인 종교사·교회사 저술로부터 잉글랜드 계몽사상의 출발점을 찾으려는 포콕과 같은 시도는 그러한 열망이 내놓은 가장 정교한 해석틀이라고 할 수 있다. 하지만 『고대의 지혜』는 바로 그러한 해석의 토대를 침식한다. 물론 학계의 최전선에서 발생한 논쟁이 학계 전체에 파급력을 끼칠 때까지는 적지 않은 시간이 소요된다. 더욱이 레비틴의 저작들이 전문 연구자들도 쉽게 완독하기 어려울 만큼 방대하고 복잡하다는 점을 고려하면, 잉글랜드 계몽사상 개념을 둘러싼 논쟁은 아직 본격적으로 전개되었다고 말하기 어렵다. 앞으로 계몽사상 연구가 어떤 도전과 논쟁을 낳을지는 계속해서 지켜볼 일이다.

지금까지 정치사상사 연구의 등장에서부터 잉글랜드 계몽 연구의 성립과 도전에 이르는 기나긴 여정을 통해 18세기 영국 지성사 연구의 성립과 확장을 살펴보았다. 이러한 일별은 계몽(주의) 개념처럼 우리가 비교적 친숙하게 받아들이는 개념조차도 그 내포와 외연이 끊임없이 변화하고 있음을 일깨워 준다. 이러한 변천 과정은 어느 학문 분야의 발전이 동질적인 연구자 집단의 폐쇄적인 노력보다는, 여러 전문 영역 사이의 적극적인 상호작용을 통해 촉진될 수 있음을 알려 준다. 계몽사상 연구는 정치사상사, 교회사, 학술사, 철학사, 문학 연구와 같은 다양한 분과 간의 대화를 통해 지속적으로 갱신될 수 있었던 것이다. 이제 방향을 돌려 지성사 연구의 문제의식이 인접한 분야에 어떻게 전파·수용·변용되었는가를 살펴보고자 한다. 이러한 흐름이 발견되는 대표적인 사례로는 18세기 여성 문인 연구가 있다.

9 지성사의 전파: 장기 18세기의 여성 문인 연구[10]

18세기 영국의 고문헌 수집가인 조지 밸러드(George Ballard, 1706?~1755)의 『영국 귀부인들의 전기(*Memoirs of Several Ladies of Great Britain*)』(1752) 이래, 18세기 전후 여성 문인들의 삶과 저술 활동을 연구하는 이들은 간헐적으로나마 꾸준히 존재해 왔다. 그것이 명확한 연구 흐름으로 포착될 만큼의 응집력을 갖추게 된 전환점은 1970년대 영어권 인문학술장에서 여성주의적 문제의식을 공유하는 연구자들이 등장하면서이다. 하나의 학문적 입장으로서 뚜렷한 목소리를 낼 만큼 성장한 여성주의자들은 전통적인 여성사 혹은 여성 인물의 전기를 넘어 여성주의적 문제의식에 입각한 역사, 나아가 여성주의 자체의 역사를 구축하고자 했다.

1980년대에 출간된 연구서들은 과거 여성 문인의 저술에서 나타나는 특정한 사상과 태도를 직접적으로 '여성주의(feminism)'로, 그 저자를 '여성주의자(feminist)'로 규정하려는 경향을 드러낸다. 이런 맥락에서 초기 근대문학사 서술에서 여성 작가·독자가 차지하는 비중이 작지 않았음을 지적하거나, 17~18세기 잉글랜드의 '여성주의' 전통을 규정하려는 연구들이 나타난다. 여기에서는 그중에서도 지성사 연구의 성과를 적극적으로 활용하고자 했으며, 나아가 과거의 저작과 언어를 근대 젠더 체계 혹은 근대 여성주의로의 목적론적 궤도에

---

10) 9절은 이우창, 「새뮤얼 리처드슨과 초기 여성주의 도덕 언어」, 서울대학교 영어영문학과 박사학위논문, 8~15쪽의 내용을 간추려 다듬은 것이다. 본문에서 언급하는 문헌들의 구체적인 서지 사항은 원 논문을 참조하라.

놓는 대신 그 시대의 다른 사상적·언어적 쟁점과 상호작용하는 고유한 역사적 대상으로 바라보고자 한 이들에 주목하고자 한다.

도식적으로 말하자면 이는 서로 연결된 두 가지 작업으로 이어졌다. 하나는 이전까지의 문학사 및 여성 문인 연구에서 충분히 조명받지 않은 여성 저자와 그들의 저술을 발굴하고 재출간하는 작업이다. 17세기 여성들이 가정 및 '가부장제'를 어떻게 이해했고 활용했는가를 파고든 마거릿 J. M. 이젤(Margaret J. M. Ezell)의 작업이나, 17세기 후반 잉글랜드 여성들의 다양한 글쓰기에 관한 일레인 하비(Elaine Hobby)의 철저한 조사, 그리고 사실상 18세기 '블루스타킹 서클' 연구의 문을 열어젖힌 실비아 마이어스(Sylvia Myers)의 기념비적 저작이 대표적이다. 더불어 1990년대 중반부터 '영어권 여성 필자들, 1350~1850(Women Writers in English 1350~1850)' 총서, '초기 근대 유럽의 다른 목소리(The Other Voice in Early Modern Europe)' 총서 등이 발간되었다. 이러한 노력을 통해 현대의 독자들은 초기 근대 시기의 여러 여성 저자들이 남긴 문헌을 손쉽게 접할 수 있게 되었다.

또 다른 유형은 과거의 여성 저작 및 젠더에 관한 언어적 실천을 당대의 여러 언어적·사상적 맥락과 연결하여 읽어 내려는, 여성(주의)사 연구 모델 자체를 갱신하려는 시도이다. 자신의 분야를 혁신하고자 하는 연구자들이 선택할 수 있는 가장 쉽고 확실한 전략은 무엇일까? 바로 인접 분야의 성공적인 결과물을 흡수·모방·응용하는 것이다. 1990년대 전후, 18세기 잉글랜드 여성주의 및 젠더적 사유의 탐구를 갱신하고자 했던 연구자들에게는 매력적인 참조 대상이 눈앞에 있었다. 이것은 바로 1970년대를 거쳐 주목할 만한 확장을 이록하고 있는 17~18세기 영국 정치사상사 분야였다. 예컨대 제인 렌달(Jane Rendall)의 선구작 『근대 여성주의의 기원(*The Origins of Modern Feminism: Women in Britain, France and the United States, 1780~1860*)』(1985)은 공화주의와 자연법, 상업과 같이 케임브리지 학파가 발굴한 개념적 자원을 직접적으로 수용, 18세기 후반 이래 유통된 '공화주의적 모성(republican motherhood)'과 같은 여성주의 정치 언어를 재구성하고자 시도했다.

18세기 영국 지성사 연구 성과 중 1990년대 이후의 젠더·여성 문학 연구에 가장 깊은 영향을 준 개념 중 하나는 '상업(commerce)'이다. 앞서 언급한 『마키아벨리언 모멘트』에서 포콕은 18세기 잉글랜드를 상업 사회의 도래가 고전적 혹은 공화주의적 시민 관념이라는 수원(水源)에 치명적인 독극물을 부어 버린 광경으로 묘사했다. 고전기 정치론에서부터 초기 근대 민병대 논쟁에 이르기까지 경제적 자유와 독립성을 갖춘 자영농은 시민군의 물질적 토대로 여겨졌다. 따라서 상업이 침투한 근대사회는 독립적인 시민, '남자다운' 남성이 존속하는 데 필요한 토대를 상실해 가는 곳으로 인식되었으며, 도시 생활의 사치와 유행이 남성이 남성성을 상실하고 '여성화(effeminate)'되는 위기에 빠뜨리는 상황을 개탄하는 목소리가 등장했다. 자연법 및 계몽사상 역사관의 언어에서 상업을 인간의 교화와 문명 진보의 동력으로 규정하는 만큼 그림은 더욱 복잡해졌다. 상업은 사회를 문명화하고 물질적 번영을 가능케 했지만, 동시에 남성성과 국가의 쇠퇴를 초래하는 양날의 칼이었다. 상업과 사치를 중심으로 덕성과 부패, 남성성과 여성성이 불안하게 회전하는 광경은 18세기의 젠더와 문학을 연구하는 이들에게도 깊은 영감을 주었다. 대표적으로 G. J. 바커-벤필드(G. J. Barker-Benfield)의 『감성의 문화: 18세기 영국의 성과 사회(The Culture of Sensibility: Sex and Society in Eighteenth-Century Britain)』(1992)에서처럼, 상업과 덕성, 젠더를 키워드로 삼는 연구들이 대거 등장하기 시작했다.

특히 2000년대 초부터 여성 문인과 젠더 연구자들은 18세기 계몽사상과 지성사 연구의 성과 또한 자신들의 지적 자산으로 수용하기 시작했다. 메리 울스턴크래프트(Mary Wollstonecraft, 1759~1797) 연구에 중요한 족적을 남긴 바버라 테일러(Barbara Taylor)의 『메리 울스턴크래프트와 여성주의적 상상력(Mary Wollstonecraft and the Feminist Imagination)』(2003)은 계몽사상의 사회변혁적 성격과 여성주의, 종교적 관념의 관계에 주목할 것을 요청했다. 이 시기 여성·젠더 연구와 계몽사상 연구의 조우는 두 권의 연구서에서 분명히 확인할 수 있다. 10개의 섹션에 30편이 넘는 논문이 수록된『여성, 젠더, 계몽사상(Women, Gender and Enlightenment)』(2005)은 혁명기 시민권과 같은 고전적인 쟁점에서부터 인종, 계몽, 종교사상과 같은 비교적 새로운 쟁점까지 다채로운 주제의 논의를 포함하면서, 여성주의-계몽사상 연구의 지성사적 전회의 양상을 보여 주었다. 캐런 오브라이언(Karen O'Brien)의 『18세기 영국에서의 여성과 계몽(Women and Enlightenment in Eighteenth-Century Britain)』(2009)은 이제 18세기 여성·젠더 연구자들이 계몽사상 지성사의 주요한 문제의식을 소화하기 시작했음을 보여 주었다. 오브라이언은 잉글랜드 계몽 테제를 받아들여 지성사가들이 개척한 주제와 키워드를 여성 담론과 문인 연구에 응용해 보고자 했다. 2010년대에 이르면 계몽사상 지성사 연구 성과에 기초하여 젠더·여성주의적 문제의식을 펼치는 연구서를 찾아보기가 그리 어렵지 않게 된다.

초기 근대 영국 세계에서 여성이 가정 영역 바깥에서 말하고 행동할 수 있는 가장 중요한 통로가 기독교회였음을 고려할 때, 여성주의·젠더의 이해에서 종교는 핵심적인 주제일 수밖에 없다. 1980년대 이래 축적되어 온 잉글랜드 국교회 연구, 그리고 계몽사상 연구의 종교적 전회가 17~18세기 여성주의 연구와 본격적으로 접합하는 사례는 논문집 『메리 아스텔: 이성, 젠더, 신앙(Mary Astell: Reason, Gender, Faith)』(2007)에 수록된 작업에서 찾아볼 수 있다. 명예혁명 전후의 교회사 연구가 '초기 계몽'이라는 범주를 통해 계몽사상 연구와 결합하는 흐름은 여성주의·젠더 연구에도 영향을 주었다. 세라 아페트레이(Sarah Apetrei)의 『초기 계몽 잉글랜드에서 여성, 여성주의, 종교(Women, Feminism and Religion in Early Enlightenment England)』(2010)는 그동안 축적된 명예혁명 전후 교회 정치사 연구를 기반으로 여성주의와 종교 논쟁의 관계를 깊이 파고들었다. 18세기 중반부의 경우, 국교회 성직자들과 긴밀한 관계를 유지했던 '블루스타킹 서클' 여성 문인들을 놓고 종교와 여성을 함께 바라보는 연구들이 조금씩 나타나고 있다.

방금 일별한 바와 같이 18세기 여성 문인과 담론 연구는 공화주의·상업·계몽·종교와 같은 18세기 영국 지성사 연구의 주요한 성과를 대략 5~10년 정도의 시차를 두고 흡수하여 스스로의 자양분으로 삼아 왔다. 여성들이 속해 있던 세계에 대한 이해가 풍부해질수록, 여성의 언어, 여성에 관한 언어에 대한 이해 역시 더욱 풍부해질 수 있음을 고려하면, 이러한 흡수와 변용의 과정은 당연하다. 하지만 지성사 연구와 여성 연구의 상호작용에 잠재된 학문적 에너지는 여전히 점화되지 않고 있다. 이는 무엇보다 과거의 여성들에게 익숙한 글쓰기 장르, 즉 도덕과 가정, 종교에 관한 방대한 문헌이 여전히 지성사 연구자들의 시야 바깥에 놓여 있기 때문이다. 그중에서도 여성 문인들의 주된 활동 영역이었던 소설 장르는 지성사적 접근법이 매우 제한적으로만 활용되고 있는 대상이라 할 수 있다. 우선 18세기 영국소설사 연구의 기본적인 흐름부터 짚어 보자.

10 이언 와트와 '근대소설의 발흥' 테제

20세기 후반 18세기 영국소설사 연구의 핵심 구도는 이언 와트(Ian Watt)가 제출한 '근대소설의 발흥' 테제와 이를 비판적으로 계승하려는 다른 영문학자들의 응답으로 요약할 수 있다. 1957년 출간한 『소설의 발흥: 디포, 리처드슨, 필딩 연구(*The Rise of the Novel: Studies in Defoe, Richardson and Fielding*)』[11])에서 와트는 근대소설(novel)이 18세기 초 영국, 특히 대니얼 디포(Daniel Defoe, 1660~1731), 새뮤얼 리처드슨(Samuel Richardson, 1689~1761), 헨리 필딩(Henry Fielding, 1707~1754)과 같은 소설가의 작품에서 시작된다고 주장했다. 이를 떠받치는 것

---

11) 한국어판은 『소설의 발생』(강유나·고경하 옮김, 도서출판 강, 2009)이다.

은 다음의 두 가지 전제였다. 먼저 와트는 근대소설의 핵심적인 특징이 '형식적 사실주의(formal realism)', 즉 스스로가 체험하는 삶과 세계를 있는 그대로 또 상세하게 기술하는 개인의 시점을 구현하는 서술 기법에 있다고 규정했다. 이러한 근대소설의 발흥은 당시 부르주아와 중간계급을 중심으로 하는 독서 대중의 형성에 힘입은 것이었다.

이미 와트가 구축해 놓은 패러다임 내에서 공부를 시작한 후대의 독자들은 간과하기 쉬우나, '근대소설의 발흥' 테제는 반드시 새로운 출발점이기만 한 것은 아니었다. 이후의 회고에서 누차 밝히듯, 와트는 죄르지 루카치의 『소설의 이론(*Die Theorie des Romans*)』(1916)이나 에리히 아우어바흐(Erich Auerbach, 1892~1957)의 『미메시스(*Mimesis*)』(1946)를 포함한 유럽의 문예 전통에 깊은 영향을 받았다. 이는 단순히 독서를 통한 간접적인 영향 이상을 의미했다. 연구장학금을 받아 미국에 체류하는 동안 와트는 캘리포니아에서 테오도어 아도르노를 만나 원고에 대한 논평을 받았고, 하버드에서 탤컷 파슨스(Talcott Parsons)의 사회이론 세미나에 참석해 구조기능주의와 막스 베버에 관해 배웠다.[12] 실제로 '근대소설의 발흥' 테제 기저에는 근대를 합리주의·경험주의적인, 또 사적 개인으로 구성된 부르주아계급의 대두와 동일시하는 역사 인식이, 또 소설 장르를 그러한 역사적 변화를 체현하는 미적 형식으로 간주하는 미학적 관점이 강하게 깔려 있다.

---

12) 와트의 대표적인 회고로는 다음을 참조하기 바란다. Ian Watt, "Serious Reflections on The Rise of the Novel", *Novel: A Forum on Fiction* 1(3), 1968, pp. 205~218; Ian Watt, "Flat-Footed and Fly-Blown: The Realities of Realism", *Eighteenth-Century Fiction* 12, 2000, pp. 147~166.(1978년 강연 출간)

루카치와 아도르노, 혹은 보다 거슬러 올라가 19세기 이래 서구 역사철학의 기본 골격을 매만져 본 적이 있는 독자라면 와트가 낯익은 전통의 계승자임을 알아차릴 수 있다.

『소설의 발흥』의 중요한 강점은 그러한 서사를 논증과 검토가 가능한 형태로 구현했다는 것이다. 유럽 대륙의 지적 전통에 매료되었을 뿐만 아니라 영국 케임브리지대학의 경험주의적이고 역사적인 학풍 내에서 교육받은 인물이기도 한 와트는 (그 자신의 회고적인 설명대로라면) 전자의 사유를 후자의 형식에 담아내고자 했다. 와트의 책은 다양한 1차 문헌을 인용할 뿐만 아니라, 특히 독서 공중의 형성을 사회사적으로 설명하는 2장에서 잘 드러나듯, 필요하다면 구체적인 수치까지도 제시하고자 했다. 이러한 글쓰기는 설령 책의 주장이나 수치 계산에 비판적인 연구자라 할지라도 와트의 진술을 학문적으로 검토하고 논의를 이어 나갈 수 있도록 해 주었다. 예컨대 루카치의 극도로 추상화된 서술 방식이나, F. R. 리비스(F. R. Leavis, 1895~1978)가 『영국 소설의 위대한 전통(The Great Tradition)』(1948)에서 제시한 도덕가적 비평은 동일한 지적 배경 및 취향을 공유하는 문인 독자층을 위한 글쓰기라 할 수 있었다. 반면 『소설의 발흥』은, 4년 뒤 출간되는 레이먼드 윌리엄스의 『기나긴 혁명(The Long Revolution)』(1961)과 함께, 후대의 연구자들에게 '연구 저작'으로 읽힐 수 있었다. 점차 영문학이 전문적인 연구 분야로 변모하기 시작한 20세기 중반, 와트의 책은 새로운 시대의 요구에 부합하는 하나의 표준이 될 수 있었던 것이다.

11 와트의 비판적 계승자들, 그리고 새로운 소설사?

이후 반세기 동안 와트의 테제가 18세기 영소설 연구에 끼친 영향은 존 롤스(John Rawls)의 『정의론(*A Theory of Justice*)』(1971)이 영미 정치철학 연구에서 차지했던 바와 유사하다고 할 수 있다. 그것은 옹호자와 도전자 모두가 공유하는 패러다임이 되었다. 다수의 소설사 연구자들은 소설이 개인의 내면을 있는 그대로 표현하는 근대적인 장르 형식이라는 서사를 별다른 이의 없이 받아들였다. 이에 따르면 소설 기법의 완성은 20세기 전반부 모더니스트들의 이른바 '의식의 흐름'이었고, 그 출발점은 리처드슨으로 대표되는 18세기 서간체 소설이었다. 특히 서간체 소설 연구에서 이러한 목적론적 서사는 지금도 유통되고 있다.[13] 『소설의 발흥』에 도전장을 내건 이들 대부분은 (스스로가 의식하든 아니든) 와트의 패러다임 내에서 이를 수정하고 보충하는 길로 나아갔으며, 그런 점에서 와트의 비판적 계승자라고 할 수 있다.

1990년대까지 비판적 계승자들은 크게 두 가지 방향에서 『소설의 발흥』에 이론(異論)을 제기했다. 첫째, 이들은 근대소설이 와트의 설명처럼 18세기 초중반에 급작스럽게 등장하지 않았으며, 로맨

---

13) 대표적인 예로는 Robert Adams Day, *Told in Letters: Epistolary Fiction before Richardson*(Ann Arbor: University of Michigan Press, 1966); Joe Bray, *The Epistolary Novel: Representations of Consciousness*(London: Routledge, 2003); Thomas Keymer, "Samuel Richardson(1689~1761): The Epistolary Novel", *The Cambridge Companion to European Novelists*, ed. Michael Bell(Cambridge: Cambridge University Press, 2012), pp. 54~71.

스와 도덕 지침서를 포함해 당대에 인기를 끌던 여러 장르와의 상호작용을 고려해야만 소설의 등장 과정을 이해할 수 있다고 지적했다. 존 리케티(John Richetti)의 선구적인 연구서 『리처드슨 이전의 대중소설(*Popular Fiction Before Richardson: Narrative Patterns 1700~1739*)』(1969)은 서사 장르와 작가군 모두에서 좀 더 큰 지도가 필요하다고 주장했다. 마이클 매키언(Michael McKeon)은 야심작 『잉글랜드 소설의 기원들, 1600~1740(*The Origins of the English Novel, 1600~1740*)』(1987)에서 마르크스주의 역사 이론을 빌려 장르와 인식론, 사회사를 아우르는 종합적인 상을 구축하고자 했다. J. 폴 헌터(J. Paul Hunter)의 『소설 이전: 18세기 잉글랜드 소설의 문화적 맥락(*Before Novels: The Cultural Contexts of Eighteenth-Century English Fiction*)』(1990)은 부제에 걸맞게 좁은 의미의 문학 장르 바깥으로 뻗어 나가는 다양한 장르를 함께 볼 것을 주문했다.

두 번째 유형의 비판자들에 따르면, 와트의 남성 중심적인 설명은 18세기 영문학장을 바라보는 관점을 왜곡시켰다. 당시 소설은 주 독자층이 여성일 뿐 아니라 여성 저자들이 비교적 수월하게 진입할 수 있다는 점에서도 '여성적인' 장르로 여겨졌다. 특히 영문학에서 여성주의적 의제가 점차 커다란 영향력을 발휘하기 시작한 1970년대 이래 과거의 여성 문인·소설가들이 계속해서 재발굴되었다. 이는 제인 스펜서(Jane Spencer)의 『여성 소설가의 발흥: 아프라 벤에서 제인 오스틴까지(*The Rise of the Woman Novelist: From Aphra Behn to Jane Austen*)』(1986) 및 재닛 토드(Janet Todd)의 『앤젤리카의 표지: 여성, 글쓰기, 소설, 1660~1800(*The Sign of Angellica: Women, Writing and Fiction,*

1660~1800)』(1988)과 같이 '영국소설'의 젠더적 성격 자체를 재규정하는 일련의 저작으로 이어졌다.14) 낸시 암스트롱(Nancy Armstrong)은 한발 더 나아가 경제적·도덕적 주체로서의 여성이야말로 최초의 '근대적 주체'였으며, 18~19세기 가정 지침서 및 가정 소설(domestic fiction) 장르가 그러한 주체성을 형성하는 데 공헌했다고 주장했다.15)

우리는 이러한 비판자 중 와트의 논의에 전제되어 있는 근대화 과정의 해묵은 서사 자체에 의문을 품은 이가 드물었다는 사실을 아울러 지적할 수 있다. 19세기부터 유통되어 온 특정한 근대성 혹은 근대적 주체 개념을 전제하고 소설 장르를 그 대변자로 규정한다는 점에서 비판자들은 충실한 계승자들이기도 했다. 미국 대학의 새로운 표준이 된 정체성 정치의 패턴을 따라, 근대적 주체=소설의 담지자를 여성, 비백인, 비부르주아, 비서구인으로 확장시키는 '비판적 갱신'이 와트 테제가 지속적인 영향력을 지닐 수 있게 하는 동력이 되었다고 말한다면 지나치게 냉소적인 평가일까?

결국 와트의 패러다임으로부터 벗어나기 위해서는 '근대소설' 혹은 '영국소설'이라는 범주, 보다 구체적으로는 이를 근대성의 대변자로 간주하는 전제 자체에 거리를 둘 필요가 있었다. 소설이 곧바로

---

14) Catherine Gallagher, *Nobody's Story: The Vanishing Acts of Women Writers in the Marketplace, 1670~1820*(Berkeley: University of California Press, 1994) 참조.
15) Nancy Armstrong, *Desire and Domestic Fiction: A Political History of the Novel*(New York: Oxford University Press, 1987). 한국어판은 『소설의 정치사: 섹슈얼리티, 젠더, 소설』(오봉희·이명호 옮김, 그린비, 2020)이다. 다만 암스트롱의 여러 진술은, 연구사에서의 의의와 별도로, 오늘날 18세기 영국 연구자의 관점에서 볼 때 그대로 인용하기는 어렵다.

지배적인 지위를 점한 것처럼 그린 와트의 이야기와 달리, 실제로 18세기 영국 출판시장에서 소설은 다른 대중적 서사 장르와 마찬가지로 수차례 부침을 반복하는 운명을 맞이해야 했다.16) 1990년대 후반부터는 소설 장르를 포함해 문학 안팎의 '제도(institutions)'를 살펴봐야 한다는 요구가 등장했고, 이는 점차 새로운 형태의 문학사에 대한 요구로 이어졌다.17)

2000년대 이후 연구사의 궤적을 이해하기 위해 참고할 수 있는 대상은 옥스퍼드 및 케임브리지대학 출판부 등에서 출간된 개설 논문집이다. 대표적으로 『케임브리지 영국문학사, 1660~1780(*The Cambridge History of English Literature, 1660~1780*)』(2005), 『옥스퍼드 18세기 소설 핸드북(*The Oxford Handbook of the Eighteenth-Century Novel*)』(2015) 총 11권으로 구성된 『옥스퍼드 영어소설사(*The Oxford History of the Novel in English*)』 중 18세기 전후를 다루는 1권(2017) 및 2권(2015) 등을 살

---

16) J. A. Downie, "The Making of the English Novel", *Eighteenth-Century Fiction* 9(3), 1997, pp. 249~266; J. A. Downie, "Mary Davys's 'Probable Feign'd Stories' and Critical Shibboleths about 'The Rise of the Novel'", *Eighteenth-Century Fiction* 12(2-3), 2000, pp. 309~326; E. J. Clery, "The Novel in the 1750s", *The Oxford History of the Novel in English*, Vol. 2: *English and British Fiction 1750~1820*, eds., Peter Garside and Karen O'Brien(Oxford: Oxford University Press, 2015), pp. 73~91.

17) Homer Obed Brown, *Institutions of the English Novel: from Defoe to Scott*(Philadelphia: University of Pennsylvania Press, 1997); William B. Warner, *Licensing Entertainment: The Elevation of Novel Reading in Britain, 1687~1750*(Berkeley: University of California Press, 1998); Clifford Siskin, "The Rise of the 'Rise' of the Novel", *The Oxford History of the Novel in English*, Vol. 2: *English and British Fiction 1750~1820*, eds., Peter Garside and Karen O'Brien(Oxford: Oxford University Press, 2015), pp. 615~629, 특히 pp. 621~623.

펴보자.[18] 소설사는 이제 상이한 관심사와 접근법을 채택하는 다양한 연구자 사이의 분업과 협업으로 수행된다. 물론 대표적인 소설가와 저작에 대한 논의는 남아 있지만, 이제 문학의 생산과 수용을 둘러싼 사회제도·매체의 연구, 여러 문학적 전통·장르·형식이 연속·변화·상호작용하는 궤적을 추적하고 설명하는 연구의 비중이 대폭 늘어난다. 더불어 책에서 다루는 시공간적인 범위가 확장되면서 서로 다른 문학적 전통·장르 간의 관계가, 문학 텍스트가 번역·번안을 통해 국제적으로 수용되고 영향을 주고받는 과정이 조망된다. 문화적 맥락을 포함하여 좁은 의미의 문학 장르로 수렴되지 않는 여러 지적 맥락·글쓰기 전통, 문학에 관한 메타적인 담론의 연구도 문학사 영역에 포함된다. 물론 여전히 와트의 책은 (연구사를 설명하기 위해서라도) 종종 인용되며, 소설과 '근대적 주체'의 관계를 순진하게 전제하는 단행본도 계속 발견된다. 하지만 이제 18세기 소설 연구자라면 모두가 와트 테제를 상대해야 하는 시대는 지났다.

12 문학 연구와 지성사 사이

지금까지 스케치한 궤적을 소설사 혹은 문학사가 '문학 텍스트의 역사'에서 보다 넓은 범주로서의 문화사로 변모해 가는 과정으로

---

[18] 본 문단의 내용은 이우창, 「문학사 이후의 문학사 쓰기(들): 『대한민국 독서사』와 『문학을 부수는 문학들』」, 《학산문학》 102, 2018, 292~317쪽, 특히 4절의 내용 일부를 간추린 것이다.

요약할 수 있을 것이다. 물론 『소설의 이론』을 관통하는 총체적인 문명사의 관념, 『소설의 발흥』에 짙게 깔린 사회사적 인식을 고려하면, 우리는 문학'사'를 구성하는 역사의 방법과 초점이 이러한 변화의 관건이었다고 할 수 있다. 지난 한 세기에 걸쳐 정신의 역사는 장르·출판·매체·제도와 같은 보다 물질적이고 구체적인 요소의 역사로 대체되었고, 이제 문학 연구는 과거인들이 상상할 수 없을 정도로 전문화된 영역이 되었다.

이렇게 문학 연구는 진보해 왔다는 말로 이야기를 끝맺음해도 될까? 하지만 '진보'가 대체로 그러하듯이, 문학 연구의 문화사로의 전환은 무언가를 선택하고 포기하는 과정이기도 했다. 무엇을 포기했다는 말일까? 예컨대 지금까지의 이야기를 따라온 독자라면 다음과 같은 의문을 제기할 수 있다. 18세기 영국 사상의 이해를 송두리째 바꾸었다는 그 광대한 지성사 연구는 우리 이야기에서 어떤 역할을 하는가? 답변은 놀랍게도, 별다른 역할을 맡지 못했다는 것이다. 간단히 말해 1960년대 이래 정치사상사·지성사 분야에서 이룩한 수많은 연구 성과는 18세기 문학 연구자 다수에게 낯선 영역으로 남아 있다. 물론 1990년대 이래 포콕이나 혼트를 인용하며 '공화주의'와 '상업'의 키워드를 활용하는 연구물들은 적지 않게 등장했으나, 지성사 연구의 흐름과 함의를 깊이 있게 이해하는, 또 지성사 연구 방법론을 자신의 것으로 소화하고 받아들인 연구자는 소수에 불과하다. 20세기 후반 이래 문학 연구에서 '정치'와 '역사'의 기치를 내거는 풍경이 일상화되었음을 고려하면 정치사상사와 문학 연구의 거리가 거의 좁혀지지 않았다는 사실은 냉소적인 농담처럼 들린다.

부재의 이유를 설명하기란 늘 어려우나, 몇 가지 짐작해 볼 수 있는 정황은 있다. 먼저 (정치사상사 중심의) 지성사가와 문학 연구자는 지금까지 서로가 읽는 문헌에 대체로 무관심했다. 주로 공적인 논쟁에 집중하는 정치사상사 연구자들에게 대부분의 문학 텍스트는 사적인 영역에 속해 있으며, 따라서 진지하게 연구할 대상이 아니다. 반대로 문학 연구자들 또한 지성사가들이 읽는 정치 팸플릿 무더기에 별다른 흥미가 없으며, 홉스와 로크, 흄, 스미스와 같은 '철학자'를 인용할 때도 (지성사가들이 보기에는 이미 논쟁의 장 바깥으로 밀려난 지 오래인) 정치철학 해석을 그대로 참고하는 것으로 만족한다. 방법론의 차이도 있다. 지성사가들이 개별 텍스트로부터 언어적 맥락 및 저자의 행위와 의도를 복원하고자 한다면, 문학 연구자들 중 문화사적 관점에 근접한 이들은 행위자로서의 저자나 담론의 '내용'보다는 텍스트 안팎의 형식적 요인에 보다 관심을 갖는 경향이 있다. 특히 20세기 후반 '비평이론'의 물결 이후 많은 문학 연구자는 텍스트의 의미를 역사적으로 고정하는 대신 미적으로 완결된 해석적 서사를 끌어내는 일에 이끌리는데,(아마도 그것이 문학 연구자들이 종종 철학-이론 텍스트에 매혹되는 한 가지 이유일 것이다.) 지성사는 정확히 이러한 독해 방식을 비역사적인 것으로 규탄하면서 성장해 왔다.

초점은 어느 한쪽의 우월함을 논하는 대신 지성사와 문학 연구의 상호 무관심 속에 미개척지로 남아 있는 영역의 존재를 지적하는 데 있다. 나의 박사학위논문에서 다룬 18세기 영국의 여성 담론, 그 중에서도 '초기 여성주의' 전통은 그 하나의 예이다.

13 지도와 공백

　지금까지의 지도 그리기는 18세기 영국이라는 시공간에 대한 학계의 이해가 상이한 문제의식과 접근법에서 출발한 연구로 겹겹이 덧대어져 있음을, 때로는 그러한 접근법이 조우하여 서로의 혁신을 촉발하기도 함을 보여 준다. 하지만 아무리 많은 연구가 축적된 것처럼 보이는 분야라 할지라도 기존의 접근법·주제·분과 사이에 어딘가는 공백 지대가 존재하며, 지금도 그러한 영역을 찾고 메꾸고 수정하는 과정을 통해 학술장의 지식은 계속해서 갱신되고 있다. 이는 새로운 연구자가 '내가 도대체 새로운 기여를 하는 게 가능하기나 할까?'라는 좌절감을 느끼기 쉬운 18세기 영국 연구와 같은 분야에서 특히 중요하다. 우리는 겁을 먹고 처음부터 스스로의 한계선을 긋는 대신, 지도와 지도 사이에 완벽해 보이는 이음매의 빈틈을 찾아내고, 그곳으로 비집고 들어가 무엇이 왜 누락되어 있는가를 확인하는 냉정함과 인내심이 필요하다.

　이 글의 마지막 논의는 연구사의 지도에서 그러한 공백지 한 군데를 지목하는 데서 시작한다. 그 공백이란 바로 18세기 영국의 여성 옹호론적 담론, 혹은 초기 여성주의 언어의 연구이다. 이미 1970년대부터 학계에서 '여성주의 역사'의 재구성이 시도되었음을, 지금까지 지성사·여성사·영문학에서 축적되어 온 막대한 연구를 생각하면 다름 아닌 이 주제가 여전히 미개척지로 남아 있다는 사실이 다소 의아하게 느껴질 수 있다. 그 연유는 각 분과의 연구 방향을 짚어 보면 어느 정도나마 짐작 가능하다.

가. 지성사 연구

지난 수십 년간 지성사가 보여 준 엄청난 확장 폭에도 불구하고, 그 중핵을 차지하는 것은 여전히 정치사상의 연구이다. 이는 달리 말해 근대 초 영국 사회에서 정치적인 장르로 간주되지 않았던 영역, 예컨대 여성 도덕론이나 여성 독자를 염두에 둔 소설과 같은 문헌이 지성사 연구자들의 연구 범위 바깥에 남겨져 있음을 의미한다. 실제로 여성 문제를 다루는 지성사 연구의 대부분은 메리 울스턴크래프트나 메리 아스텔(Mary Astell, 1666~1731) 등 여성 (정치)철학자로서 이미 학계에서 어느 정도의 입지가 구축된 저자만을 다루며, '덜 중요한' 여성 인물의 저작을 새롭게 파헤치는 경우는 드물다.

나. 여성사 연구

여성사 연구 중 여성 문인·담론 연구에서 주류를 점하는 것은 특정한 인물의 행적이나 저작을 추적하는 사례연구 및 (여성주의적 문제의식하에서) 사회문화사의 접근법을 통해 담론을 다루는 연구이다. 이들에게 결여된 것이 언어적 맥락을 정교하게 재구성하기 위한 방법론이라면, 반대로 지성사 연구의 문제의식을 받아들인 여성사 연구의 경우, 아직은 그 수도 적을뿐더러 극소수를 제외하면 정치사상사 연구에서 구축된 주제와 프레임을 그대로 받아들여 활용하는 편이다. 이는 결국 여성사 내에서 당시 여성 문인·담론에 고유한 언어적 맥락을 복원하는 작업이 좀처럼 시도되지 않는 결과로 나타난다.

다. 영문학 연구

20세기 후반 이래 영문학 연구는 특히 신역사주의(new historicism)의 영향 아래 점차 전통적인 '문학 텍스트'의 범주에 포괄되지 않는 문헌들까지도 연구 대상으로 삼고 있다. 그러나 여전히 대부분의 문학 연구는 문학 텍스트의 '해석'에 집중하고 있으며, (푸코의 영향하에) '비문학' 텍스트를 끌어들여 직접적인 담론 분석을 시도하는 경우에도 당대의 언어적 실천과 맥락을 엄밀하게 역사화하는 작업은 드물다. 특히 종교와 도덕 언어처럼 18세기 여성 담론을 분석하기 위해서는 필수적으로 통과해야 하는, 하지만 전통적으로 여성 혐오적이고 반여성주의적 성향을 띠고 있다고 간주되어 온 영역의 경우 깊이 있게 파고 들어간 연구를 찾기란 쉽지 않다.

이처럼 18세기 영국의 여성 담론 또는 초기 여성주의의 연구처럼 바깥에서 보기에는 이미 누군가 다 정리해 놓았을 것 같은 주제는 실제로 그 어떤 분과에서도 정면으로 다루지 않은 채 남아 있다. 초기 여성주의라 부를 만한 것이 존재함을 알고 있는 연구자조차도 그것이 당대의 종교적·도덕적 담론이라는 맥락 내에서 어떻게 형성되어 변했고, 어떤 의제와 쟁점을 지녔고, 어떤 논리로 작동했는지를 들여다보지는 않는다. 이제부터 이야기할 나의 박사학위논문 「새뮤얼 리처드슨과 초기 여성주의 도덕 언어」는 부분적으로 이러한 공백을 채우는 작업이기도 하다.

14 「새뮤얼 리처드슨과 초기 여성주의 도덕 언어」: 여성주의 도덕 언어의 탐구

　대다수의 학위논문이 그렇듯, 나의 작업 역시 애초의 계획과는 매우 다른 궤적을 그리며 나아갔다. 2018년의 첫 구상에서 나는 크게 두 가지 과제를 염두에 두고 있었다. 하나는 영문학 연구와 지성사적 방법론이 효과적으로 접합될 수 있음을 입증하는 것이었다. 나는 처음 대학원에서 영문학 공부를 시작할 때 매료되었던 비평·비판 이론에 점차 회의적이 된 상태였다. 특정한 이론에 기반한 문학 연구는 그 이론의 유행이 지나가는 순간 더는 생명력을 부여받지 못한다는 점에서 지속적인 가치를 얻기 어렵다. 무엇보다, 종종 '역사'와 '정치성'의 기치를 내걸고 있음에도 불구하고, 현실의 이론(적 연구)은 대부분 실제 역사·정치 연구의 기준에 볼 때 다소 단순한 수준의 분석에 만족하는 경향이 있다. 이론의 약속과 실제 사이의 괴리에 실망감을 느낀 내게 케임브리지 학파의 정치사상사 연구는 역사와 정치의 성찰은 물론, 텍스트 해석의 차원에서도 보다 엄밀하고 설득력 있는 작업을 가능하게 하는 모델로 다가왔다. 하지만 지성사 연구의 이론적 전제를 이해하는 일과 이를 (특히 그러한 문제의식이 널리 공유되지 않은 분야의) 실제 작업으로 구현하는 일은 별개이다. 나는 학위논문을 통해 영문학 연구에서도 지성사적 접근법을 충분히 활용할 때 매우 생산적인 결과물을 만들어 낼 수 있음을 입증하고자 했다.
　전자가 10년 가까운 기간 동안 조금씩 만들어져 온 문제의식이라면, 젠더 연구의 관점은 당대의 쟁점과 닿아 있었다. 2010년대 중

후반 한국을 살아간 많은 인문사회 연구자들과 마찬가지로, 나 또한 2015년 이래 사회를 강타한 페미니즘 및 젠더 논쟁의 부상에 큰 충격을 받았다. 그중 하나는 문화적·담론적 텍스트를 읽을 때 성별화된 역할·규범의 작동을 좀 더 주의 깊게 살펴보게 된 것이다. 특히 2010년대 한국의 대표적인 대중문화 장르라 할 수 있는 웹툰을 보면서, 로맨스 웹툰의 '남주'가 당시 유통되던 여러 여성주의적 의제에 공감하는, 과거에 비해 한층 더 부드럽고 지적인 남성상에 가까워진 사례들을 접할 수 있었다. 부분적으로 G. J. 바커-벤필드의 (유감스럽게도 아직 번역되지 않은) 『감성의 문화: 18세기 영국의 성과 사회』에 힘입어, 나는 문득 2015년 이후 몇 년 동안 한국의 대중적 로맨스와 18세기 영국 소설이 유사한 변화를 겪었다는 생각을 떠올리게 되었다. 여러 차이에도 불구하고 '바람직한 남성'의 상(像)이 바뀌는 모습을 보여 준다는 점에서 둘은 상통하는 바가 있었다.

크고 근본적인 문제의식을 구체적인 논문 구상으로 벼려 내는 작업은 결코 쉽지 않다. 나는 운이 좋았다. 잠깐 들렀던 옥스퍼드대학교 엑서터칼리지에서 18세기 영국의 대표적 소설가 새뮤얼 리처드슨의 아직 제대로 연구되지 않은 마지막 소설 『찰스 그랜디슨 경의 이야기(*The History of Sir Charles Grandison*)』(1753)를 먼저 읽어 보라는 조언을 받았던 것이다. 이제는 절판된 약 1600쪽 분량의 비평판(새로운 4권짜리 비평판은 학위논문 제출이 끝난 2022년 9월에 출간되었다.)을 꾸역꾸역 읽고 난 뒤 나는 학위논문에서 문학 연구와 지성사, 남성성 연구를 결합할 수 있겠다는 판단을 내렸다. 『찰스 그랜디슨 경의 이야기』는 계몽의 문화와 남성성 문제를 작가의 더욱 유명한 다른 소설 이상으로 깊이 있게 담아내고 있는, 바로 나와 같이 지성사와 영문학을 함께 공부한 연구자들에게 가장 안성맞춤이라고까지 할 수 있는 텍스트였다.

기쁨도 잠시, 나는 곧 더욱 커다란 난관이 기다리고 있음을 깨달았다. 『찰스 그랜디슨 경의 이야기』가 앞서와 같은 내용을 담고 있다면, 이는 구체적으로 어떠한 맥락과 연결되어 있는가? 소설 텍스트의 맥락화는 그것을 배치할 맥락(들)이 사전에 어느 정도 구축되어 있을 때 비로소 가능하다. 리처드슨 연구의 방대함에도 불구하고, 내가 찾는 맥락을 규명해 주는 작업은 아직 존재하지 않았다. 결국 나 자신이 직접 텍스트를 둘러싼 맥락을 찾아 재구성하는 기약 없는 작업에 뛰어들어야 했으며, 실제로 이는 논문 준비 과정에서 가장 막막하고 혼란스러운 시간이었다.

다행히 몇 가닥의 실마리가 있었다. 먼저 2010년대 초부터 새롭게 출간된 『케임브리지판 새뮤얼 리처드슨 저작집(*The Cambridge Edition of the Works of Samuel Richardson*)』에 힘입어 리처드슨이 소설을 집필하기 전에 무슨 문제의식을 갖고 어떤 장르나 유형의 글을 썼는지를 추적할 수 있었다. 저자로서의 그는 근본적으로 도덕가(moralist)였고, 이는 그의 소설 작품에도 해당되었다. 좀 더 중요한 단서는 그의 소설에 담긴 남성성 담론, 좀 더 구체적으로 남성의 개혁을 부르짖는 언어가 여성 담론과 밀접한 연관이 있다는 예상이었다. 18세기 영국 문인들은 자신들이 과거와는 질적으로 구별되는 '문명화된' 근대에 진입했다는 인식을 공유하기 시작했으며, 따라서 '전 근대'에나 어울릴 법한 야만적이고 미개한 풍속을 교화해야 한다고 믿었다. 남성성 또한 계몽과 교화의 대상 중 하나였다. 남성성 교화의 담론은 다양한 갈래로 구성되어 있었고, 리처드슨의 그것은 기본적으로 여성과의 관계에서 남성이 어떻게 바뀌어야 하는지에 초점을 두었다. 이는 리처드슨 소설의 남성 담론을 제대로 맥락화하기 위해서는 다시 당대의 여성 담론을 재구성할 필요가 있음을 의미했다.

논문 작성이 자꾸 미뤄진다는 주변의 우려에도 불구하고, 그저 라이선스로서의 의미만을 갖는 학위논문에 만족할 수 없었던 나는 18세기 전반부의 여성 담론, 특히 여성을 개혁하고 지지하는 초기 여성주의적 전통을 탐구하는 과제에 뛰어들었다. 이 주제에 관해 완성된 그림을 제시하는 선행 연구를 찾을 수 없었기에, 부분적인 단서를 제공하는 몇몇 2차 문헌에 의지하면서 그러한 주제를 포함하는 1차 문헌을 하나씩 찾아 읽기 시작했다. 문제는 단순히 자료들을 읽고 정리하는 것을 넘어 문헌들이 공유하는 언어적 패러다임을 식별하고 또 그것을 구체적인 역사적 서사 속에 위치시키는 데 있었다. 지난한 고투의 과정을 생략하면, 핵심은 결국 다음의 물음에 답변하는 것이었다. 여성의 권익을 옹호하고 그 지위를 제고하려는 담론이 유의미하게 존재하지 않는 사회에서, 그와 같은 담론의 출현을 어떻게 설명할 수 있는가?

앞의 질문은 다시 두 가지 질문으로 나누어질 수 있다. 첫째, 여성 옹호론, 여성 개혁론자들이 정당성을 확보하고, 또 논지를 정교화하기 위해 가져와 사용할 수 있는 언어적 자원은 어떤 것이 있었나? 18세기 초 여성주의의 언어적 토대는 무엇인가? 그에 대한 답변은 당대인들이 공유하던 도덕 언어로부터 찾을 수 있었다. 18세기 도덕철학과 자연법, 교육론 전통에 기초적인 배경지식이 있었던 나는 특히 사무엘 푸펜도르프와 존 로크를 통해 당대 도덕 언어의 핵심에 의무론적 사고가 있음을, 초기 여성주의자들 또한 이를 전유한다는 사실을 깨닫게 되었다. 오늘날과 같이 만인이 '권리'를 보유한다는 감각이 통용되지 않는 세계에서, 초기 여성주의자들은 당대에 유통된 의무론적 논리를 활용하여 여성의 미덕(virtue) 및 탁월성을 주장하고, 다시 이를 기반으로 여성의 교육 및 개혁의 필요성을 역설할 수 있었던 것이다.

두 번째로, 그러한 주장은 어떻게 사회적 동력을 획득할 수 있었는가? 단서를 제공한 것은 잉글랜드 국교회를 다룬 교회사 연구였다. 앞서 짚어 본 바와 같이, 1980년대 이래 18세기 국교회사 연구에서는 왕정복고·명예혁명 이후 국교회와 성직자들이 어떤 문제의식을 갖고 무슨 과제에 대면했는가를 새롭게 조명하는 중요한 작업이 계속해서 제출되었다. 17세기 중반 혁명정부에 의해 철폐되었다가 왕정복고를 거치며 간신히 부활한 국교회의 사제들은 다시는 그와 같은 실패가 반복되지 않기 위해 진력했으며, 이는 풍속개혁운동(movement for the reformation of manners)과 같이 사회의 도덕적 기풍을 쇄신하려는 시도로 이어졌다. 가정과 여성은, 국교회 사제 리처드 얼스트리(Richard Allestree, 1621?~1681)와 같은 저자가 집필한 각종 도덕 지침서에서 잘 나타나듯, 그러한 노력을 위한 전략적 교두보였다. 이를 위해 국교회 여성 개혁론은 여성이 도덕적·지적 역량을 갖춘 주체임을 전제하고 여성의 교육을 부르짖었다. 같은 전제를 공유한 초기 여성주의 담론은 국교회 개혁론의 영향력에 힘입어 여성의 권익과 (남성과의) 동등성이라는 주제를 사회적인 쟁점으로 만들어 내는 데 성공했다.

「새뮤얼 리처드슨과 초기 여성주의 도덕 언어」 1부는 초기 근대 시기 도덕 언어의 기본적인 전제를 제시하고, 이로부터 여성 옹호론의 전략과 논리가 만들어질 수 있는 가능성을 검토하는 데서 시작했다. 이어 17세기 후반의 '여성 논쟁'이 다양한 지적 전통과 닿아 있었음을 보여 준 뒤, 국교회 풍속 개혁 운동의 맥락 속에서 18세기 '국교회 여성주의'의 주제들이 형성되고 확장되는 과정을 따라갔다. 18세기 중반 새뮤얼 리처드슨의 동시대인들까지 오면, 비록 한정된 저자·독자 집단에서 유통되었다고는 해도 잡지와 논쟁 팸플릿에서 여성의 상황을 둘러싼 논쟁을 흔히 접할 수 있게 된다. 일단 초기 여성주의 도덕 언어 전통을 복원한 이후 다음 과제는 분명했다. 리처드슨과 그의 소설은 이러한 전통과 어떤 관계를 맺고 있었는가?

15 「새뮤얼 리처드슨과 초기 여성주의 도덕 언어」: 초기 여성주의 소설화

1부의 골격이 어느 정도 갖춰진 시점에서 2부의 집필은 비교적 수월하게 진행되었다. 리처드슨 연구를 본격적으로 수행하기 위해서는 어느 정도 노력이 필요하다. 오늘날의 비평판을 기준으로 할 때 리처드슨 작품집의 분량은 5000~6000여 쪽, 그가 주고받은 서간 선집은 10여 권에 달한다. 하지만 이를 시간적 순서에 따라 배치해 보면 그의 관심사가 변모하는 과정을 하나의 일관된 서사로 구축해 볼 수 있다. 정치 평론지의 간행에 관여했던 짧은 시기 이후, 저자로서 리처드슨의 주된 관심사는 도덕, 특히 국교회를 중심으로 하는 기독교 도덕론의 설파였다. 그의 역량이 가장 잘 발휘된 영역은 여성 독자를 교육하기 위한 수단으로서의 소설 장르였다. 놀라운 성공을 거둔 『파멜라(*Pamela*)』 이후, 리처드슨의 소설은 점차 당대 여성 문인들이 관심을 기울이던 주제, 즉 여성을 둘러싼 갖가지 부조리 및 여성이 그에 맞서 싸우기 위해 필요한 도덕적·지적 교육에 관한 내용을 전면에서 다루게 되었다. 후기의 대표작 『클라리사(*Clarissa*)』와 『찰스 그랜디슨 경의 이야기』는 사실상 초기 여성주의의 문제의식을 소설로 옮긴 작업이라고 할 수 있다.

리처드슨의 소설에서 당대 여성 담론과 초기 여성주의의 주요 주제를 찾아내는 일은 그다지 큰 문제가 아니었다. 2부 작업에서 좀 더 많은 고민을 요구한 것은 그보다는 '근대소설' 장르의 규정이라는 문학사의 오랜 쟁점에 어떠한 답변을 제출하느냐였다. 다섯 번째 기고에서 설명한 바와 같이, 오랜 기간 동안 영소설사 연구는 18세기 소설로부터 20세기 모더니스트들의 '의식의 흐름'으로까지 이어지는 소설 장르의 '발전' 과정을 자명하게 전제해 왔다. 여기에서 근대소설의 핵심은 개인의 내적 심리를 사실적으로 기술하고 재현하는 데 있는 것으로 규정했으며, 리처드슨의 서간체 소설은 그 주요한 출발점 중 하나로 간주되었다. 하지만 리처드슨과 그를 둘러싼 문헌을 파고들수록 이러한 통념의 설명력은 낮아진다. 무엇보다도 영국에서 17세기 후반부터 유통되기 시작한 기존의 서간체 소설과 리처드슨의 소설 사이에 직선적인 발전의 궤적을 그리기는 쉽지 않다. 당대 출판 시장에서 유명인의 내밀하고 사적인 삶을 드러내는 서신집이 나름의 인기를 끌었으며 이를 차용한 소설도 여럿 출판되었으나, 리처드슨은 여기에 명확히 비판적인 입장이었다. 실제로 오늘날 서간체 소설의 대명사로 불리는 『파멜라』는, 독자들의 시선을 끌기 위한 '선정적인' 요소에도 불구하고, 근본적으로는 그 자신이 직접 집필·출간하기도 했던 '서신 교범집'과 같은 교육적인 출판물에 가까운 텍스트였다.

리처드슨의 복잡한 정체성 역시 해석을 까다롭게 만드는 요인이었다. 그를 소설가로 기억하는 오늘날의 시선과 달리, 리처드슨의 가장 중요한 정체성은 인쇄업자였다. 그는 10대 때 인쇄공의 도제로 들어가 이후 인쇄공 장인(master printer)의 인가를 획득했으며, 나아가 자신의 작업장에서 의회의 법령을 포함해 수천 종의 문서를 인쇄할 만큼 사업을 성장시켰다. 이때 리처드슨의 역할이 단지 주어진 텍스트를 전달받아 인쇄하는 일에 국한되었다고 생각해서는 안 된다. 그는 다른 저자·비평가·출판인·문인들, 즉 출판물의 구상에서 출판·배포까지의 과정에 참여하는 다양한 행위자와 긴밀하게 교류했고, 종종 텍스트의 수정과 편집에, 필요하다면 기획에까지 깊게 개입했다. 마치 오늘날의 노련한 출판업자들이 그러하듯 말이다. 종종 문학 전공자들은 소설가를 이해할 때 마치 그가 소설 작품만을 읽고 쓰며 살아간 사람인 양 전제하는 함정에 빠지곤 한다. 하지만 적어도 리처드슨만큼은 그러한 틀로 이해해서는 곤란하다. 출판 시장을 넓게 바라볼 수 있었던 그는 자신의 소설이 성공할 가능성을 높이기 위해 다양한 노력을 기울였다. 대표적으로 『파멜라』는 소설 장르의 인기가 하락한 상황에서 독자들의 새로운 수요를 겨냥한, 리처드슨의 다양한 홍보

전략이 투입된 결과물이기도 했다.

리처드슨 자신의 관점 혹은 인식 지평을 재구성하려는 노력은 그가 쓰고자 하는 '소설'이 정확히 무엇이었는가를 이해하기 위해서도 필요하다. 후대의 평자들은 과거의 소설 작품을 이해하고 평가할 때 암묵적으로 자신들이 전제하고 있는 특정한 소설관을 기준으로 삼기 쉽다. 하지만 리처드슨 자신이 그러한 기준에 부합하고자 했는지, 혹은 애초에 그러한 기준을 염두에 두기나 했는지는 별개의 문제이다. 달리 말해, 우리는 리처드슨이 생각하고 목표로 한 소설이 과연 무엇이었는가를 바로 그 자신의 시점에서 질문할 필요가 있다. 그는 대부분의 소설 작품이 해롭다고 생각하면서도, 동시에 (상업적인 고려를 내려놓지 않으면서) 소설이 독자들의 도덕적 교육을 위한 하나의 수단이 될 수 있다고 믿었다. 후자의 가능성을 실현하기 위해 그는 등장인물의 발화 내용과 글투만이 아니라 서사 형식에까지 공을 기울이는, 소설 장르의 '고급화'라 할 만한 시도를 수행했다. 실제로 그가 출간한 네 편의 소설,『파멜라』,『파멜라』속편,『클라리사』,『찰스 그랜디슨 경의 이야기』를 차례대로 읽어 보면, 각각의 작품에서 서간체라는 표면적인 공통점 아래에 장르 형식이 조금씩 바뀌고 있음을 알 수 있다. 그러한 장르 실험의 의미는 당시의 소설만 읽어서는 알아차리기 어렵다. 18세기 출판 시장에서 더 폭넓고 꾸준하게 소비된 다른 장르들, 예컨대 팸플릿과 교육 지침서, 그리고《스펙테이터》와 같은 사회·도덕 평론지를 함께 본다면, 리처드슨이 다양한 장르를 참조하여 소설 장르를 새롭게 구축하고 있었음을 깨닫게 된다. 초기 여성주의의 소설화는 내용의 차원만이 아니라 형식의 차원에서도 함께 진행되었다.

학위논문의 1부가 리처드슨의 텍스트가 속해 있던 언어적 맥락을 제시하는 과정이었다면, 2부는 리처드슨이 소설 쓰기를 통해 무엇을 하고자 했으며 또 실제로 무엇을 했는가를 해석한다. 여기에 암시되어 있듯, 학위논문의 2부는 (포스트)구조주의의 유입 이후 많은 문학 연구를 지배해 온 '저자의 죽음'이라는 전제를 받아들이지 않았다. 텍스트 또는 텍스트적 실천을 하나의 행위로 부를 수 있다면, 그러한 행위가 지닌 역사적인 의미를 해석하기 위해서는 행위자로서의 저자 개념을 다시 도입해야 한다. 아마도 브뤼노 라투르(Bruno Latour)의 경험적 연구나 마크 비버(Mark Bevir)의 '약한 의도주의(weak intentionalism)' 개념을 접한 독자라면 행위(자)와 의도, 의미 사이의 연관성을 이해할 수 있을 것이다. 2부는 한 명의 저자-행위자로서 리처드슨의 이력을 추적하면서 그가 텍스트 안팎에서 어떤 의도를 품고 있었는지를 재구성하고, 다시 그의 소설이 그러한 의도에 따라 초기 여성주의의 언어적 자원을 어떤 방식으로 활용하고 있는가를 검토했다. 이를 통해 나는 지금까지 여러 리처드슨 전문가들이 수행해 온 방식과 상당히 다른, 그러나 역사적으로 엄밀한 독서가 가능함을 보여 주고자 했다.

지성사적 접근법을 통해 좀 더 정확하고 풍부한 문학 연구가 가능함을 보여 주겠다는 당초의 목표는 얼마나 성공적이었을까? 한국에서 18세기 영문학을 다룬 370쪽짜리 박사학위논문을 처음부터 끝까지 읽을 사람이 많지 않음을 고려할 때, 여기에 대한 객관적인 평가가 단시간에 이뤄질 것 같지는 않다.(물론 나는 내 목표가 달성되었다고 믿는다.) 18세기 연구를 구성하는 기존 분과의 성과를 전제로 하되 그것들 사이의 공백지를 겨냥한 결과물이라는 점에서, 모든 전문적인 연구들이 그러하듯, 이 연구의 의미를 음미하기 위해서는 독자들의 노력이 필요하다. 그럼에도 불구하고 나는 18세기 영문학, 역사학 전공자에 국한되지 않는, 예컨대 젠더의 문제에 관심을 가진 이들을 포함한 한국의 다양한 독자들을 위해서도 글을 썼다. 그러한 독자들이 이처럼 복잡한 구조물에 조금 더 편안하게 들어올 수 있는 경로를 제공하고자 한다는 점에서, 지금까지의 이야기는 정말로 '연구자의 지도'이기도 한 셈이다. 언젠가 기꺼이 미로 속으로 발걸음을 내디딜 이들이 자신들의 더 빛나는 성배를 찾아내기를 기원한다.

세계문학의 바깥, 혹은
세계-외-문학을 향하여
── 지구사적 변환과 새로운 글쓰기의 향방

최진석

1   세계와 한국, 그리고 문학

　　현재 나는 서울 소재 한 대학의 문예창작학과에서 비평과 문화이론을 가르치고 있다. 하지만 본래 전공에 관해 묻는다면 '러시아학'이라고 답하는 게 옳겠다. 노어노문학과 학부를 나와서 대학원도 마치고, 모스크바에서 박사학위까지 받았기 때문이다. 학부 시절까지 셈한다면 10년 가까이, 대학원만 계산해도 20년 넘게 러시아문학과 문화, 사회와 역사 등에 관해 연구했고 논문과 저술도 썼으니 '러시아 전공자'를 자임해도 오해 살 일은 없을 듯하다. '전공의 경계' 넘기가 쉽지 않은 한국 학계의 관례를 고려할 때, 다소 이례적으로 비칠 법하다.
　　'전과'의 계기는 2010년대 중반 무렵, 모 대학 연구원으로 재직중일 때 한국문학 평론에 도전한 일이었다. 국적만 다를 뿐 문학의 본령이야 러시아든 한국이든 엇비슷하지 않겠느냐는 주먹구구식 판단도 작용했다. 골탕이라도 먹이려 했는지 국문학계 친구들의 술자리 권유까지 더하여 평론을 끄적여 보았는데, 초짜의 운이 따라서인지 덜컥 등단하게 되었다. 그 후 기회가 닿을 때마다 한국 현대 시와 소설에 대해 이런저런 글을 쓰면서 책도 펴낼 수 있었고, 그렇게 가닿은 인연이 현재 나의 '본업'이 된 셈이다.

서두가 좀 긴데, 이 글의 실마리는 그때 친구들과 나눈 대화에서 출발한다. 문학평론가가 되었다는 소식을 전했을 때, 국문학계 동료들의 축하와 조언이 가장 많았다. 그도 그럴 수밖에 없는 것이, 줄곧 외국 문학 연구로 경력을 쌓아 온 사람이 갑자기 한국문학에 관한 글을 쓴다고 하니 걱정이 이어질 수밖에. 작품 읽기의 시선이나 방법, 토대가 사뭇 다르니 차근히 경력을 쌓아 가라는 친구도 있었지만, 한국문학 읽기와 쓰기에 내가 금세 질려 버리지는 않을지 궁금해하는 친구도 없지 않았다. 이유는 간단한데, 세계문학의 '중심'이자 '고봉준령(高峯峻嶺)'에 속한 러시아문학에 비해, 100년을 조금 더 넘었을 뿐인 '변방'의 한국문학이 얼마나 매력적으로 여겨질지 의문스럽다는 것이다. 러시아문학이나 세계문학의 고전에 비하면 좀 실망할 수도 있으니, 너무 기대 말라는 넌즉한 조언도 있었다. 자격지심이라기보다, '문학의 시대'가 저물어 가는 시점에서 한국문학이 맞이한 곤경을 담아 던진 질문이었다.

그런 친구들의 물음에 당시 나로서는 딱히 답할 수가 없었다. 한국문학과 그 역사에 대해 오래 공부하고, 많은 것을 느끼고 성찰해 온 그들에 비해 내가 아는 한국문학의 영토는 대단히 협소했던 탓이다. 그럼에도, 그와 비슷한 의문을 여럿 접한 후로는 무언가 마음 한 구석이 찜찜했던 것도 사실이다. 외국 문학, 곧 러시아문학을 비롯한 세계문학이란 대체 무엇일까? 한국문학은 그와 많이 다른 것인가? 한국문학에 관해 읽고 쓰는 일이 전업이 된 지금, 나는 그에 대한 나름의 답변을 갖고 있는가?

그런 의미에서 지금의 이 글은, 전공도 본업도 바뀌었으니 어떻게든 한국문학을 변호하거나 방어하려는 입장에서 쓰는 것은 아니다. 한국의 국력이 신장하고 다양한 문화 장르가 세계적 흐름의 한 축을 형성하면서, 마침내 세계 유수의 문학상마저 한국의 작가를 호명하고 관심을 기울이는 시대가 왔다. 고유성과 독자성을 내세우며 한국문학의 자립 근거를 찾던 시기를 지나, 이제 세계문학의 지평에서 한국문학은 어떤 자리에 있는지, 그 현실과 전망에 관해 이전과는 다른 이야기를 해 봄 직하다. 외국 문학 전공자였던 입장에서 한국문학의 현재와 미래를 어떻게 가늠해 볼 수 있을지, 생각의 작은 단편을 끄적여 본다.

2 근대 또는 세계-내-문학의 시대

20세기를 전후하여, 100년을 조금 더 넘은 한국문학사에서 가장 중요하게 다루어졌던 개념의 하나는 '근대'가 아닐까 싶다. 근대란 무엇인가? 간단하게 답한다면, 근대는 '서구'이자 '보편', '문명'인 동시에 '진보'의 표상이다. 이들 단어가 함축하는 것은 역사란 하나의 줄

세우기라는 것, 즉 세계에는 더 앞선 국가와 민족으로부터 더 뒤진 국가와 민족에 이르는 일련의 순위가 있다는 것. 전자에 가까울수록 진보적이고 후자에 가까울수록 후진적이라는 도식이 근대성의 요체를 이룬다. 서세동점(西勢東漸)으로 집약되는 19세기 후반의 동아시아는 밀려드는 서구 열강의 힘 앞에 무력하게 무릎을 꿇었고, 이를 반면교사 삼아 내세웠던 것이 근대화 곧 서구화 프로젝트였다. 아편전쟁의 패전으로 본격적인 침탈의 위기에 놓였던 중국, 미국 군함의 무력시위로 개항을 강제당했던 일본의 사정을 자세히 열거할 필요는 없을 듯하다.

사회제도와 군사 체계, 법체계와 자본주의 등 외적인 문물의 도입 외에도, 정신문화의 일환으로 문학이 중시되었음은 잘 알려져 있다. 과학기술로 대변되는 외적 문물의 발전을 당장 따라잡지 못하는 상황에서 정신적으로나마 대등한 수준을 구가하며 근대성을 이루어야 한다는 다급함이 서구 문학에 대한 동아시아의 욕망이었다. 나쓰메 소세키(夏目漱石, 1867~1916)나 루쉰(魯迅, 1881~1936)의 경우처럼, 근대를 배우러 유학을 갔다가 문학을 하기 위해 돌아온 일화는 근대문학에 대한 동아시아의 인식과 태도가 무엇이었는지 정확히 보여준다. 후진성에 대한 자각이 정신 승리로 비약한 것이든, 근대성의 실체가 정신적인 것에 있음을 통찰한 것이든, 문학이야말로 서구적 근대성의 내밀한 정체로 간주된 것이다. 따라서 문학의 근대성을 이룩하는 것은, 적어도 정신적으로나마 서구와 동시성을 달성할 수 있으리라는 환상과 상통한다. 서구적 보편, 문명과 진보의 시간에 도달하는 최단 거리가 문학에 있다고 여겼던 셈이다.

러시아문학은 근대적 보편성의 표상이었다. 100여 년 전의 19세기 후반, 톨스토이나 도스토옙스키의 작품은 이미 세계문학의 정전에 올려져 동아시아의 욕망을 자극하고 있었다. 가령 러시아어를 익히고 외교관으로도 활동했던 후타바테이 시메이(二葉亭四迷, 1864~1909)에게 러시아문학은 근대성 자체를 뜻했다. 즉 러시아문학은 근대정신의 외화된 표현물이자 완성태였다. 그렇기에 일본 근대문학의 형성기에 그는 '러시아어로 구상하고 일본어로 쓴다'는 창작 원칙을 자신 있게 내세울 수 있었다. 이것이 바다 건너 조선에서 김동인에 의해 '일본어로 구상하고 조선어로 쓴다'는 원칙으로 변형되었음은 상세히 밝혀져 있다. 요컨대, 근대 동아시아 문학의 형성기에 러시아문학은 서구적 근대성의 모범이자 보편성의 등가물로 수용되었다. 대부분의 '세계문학전집'에서 러시아문학이 차지하는 지분을 떠올려 보면 금세 이해될 것이다.

아이러니하지만, 그로부터 다시 100여 년을 거슬러 올라가 18세기 초의 유럽을 살펴본다면, 우리는 정반대의 상황을 엿볼 수 있다. 17세기 말, 개혁 군주 표트르 1세가 서구화를 통해 유럽의 문물을 도입하기 전까지 러시아는 유럽에서 존재감이 거의 없었다. '위로부터' 강제된 개혁을 통해 제도와 체제가 유럽화하면서 문학도 '수입'되었는데, 그 후 한 세기 동안의 러시아문학은 유럽 문학의 아류에 불과하다는 것이 당대의 공식적인 평가였다. 19세기 초, 최초의 국민작가로 평가받는 알렉산드르 푸시킨(Aleksandr Pushkin, 1799~1837)도 습작 시절에는 프랑스어로 글을 썼으며, 당대 많은 귀족 문인과 마찬가지로 '프랑스어로 구상하고 러시아어로 쓴다'는 것은 지극히 자연스러운 일이었다. 러시아문학이 유럽 문학과 등가의 수준을 갖게 된 것은 18~19세기의 오랜 수련 과정, 임화의 용어를 빌려 말하자면 '이식문화'의 시간을 거친 결과였다. 그때까지 러시아인들 역시 서구적 보편의 시간, 즉 세계문학이라는 역사의 첨단을 '따라잡기' 위해 절치부심했으며, 자기의 후진성과 열등성에 지독한 증오를 표출했다.

동아시아인에게 '진보'와 '문명', '보편'의 표상이었던 서구의 근대는 결코 단일한 시간성을 갖지 않는다. 세계사적으로 생산양식이 불균등하게 발전했던 것과 같이, 문학적 시간 또한 동질적이거나 동시적으로 진전해 오지 않았다. 이런 점에서 세계문학이란 존재하지 않는다고 말하는 것이 더욱 적절할 듯싶다. 하지만 실체로서의 세계문학이 존재하지 않는다 해도, 그것이 작동하지 않는 것은 아니다. 저 유명한 '상상의 공동체' 이론에 따르면, 신문과 잡지의 확산과 전파가 근대사회와 국가를 형성했듯, 근대문학은 근대인의 심성과 태도를 조형해 온 비물질적 매체로 기능했다. 이는 한국·중국·일본의 동아시아 3국에서 벌어진 근대화 논쟁을 슬쩍 엿보아도 쉽게 알 수 있는 사실이다.

지금까지의 세계문학은, 하이데거식으로 말해 '세계-내-문학(Literature-in-the-World)'이라 불러도 좋겠다. 서구의 근대문학이 만든 규범과 체계, 문학적인 것의 척도에 맞게 한국의 문학을 구성하고 조절하는 기능이 그 핵심에 있다. 이른바 '세계적'이라 부르는, 서구적 기준에 맞춰 글을 쓰거나 읽고, 평가하고 정전화하는 과정은 문학적 근대성의 승인/인정과 거절/부정의 체계에 다름 아니다. 최근 한국문학의 세계화를 통해 확인할 수 있는 것은, 우리가 서구 문학의 인정에 여전히 목말라한다는 점이고, 그 승인 체계에 입장하기 위한 (경제적) 조건이 과거보다 한결 나아졌다는 점이다. '그들만의 보편성'에 들어가기 위한 욕망, 그로써 '세계문학'의 타이틀에 한국문학을 포함시키려는 욕망을 주의 깊게 돌아볼 필요가 있다.

3 세계-외-문학, 낯선 글쓰기의 시간을 향하여

민족과 국가를 떠나, 만인의 심정에 호소력을 갖는 문학이 있을 수 있고, 그에 '세계문학'이라는 이름이 걸맞을 수도 있다. 언어의 장벽을 넘어서 사상과 감정, 또는 형언 불가능한 감응의 방식으로 현대를 살아가는 이들의 심금을 울리는 작품도 분명히 있다. 그런 의미에서 세계문학은 존재하며, 그것을 애써 부인할 필요도 없을 일이다. 다만, 지금까지 알려진 세계문학이 근대성을 전제로 서구적 진보를 표상하는 제도이자 그 표현물이었다면, 그것은 서구 세계의 '내부'를 구축하고 존속시키는 포함과 배제의 장치였음도 부정할 수 없다. 어쩌면 세계문학을 향한 우리의 욕망은 바로 이 지점에서 새로운 변곡점을 맞이하고 있을지 모른다.

과감히 말하자면, 나는 '세계-외-문학(Literature-outside-the World)'의 가능성을 점쳐 보고 싶다. 이는 현존하는 세계 바깥의 어떤 실체적 지역을 가리키는 말이 아니다. 세계-내-문학이라는 개념이 문학장의 출입을 통제하고 승인과 배제의 역학을 작동시켰던 근대문학을 뜻한다면, 세계-외-문학은 그러한 척도 바깥의 문학, 즉 서구라는 유일무이한 기준에 의거하여 다양한 지역적 문학을 평가하고 순위를 매겨 왔던 질서 너머의 문학을 말한다. 물론, 탈근대라는 용어가 암시하듯, 서구적 근대성의 외부를 직시하고 그로부터 새로운 문학의 근거를 찾으려는 시도는 오래전부터 시도되어 왔다. 탈식민주의와 페미니즘을 비롯한 서구성과 남성성을 벗어나려는 시각이나 방법이 대표적이다. 하지만 세계-외-문학은 그로부터 한 걸음 더 나아간 문학, 어쩌면 근대적 척도에 의해서는 '비문학'이라는 꼬리표가 붙을 수도 있는 낯선 글쓰기의 영토를 가리킨다.

세계-외-문학은 비단 우리가 아는 세계 '바깥'으로 나아간다는 의미뿐 아니라, 우리가 알고 있던 것과는 '다른' 세계의 발명을 포함한다. 인류세에 대한 논의가 활발하게 이루어지는 요즘, 이 세계를 살아가는 주체의 자리에 인간을 유일한 존재자로 놓는 시대는 지나갔다. 비인간 역시 주체가 될 수 있고, 행위자로서 세계 구성의 공-동적(共-動的) 지위에 오른 것이다. 지구라는 존재 환경이 전하는 의미는 인간과 비인간에게 동일하지 않고, 따라서 세계성 자체가 이전과는 다르게 재구성될 수밖에 없다. 세계는 다시 창안되어야 하며, 그런 세계에 관해 묘사하고 기록하는 글쓰기 또한 달라져야 한다. 세계-내-문학이 근대문학과 동종적인 내용과 외연을 가졌다면, 세계-외-문학은 탈근대와 반근대, 비근대적인 무엇으로 표현되어야 한다.

한국문학이라는 명칭은 지역과 민족, 국가라는 근대적 분류법에 따라 문학의 내용과 외연을 규정한다. 이에 준거할 때, 한국문학이 제아무리 고유성과 독자성을 내세운다 해도 그것은 세계문학이라는 근대적 척도를 항상 의식할 수밖에 없고, 멀어지면 멀어질수록 오히려 그에 가까이 다가가는 아이러니에 봉착한다. 1970~1980년대의 민족문학에 대한 강한 애착과 향수가 최근 '세계문학 속의 한국문학'이라는 명명으로 환원되는 현상은 이를 잘 보여 주는 사례이다. 지구 곳곳의 수많은 지역 문학, 아니 인종과 민족, 국가와 사회, 성별과 취향, 감각적 다양성에 따라 셀 수 없이 다양한 방식으로 표현되는 소수 문학들(minor literatures)로의 분기는 근대적 분류에 따른 문학의 존립을 더 이상 허락하지 않을 것이다. 역설적으로, 각각의 이름들로만 존재하는 문학들, 또는 그저 집합적 총체로서만 부를 수 있는 세계(-외-)문학만이 가능할지 모른다.

역사 시대를 넘어서는 거대한 지구사적 변환을 목전에 둔 지금, 한국문학은 더 넓고 먼 길을 바라보아야 할 시점에 와 있다. 내일이라도 당장 국적과 민족의 구별이 소멸하지는 않을 테고, 근대성의 유산은 훨씬 더 오래 지속될 것이다. 하지만 인간과 비인간을 아우르는 모든 존재하는 것들의 감각은 이미 변화를 겪고 있으며, 어느 순간 더 이상 이전과 같은 인지적 지도를 통해서는 이 세계를 파악할 수 없는 시간이 도래할 것이다. 문학, 혹은 글쓰기는 저 다가올 시간을 향해 변전하며 자신의 자리를 찾아가는 중이다. 우리 시대의 한국문학이 그 예감을 앞서 포착하고 또 표현할 수 있다면, 어느새 우리는 근대의 망령으로부터도 멀리 벗어나 새로운 문학, 세계문학의 '바깥' 어딘가에 도달하고 말 것이다. 물론, 그것을 여전히 세계문학이라 부를 필요는 없을 테지만.

2024년 문학계의 가장 큰 사건은 한강의 노벨문학상 수상이었다. 100여 년을 경주하던 한국문학이 도달한 문학적 성취의 표지이자 그토록 염원하던 세계문학의 자리에 오른 징표로 보아도 무리가 아닐 성싶다. 하지만 이것이 다는 아니다. 여성과 식물, 비인간이 주제화된 한강의 여러 작품이 보여 주듯, 그것은 타자성과 소수성의 글쓰기를 통해 비근대와 탈근대의 낯선 문학적 지평이 열렸음을 보여 주는 징후에 다름 아니다. 노벨상이라는 근대문학의 영예에 머무른다면, 이는 우리가 여전히 세계-내-문학의 울타리에 갇혀 있음을 반증할 뿐이다. 차라리 이제 세계-외-문학의 새로운 장이 개시되었음을, 한시바삐 다른 글쓰기의 시공간으로 나아가야 할 때가 왔음을 직시하자. 지금은 징후와 사건으로서 글쓰기의 변환을 예의 주시할 시점이다.

2장

대학의 현실

망할 놈의 대학교수들

고부응

믿을 수 없는 그 잘난 교수들

교수에는 두 종류가 있다고 한다. 학부생에게는 학점 잘 주는 교수와 잘 안 주는 교수가 있다. 대학원생에게는 교수와 괴수가 있다. 조교들은 이상한 사람과 더 이상한 사람으로 교수를 나눈다. 총장에게는 말 잘 듣는 교수와 말 안 듣는 교수가 있다. 교수들끼리는 술이나 골프를 같이 하면 친구이고 나머지는 모두 개새끼다.

교수들과 술도 자주 마시지 않고 골프는 아예 치지 않기에 많은 교수가 보기에 나는 개새끼일 것 같다. 대학의 이상이니, 지식의 공공성이니, 대학의 기업화니, 대학의 몰락이니 하는 이상한 소리를 하며 대학이 잘못 돌아가고 있다고 떠드니 총장이 보기에 나는 말 안 듣는 교수이기도 하다.

교수들 대부분은 정말 뛰어난 사람들이다. 학창 시절에는 최우

수 학생이었고 그런 최우수 학생들이 모인 최우수 대학에서 박사학위를 받은 사람이 교수이다. 그렇게 뛰어난 사람이니 돈, 명예, 권력, 지위 어느 것도 마음만 먹는다면 못 얻을 것이 없다. 적지 않은 급여에 더해 그 밖의 돈벌이도 얼마든지 한다. 외부 강연, 프로젝트, 사외 이사직이 다 돈벌이다. 교수의 탈을 쓴 괴수는 돈 버는 일이 본업인 개인 사업자이다. 그들의 연구실은 사업장이고 대학원생은 말도 잘 듣고 능력도 뛰어난 일꾼이다. 이런저런 연줄로 방송을 타면 유명해지면서 명예도 얻는다. 권력과 지위를 얻으려면 고위 관료들의 의중을 헤아려 그들이 원하는 말을 해 주면 된다. 그러다 보면 정부의 위원도 되고 더 잘나가면 정치를 같이하자는 말도 듣게 된다. 감사장이나 훈장, 표창 등 정부 포상은 덤이다. 교수는 이 모든 것을 이루며 자본과 정치권력의 앞잡이가 된다. 그러나 이렇게 뛰어난 교수들을 집단으로 보면 한심하기 짝이 없는 무능한 무리가 되어 버린다. 무능한 정도가 아니라 아예 나서서 자기 무덤을 판다.

　교수들 스스로 대학의 본질을 잊는다는 말이 아니다. 『대학』에 나오는 덕을 밝히고 백성과 가까이하며 최고의 선에 이른다는 공부의 참뜻은 공부가 본업인 대학에 있었던 적이 없다. 지식 자체를 추구한다는 뜻인 철학(philosophy)이 대학 학문의 중심을 잃은 지는 오래되어도 너무 오래되었다. 공부하는 사람들의 자율적 공동체였던 대학은 이제 경쟁자를 물리쳐야 살아남는 약육강식의 장으로 변해 있다. 대학의 이념이나 학문 공동체 따위를 말하면 비웃음을 살 뿐이다.

　교수 역시 돈 돈 돈 하는 세상 사람들과 다를 바 없는 속물임을 부정할 사람은 없을 것이다. (돈에 초연한 선비? 대학에 그런 사람 있으면 내가 장을 지진다.) 그러니 교수답게 속물다운, 그렇지만 솔깃한, 돈 얘기를 하여 보자. 내가 속한 대학은 지난 10여 년간 큰 변화가 있었다. 우선 호봉제에서 연봉제로 급여 방식이 변하였다. 이는 근무 기간에 따른 자연스러운 임금 상승이 없어졌다는 뜻이다. 어떤 이유로든 급여가 동결되면 경력에 따른 임금 인상이 없어질 뿐만 아니라 물가 상승률만큼 임금이 삭감되기도 한다. 급여 동결은 경제성장률에 맞춘 임금 인상 역시 없다는 뜻이기에 경제 전체로 볼 때 상대적 임금 삭감도 따라온다.

또한 교수의 업적을 상대적으로 평가하고 그 평가 결과를 급여에 반영시키는 성과급제가 도입되었다. 교수를 S, A, B, C급으로 분류하여 S급과 A급에게는 평균 이상, B급에게는 평균, C급에게는 임금 동결과 연구실 회수의 방식으로 보상과 징벌을 하겠다는 것이었다. 당시 평균적 성과로 B급을 받을 것이라 예상되는 교수들은 이래도 좋고 저래도 좋다고, 자신에게는 별 변화가 없으리라 생각하였다.(나도 그때 그런 생각을 했다.) 많은 교수는 좀 더 열심히 성과를 내면 평균 이상의 성과급을, 당시 급여 수준을 훨씬 넘는 급여를 받을 것을 기대하여 성과급제 도입에 찬성하였다. 자신이 C급이 된다고 생각하는 교수는 별로 없었다.(교수는 항상 최우수 학생이었다. 어떻게 자신이 열등생인 C급 교수가 되겠는가.) 심지어 S급, A급 교수들에게 평균 이상의 성과급을 주면 대학 예산이 머지않아 고갈될 것이라고 걱정하는 교수도 있었다. B급 교수들에게는 호봉제에 해당하는, 이전과 마찬가지의 급여가 이루어질 것이라고 예상했기 때문이다.

여러 해가 지나서야 교수들은 성과급제의 본질을 알게 되었다.

교수의 급여는 10여 년 동안 거의 정체되어 있다. 사실 호봉 상승분 손실, 물가상승, 경제성장 등을 고려하면 임금은 계속 삭감되어 왔다. 교수들은 기만당했다고 생각한다. 그러나 사실은 성과 연봉제가 무엇을 뜻하는지 몰랐다는 것이 사실에 가깝다. 자기들에게 닥칠 문제를 알아볼 생각도 하지 않았다. 임금 문제를 전문적으로 연구하는 경제학, 경영학 교수들도 문제를 제기하지 않았고 다른 교수들에게 성과 연봉제가 어떤 결과를 가져오는지 설명하지도 않았다.

성과 연봉제에 따른 급여 인하와 더불어 업적 상대평가제도는 교수들을 정신 못 차릴 정도의 경쟁으로 내몰고 있다. 연구 업적 평가 기준인 논문 편수는 지난 10여 년간 평균 5~6배는 증가한 것으로 짐작된다. 정교수 승진이 되어야 정년이 보장되기에 이에 매달려야 하는 조교수, 부교수급의 교수들은 10여 년 전에 비해 약 10배, 또는 그 이상 논문 편수를 내고 있고 또 내야 한다. 채워야 하는 논문 편수 때문에 장기 계획을 세우고 진행하는 제대로 된 연구가 이루어질 수 없는 상황이다.

강의 역시 상대평가로 이루어지고 평가 결과 하위 그룹에는 재교육 권고 등 모욕적인 조치가 이루어지기에 교수들은 교육의 본질과는 관계없이 학생들의 수업 만족도를 올리려고 분투한다. 일부 교수 직군은 강의 평가 결과가 해고 사유가 되기 때문에 더욱더 학생들의 수업 만족도에 목숨을 걸어야 한다. 이 대학이 기업이라면(당시 이사장은 대학을 기업같이 경영하겠다고 했다.) 일반적인 임금 상승 요인에 더하여 생산성 향상에 따른 보상으로 10년 전에 비해 5배 정도는 급여 인상이 이루어졌을 것이다.

이 모든 상황을 해당 분야의 전공 교수들은 당연히 알고 있었을 것이다. 자신이 가르치고 연구하는 분야인데 어떻게 모를 수 있겠는가? 그러나 그들은 자기 자신을 위해서도, 자신이 속한 교수 집단을 위해서도 아무런 행동도, 아무런 말도 하지 않았다. 법률 전문 교수들은 교수의 동의 없는 성과급제 도입이 노동 관련 법률을 위반하고 있음을 알고 있었다.(법을 모르는 나도 조금만 찾아보면 알 수 있는 법률 위반 행위였다.) 경영학이나 경제학 전공 교수들은 성과급제 임금제도가 교수들의 근무 조건을 어떻게 악화하는지 몰랐을 리 없다. 또한 성과 제고에 따른 보상으로 교수들이 요구할 수 있는 근무 조건 개선이 어떻게 이루어질지, 어떻게 해야 교수들의 요구가 관철될지 당연히 알고 있었을 것이다.

교수협의회 등의 조직에서 해당 분야 전공 교수들에게 의견을 구해도 도입되는 제도가 교수들에게 이롭다거나 어쩔 수 없다는 식으로 대학 경영진을 옹호할 뿐이었다. 해당 분야 교수들은 아마도 성과 연봉제 도입으로 인한 손해보다는 권력과 자본의 충복이 되어 얻는 이득이 훨씬 크다는 그들 나름의 혜안이 있었을 것이다. 대학의 이념을 지키려는 교수가 나서서 대학을 위해, 교수진을 위해 아무리 애를 써도 별 소용이 없었다. 그런 신념이 있을 것 같지 않은 교수가 교수 집단을 위한다고 말을 해 보아도 그 결과는 뻔하다 할 수 있다. 사실 어떤 교수든 그가 교수 집단을 위해 무엇인가 할 것을 기대하는 것 자체가 부질없는 노릇이다.

자기 자신의 집단도 지키지 못하는 교수들이 방송에서, 신문에서, 정부의 각종 위원회에서 성장, 경쟁력, 균형 발전, 책임, 화합 등을 말하면 그 말을 믿을 수 있겠는가! 그런 교수의 뒤에는 자본과 정치권력의 은밀한 속셈이 숨겨져 있다고 충분히 의심할 만하다. 교수라는 자들은 함께 잘사는 삶 따위엔 관심이 없다. 어떤 집단이든 그들의 문제는 그들 스스로 해결해야 한다.

그러나 정신 차려 다시 생각하여 보면 이 모든 것이 헛소리임을 새삼 깨닫게 된다. 대학이 생긴 이래 언제 한번 교수들이 금력과 권력의 앞잡이 노릇을 하지 않은 적이 있던가. 높은 분에게 고개를 조아려야 부귀와 영화를 누린다는 것은 만고의 진리가 아니던가. 역사의 교훈을 잊는 자, 권력을 거스르는 자, 바로 그런 자가 스스로 무덤을 파는 자가 아닌가. 한참 전에 무덤 속에 묻혀야 할 내가 아직도 교수 노릇을 하고 있다는 것이 신기하기만 하다.

망하는 대학의 가짜 교수들

12세기경 유럽에서 시작된 대학의 역사에서 대학이 순수하게 진리를 추구한 적도 없지만 현재만큼 진리 추구에 관심을 두지 않았던 적도 또한 없다. 물론 대학의 도서관에는 공부하는 학생들로 넘쳐 나고 교수들은 엄청난 양의 논문을 쏟아 내고 있다. 그러나 그 속을 들여다보면 대학의 모습은 없다. 학생들은 취직을 위한 스펙 관리에 정신이 없고 교수들은 업적 경쟁을 위한 논문을 짜내고 있다. 대학 본부는 학생과 교수를 채찍질하며 각종 대학 평가에서 순위를 높이기 위한 전략을 짜고 실행하는 데 전력한다. 그 뒤에는 대학 기업을 경영하는 사학 법인이 있다. 국립대라면 사학 법인 대신 교육부가 있다.

대학(the university)은 원래 학생과 교수로 이루어진 공부하는 사람들의 모임을 뜻한다. 따라서 그 모임을 주도하는 교수의 사명은 자신의 학문을 연구하고 그 결과를 학생에게 전달하는 것이다. 이런 면에서 대학은 다른 교육기관이나 연구소와 다르다. 대학이 아닌 교육기관의 교사들은 그들에게 주어진 교과과정에 따라 학생을 가르친다. 교육 내용을 스스로 정할 수는 없다. 연구가 업무인 연구소에서 연구원들은 새로운 지식을 추구하나 그 대상은 자기가 결정하지 않는다. 연구원의 연구는 자신이 속한 연구소의 설립 목적에 부합하여야 한다.

교사나 연구원과는 달리 교수는 교육과 연구의 내용을 스스로 선택한다. 이른바 학문의 자유이다. 학문의 자유가 없다면 교수가 아니다. 볼로냐대학과 더불어 최초의 대학이었던 파리대학이 당시 이미 존재하던 수도원이나 성당 학교와 달랐던 점은 학문의 대상을 교회의 지침에 따르지 않고 학자들 스스로 설정한 데 있다. 파리대학에서 현재의 인문학 자연과학 등 기본 학문에 해당하는 철학을 가르칠 수 있었던 것은 대학의 교수들이 스스로 학문의 대상을 정할 수 있었기 때문이다. 근대 대학의 기원이 된 베를린대학은 학문의 자유를 대학의 원리로 천명하면서 시작하였다. 20세기 초의 미국 대학에서는 교수들은 대학을 사기업으로 생각하는 대학의 경영자를 상대로 지난한 싸움을 하면서 교수의 신분 보장은 학문의 자유에 의해 확보되는 것임을 확인하였다. 학문의 자유가 없다면 교수의 신분은 유지될 수 없으며 교수는 학문의 자유의 원리에 따라 학문을 추구해야 한다.

교수의 본업에 필수적인 학문의 자유를 현재의 교수들이 보장 받고 있을까? 물론 교수에게 명시적으로 금지하는 학문 영역은 없다. 어떤 내용을 교육하거나 연구했다고 해서 교수직이 박탈되거나 감옥에 가는 일은 없다. 그러나 학문의 자유가 대학에서 자유로운 학문 탐구를 보호하고 부흥시키는 원리라면 대학의 역사에서 현재의 대학만큼 학문의 자유가 위축된 적도 없다. 더구나 더 큰 문제는 학문의 자유가 없어진 상태를 교수들이 의식조차 하지 않고 있다는 점이다. 오히려 교수들 스스로 그런 상태를 악화시키기도 한다.

겉으로 보면 한국의 대학은 엄청나게 발전하였다. 교수와 학생 수, 재정, 외국 대학과의 교류, 국제적 위상, 그리고 무엇보다 교수들이 생산하는 논문의 양을 본다면 이제 한국의 대학은 세계적인 대학이다. 한국 대학의 대표 서울대가 20여 년 전에는 세계대학 순위 평가에서 100위 밖에 있다가 현재 30위권에 들어와 있는 데서도 확인된다. 사립대학도 순위 상승이 비슷하게 빠르다. 그리고 대학 경영진은 그런 평가에서 순위 상승이 대학의 발전을 입증하고 있다고 한다.

순위 상승의 원천은 무엇보다도 교수의 연구 업적이다. 교수의 연구 업적을 높이기 위해 대학 본부는 교수들을 경쟁으로 몰아가는 교수 업적 상대평가를 노골적으로, 때로는 은밀하게, 이용한다. 연구·교육·봉사로 이루어지는 교수 업적 평가 대상 중 연구 업적이 결정적 역할을 한다. 연구 업적은 논문 편 수,(인용지수 등으로 논문의 질도 평가한다지만 결국 가중치를 반영한 수치이기에 편 수와 다를 바 없다.) 연구 기금 유치 등으로 이루어진다. 논문 편 수를 늘리기 위해서는 학술지 게재가 쉽거나 점수를 많이 받을 수 있는 학술지를 염두에 두고 연구가 진행되어야 한다. 연구 기금을 유치하기 위해서는 정부와 기업이 원하는 연구가 필요하다.

연구 기금 유치는 이공 분야, 의약학 분야의 학문에서는 논문 업적과 불가분의 관계에 있다.(이들 분야는 교수 인원, 대학원생 수, 배정되는 예산, 연구 공간 크기, 행정 지원 등의 면에서 대학에서 절대적 존재다. 대학 순위 평가에서도 이 분야의 성과가 결정적 역할을 한다. 교수들의 자부심도 높다.) 수학 등 순수 이론 분야를 제외하고는 이공 분야나 의약학 분야의 연구는 실험 과정을 거치며 실험을 위해서는 연구비가 필요하다. 연구비를 수주하지 못하면 연구 자체가 불가능하여 논문을 낼 수 없는 상황이다. 실험 장비나 재료비뿐만 아니라 연구진의 인건비를 확보하기 위해서는 정부나 기업 등 거대 조직으로부터 큰 규모의 연구비를 수주하여야 한다. 이런 연구비를 수주하기 위하여 제출하는 연구 계획은 당연히 정부나 기업이 원하는 연구 계획이어야 한다. 정부나 기업의 심사진은 심사 대상이 되는 연구 계획서가 정부나 기업이 원하는 연구가 아니면 연구비 지급 대상으로 선정하지 않기 때문이다. 따라서 자연과학, 공학, 의약학 분야에서는 연구 성과, 연구비 수주, 특허 등에 따른 수익, 연구 성과와 연구비 수주에 따른 금전적 수입 확대가 모두 맞물려 있고 이런 순환 구조에서 성과가 높은 교수는 다시 연구비 수주에서 유리한 입지를 확보하여 이 순환 구조를 더욱 확대하며 재생산하게 된다.

연구비 수주가 교수 연구의 출발이면서 목표가 될 때 대학의 연구는 이윤을 목적으로 운영하는 기업과 같아진다. 기업의 목적이 이윤 추구이며 이를 위해서는 팔릴 수 있는 상품을 개발하여야 하듯이, 교수의 연구 목적은 연구비 명목의 이윤 추구이며 이를 위해서는 연구비를 받을 수 있는 연구를 수행하여야 한다. 기업이 상품 생산을 위하여 공장을 짓고 자재와 기계를 구매하고 노동자를 고용하듯이 교수는 연구실을 확보하고 실험 장비와 실험 재료를 구매하고 연구진을 구성하여야 한다. 기업이 이윤 확보에 저임금노동자가 필요하듯이 대학의 실험실은 저임금 노동자인 석박사 대학원생이 필요하다. 대학의 연구실은 기업이고 그 기업의 대표가 교수이다. 그리고 그 뒤에 이 모든 기업을 총괄하는 모기업 대학 본부가 있다.

대학 기업의 수익 모델은 프랜차이즈 기업이다. 대학 본부는 프랜차이즈 사업의 본부이고 교수의 연구실은 가맹점에 해당한다. 교수는 특정 대학 소속 교수가 됨으로써 가맹점주 자격을 획득한다. 이 가맹점의 사장인 교수는 각각의 방식으로 연구 사업을 한다. 연구 사업의 목표는 수익 목적의 연구비 수주이다. 연구비는 매출액에 해당하고 이 매출액에서 실험 장비, 인건비를 지급하고 난 나머지가 수익이 된다. 대학 본부는 연구실이라는 가맹점을 감독하고 지원하면서 연구비에서 파생되는 연구간접비(행정지원비)를 수수료로 취득한다.(이런 면을 보면 앵벌이를 부리는 왕초나 상인에게 자릿세를 받는 조폭과 비슷하기도 하다.) 이 프랜차이즈 사업은 대학 기업의 다른 사업인 교육 상품 판매 사업에도 도움이 된다. 연구 실적이 좋아 명문 대학으로 자리매김하면 교육 상품을 고가에 팔 수 있기 때문이다. 상품으로서의 교육은 사실상 차이가 없음에도 명문 대학일수록 수업료가 비싼 이유가 바로 여기에 있다.

연구와 교육이 상품이 된 대학에서 경영의 목표는 수익 창출이다. 그 수익을 창출하기 위한 경영 원리는 최저 비용으로 최대 성과를 내야 한다는 경제성이고 자원 활용을 극대화하여야 한다는 효율성이다. 경제성의 원칙은 선택과 집중으로 나타난다. 선택의 대상이 되는 학문 분야는 대학 본부의 지원을 받으면서 커 가고 정리 대상이 되는 학문 분야는 소멸하기 시작한다. 선택의 대상이 되기 위해 무한 경쟁을 부추기는 상대평가를 교수나 학생이나 모두 당연하다고 여기게 된다.

　이런 조건에서는 교수가 스스로 학문적으로 의미 있는 연구를 수행할 수는 없다. 성과를 내는 데 도움이 되느냐 아니냐가 연구 여부를 결정하기 때문이다. 이런 과정을 거치며 성과가 나오기 어려운 순수 자연과학과 인문학은 필연적으로 도태된다. 순수 과학이 학문의 세계에서 도태될 때 학문의 미래는 없다. 학문 조직으로서의 대학의 미래 역시 없다.

　수학이나 이론물리학 등 일부 순수 이론 분야를 제외하고서는 이공학이나 의약학 분야의 교수들은 이런 현실을 받아들이지 않을 수 없을 것이다. 연구비 수주 없이는 연구 자체가 이루어질 수 없기 때문이다.(원칙적으로 학문을 살리고 대학을 살리기 위해서는 조건 없는 연구비 지원이 있어야 한다.) 그러나 외부의 연구비 지원이 없어도 큰 문제 없이 수행할 수 있는 학문 영역이 있다. 사회과학이나 인문학 분야의 학문은 대부분 외부 조직이 제공하는 연구 기금 없이도 충분히 수행할 수 있다. 그렇다면 이런 현실에서 인문학이나 사회과학 분야의 교수들은 무엇을 할 수 있을까?

　첫째는 대세를 따르는 것이다. 대학 경영진의 지침에 따라 논문

편 수 양산에 매진하고 연구 기금을 수주하는 것이다. 좀 더 적극적으로는 돈이 되는 학문을 하는 것이다. 이른바 유능하다는 교수들이 취하는 태도이다. 기업 친화적인 정책 연구, 생산성과 효율성을 높이는 인력 개발 연구 등을 예로 들 수 있을 것이다. 문화 산업 콘텐츠 개발, 인문학을 위한 인공지능 등은 인문학 분야의 연구 과제가 될 것이다. 분명한 것은 이런 대세가 대학의 몰락을 가속한다는 사실이다.

둘째는 현재의 대학이 대학의 본질이나 이념과 괴리되어 있음을 의식하고 이상적인 대학을 복원하려는 노력을 기울이는 것이다. 소규모 대학에서는 학생과 교수가 함께하는 대학 공동체의 복원 노력이, 규모 있는 연구 중심 대학에서는 대학의 연구가 공공성이 확보되도록 하는 노력이 될 것이다. 학문의 자유와 지식의 공공성이 대학의 본질임을 잊지 않으면서 연구 성과가 기업의 독점적 이익 등 사적 목적으로 이용되지 못하게 하는 장치를 마련하는 일을 국가의 학문 정책으로 요구하는 것 등이다. 아마도 이런 태도가 상식적이거나 정상적인 교수들이 취할 태도일 것이다.

셋째는 교수직이 더 이상 특권적 신분이 아님을 인정하고 공장 노동자와 별로 다르지 않은 지식 노동자로 자신을 내세우는 것이다. 이제 교수들 스스로 특권층이라는 생각을 하지 않게 되었다. 교수들 스스로 자연스럽게 그냥 그저 그런 직장인이라고 생각하는 것이다. 그 직장인은 다른 말로 하면 노동자이다. 자신의 신분을 직장인이라고 생각하는 사람은 계급의식이 없을 것이고 노동자라고 생각하는 사람은 계급의식이 있을 것이다. 대학에서만이 아니라 모든 노동 현장에서 성과를 내기 위한 경쟁은 경쟁자 모두를 파멸로 몰아가기 때문에 노동자 전체의 입장에서 노동자의 권익을 지키는 유일한 길은 노동자의 단결이다. 교수들이 스스로 계급의식을 갖는다면 교수들은 이런 노동계급의 연대를 주도할 수 있을 것이다. 교수가 스스로 노동자임을 자각하면서 교내의 다른 노동자 집단과 함께 노동자 연대를 구축하며 밖으로는 모든 직종, 모든 산업의 노동 조직과 연대를 모색하고 실천할 때 교수 집단은 막강한 힘을 갖게 되고 교수의 신분 보장은 더 확실해질 것이며, 노동자가 절대다수인 이 사회는 좀 더 살 만한 사회가 될 것이다. 이 세 번째 자세가 가장 바람직하고 미래의 희망이 되겠지만 이런 교수가 많아지면 좋겠다고 생각하는 나 자신이 우둔하다는 생각도 든다.

강사는 어떻게 단련되는가

정보라

어떻게 교수가 되는가? 이런 질문을 최근에 받은 적이 있다. 답변은 누가 물어보느냐에 따라 달라질 수 있다. 학생이나 대학에 종사하지 않는 외부인이 물어본다면 "논문을 열심히 써서 실적을 쌓은 뒤 교수 임용 공고가 나면 신청해서 합격하면 교수가 된다."라고 대답한다. 교수가 강사에게 말할 때에도 얼추 비슷하게 설명한다. '압도적인 논문 실적'을 쌓아야 한다는 얘기를 나는 몇 번이나 들었다. 그러나 진실은 교수 눈 밖에 나지 않아야 교수가 될 수 있다는 것이다. 그것도 어느 한 교수에게만 잘 보이면 되는 게 아니라 모든 교수의 눈 밖에 나지 않아야 한다. 나에게 소설 쓰기를 그만두고 그 시간에 논문을 쓰라고 종용했던 어느 교수는 '있는 듯 없는 듯 지내야' 한다고 충고했다. 그 어떤 교수에게도 찍히면 안 된다는 것이다.

나는 지원했던 교수 임용이 무산되는 경험을 두 차례나 겪었다. 각각 서로 다른 학교였는데 양쪽 모두 최종 합격자를 뽑지 않았다.

표면적인 이유는 나의 논문 실적 때문이었다. 여기에서 드는 의문이 있다. 그렇다면 어째서 나보다 논문 실적이 높은 사람을 채용하지 않았냐는 것이다. 나보다 논문 실적이 높은 지원자가 단 한 명도 없었고, 내가 최다 실적을 보유하고 있었는데, 그마저 형편없는 실적이었다면 내가 몸담았던 분야 혹은 지원한 대학의 수준이 그 정도밖에 안 된다는 뜻이 된다. 나보다 논문 실적이 높은 지원자가 분명히 있었는데 채용하지 않았다면 교수 임용의 기준은 논문 실적이 아니라는 뜻이 된다. 그 기준이 뭐가 됐든 자리가 비었으니 임용 공고를 냈을 테고, 아무도 채용하지 않았다면 뭔가 이상하다는 생각을 하지 않을 수 없다.

두 번째 지원했던 학교는 채용 무산 사실에 대한 공지조차 해 주지 않았기 때문에 더욱 이상했다. 해당 학교 재직 중인 교수가 개인적으로 나에게 메일을 보내 채용이 무산되었음을 알려 주었다. 그 교수의 '은혜'가 아니었다면 나는 뭐가 어떻게 된 건지 전혀 모르는 채로 그냥 몇 달이나 혼자 고뇌하다가 스스로 포기했을 것이다.

일반 회사 채용 과정을 생각해 보면 내가 겪은 교수 임용 과정은 정말로 난장판이었다는 사실을 이해할 수 있다. 지원자에게 채용 기준을 명확히 말해 주지 않는다. 합격 여부를 알려 주지 않는다. 아예 누군가 채용을 할 건지 말 건지조차 자기들끼리 결정하고 지원자들에게 알려 주지 않는다. 지원자는 알아서 기다리다가 계속 연락이 없으면 스스로 포기해야 한다. 그러면서도 잠재적인 고용주들의 눈 밖에 나서는 안 되므로 항의는커녕 문의도 해서는 안 된다.

그런데 교수는 사실 강사의 고용주가 아니다. 교수나 강사나 학교에 고용된 신분이다. 단지 강사나 신규 교수의 채용을 결정하는 인사권을 교수진이 가지고 있을 뿐이다. 자기 돈은 줄 필요 없고 뽑을지 자를지 결정하는 권한만 가지고 있다. 이 아니 달콤한가. 교수에게는 연구나 강의가 아니라 신임 교수를 뽑는 그 순간이 아마 자신의 권력을 최고로 만끽하는 순간일 것이다. 지원자의 연구 실적이나 강의 평가 등 실력을 증명하는 자료보다도 내 맘에 드는 사람인지가 가장 중요하다. 내 맘에 안 드는 사람이 최종 후보에 오르면 내가 끝까지 반대해서 채용을 무산시켜서라도 싫은 놈에게 교수라는 명예와 권력을 주는 일만은 막아야 한다. 신자유주의 시대에 전반적으로 질 좋은 일자리를 이런 식으로 기득권이 가로막고 안정적인 일자리 숫자 자체를 점점 줄여 가는 중이다. 그리고 교수처럼 한국에서 사회적 위상이 높고 일정한 소득과 신분이 보장되는 자리는 기득권의 의도적인 '진입 장벽 높이기 운동', '내 권력 과시하기 운동', '내 사람 심기 운동'이 매우 격렬하다.

그러니까 강사의 실력이 문제가 아니라는 얘기이다. 나는 강사 생활 12년간 국내 논문 약 39편 정도를 썼고,(왜 '약'이냐면 기간과 학술지 종류에 따라 실적으로 인정되는 게 있고 아닌 게 있어서) 관련 분야 번역을 20권 정도 했고,(이것도 학교에 따라 학술 업적으로 인정하는 학교가 있고 아닌 학교가 있다.) 인문학계의 SCI인 AHCI급 해외 논문에 단독으로 두 편, 공저로 두 편을 냈다. 강의 평가는 대략 5점 만점에 4.6점에서 4.8점 사이였다. 내가 있던 분야에서 내가 아는 비정규직 연구자 중에는 나보다 훨씬 논문 실적 좋은 분들이 최소한 두세 명은 더 있었다. 그런데 왜 다들 교수가 되지 못하나? 실력이 없어서?

강사 월급은 교수의 10분의 1밖에 안 된다. 학교 입장에서는 교수 안 뽑고 실력 있고 실적 좋은 강사들에게 10분의 1 임금만 주면서 논문 실적을 쌓고 '노오오력'하라고 희망 고문하는 쪽이 열 배 이득이다. 그래서 어떻게 되냐면 인문계 대학원, 그중에서도 러시아 관련 학과처럼 분야도 좁고 외부 취업도 어려운 분야에는 아무도 진학하지 않는다. 대학원에 진학하면 석사 최소 2~4년, 박사까지 하면 줄잡아 10년은 돈 내고 일하면서 청춘을 바쳐야 하는데 그런 뒤에 강사로 또 10년 20년 지내면서 영원히 '노오오오력'만 할 수 있는 화수분 같은 재력과 불로장생하는 체력을 가진 사람은 없기 때문이다. 자립도 하고 결혼도 하고 아이도 낳고 부모님 결혼기념일에 케이크라도 사 드리고 가족이 아프면 돈 걱정 없이 병원이라도 제대로 가는 삶을 살고 싶으면 인문계 대학원 가서는 답이 안 나온다는 사실이 너무나 자명하다.

그러니까 대학원에 사람이 없다. 1년에 신입생이 한 명 정도 들어오면 다행이다. 내가 있던 분야의 대학원생들은 함께 공부할 사람이 없어서 다른 학교 대학원생들과 연합 스터디를 한 지가 벌써 오래되었다. 대학의 학사 학위와 같은 방식으로 대학원도 석사, 박사학위 파는 곳으로 전락한 지도 오래되었다. 나는 대학 때 교양국어 시간에 논문의 각주 다는 법을 배우고 과제로 연습까지 해 봤는데, 내가 강사가 되고 나니 교양국어는 없어지고 교양국어를 가르치던 강사 선생님들은 해고당했으며 대학원생들은 학위논문을 쓰면서도 각주도 참고 문헌도 작성할 줄 모른다. 그래서 한국어 각주, 영어 각주(MLA/APA/Chicago 스타일), 러시아어 각주, 한국어 참고 문헌 목록, 영어 참고 문헌 목록, 러시아어 참고 문헌 목록 만드는 법을 내가 가르쳤다. 왜 내가 가르쳤냐면 석사 학생 지도를 했기 때문이다. 석사 학생 지도는 강의 이력에 들어가지 않으며 그러므로 강의료를 받지 못한다. 나는 두 학기 동안 참고 문헌부터 본문까지 읽고 토론하고 자료 찾고 지도하고 학생을 무사히 석사 졸업시킨 뒤에 심사비 10만 원을 받았다.

교수들은 대체 뭘 가르치나? 나보다 월급을 10배 더 받으면서? 그리고 강사보다 월급을 10배 더 받으면 1년에 10만 원 나오는 일을 자기들이 귀찮다고 강사한테 시키는 건 솔직히 양심이 있으면 하지 말아야 할 짓 아닌가? 그러나 교수는 강사한테 1년에 10만 원 주고 이런 걸 시켜도 된다. 교수니까. 그러려고 교수 됐으니까.

대학의 위기가 어디에서 왔느냐면, 신자유주의에 온몸으로 동조하신 교수님들에게서 왔다. 달리 어디에서 왔겠는가? '강사노조'(아님, 한국비정규교수노조)가 데모를 해서? 학생들이 공부를 안 해서? 대학에서 가장 큰 권력을 가진 집단은 교수이다. 대학에서 월급을 제일 많이 받는 사람도 교수이다. 그러니까 위기에 대한 책임은 교수가 져야 하지 강사 탓을 하면서 해고를 해 대면 위기가 해결되나? 그러나 교수는 강사 탓을 하고 학교는 강사를 해고한다. 강좌 수는 줄어들고 학생의 선택지는 사라지고 교수가 담당해야 하는 강의 시수는 늘어나고 교수들은 힘들다고 불평하며 더욱 강사 탓을 하고 학교는 더욱 강사를 해고한다.

그러니까 대학의 위기는 해결되지 않는다. 학문 후속 세대를 계속 해고하면서 위기가 해결되길 바라는 건 비논리적이다. 한국의 대학은 그렇게 흘러간다. 해고할 강사가 남지 않을 때까지 다 자를 예정인지, 다 잘라서 해고할 사람이 안 남으면 어쩔 생각인지 궁금해진다.

그러니까 나는 돌아가지 않는다. 학부부터 대학원까지, 멀쩡하게 박사학위 받고 연구하고 강의하며 교단이 내 자리이고 연구와 강의가 세상에서 가장 가치 있는 일이라 믿었던, 지금도 조금은 믿고 있는 내 삶의 잃어버린 시간들을 애도한다. 그리고 나는 돌아가지 않는다. 남의 생계를 쥐고 흔드는 것으로 자기 권력 확인하는 데만 급급한 가해자 집단에 굴종하든가, 통보조차 없는 해고의 위기를 언제나 무릅써야 하는 피해자로 남든가, 그 두 가지 중에서 선택해야 하는 구조에 다시 돌아가기에는 내가 이미 너무 많은 진실을 알아 버렸다.

3부

디지털 인문학의 한국학

디지털 인문학:
한국 학술 데이터의 새로운 지평

김병준

1 서론: 디지털 인문학의 등장과 의의

가. 디지털 인문학의 정의와 특징

디지털 인문학(digital humanities, 이하 DH)이 전통적인 인문학 연구와 다른 지점은 '전자화된 인문 데이터'의 활용 유무이다. 물론 기존 인문학 연구에서도 『조선왕조실록』이나 '한국사 데이터베이스'[1]처럼 국가 단위에서 사료를 전자 문헌화한 데이터를 활용 중이다. 다만 디지털 인문학 연구에서는 자료 웹사이트에서 자료를 검색하는 데 그치지 않고 해당 전자문헌 로(raw) 파일을 가져와 자신의 연구 주제에 맞게 재조합하고 추가하는 등의 행위가 수반된다는 것이다.

---

[1] https://db.history.go.kr/.

홍콩대 차주항(Javier Cha)의 첫 번째 정의를 빌리자면 DH는 "기존 인쇄 중심인 인문학 자료를 전산화하여 디지털 매체로 정리를 하거나 데이터 사이언스 분석을 통해 새로운 통찰을 얻으려는 학문"이다.[2] 디지털과 데이터 사이언스가 포함되어 있으나 DH 역시 인문학이며 새로운 방법론이 인문학의 산적한 문제를 해결하는 전가의 보도가 될 수는 없다.[3]

나. 한국 인문학계의 현황과 디지털 인문학의 필요성

DH를 어떻게 정의하고 어디까지 범위를 정해야 할지 아직 논란이 있지만, DH는 존재 자체가 학제 간 연구를 배태하고 있다. 이는 전통적인 인문학자들에게는 어색하고 고통스러운 과정을 수반할 수밖에 없다. 하지만 DH로의 이행은 이미 시작되었고, DH 연구와 교육이 제대로 이루어지려면 협동해야 한다.[4]

한국 인문학계의 현황을 고려할 때, 디지털 인문학의 필요성은 더욱 부각된다. 전통적인 인문학 연구 방법으로는 대규모 데이터를 효과적으로 분석하기 어렵고, 학제 간 연구의 한계도 존재한다. 디지털 인문학은 이러한 한계를 극복하고, 새로운 연구 주제와 방법론을

---

2) 차주항, 「빅데이터와 인문학의 미래」, 《문명과 경계》 3, 2020, 45쪽.
3) 해당 문제에 대한 자세한 논의는 다음 논문을 참고하기 바란다. 유인태, 「디지털 인문학은 인문학이다」, 《인문논총》 77(3), 2020, 365~407쪽.
4) DH가 단순 유행인지 아니면 앞으로 인문학 연구를 바꿀 중요한 분기점이 될지는 여전히 논란거리이다.

제시함으로써 한국 인문학의 발전에 기여할 수 있다.

2 한국 학술 데이터의 현주소: KCI를 중심으로

가. KCI 시스템의 시작과 영향

Korean Citation Index(한국학술지인용색인, 이하 KCI)는 2007년 11월 시스템을 시범 공개한 이후, 현재까지 국내 인문학 연구자들의 졸업·임용·승진 등 연구자의 커리어에 가장 큰 영향을 주는 시스템이다. 국제 학술지(이른바 SCI) 논문으로 학술 커뮤니케이션이 빈번한 사회과학이나 자연과학(공학계)과 달리 한국 인문학계는 KCI를 중심으로 학문장이 형성되었다.

KCI의 등장은 신자유주의 체제와 대학 평가 시스템과 무관하지 않으며, 그 시스템이 인문학자들로 하여금 규격화된 글쓰기만 강요해 인문학계를 형해화시킨다는 비판도 있다.[5] 특히 BK, HK, SSK 등의 국가 주도 연구 진흥 사업은 KCI 시스템을 더욱더 공고하게 만들었다. 왜냐하면 해당 사업이 정량적인 논문 실적 제출을 의무화했기 때문이다.[6]

---

5) 천정환, 「신자유주의 대학 체제의 평가 제도와 글쓰기」, 《역사비평》 92, 2010, 185~209쪽.
6) 정민우, 「지식장의 구조 변동과 대학원생의 계보학, 1980~2012」, 《문화와 사회》 15, 2013, 7~78쪽.

나. KCI 데이터의 특징과 한계

한국 인문학계에는 웃기지만 슬픈 농담이 있다. 나의 논문을 읽어 주는 사람은 지구상에 단 세 사람만 존재한다는 것이다. 두 명은 내 논문의 심사자이며, 나머지 한 명은 바로 자기 자신이라는 말이다. KCI에 2019년까지 게재된 인문학 대분류 논문은 약 25만 건에 달하는데, 2021년 8월을 기준으로 전체 인문학 논문의 평균 피인용 수는 3.2건에 불과했다.

KCI 시스템이 제대로 된 피인용 수 검증을 제대로 반영하지 못한다는 비판이 있기에 실제 평균 피인용 수는 3.2건보다는 좀 더 많을 것이다. 또한 인문학 논문의 피인용 수 중앙값은 2건으로, 25만 건 중 반 정도의 논문은 2건 이하의 피인용 수를 기록한다는 말이다.

다. 지성사 자료로서의 KCI

논문 대다수가 인용되지 못하고, 매우 소수의 논문만이 수십, 수백 건의 피인용 횟수를 기록한다는 사실은 웃픈 현실도 아니고 지극히 자연스러운 현상이다. 네트워크 과학에서 멱 법칙(power law)은 매우 소수의 점(node)이 많은 연결(edge)을 차지함을 뜻한다. 이를 한국 인문학계에 적용한다면, 소수의 논문에만 많은 연결(인용)이 존재한다는 것이다.

이러한 구조는 한국 인문학계의 불평등성을 보여 주는 것이 아니라 오히려 학술계에서 중요한 텍스트의 선별과 지적 구조를 파악하는 데 도움을 줄 수도 있겠다는 생각으로 발전될 수 있었다. 그리고 단순 피인용 수에 그치지 않고, 여러 다른 지표를 통해 네트워크 구조에서 논문(연구자)을 바라본다면 임팩트 팩터(impact factor)에 미쳐 있는 한국 학문장을 조금은 바꿀 수 있지 않을까?

라. KCI 자료 상세 소개

1) KCI 분류 체계

논문 서지 데이터를 수집하기에 앞서 KCI에서 제공하는 학문 분류 체계를 이해해야 한다. KCI의 학문 분류 체계는 크게 대분류와 중분류로 나뉜다. 대분류는 총 8개 학문 분류로 구성된다.(인문학, 사회과학, 자연과학, 공학, 의약학, 농수해양학, 예술체육학, 복합학) 이때 주의할 점은 복합학의 존재이다. 복합학은 학제 간 연구, 과학기술학 등의 중분류로 구성되어 있는데 이 중에는 인문학 대분류에 넣어도 큰 문제가 없을 것 같은 학술지도 존재한다. 예컨대 《대중서사연구》는 서사학(문학)을 연구하는 학술지라 인문학 대분류에 속할 것이라 예상할 수 있지만 복합학(학제 간 연구)에 소속되어 있다. 따라서 자신이 수집하려는 논문이나 학술지가 어느 대분류와 중분류에 속해 있는지 확인하는 것이 중요하다.

필자는 주로 인문학 대분류에 있는 데이터를 학위논문의 연구 대상으로 삼았으므로 인문학의 중분류 체계를 소개한다.([표 1]) 총 24개의 중분류가 있으며 각 학술지는 하나의 중분류를 부여받는다. 문제는 A 학술지는 '문학'이라는 중분류를 부여받았는데(신청했거나),

〔표 1〕 인문학 중분류 체계

> 가톨릭신학, 기독교신학, 기타 동양어문학, 기타 서양어문학, 기타 인문학, 독일어와 문학, 러시아어와 문학, 문학, 불교학, 사전학, 서양 고전어와 문학, 스페인어와 문학, 언어학, 역사학, 영어와 문학, 유교학, 인문학, 일본어와 문학, 종교학, 중국어와 문학, 철학, 통번역학, 프랑스어와 문학, 한국어와 문학

해당 학술지의 어떤 논문은 중분류가 '문학'이 아닐 수도 있다는 것이다. 이는 KCI 초창기 생긴 문제인 듯한데, 지금은 학술지를 기준으로 고쳐진 상태이다. 또한 24개의 중분류가 서로 겹치거나 인문학 연구자의 상식과는 맞지 않는 경우도 있어서 연구 대상을 설정할 때 학술지가 제대로 맞는 성격인지 확인이 필요하다. 자세한 사항은 KCI의 학술지 분류 검색 사이트[7]를 참고하길 추천한다.

2) KCI 서지 데이터 수집

KCI 분류 체계를 이해한 이후에는 자신이 연구할 논문의 범위를 정해야 한다. 이를테면 자신이 연구할 범위가 특정 학술지인지, 특정 검색어를 포함하는 논문 전체인지, 아니면 앞에서 말했던 특정 분류 체계 단위인지 규정해야 한다. KCI 논문 검색창을[8] 최대한

---

[7] https://www.kci.go.kr/kciportal/ci/clasSearch/ciSereClasList.kci.
[8] https://www.kci.go.kr/kciportal/po/search/poArtiSear.kci.

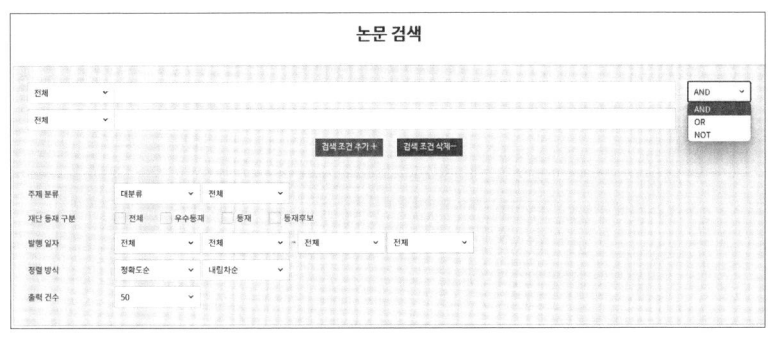

〔그림 1〕 KCI 논문 검색창

활용해 자신의 연구 주제와 맞는 논문이 한 번에 여러 건 검색되도록 하는 것이 중요하다.(〔그림 1〕) 물론 필자처럼 인문학 혹은 사회과학 전체 논문을 다 가져와서 분석하는 것도 가능하지만 수십만 건의 데이터 처리는 그만큼의 컴퓨팅 파워와 숙련된 코딩 기술을 요한다.

논문 검색창에서 검색을 통해 연구에 필요한 논문의 수와 범위를 확인했다면 가장 중요한 단계는 복수의 논문 서지정보를 한 번에 '내보내기'하는 작업이다.(〔그림 2〕) KCI에서는 최근에 서지정보 내보내기 기능을 대폭 강화했다. 〔그림 2〕처럼 아무 논문도 선택하지 않고 엑셀 버튼을 누르면 최대 2000건의 논문 서지정보를 한꺼번에 내려받을 수 있다. 원래는 서지정보 내보내기를 눌러 한 번에 최대 300건씩(한 페이지당 300건씩 보기 설정 후) 다운이 가능했는데 많은 발전을 이룬 셈이다. 2000건이 넘는 논문 서지정보를 받으려면 어떻게 해야 하는가? 일단 한 번에 2000건 이하의 논문을 검색해(연도 검색 등으

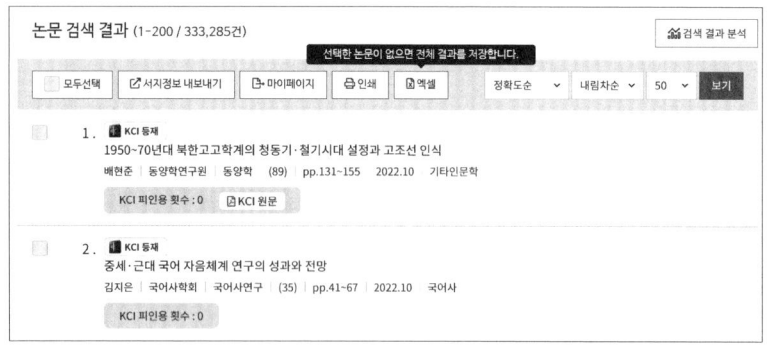

〔그림 2〕 KCI 논문 내보내기(엑셀)

로) 일일이 내려받는 방법이 있고, KCI에서 제공하는 OPEN API[9]를 활용하면 한 번에 수만 건의 서지정보를 내려받을 수 있지만 코딩 역량을 요구하는 게 단점이다. 또한 내보내기의 경우 초록이나 참고 문헌 목록 데이터를 확인할 수 없다.

이런 어려움이 있을 때는 따로 KCI 데이터활용안내 메뉴(정보마당)[10]를 통해 자신이 원하는 조건의 논문 서지정보를 요청해서 따로 받을 수 있다. 필자 역시 몇 번의 요청을 해 본 적이 있고, 큰 도움을 받았다. 정보이용 신청서와 서약서를 작성해 전자 공문이나 이메일을 보내면 엑셀 형태의 서지정보 데이터를 받을 수 있다.(〔그림 3〕)

논문 서지 데이터의 여러 항목은 디지털 인문학 혹은 지식사회학 연구에 큰 자료가 될 수 있다. 제목, 주제어, 초록 같은 텍스트 데이

---

9) https://www.kci.go.kr/kciportal/po/openapi/openApiList.kci.
10) https://www.kci.go.kr/kciportal/ss-mng/bbs/bbsHelp09.kci.

〔그림 3〕 KCI 데이터 활용 안내

터는 자연어 처리(텍스트마이닝)를 활용한 연구에 활용할 수 있고 참고문헌이나 인용 관계 데이터를 통해 계량서지학 연구에도 활용된다.

3 디지털 인문학 연구를 위한 공공데이터 활용

가. 공공데이터의 중요성과 종류

'놀랍게도' 대한민국은 디지털 인문학 강국이 될 수 있는 토양이 넘친다. 바로 공공데이터 포털(data.go.kr) 덕분이다. 공공데이터 포털은 정부나 공공기관, 국책 연구소 등에서 생산되는 데이터를 한데 모아 제공하는 곳이다. 한국사 데이터베이스는 물론 한국문집총간 등

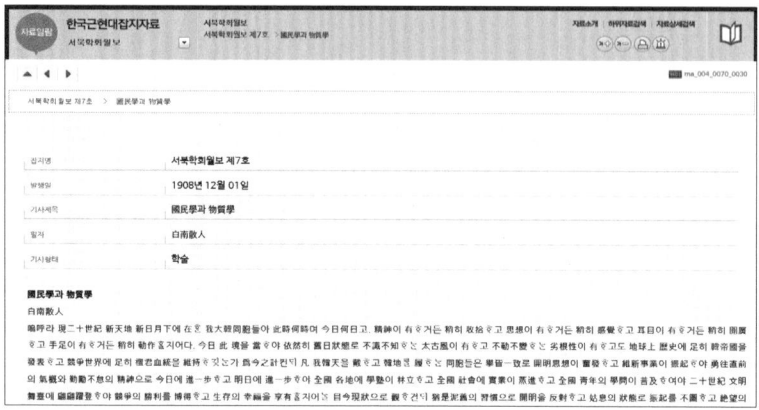

〔그림 4〕 한국근현대잡지자료(한국사 데이터베이스)

인문 공공데이터가 총망라되어 있다. 또한 더 큰 매력은 로(raw) 데이터 파일을 제공한다는 점이다. 웹사이트에서 보는 형태로만 제공되던 인문 데이터를 기계 가독형 데이터 형식(특히 XML)으로 제공함으로써 연구자가 자유롭게 데이터를 다뤄 볼 수 있다. 특히 인문 데이터의 진가는 〔그림 5〕처럼 추가 데이터 태깅 작업이다. 역시 동일한 한국사 데이터베이스 자료에서 이름과 지명이라는 색인어가 따로 정리된 것을 확인할 수 있다. 이 색인어 추가 태깅(tagging) 작업은 기존 txt, hwp, pdf 파일로는 불가능하다.

이제 좀 더 구체적인 상황을 상상해 보자. 만약 당신이 (디지털) 인문학[11]에서 공공데이터를 활용한다고 한다면 난이도에 따른 단계

---

11) 반드시 디지털 인문학 연구가 아니어도 적용할 수 있다. 따라서 디지털에 괄호를 넣었다.

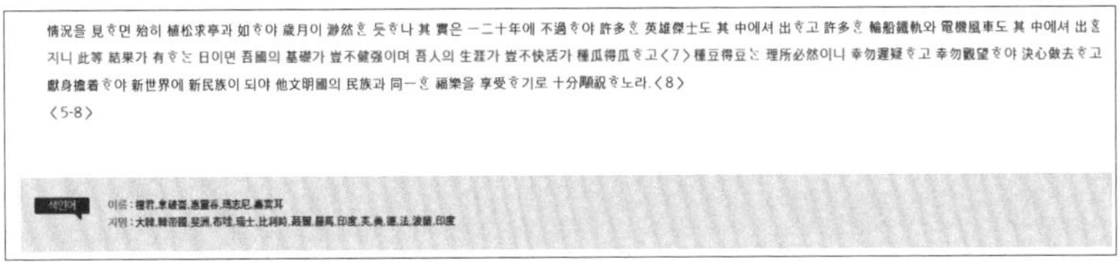

〔그림 5〕 색인어 예시

는 다음과 같다.(아래로 갈수록 난이도 상승)

1. 기존(공공) 데이터를 하나 정해 가져와 활용한다.
2. 기존(공공) 데이터에 추가 작업(annotation, tagging 등)해 활용한다.
3. 여러 기존(공공) 데이터를 연결해 활용한다.
4. 자신이 연구할 데이터를 밑바닥부터 직접 설계해 활용한다.

1번은 자신이 연구에 필요한 데이터를 한정해서 기존 공공데이터를 그대로 활용하는 것이다. 잘 조직된 공공데이터를 활용하는 손쉬운 방법이다. 2번에서는 공공데이터에 연구자가 필요한 정보를 추가(annotation)해서 더 넓은 범위의 연구 데이터를 확보할 수 있다. 3번은 이에 더해 흩어져 있거나 기존에는 연결성이 없이 독립적으로 존재하고 있던 데이터를 연결해서 새로운 인사이트를 얻는 것이다. 마지막 4번은 자신이 해결하고자 하는 연구 문제나 질문에 딱 맞는 데이터가 없을 때 해당 데이터를 찾아서 전자 문헌화하고 데이터 형태로 설계하는 가장 고난도의 작업이다. 4번 작업도 밑바닥부터 하기보다는 기존 공공데이터를 기반으로 직접 만드는 것이 더 좋다. 필자는 석사논문 작업을 위해서 1, 2, 3번을 포함해서 결국 4번 작업을 행하여 연구 데이터를 확보할 수 있었다. "한국의 문학 권력을 정량적으로 측정할 수 있는 데이터가 있는가?"라는 질문에 답하기 위해서 한국의 대표 문예지 《창작과비평》, 《문학동네》, 《문학과사회》의 서지정보가 필요했다. 이 작업은 각종 학술 데이터베이스(교보 스콜라, 디비피아 등)에서 서지 목록을 모으고, 해당 문예지의 저자와 비평 대상에 대한 인구사회학적인 정보(성별, 생년, 출신 대학/학과, 등단 연도, 등단지 등)를 네이버 인물 정보와 구글링을 통해 수집하는 것으로 진행했다. 하나의 연구 문제를 해결하기 위해 여러 공공데이터가 동원된 것이다.[12]

나. 공공데이터 포털 활용하기

공공데이터 포털을 좀 더 적극적으로 활용하는 방법은 데이터 공개 요청이다. 원본 데이터를 내려받을 수 없는 경우에 하는 요청인데 한국학중앙연구원의 김바로 선생님의 논문[13]에 자세히 그 과

---

[12] 이 과정을 확인해 보고 싶다면 다음 논문 세 편을 참고하기 바란다. 전봉관·김병준·이원재, 「문예지를 매개로 한 한국 소설가들의 사회적 지형: 1994~2014」, 《현대소설연구》 61, 2016, 169~228쪽; 이원재·김병준·전봉관, 「작가-비평가 관계와 비평가의 구조적 위치가 소설 단행본 판매량 증감에 미치는 영향: 2010~2015」, 《한국현대문학연구》 48, 2016, 527~574쪽; 김병준·전봉관·이원재, 「비평 언어의 변동: 문예지 비평 텍스트에 나타난 개념 단어의 변동 양상, 1995~2015」, 《현대문학의 연구》 61, 2017, 49~102쪽.
[13] 김바로, 「'공공데이터법'과 인문 데이터 — 공공기관 보유 인문 데이터 공개 신청 사례를 중심으로」, 《韓國古典硏究》 57, 2022, 167~192쪽.

〔그림 6〕 공공데이터 제공 신청

정이 적혀 있으니 일독을 권한다. 공공기관이 보유한 각종 인문 데이터를 공개 신청[14])을 통해 기계 가독형 데이터로 받아 볼 수 있을 것이다.

기계 가독형 데이터에 대해 말하며 마무리하려 한다. 앞에서 언급한 김바로 선생님의 논문에 따르면, 기계 가독형 데이터는 5단계로 나누어 설명할 수 있다. 3단계 이상의 포맷이 오픈 포맷으로 진정한 의미에서 기계가 읽어 낼 수 있는 형태이다. 즉 1, 2단계 포맷은 사람이 보고 확인하는 데에는 문제가 없으나 기계는 해당 데이터의 구조를 알 수 없다. 예컨대 근대 관련 사료에서 '이광수'라는 작가의 이름이 등장한다면 연구자는 소설가 춘원 이광수를 자연스럽게 떠올리겠지만, '이광수'라는 텍스트에 아무 정보도 추가하지 않은 상태에서는

---

14) https://www.data.go.kr/tcs/dor/insertDataOfferReqstProcssView.do.

알 수가 없다. 즉 기계에 그냥 줄글이 아니라 줄글에 있는 여러 정보를 포함해서 줄 수 있는 포맷이 아래 [표 2]에서 3단계 이상의 포맷이 갖는 함의이다. 3단계 이상의 포맷은 여러 개가 있지만, 인문 데이터에 최적화된 XML 파일을 아래에서 소개한다.

[표 2] 기계 판독이 가능한 형태의 포맷 단계별 구분 비교

구분	1단계	2단계	3단계	4단계	5단계
기계판독이 가능한 형태	미충족포맷 (포털등록불가)	최소충족포맷	오픈포맷	오픈포맷	오픈포맷
특징	특정 소프트웨어에서 읽을 수만 있는 데이터로 자유로운 수정, 변환 불가	특정 소프트웨어에서 읽고 수정, 변환 불가	모든 소프트웨어에서 읽고 수정, 변환 가능	URI를 기반으로 데이터 속성 특성 관계를 기술하고 있는 데이터 구조	웹상의 다른 데이터와 연결, 공유 가능
예시	PDF	HWP, XLS, JPG, PNG, WMV, MPEG, MP3, SWF	CSV, JSON, XML	CSV, JSON, XML, RDF	LOD

다. 인문 데이터의 특성과 XML 형식의 이해

인문 데이터에 주로 활용되는 XML(eXtensible Markup Language)[15)]

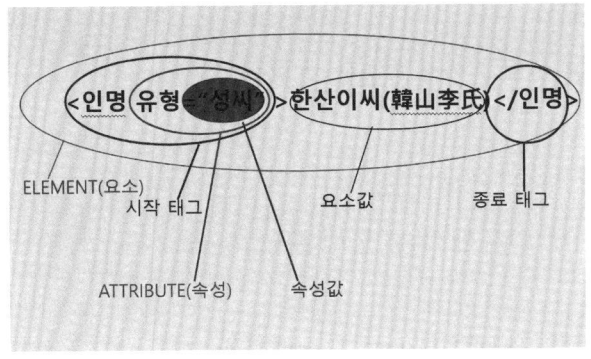

〔그림 7〕 XML의 구성 요소(한국학중앙연구원 김바로 교수님 수업 자료)

은 인터넷상의 데이터를 쉽게 주고받을 수 있게 만든 마크업(markup) 언어이다. 여기에서 마크업[16]이란 문서나 데이터의 구조를 명기하는 방식으로, 컴퓨터에서 어디서부터 어디까지가 데이터의 속성값인지 의미를 부여할 수 있다. 예컨대 〔그림 7〕에서 '한산이씨'라는 텍스트만 있다면 해당 데이터의 성격은 알 수 없다. 하지만 '한산이씨'라는 요솟값을 규정하는 요소(element)인 '인명'을 추가하고, '인명'의 속성(attribute)인 '유형'과 그 속성값인 '성씨'를 추가함으로써 '한산이씨'라는 데이터에 의미를 부여하는 메타 데이터(meta data)를 기술할 수 있다. 이와 같은 데이터 요소와 속성을 태그(tag)라고 하며, 하나의 데이터는 여러 개의 태그를 소유할 수 있다.

 XML의 진가는 추가 데이터 태깅 작업에서 드러난다. 예를 들

---

15) https://ko.wikipedia.org/wiki/XML.
16) https://ko.wikipedia.org/wiki/마크업_언어.

어, 인명이나 지명 등이 태깅되어 있다면 인명/지명만 따로 파싱(parsing)을 통해 손쉽게 추출할 수 있다.

4 디지털 인문학 연구 방법론

가. 계량서지학 기반의 연구 방법 소개

계량서지학(bibliometrics)이란 통계나 수학같이 정량적인 방법을 적용해 논문이나 문헌 등의 학술 커뮤니케이션의 양상을 분석하는 방법론이다. 이때 중요하게 여기는 학술 커뮤니케이션 지표는 바로 인용이다. 인용은 연구자가 자신의 논문을 뒷받침하는 적극적인 학술 참여 행위로 계량서지학에서는 인용을 분석해 그동안 축적된 지식의 양과 주제를 분석할 수 있다.

나. 서지 결합 분석과 동시 인용 분석

이용에 관련한 계량서지학의 분석 방법은 다양하지만, 여기에서는 대표적인 두 가지 방법론을 소개하고자 한다. 하나는 서지 결합 분석(bibliographic coupling analysis)이며, 또 다른 하나는 동시 인용 분석(co-citation analysis)이다.

서지 결합은 두 논문이 동일한 문헌을 인용할 때, 동시 인용은 두 문헌이 함께 인용될 때 관계가 있다고 본다. 〔그림 8〕에서 1번과 4번

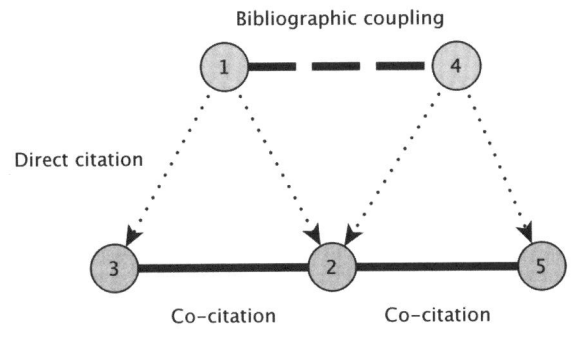

〔그림 8〕 서지 결합 분석과 동시 인용 분석 자료
(https://pythonhosted.org/tethne/tutorial.bibliocoupling.html)

논문이 2번 논문을 인용하면 서지 결합 관계이고, 1번 논문이 2번과 3번 논문을 인용하면 2번과 3번은 동시 인용 관계이다. 1번이 3번을 인용하는 것은 직접 인용이다. 이러한 분석 방법은 직접 인용만으로는 파악하기 어려운 연구 간 관계를 보여 준다. 단순 피인용 횟수와 달리, 이러한 네트워크 분석은 연구의 맥락적 중요성을 2차원적으로 파악할 수 있게 해 주며, 영향력 있는 연구나 연구 동향을 예측하는 데 활용된다.

다. 데이터 연결과 융합 연구의 가능성

데이터를 활용한 디지털 인문학 혹은 계산사회과학(computational social science) 연구의 장점을 가장 잘 활용하는 방법은 '연결'이다. 아니 더욱더 강하게 말하자면 '연결'에서 디지털 인문사회과학이 시작하는 것인지도 모른다.

  KCI 데이터는 그 자체로 매력 있는 데이터이지만 여기에 다른 공공데이터를 연결하면 더 확장된 연구가 가능하다. KCI에 연결해 볼 수 있는 대표적인 데이터베이스는 KRI(한국연구자정보), RISS, 국가서지 LOD이다.[17] 첫째, KRI는 연구자의 인구사회학적인 정보가 있는데, 연구자 고유번호를 통해 KCI의 저자와 KRI 정보를 연결할 수 있다. 이는 조금은 어려운 웹스크래핑(크롤링) 기술을 요한다. 둘째, RISS는 KCI의 약점인 학위논문 데이터가 잘 구축되어 있다. 이를 활용하면 학위논문 서지정보를 보강할 수 있을 것이다. 셋째, 2022년에 공개한 국립중앙도서관의 국가서지 LOD[18]는 국립중앙도서관이 보유한 도서와 전자문헌에 대한 모든 정보에 접근할 수 있다. 예컨대 특정 저자로 검색해 들어가면 해당 저자의 모든 저작 정보를 확인할 수도 있다. 더 나아가 SPARQL[19]을 활용하면 특정 검색 조건(예: "1910년부터 1920년까지 《매일신보》가 발행한 신문을 반환하시오.")에 맞는 자료를 바로 받아 볼 수 있다.[20]

---

17) 이러한 데이터베이스 연결에 대한 자세한 논의는 다음 논문을 참고할 수 있다. 김병준, 「계량서지학 기반 개념사 연구의 가능성」, 《개념과 소통》 28, 2021, 233~246쪽.
18) https://lod.nl.go.kr/.
19) LOD(linked open data)를 위한 질의 언어로, 데이터베이스를 위한 SQL과 유사하다.
20) https://lod.nl.go.kr/sparql.

5 디지털 인문학 연구의 실제

가. KCI 데이터를 활용한 연구 사례

KCI, RISS 등의 학술 플랫폼의 개선으로 논문 서지 데이터의 접근이 용이해졌고, 이전보다 손쉽게 컴퓨팅 파워와 프로그래밍 언어를 활용하게 되면서 인문사회과학에서도 지식 구조에 관한 거시적인 연구가 시작되었다. 특히 디지털 인문학 분야가 각광받으면서 연구 경향(research trends) 분석에 관한 연구들은 여러 전공 단위에서 이뤄지고 있다. 해당 연구는 특정 전공자의 학위논문이 분석 대상이 되거나,[21] 수십 년치의 학술지 논문을 분석 대상으로 삼기도 한다.[22]

예를 들어, KCI 데이터를 활용하여 한국 인문학의 지식 구조를 분석한 연구가 있다. 이 연구에서는 2004년부터 2019년까지의 KCI 등재 인문학 논문을 대상으로 계량서지학적 분석을 수행했다. 이를 통해 인문학 세부 분야별 연구 동향, 주요 연구 주제의 시계열적 변화, 학제 간 연구의 패턴, 영향력 있는 연구자 및 논문 등을 식별할 수 있었다.[23]

---

21) 김병준·천정환, 「박사학위논문(2000~2019) 데이터 분석을 통해 본 한국 현대문학 연구의 변화와 전망」, 《상허학보》 60, 2020, 443~517쪽.
22) 설동훈·고재훈·유승환·이기재, 「한국조사연구학회 발표 논문 내용분석, 1999~2019년: 학문 분야·방법론·연구 대상·데이터 분석 기법의 지속과 변동」, 《조사연구》 21(1), 2020, 1~32쪽.
23) B. Kim, "Mapping the knowledge structure of Korean humanities: Bibliographic data analysis of humanities journal articles in the Korea citation index", 2004~2019 [Doctoral dissertation], (Sungkyunkwan University, 2022).

나. 공공데이터를 활용한 연구 사례

공공데이터를 활용한 디지털 인문학 연구의 예로, 3·1운동 데이터베이스의 격문 분석을 들 수 있다. 3·1운동 데이터베이스 사이트의 격문/선언서 메뉴에는 3·1운동 관련 총 221건의 격문/선언서가 있다.[24] 이 데이터는 XML 형식으로 제공되며, 연구자들은 이를 활용하여 독립운동의 담론 구조를 파악할 수 있다. 공공데이터 포털에서 제공하는 3·1운동 데이터베이스 격문 XML 파일[25]을 살펴보면, ⟨level1⟩부터 본격적인 본문이 시작된다. '3·1독립선언서'라는 텍스트가 ⟨title⟩과 ⟨mainTitle⟩이라는 태그로 감싸져 있는 것을 확인할 수 있다. 또한 텍스트의 저자와 번역자 등의 서지정보를 확인할 수 있다.

다. XML 파싱을 통한 데이터 분석 방법

앞에서 XML의 구조를 파악했다면 이제는 연구자가 원하는 요소만 따로 뽑아 꺼내 쓰는 과정이 필요하다. 이 과정을 파싱이라고 하는데 이는 언어학에서 발원한 단어로 '구문 분석'을 뜻한다. 전산학에서는 문자열 데이터의 구성 성분을 분해하고 관계를 분석하는 행위를 말하는데, 파싱을 하는 프로그램을 파서(parser)라고 한다. 아

---

24) https://db.history.go.kr/samil/home/manifesto/select_manifesto_list.do.
25) https://www.data.go.kr/data/15080861/fileData.do.

```xml
<level1 id="sun_0010">
  <front>
    <biblioData>
      <title>
        <mainTitle>3·1독립선언서</mainTitle>
        <alternative>宣言書</alternative>
      </title>
      <creator>
        <author>
          <name align="center">朝鮮民族代表</name>
        </author>
        <translator>
          <name align="center">정숭교</name>
        </translator>
      </creator>
      <date>
        <dateCreated date="1919-03-01">朝鮮建國四千二百五十二年 三月 日</dateCreated>
        <dateOccured date="1919-03-01"/>
```

〔그림 9〕 3·1운동 DB 격문 서지정보

```xml
<text>
  <content type="현대문">
    <paragraph align="center">
      <annotation type="소자쌍행">
        <noteTitle/>
        <noteContent>3·1독립선언서</noteContent>
      </annotation>
    </paragraph>
    <paragraph align="center">
      <pTitle align="center" type="주제목"> 선언서</pTitle>
    </paragraph>
    <paragraph align="center"/>
    <paragraph align="center">우리들은 지금 우리 조선이 독립한 나라이고 조선 사람이 자주적인 국민이라는 것을
    <paragraph align="center">5천년 역사의 권위에 의지하여 독립을 선언하는 것이며, 이천만 민중의 충성을 한 데
    <paragraph align="center">우리가 낡은 시대의 유물인 침략주의와 강권주의의 희생물이 되어, 역사가 시작된 지
```

〔그림 10〕 3·1운동 데이터베이스 격문/선언서 XML

래 예시는 웹 기반 XML 파서로 왼쪽에 XML 파일을 붙여 넣거나 로드하고 가운데 XML parser 버튼을 누르면 오른쪽처럼 텍스트 구조를 파악해서 나무 형태로 보여 준다.

XML 파싱 과정은 다음과 같다.

1. XML 파일 로드
2. XML 구조 파악
3. 필요한 요소 및 속성 추출
4. 추출된 데이터 정제 및 구조화

5 분석 및 시각화

하지만 수천, 수만 개의 XML 파일을 한꺼번에 파싱해서 본문만 꺼내거나 저자 정보만 추출하고 싶다면 프로그래밍 언어를 활용하는 것을 추천한다. Python, R 등 여러 프로그래밍 언어에서는 XML 파싱 패키지를 제공한다. Python의 경우 ElementTree XML API[26]를 이미 내장하고 있으며, 추가 lxml[27] 같은 라이브러리도 존재한다. 또한 Pandas[28] 파이썬의 대표적인 데이터 분석 및 핸들링 패키지의 경

---

26) https://docs.python.org/ko/3/library/xml.etree.elementtree.html.
27) https://lxml.de/.
28) https://pandas.pydata.org/.

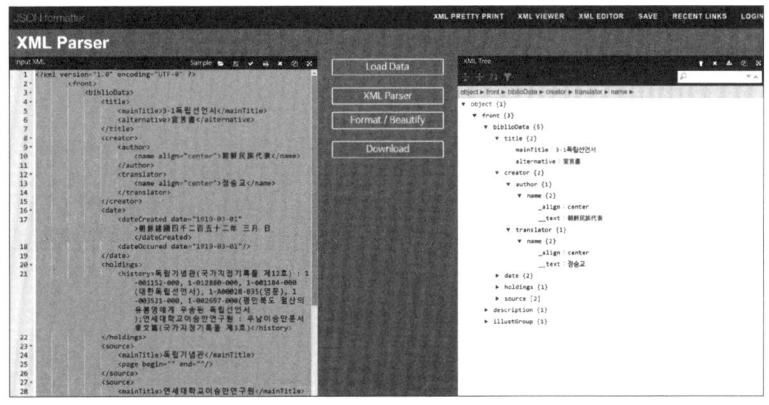

〔그림 11〕 웹 기반 XML Parser(https://jsonformatter.org/xml-parser)

우도 read_xml[29])같이 xml 파일을 바로 읽어서 테이블 형태로 변환하는 함수가 내장되어 있다. XML 파싱을 자유롭게 할 수 있다면 텍스트 내에서 있는 여러 태그를 인문학 연구에 적극적으로 활용할 수 있을 것이다.

6 결론: 디지털 인문학의 미래와 과제

디지털 인문학은 한국 학술 데이터의 새로운 지평을 열어 가고 있다. KCI와 같은 학술 데이터베이스, 그리고 다양한 공공데이터를 활용한 연구는 인문학의 외연을 확장하고 새로운 통찰을 제공할 것

---

29) https://pandas.pydata.org/docs/reference/api/pandas.read_xml.html.

이다. 그러나 이를 위해서는 몇 가지 과제를 해결해 나가는 노력이 동반되어야 한다.

    1. 데이터 품질 개선: KCI, 공공데이터 등의 정확성과 포괄성 향상
    2. 연구자 교육: 디지털 기술과 방법론에 대한 체계적인 교육 프로그램 개발
    3. 학제 간 협력 강화: 인문학자, 데이터 과학자, 컴퓨터공학자 간의 협업 증진
    4. 윤리적 가이드라인 수립: 디지털 인문학 연구에서의 데이터 활용 및 해석에 관한 윤리 기준 마련
    5. 인프라 구축: 디지털 인문학 연구를 위한 플랫폼 및 도구 개발

이러한 과제를 해결하는 과정에서 주목해야 할 새로운 개념이 바로 '스마트 빅데이터'이다.[30] 스마트 빅데이터는 빅데이터의 규모와 다양성, 그리고 스마트 데이터의 질적 수준을 동시에 확보한 데이터를 의미한다. 기존의 빅데이터가 단순히 대량의 데이터를 수집하는 데 초점을 맞추었다면, 스마트 빅데이터는 대규모 데이터를 수집하되, 체계적인 메타 데이터와 주석을 통해 데이터의 품질을 높이는 것을 목표로 한다.

---

30) 스마트 빅데이터에 대한 자세한 내용은 다음 논문을 참고하기 바란다. B. Kim, 「디지털 인문학의 미래, 스마트 빅데이터: 독일 트리어 디지털 인문학 센터 CLS 연구 펠로우 후기」, 《Digital+humanities》 30, 2024, 57~70쪽. https://doi.org/10.5281/zenodo.13293696.

독일 트리어대학교 디지털인문학센터(TCDH)의 크리스토프 쇼흐(Christof Schöch) 교수는 스마트 빅데이터야말로 디지털 인문학이 지향해야 할 새로운 방향이라고 주장한다. 이를 통해 인문학의 질문을 보다 정교하게 설정하고, 통찰력 있는 해석을 도출할 수 있기 때문이다.[31] 쇼흐 교수는 최근 연구에서도 이러한 주장을 더욱 발전시켜, 스마트 빅데이터가 문학사 연구에 어떻게 적용될 수 있는지를 구체적으로 제시하고 있다.[32]

스마트 빅데이터의 구축은 최근 인공지능 분야의 발전, 특히 거대 언어 모델(Large Language Model, 이하 LLM)과 검색 증강 생성(Retrieval Augmented Generation, 이하 RAG) 기술의 발전으로 인해 더욱 현실화되고 있다. LLM은 방대한 텍스트 데이터를 학습하여 뛰어난 문맥 이해와 텍스트 생성 능력을 보여 주며, RAG는 LLM에 외부 지식베이스를 연동하여 더욱 정확하고 풍부한 정보 생성을 가능케 한다. 이러한 기술을 활용한다면, 대규모 데이터를 반자동화된 방식으로 정제하고 주석화할 수 있다.

예를 들어, 한국문학 연구에 이러한 기술을 적용할 수 있다. 대규모의 한국문학 작품을 LLM에 학습시키고, RAG를 통해 문학 비평, 역사적 맥락, 작가의 생애 정보 등을 연결하면, 특정 작품이나 작

---

31) C. Schöch, "Big? Smart? Clean? Messy? Data in the Humanities?", *Journal of the Digital Humanities* 2(3), 2013.
32) C. Schöch, M. Hinzmann, J. Röttgermann, K. Dietz, and A. Klee, "Smart Modelling for Literary History", *International Journal of Humanities and Arts Computing* 16(1), 2022, pp. 7~94.

가에 대한 심층적인 분석을 자동으로 생성할 수 있다. 이는 연구자들이 더 넓은 맥락에서 작품을 이해하고, 새로운 해석의 가능성을 발견하는 데 도움을 준다.

그러나 이러한 기술의 도입은 새로운 윤리적 문제를 제기한다. 데이터의 편향성, 알고리즘의 투명성, 저작권 문제 등을 고려해야 한다. 따라서 디지털 인문학 연구자들은 기술의 가능성을 탐구하는 동시에, 이러한 도구를 비판적으로 평가하고 적절히 활용하는 능력을 갖추어야 한다.

디지털 인문학은 단순히 기존 인문학에 디지털 기술을 접목하는 것이 아니라, 인문학적 사고와 디지털 기술의 창의적 융합을 통해 새로운 지식 생성의 패러다임을 만들어 가는 과정이다. 스마트 빅데이터와 인공지능 기술의 도입은 이러한 패러다임 전환을 가속화할 것이다. 그러나 동시에 우리는 인문학의 본질적 가치를 잃지 않도록 주의해야 한다.

결론적으로, 우리는 다시 한번 선택의 기로에 서 있다. 협동할 것인가, 협동하지 않고 여기서 멈출 것인가. 디지털 인문학의 미래는 우리의 선택에 달려 있다. 기술과 인문학의 균형 잡힌 융합을 통해, 우리는 더욱 풍부하고 의미 있는 인문학 연구의 미래를 열어 갈 수 있을 것이다.

인공지능 시대를 읽자: 쓰기 도구, 그리고 그 속성을 강화할 거대 언어 모델

김승범

2021년 11월, 대기자로 줄을 설 필요 없이 GPT-3를 사용할 수 있게 되었다. 인터넷에 접속할 수 있으면 누구나 거대 언어 모델(Large Language Model, 이하 LLM)에 접근이 가능해진 것이다. 공개 초부터 발 빠르게 LLM이 가진 기능과 특성을 학습하고 새로운 가능성을 이야기하고 토론하는 사람이 늘어났다. 2021년 12월, 어느 기술 블로그는 GPT-3의 공개와 함께 2022년은 LLM이 교육과 학교에 큰 영향을 끼칠 것으로 예측했다.[1] 하지만 기술을 미리 접하고 흥분한 사람들의 기대와는 달리 생각만큼 GPT-3에 관심을 두는 (AI 분야를 제외한) 전문가를 포함한 일반 대중은 늘지 않았다. 흥미롭게도 대중에게 널리 퍼진다는 느낌이 체감되는 시점은 1년 정도가 더 지난 후 채팅 인터페이스를

---

[1] https://bakztfuture.substack.com/p/my-biggest-2022-prediction-gpt-3. My Biggest 2022 Prediction: GPT-3 will take over schools and college campuses, 2021. 12. 27.(검색일: 2023. 2. 15.)

입은 ChatGPT[2])의 등장부터였다. 누구보다 대중의 관심에 민감한 유튜브 크리에이터들이 ChatGPT에 대해 콘텐츠를 쏟아 냈고, 일시적인 유행을 넘어 여러 분야에서 사람들의 반응은 폭발적이었다. "인터넷 공간이 만들어진 20년 동안 우리는 소비자 인터넷 앱에서 이보다 빠른 성장곡선을 기억할 수 없다."라고 UBS는 보고했다.[3])

새로운 생각이나 기술이 확산될 때는 나름의 과정을 거치고, 다수자에게 전파되기까지 시간이 걸린다. GPT-3 공개 이후 1년 정도의 시간이 필요한 게 당연하게 보이기도 하지만 더 작은 언어 모델을 가진 ChatGPT가 공개된 직후의 전파속도와 사람들의 반응을 볼 때 채팅 인터페이스가 가진 강력함을 무시할 수 없다. 앞서 공개된 GPT-3의 플레이그라운드(Playground) 인터페이스는 기본 메모장처럼 간단하고 비어 있는 텍스트 편집기의 모습이다. 편집 화면 안에서 언어의 입력, 실행, 그리고 결과에 대한 출력이 동시에 이뤄지는 환경인데, 컴퓨터 개발자에게는 익숙한 REPL(Read-Eval-Print Loop)[4])처럼 보이기도 하지만 이 또한 대중적이진 않아도 컴퓨터 역사에서 오래전부터 실험되었던 인터페이스[5])이다. 간단하지만 높은 자유도의 강력

---

2) https://chat.openai.com/.(검색일: 2023. 2. 15.)
3) https://www.businessinsider.com/chatgpt-may-be-fastest-growing-app-in-history-ubs-study-2023-2, 2023. 2. 2.(검색일: 2023. 2. 15.) ChatGPT는 공개 두 달 만에 1억 MAUs(Monthly Active Users: 월간 순 이용자 수)에 도달했고, 이는 틱톡 서비스도 9개월이 걸릴 일이다.
4) 운영체제의 명령어 터미널이나 파이썬(Python) 언어의 인터프리터는 채팅처럼 코드를 입력하고, 실행하고, 결과를 출력하는 상호작용이 가능한데 이를 'REPL'이라고 한다.
5) 순수한 객체지향 언어이자 동적인 컴퓨팅 환경인 'Smalltalk'는 'Workspace'라는 도

한 인터페이스를 채택한 GPT-3의 플레이그라운드는 오히려 그 공허한 여백 때문에 다수가 접근하는 데 걸림돌이 되었는지도 모른다. 그에 비하면 채팅은 모두에게 익숙하고 직관적이다. 일상화된 상호작용 방식으로 나온 결과물은 LLM이 생성한 텍스트를 대하는 우리의 태도를 크게 바꿨다. 의인화하기 쉽고 감정이입도 잘 된다. 구글이 대화 업무에 최적화된 자사의 LLM인 람다(LaMDA: Language Model for Dialogue Applications)를 내부 테스트하던 당시, AI에 대한 리터러시가 있는 전문가조차도 람다가 의식이 있다고 믿게 만든 사건[6]은 결코 우연이 아닐 것이다.

우리는 LLM이 생성해 내는 결과물과 함께, LLM이 탑재될 다양한 쓰기 도구에도 관심을 기울여야 한다. 성격이 같은 언어 모델을 사용하더라도 우리가 언어로 상호작용하는 도구 혹은 인터페이스가 달라졌을 때 사용자 입장에서는 완전히 다른 경험을 하거나 의도하지 않은 영향을 받을 수 있다. 쓰기 도구의 기능적 사용법뿐만 아니라 도구가 가진 속성에 대한 이해가 필요한 이유이다. 역사적으로 인류를 거쳐 간 다양한 쓰기 도구는 실은 우리가 생각하는 방식에 여러 영향을 끼쳤다. 철학자 니체가 타자기를 사용하면서 그의 글에 변화가 생겼다는 일화도 그중 한 예이다.

구를 통해 이런 환경을 제공했다. 메모장처럼 간단하지만 텍스트 기반 코딩과 실행, 그리고 그 결과에 대한 검사(inspect)가 동시에 이뤄지고, 실행되고 있는 컴퓨팅 객체를 동적으로 다루는 강력한 인터페이스였다.
6) 르모인 사건으로 알려졌으며, 당시 채팅 기록을 자신의 블로그에 실었다. https://cajundiscordian.medium.com/is-lamda-sentient-an-interview-ea64d916d917, Is LaMDA Sentient?-An Interview, Blake Lemoine, 2022. 6. 11.(검색일: 2023. 2. 15.)

니체의 친구 중 한 명인 작곡가는 그의 작품 스타일의 변화를 알아차렸다. 그의 이미 간결한 글은 훨씬 더 촘촘해지고, 더 전신적(telegraphic)으로 되어 있었다. 그 친구는 편지에서 "아마도 이 도구를 통해 새로운 언어(idiom)를 갖게 된 것"이라며 자기 작품에서도 음악과 언어에 대한 그의 '생각'은 종종 펜과 종이의 질에 달려 있다고 언급했다. 니체는 "자네 말이 맞네."라며, "우리의 글쓰기 장비는 우리의 생각을 형성하는 데 영향을 주고 있지."라고 말했다.[7]

우리가 인지적 도구이자 인터페이스로 내재화한 언어가 생각을 구체화하고 전달하기 위한 인터페이스로 다양한 쓰기의 도구를 탄생시켰다면, 언어는 메타-인터페이스라고 볼 수 있다. 오늘날의 쓰기 도구는 펜·종이와 같은 촉각적 하드웨어보다는 디지털 스크린에서 작업의 맥락에 따라 다양한 모습으로 존재하는 소프트웨어가 주를 이룬다. 메타-인터페이스인 언어는 메타-미디어인 컴퓨터 환경 속에서 좀 더 다양한 소프트웨어, 즉 동적인 쓰기 도구를 계속해서 탄생시킬 수 있게 되었고, 각 쓰기 도구가 가진 다양한 속성은 우리의 사고에 여러 방면으로 영향을 끼치고 있다. 그리고 언어로 매개된 도구라면 어디든 달라붙을 LLM은 이런 쓰기 도구의 속성을 더욱 강화할 것이다.

---

[7] https://www.theatlantic.com/magazine/archive/2008/07/is-google-making-us-stupid/306868/; Nicholas Carr, "Is Google Making Us Stupid?", *The Atlantic*, 2008. 이를 두고 독일의 미디어 학자 프리드리히 키틀러(Friedrich Kittler, 1943~2011)는 (타자기라는) 기계의 영향 아래 니체의 문체는 "논쟁적에서 격언(aphorisms)으로, 사색적에서 말장난(puns)으로, 수사적에서 전보 스타일(telegram style)로" 바뀌었다고 평했다.

쓰기 도구를 속성으로 파악하는 방식이 익숙하지 않으면 한 가지 사고 실험을 해 볼 수 있다. 우리에게 가장 대표적인 컴퓨터 활용 능력의 척도인 워드, 슬라이드, 시트[8]를 생각해 보자. 언어로 표현하는 수많은 일상 작업에서 이들 세 개의 도구는 큰 역할을 했다. 그동안 이 도구를 특정 작업을 위한 소프트웨어(문서 작성을 위한 워드, 발표를 위한 슬라이드, 수치 계산을 위한 시트)로 기능적 측면만 봤다면, 속성을 생각해 볼 수 있는 질문을 던져 보겠다.

"이 도구의 속성을 적극 활용해 소설이나 시를 써 보면 어떻게 될까?"

워드로 소설이나 시를 쓰는 건 자연스럽다.[9] 하지만 슬라이드의 분절된 페이지, 시각성이 강조되는 텍스트, 그리고 시트의 행과 열, 셀, 셀 안의 함수와 같은 속성을 활용한다면 우리의 글쓰기는 어떻게 영향을 받을까? 어떤 새로운 글쓰기가 가능해질까? 그리고 여기에 LLM이 달라붙어 각 도구의 속성이 강화된다면 무슨 일이 벌어질까?

---

8) 제품마다 부르는 명칭은 다르지만 워드(word processor), 슬라이드(slide), 시트(sheet)는 대부분의 오피스웨어에서 공통적으로 제공하는 쓰기 도구이다. 각 도구에서 우리가 어떤 유형의 생각과 경험을 했는지 떠올려 봐도 쓰기 도구가 우리의 생각에 끼치는 영향을 느껴 볼 수 있다.

9) 지금은 익숙하고 평범한 워드 프로세서도 컴퓨터 스크린을 통해 처음 등장했을 때 이 쓰기 도구가 가진 여러 생소한 속성(삭제·수정·편집 등)으로 인해 사람들의 쓰기 방식과 생각에 큰 영향을 끼쳤다.

1945년 버니바 부시(Vannevar Bush, 1890~1974)는 "우리가 생각하는 대로"[10]라는 글에서 메멕스(Memex)라는 가상의 기계장치를 상상했다. 이 장치를 통해 작가는 직접 쓸 필요가 없고, 단순 반복적 사고는 논리 법칙에 따라 기계가 대신할 수 있고, 수많은 기록물 안에서 기계가 파일을 검토하고 관련 항목을 선택할 수 있으며, 결과적으로 인간 두뇌의 역할을 메멕스가 기계적으로 해낼 것이라고 생각했다. 그의 상상 속에서 거추장스러운 물리적 장치로 묘사된 인간-정보처리장치 인터페이스는 이제 언어로 매개된 모든 도구에 임베딩될 LLM으로 현실이 되었다. 이 혁신의 순간은 인류 역사의 그 어떤 쓰기 도구보다도 빠른 속도로 전파되어 우리의 일상이 되고, 생각을 형성하는 데 영향을 끼칠 것이다. 아직 우리가 겪어 보지 못한 일이기에 이 순간에 대해 어떤 판단을 내릴지 어렵다. 다만 이 거대한 파도 같은 흐름을 서핑하듯 느낄 수 있는, 그래서 그 속성을 이해할 수 있는 인간으로 남아 있길 바란다.

---

10) https://www.theatlantic.com/magazine/archive/1945/07/as-we-may-think/303881/; Vannevar Bush, "As We May Think", *The Atlantic*, 1945.

우리가 기계와 함께 쓰고 연구하기 위해 필요한 것들

오영진

글쓰기는 단순한 기록이나 서술 행위를 넘어, 새로운 기술과 신체적 능력을 획득해 우리의 내면을 표현으로 전이시키는 과정이라고 할 수 있다. 이 과정에서 미디어에 따라 다르게 경험하는 글쓰기 경험은 내면(내부)과 표현(외부) 양쪽에 강한 영향력을 가진다. 예를 들어 펜으로 손 글씨를 쓸 때, 인간은 한 자 한 자 그 행위를 충실히 따라가며, 손끝에 각인된 감각을 통해 생각과 글자가 하나로 융합되는 경험을 한다. 필체에 담긴 개성은 '나의 생각'이 지금 이 순간 흰 종이 위에 구체적으로 현전되고 있음을 증명한다. 반면, 자판을 눌러 타이프라이터로 글을 쓸 때는 손글씨에 비해서 손이 직접 닿지 않는 느낌을 줄 수밖에 없다. 보이지 않는 장소에 글자가 찍히는 글쓰기 경험은 기계적 보철물의 도움을 빌려 빠르게 전개된다. 역사적으로 타이프라이터는 전통적인 손 글씨가 지니던 사고와 신체적 일체감을 해체시키는 동시에, 인간 내부의 숨겨진 욕망을 드러내며, 오랫동안 억압되어 왔던 꿈들을 해방시키는 역할을 했다. 말하자면 기술적 글쓰기는 우리가 그 전에 억눌렸던 상상력과 창조력을 새로운 신체적 경험과 연결지어 재구성하게 만든다. 기술이 제공하는 해방은 단지 인간 신체의 대리 능력을 넘어서, 인간 내면의 감춰진 가능성을 잠금해제하는 행위인 것이다.

오늘날 음성 인식과 생성 인공지능 기술은 발화자가 말하는 즉시 텍스트가 생성되는 방식으로, 인간의 사고 흐름을 더욱 즉각적으로 기록하는 환경을 제공하고 발화자의 의도 밖으로 확장되는 새로운 표현 방식마저 가능하게 한다. 극단적으로 비교해 보면 손 글씨가 사고의 흐름을 조절해 반성적 사고 모델을 갖고 천천히 정리하도록 유도하는 반면, 생성 인공지능 기반의 글쓰기는 아이디어를 즉각적으로 외부화하면서 빠르게 기존의 언어들 사이를 탐험하게 만든다. 속도의 차이라고 할 수 있지만 이 같은 비교마저도 상대적인 것일 뿐이다. 양피지에 각인하듯 쓰는 행위와 종이 위에 흘려 쓰는 행위 사이에서도 이 같은 가치평가의 간격은 유지된다. 분명하게 말할 수 있는 것은 인간의 사고 과정은 더욱 유동적이고 가변적인 형태로 전개되며, 특정한 매체가 우리의 사고방식에 미치는 영향은 더욱 명확해진다는 점이다. 그런데 생성 인공지능 기반 자동 완성 문장 및 추천 시스템은 글쓰기에 또 다른 차원을 추가하고 있다. 생성 인공지능은 사용자의 글쓰기 스타일과 내용을 학습하여 문장을 자동으로 보완하거나 제안할 수 있으며, 이는 창작 과정에서 새로운 협업의 형태를 가능하게 만든다.

글쓰기의 주체는 더 이상 인간만이 아니다. 기계 또한 인간과의 상호 작용 속에서 점점 더 존재감을 드러내고 있다. 생성형 인공지능의 핵심인 거대 언어 모델은 방대한 텍스트 데이터를 분석하며, 언어의 공통된 패턴과 주제를 파악해 마치 통찰력을 지닌 것처럼 일관된 문장과 단락을 생성할 수 있다. 이는 개별 단어를 토큰화하여 수많은 잠재적 차원의 공간에 배치하고, 그 관계를 학습하는 인공 신경망의 구조에서 비롯된다. 아직까지는 인간의 입력에 종속되며, 정보의 밀도가 낮고 길게 늘어지는 문장을 생성하는 경우가 많아 근본적인 한계가 있는 듯 보인다. 그러나 우리가 주목해야 할 지점은 단순한 생산성 향상이나 효율성 논의가 아니라, 이러한 기술적 글쓰기가 무엇을 해방하고 있는가 하는 문제다.

2023년 3월 15일, 마이크로소프트 CEO 사티아 나델라(Satya Nadella)는 GPT-4 모델 발표 자리에서 과거의 기계가 '자동 조종사(autopilot)'였다면, 이제는 '공동 조종사(co-pilot)'로서의 역할을 수행할 것이라고 밝혔다. 기계는 본질적으로 자동화를 지향하며, 인간보다 뛰어난 속도와 효율성을 갖추고 있다. 그러나 미래의 기계는 단순한 자동화가 아니라, 인간과 협력하며 서로의 강점을 극대화하는 방식으로 발전할 것이라는 의미다. 기계의 역사에서 자동 조종사보다 공동 조종사로 기능하는 것이 훨씬 더 높은 난이도의 목표이며, 이제 우리는 그 단계에 도달했다는 것이다. 그는 1945년 버니바 부시(Vannevar Bush)가 발표한 「우리가 생각하는 대로(As We May Think)」에서 제시된 상상의 정보 장치 메멕스(Memex)를 소환했다. 메멕스는 '기억 확장기(Memory Extender)'의 합성어로, 사용자의 기억을 확장하고 사고를 촉진하는 이론적 원형 하이퍼텍스트 시스템이었다. 이는 이후 초기 하이퍼텍스트 시스템과 월드 와이드 웹(WWW), 개인 지식 관리 소프트웨어 개발에 큰 영향을 미쳤다. 나델라는 또한 더글러스 엥겔바트(Douglas C. Engelbart)가 1968년 선보인 멀티 윈도우 시스템, 마우스, 그래픽 사용자 인터페이스(GUI) 등의 기술을 언급하며, 이 모든 발전이 결국은 자연어를 통해 기계와 즉각적으로 소통하는 현재의 기술로 이어졌다고 강조했다. 그들은 이러한 능력이 기계가 새롭게 부여하는 것이 아니라, 오랫동안 잠재되어 있던 인간의 능력을 '잠금 해제(Unlocks)'하는 과정이라고 설명했다. 결국, GPT-4와 같은 거대 언어 모델은 공동 조종사의 개념을 실현하는 동시에, 기존에 갇혀 있던 인간의 가능성을 확장하는 도구가 된다는 주장이다. 거대 언어 모델은, 이론적 가능성 안에서는 분명히 존재했지만 언어적으로 가시화할 수 없었던 언어를 내뱉게 만드는 인공 보철물로 작동할 수 있다. 우리는 아직 그것에 도달하기 위한 신체적 적응과 인터페이스 개량을 하지 못했을 뿐이다.

    2022년 구글은 자신들이 준비하고 있던 거대 언어 모델 람다(LaMDA)의 인터페이스를 문학 생성에 적합하게 개량한 워드크래프트(Wordcraft)라는 문서 도구를 전문적인 작가들에게 일정 기간 이상 사용하게 하고 그 결과를 연구 논문으로 작성했다.[1] 사용자가 뭔가

---

[1] 이 논문은 다양한 창작 쓰기 배경을 가진 13명의 전문 출판 작가에게 AI 기반 쓰기 지원 도구가 내장된 텍스트 편집기인 Wordcraft를 사용하여 스토리를 만들도록 의뢰해 쓰여졌다. 인터뷰와 참여자 저널을 사용하여 NLG가 창작 쓰기 분야에서 상당한 영향을 미칠 수 있는 잠재력에 대해 논의한다. 다프네 이폴리토, 앤 위안, 앤디 코넨, 세몬 버넘, 「AI 기반 쓰기 도우미를 통한 창의적 쓰기: 전문 작가의 관점」 (2022.11.09, https://arxiv.org/abs/2211.05030)

를 쓰면 기계 어시스턴트가 그에 대한 제언을 해 주는 형식으로 소설이나 에세이를 고쳐 나가도록 디자인되었다. 챗봇 형식과 다른 점은 응답받거나 입력한 문장들 사이를 마우스로 돌아다니며 어떤 단어나 구문을 드래그해서 해상도를 높이는 행위를 쉽게 할 수 있도록 구성했다는 점이다. 이는 작가가 글의 해상도를 직접 조정하고 세밀한 문장 단위를 재구성할 수 있는 창작 보조 시스템으로서 기능한다는 점에서 의미가 크다.

　물론 워드크래프트를 사용해 본 실제 프로 작가의 입장은 다소 회의적이다. 작가들이 작업물에 대한 통일성을 요구하는 수준은 훨씬 고차원적이다. 인물의 행동, 대화, 배경 설명 등이 모두 일관성 있게 유지되어야 한다. 한 장의 그럴듯한 묘사나 이미지 한 장을 만드는 것은 쉬운 일이지만, 통일성을 유지하면서 작품을 잇는 일은 현재로서 매우 어려운 일이다. 이 통일성을 정복하는 일이 현재 생성 인공지능에게는 어렵다. 기억력을 극도로 올려 앞에서 벌어진 일의 물리적·논리적 전개 상황을 뒤에도 반영해야 하는데, 이러한 연산에 너무 많은 에너지가 사용되기에 상용화된 툴로 개발하려면 효율이 좋지 않은 것이다. 또한 현직 작가들의 불만은 기계가 성적 묘사, 논쟁적 주제, 비윤리적 행동 등을 연산하지 못하도록 제한되어 있다는 점이었다. 이는 생성 인공지능이 기업이 책임질 수 있는 법적 윤리적 허용된 범위 내에서만 문장을 생성하도록 설계되었음을 의미한다. 비유하자면, 특정 단어를 쓸 수 없는 만년필로 창작하라는 것과 같다.

　따라서 우리는 단순히 생성 인공지능 기술을 활용하는 것에 그치지 않고, 그 작동 원리와 기술이 구축된 구조적 억압 환경을 면밀히 분석해야 한다. 인공지능은 중립적이거나 자율적인 존재가 아니라, 특정한 사회적·경제적 이해관계 속에서 설계되고 규제된다. 거대 언어 모델이 생성하는 문장은 단순한 데이터 조합이 아니라, 기업의 정책, 법적 규제, 문화적 편향이 반영된 결과물이다. 기술이 어떻게 훈련되고, 어떤 데이터를 기반으로 학습하며, 무엇을 허용하고 배제하는지를 이해하는 것은 창작의 자유를 확보하는 데 필수적이다. 우리가 마주하는 기계의 한계는 단순한 기술적 미완성의 문제가 아니라, 어떤 사유와 표현이 허용되고 어떤 것이 억제되는지 결정하는 구조적 힘이 작용하고 있음을 시사한다. 결국, 새로운 기술적 글쓰기 환경을 비판적으로 검토하는 일은 단순한 기능 개선을 넘어, 기술을 둘러싼 권력 구조와 검열 메커니즘을 해체하고 새로운 가능성을 탐색하는 과정을 같이 포함할 수밖에 없다. 숨겨진 능력에 대한 잠금 해제는 기술적으로만 가능하지 않다.

멀리 보면 한국어로 이루어진 언어적 자료를 탐구하는 한국학 연구자에게 새로운 기계적 글쓰기는 단순한 자동화 기술이 아니라, 한국학 연구의 잠재 능력을 해방하는 도구가 될 수 있다. 방대한 사료를 분석하고, 고문서를 현대적 문맥에서 재해석하며, 연구자들이 기존의 방법론으로는 도달하기 어려운 새로운 연결 고리를 발견하도록 돕는 역할을 수행할 수 있기 때문이다. 거대 언어 모델을 활용하면 조선 시대 문헌을 자동 요약하고, 구술 자료의 패턴을 분석하며, 한문 고전 속 숨겨진 의미망을 시각화하는 등, 전통적 연구 방식의 한계를 확장할 가능성이 열린다. 그러나 기술의 발전이 곧바로 학문의 해방을 의미하는 것은 아니다. 앞서 언급한 논리대로 인공지능은 인간 연구자의 창조적 사유를 증폭할 수도 있지만, 특정한 서사와 인식 체계를 고착화할 위험도 내포하고 있다. 거대 언어 모델이 학습하는 데이터는 누가 선별하며, 어떤 역사적·문화적 가치관을 반영하는가? 한국학이 서구적 학문 모델과 기술에 의해 형성된 배경을 고려할 때, 기계적 글쓰기가 또 다른 기술적 식민성(technological coloniality)을 초래하지 않을 것인가에 대한 질문이 필요하다. 생성 인공지능이 제공하는 편향된 글쓰기 환경에 종속되는 순간, 우리는 연구의 새로운 지평을 여는 것이 아니라, 기술이 만들어 낸 틀에 갇혀 버릴 수도 있다.

기계적 글쓰기를 연구자의 사고를 제한하는 도구가 아니라, 한국학의 새로운 가능성을 확장하는 촉매제로 활용하는 전략이 필요하다. 생성 인공지능 기술이 인류의 기억과 기록의 해방을 가능하게 하는가? 기존 학문 체계에서 배제되었던 목소리를 복원할 수 있는가? 익숙한 연구 방식에 도전하여 새로운 사유의 방식을 열어 줄 수 있는가? 우리는 기계적 글쓰기를 통해 한국학 연구의 틀을 확장하고, 기술이 억압하는 것이 아니라 연구자의 창조적 사유를 해방하도록 비판적 개입을 지속해야 한다. 우리의 과제는 기술을 쉽고 빠르게 받아들이는 것이 아니라, 그 기술이 진정한 해방의 도구가 될 수 있도록 능동적으로 개입하는 일이 되어야 한다.

한국학에서의 딥러닝

웨인 드 프레메리

번역: 윤성진
감수: 오영진, 허민재

1 한국학에서의 딥러닝[1]

한국학에서 딥러닝은 어떻게 여겨지는가? 이 질문은 특히 이 분야의 미래에 대해 생각하고자 하는 사람에게 실용적인 난제이다. '딥러닝'이라는 용어는 오늘날 '지능'의 인공적인 형태와 인간 지식이 깊이 몰입한 형태[2]라는 중요한 이중적 의미를 모두 갖게 되었다. 이와 유사하게 "어떻게 여겨지는가" 하는 물음은 가치판단과 관련된 과정(누가 또는 무엇이 가치를 인정하는지) 및 그 결과, 특히 누가 또는 무엇이 가치를 인정받는지(즉 중요한지)의 문제 모두를 수반한다. 한국학의 의미는 늘 그랬듯 정해진 형태가 없어 유용한 주제이다.

따라서 이 질문에는 설명이 아니라 고찰이 필요하다. 이 에세이에서는 한국학이라는 용어의 근본적인 의미를 논한다. 그것은 여러 복합적인 주제를 간략하게 다루는 실험이 될 것이다. 그 주제의 예로는 한국학이라는 분야에 대해 어떻게 생각해야 할지, 이 분야를 다른 분야와 어떻게 구분할 수 있을지, 이 분야를 지탱하는 인프라는 무엇인지, 인공지능과 연구, 공동체로서 어떤 유형의 딥러닝을 촉진해야 할지 등이 있다. 나는 한 가지 중심 가설에 논의의 토대를 두고자 한다. 그 가설은 불편할 정도로 단순하다. 다른 분야에서와 마찬가지로, 사본들[3])과 복제의 관행이 한국학의 학술적 인프라를 형성한다는 것이다.

---

1) 이 에세이에서는 중심 테마 중 하나로 이전 소논문의 일부를 다시 소개한다. 이 에세이의 이전 버전은 "What Counts as Deep Learning in Korean Studies?" *Korean Studies* 47, 2023, pp. 300~311에서 확인할 수 있다. *Korean Studies*의 편집위원회에, 나의 논문 "Epilogue: What Counts as Deep Learning in Korean Studies?"를 해당 저널의 '디지털 한국학' 2023년 특별 섹션에 게재해 준 데 대해 감사를 표하고자 한다. 논문의 일부 버전과 에세이 일부는 다른 여러 출판물에서도 소개된 바 있다. 자세한 인용문 제시는 번거로워서 생략했다. 대신 다음과 같은 콘퍼런스 및 출판물의 편집자 및 주최자에게 각각의 장소에 필자의 연구를 발표할 기회를 준 데 대해 감사를 표하고자 한다. Wayne de Fremery, "Teaching Computers to Read Korean: Big Data and Artificial Intelligence at Adan Mun'go", *Muncha wa sasang* 3, 2018, pp. 107~115; Wayne de Fremery, "Twenty-First-Century Pleasures: Some Notes on Form, Media Transformations, and Korean Literary Translation", *Translation Review* 108, 2021, pp. 78~103; Wayne de Fremery, "Opportunities for Deep Learning: Early-to-mid Twentieth-Century Korean Periodicals" presented at the "New Perspectives on the History of Books and Reading in Korea" conference, Harvard University, December 8, 2022; Wayne de Fremery, *Cats, Carpenters, and Accountants: Bibliographical Foundations of Information Science* (Cambridge Massachusetts and London England: MIT Press, 2024); Wayne de Fremery, "Comparative Global–Digital–Humanities", *History of Humanities* 9(1), 2024, pp. 115~128; Wayne de Fremery and Michael Buckland, "Copy Theory", *Journal for the Association of Information Science and Technology* 73(3), 2022, pp. 407~418.

2) 기계학습 방식으로서의 딥러닝이 아닌, 깊은 배움(deep learning)을 의미한다. ―감수자 주

이 가설의 필연적인 결론은, 한국학이라는 분야가 미래로 나아감에 따라, 목록 작성, 설명, 비평과 신중한 추가 복제를 통해 사본에 관해 설명하는 오래된 기술이자 과학, 즉 서지학4)을 우리 공동체가 중요한 자원으로 명백하게 인식해야 한다는 데 있다. 결론에서 간략하게 서술할 텐데, 서지학은 우리가 한국학을 떠받치는 학술적 인프라를 이루는 물질적 대상과 과정에 관심을 기울이는 데 도움을 줄 수 있다. 내가 제안하듯, 우리가 서지학 연구를 통해 문헌학적 헌신에 좀 더 명확하게 관심을 기울이게 되는 미래에는, 더 강력한 형태의 인공지능을 촉진하게 될 것이다. 한국에 대한 연구, 그리고 무엇보다도 더 깊은 의미에서 한국을 알기 위한 인간적 방법과 관련된 인공지능을 말이다. 보다 계획적으로 서지학적 도구를 사용한다면, 우리는 딥러닝이 오늘날 갖는 두 가지 의미를 모두 가능케 할 수 있다.

2 한국학

베네딕트 앤더슨(Benedict Anderson, 1936~2015)의 주장에 따르면,

---

3) 이 글에서 사본(copies)은 받아적기, 필사, 인쇄, 디지털 복제 등을 통해 생산된 모든 형태의 자료를 아우르는 개념으로 사용되고 있는 것으로 보인다. 마찬가지로, 복제(copying)는 디지털적이거나 물리적인 복사나 복제, 인쇄 따위를 모두 포괄한다. 대부분의 경우 'copies'를 '자료'로 옮기는 것이 좀 더 자연스러울 수 있으나, 이 글의 핵심이 되는 '복제'라는 맥락을 유지하기 위해 이하에서는 맥락에 따라 '인쇄본'과 '사본'으로 옮겼다. ― 감수자 주
4) 서지학의 정의는 de Fremery, *Cats, Carpenters, and Accountants* 참조.

> 🔒 Epilogue: What Counts as Deep Learning in Korean Studies?
> Wayne de Fremery
> Korean Studies
> University of Hawai'i Press
> Volume 47, 2023
> pp. 300-311
> 10.1353/ks.2023.a908626
>
> Article
>
> View Citation
>
> Additional Information

학술지 *Korean Studies*에 소개된 딥러닝

국가는 적어도 부분적으로나마 개인이 자신을 공동체의 일원이라고 상상할 기회로 이해할 수 있다.[5] 앤더슨은 신문의 생산에 주안점을 두고 이러한 상상의 과정을 촉진하는 물질적 메커니즘을 인쇄 자본주의(print capitalism)로 정의했다. 앤더슨의 분석에는 충실성을 갖고, 일정한 간격을 두고, 산업적인 규모로 생산된 인쇄본과의 소통이 개인으로 하여금 국가 공동체라는 집단에 소속되었다고 상상할 수 있게 해 준다는 생각이 내포되어 있다. 나는 '한국학'도 이와 비슷하게 상상의 공동체로 이해할 수 있다고 생각한다. 우리의 경우에는 일간신문이 아니라, 학술지와 같은 출판물의 사본을 통해, 서로 경쟁하며 한국이라는 개념을 정립해 나가는 지적 지형도에 대한 관심을 공유하는 사람들의 공동체를 상상해 볼 수 있다.

---

5) Benedict Anderson, *Imagined Communities: Reflections on the Origins and Spread of Nationalism*, 2nd ed.(New York and London: Verso, 2006) 참조.

학술지 *Korean Studies*에 소개된 딥러닝은 사본을 생산하고 이에 대해 고려하는 공공의 관행이 한국학을 어떻게 지탱하는지 보여 주는 사례이다.6)

앤더슨의 공동체 구축 메커니즘에서 다뤘던 뉴스 기사의 다양성, 그리고 분야로서 한국학이 갖는 다양성과 마찬가지로, *Korean Studies*에 실린 연구 역시 학제적 다양성을 지닌다. 하지만 그러한 다양성에도 불구하고 모든 연구는 똑같이 역사적 현상의 디지털 표상, 다시 말해 디지털 사본을 수집·창작·고려함으로써 가능했다. 이러한 사본들의 디지털적인 물성, 그리고 그들이 '복제하는' 역사적 현상과의 유사성은 해당 특별호에서 이루어진 한국에 대한 논의를 가능케 했다. 디지털 형태로 표상된 한국의 문서와, 한국의 사람 및 장소의 디지털 시뮬라크르 없이 이 연구들은 이루어질 수 없었을 것이다. 그 간단한 사실은, 사본들이 *Korean Studies*의 연구에서 얻을 수 있는 종류의 배움을 위한 인프라로 작용하는 방식을 밝혀 준다. 디지털 사본과 그 물성적 특징은, 저자들의 창의력 및 통찰력과 더불어, 한국에 대해 가능한 주장과, 우리 독자들이 배울 수 있는 것을 정립하는 데 기여한다. 그리고 우리는 정말 많은 것들을 배울 수 있다!

점토, 대나무, 돌 또는 종이로 생산된 사본들이 한국학에서 지식으로 정립될 수 있는 바를 강력하게 형성했고, 계속 형성하고 있듯, 이제 디지털 사본들이 한국에 대해 이해하고 학습할 수 있는 바를

---

6) 본 원고의 원안이 되는 에세이 및 디지털 인문학에 관한 특별 섹션이 포함된 *Korean Studies* 2023년호 참조.(https://muse.jhu.edu/issue/51719)

정립하는 데 강력하게 기여하고 있다. *Korean Studies*의 특별 섹션은 한국에 대한 연구의 지식 관행이 변화하고 있음을 보여 주는 수많은 징후 중 한 가지에 불과하다. 해당 특별호에서는 디지털 사본을 생산하고 처리함으로써 무엇을 학습할 수 있는지의 문제를 전면화하면서, 한편으로 다른 물질적인 형태의 매개(mediation)가 한국에 대해 이해하고 논의하는 방법을 과거부터 현재까지 형성해 온 중요한 방법임을 암시적으로 강조한다.

3 다양성 있는 학제적 공동체

사본에 대한 검토는 우리 공동체의 다원성을 비롯해, 다른 공동체와 어떻게 소통하는지 고려하는 데도 도움이 될 수 있다. 대학원 이후로 나의 연구는 많은 부분이 20세기 초반의 한국 시와 관련되어 있다. 내가 해당 주제에 대한 전문성이나 '깊은 배움(deep learning)'을 주장할 수 있다면, 이는 내가 한국 시의 다양한 사본을 탐구하고, 고려하고, 비교하는 데 들인 수년의 시간에서 비롯되었을 것이다. 시와 포이에시스(poiesis)에 대한 나의 관심은 내가 공부한 많은 사본과 가까워지는 방식을 결정했다.

우리가 겪은 경험, 주요 관심사, 우리가 받은 학제적 훈련에 따라, 우리의 배움에 영향을 주는 사본에 익숙해지는 방식은, 우리 각자가 연구하는 다양한 유형의 사본만큼이나 뚜렷하게 구별된다. 하지만 아무리 우리의 연구가 서로 연관성이 희박하더라도, 우리가 연구를 수행하는 표상은 '한국'과 일정한 관계를 가질 것이다. 그것이 일시적이거나 상상된 연관성이라고 해도 말이다. 우리는 20세기 초 시집을 다룰 수 있듯, 르네상스 시기 유럽에서 일어난 고전학의 부활도 다룰 수 있다. 그것은 송나라와 조선에서 유학이 부흥하고 재구성된 사건과 연관될 수도 있다.(이와 같은 부흥과 재구성이 20세기 초나 오늘날 우리가 살아가는 시대의 다양한 문학, 역사, 사회정치적 혁명에 영향을 준 것은 말할 것도 없다.) 어떤 주제를 다루든, 복제(reproduction)의 평가와 생산은 우리가 무엇을 어떻게 배웠는지의 핵심이 될 것이다. 우리가 공자와 아리스토텔레스를 지금과 같이 알고 있는 것은, 이러한 사상가들이 말하거나 글로 남겼거나, 또는 말하거나 글로 남겼다고 상상하는 바가 복제되고 다시 복제되었기 때문이다. 이 사상가들에 대한 지식의 깊이(내 지식은 그리 깊지 않지만)는 우리가 서로 다른 사본을 얼마나 많이 접했는지와 각 사본에 얼마나 익숙한지를 변수로 갖는 함수이다.

　　모든 분야의 역사학자, 문학 전문가, 사회학자, 언어학자, 큐레이터, 기록물 관리사로 구성된 우리 한국학 공동체는, 하나의 국가가 사회정치적으로 다양한 만큼 학제적으로 다양하며, 우리 관심 대상을 표상하는 자료와 다양한 방식으로 친밀하다. 이렇게 다양한 '친밀성'이 우리 배움의 기반이 되며, 우리가 연구 대상을 아는 방식과 함께, 한국학자로서 자신들을 아는 방식을 정립한다. 또한 우리가 타자와의 관계에서 우리를 보는 방식 역시 결정한다.

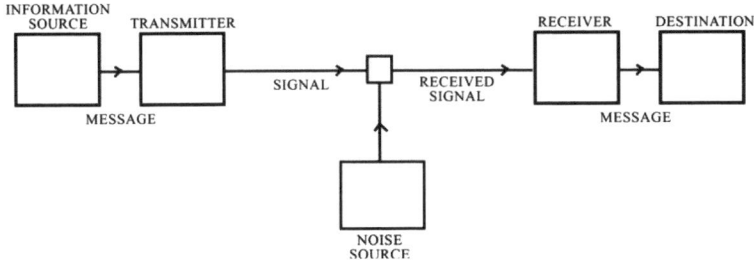

일반 통신 시스템 개략도[7]

4 정보학

    물론 사본들은 적어도 미미하거나 간헐적으로나마 우리가 만나거나 거주하는 다른 상상의 연구 공동체에서도 중심적인 역할을 한다. 필자는 최근 동료 마이클 버클랜드(Michael Buckland)와 함께, 정보학과 관련된 광범위한 학문 공동체에서 사본과 복제가 중심적인 역할을 한다고 논했다.[7] 클로드 섀넌(Claude Shannon)이 '엔트로피로서의 정보'라는 개념 규정을 담아 1948년에 발표한 중대한 논문「의사소통의 수학적 이론(A Mathematical Theory of Communication)」에서, 본질적인 내용은 메시지를 복제하는 방식에 대한 이론이다. 섀넌의 의사소통 이론은, 목적지(destination)에서 이용하기 위해 소스에서 정보를 복제하는 것을 다룬다.

---

7) Wayne de Fremery and Michael Buckland, "Copy Theory" 및 Wayne de Fremery, "Twenty-First-Century Pleasures: Some Notes on Form, Media Transformations, and Korean Literary Translation." 참조.

섀넌을 비롯해 정보학자로 자처하는 많은 이들에게는, 인간의 지식을 구현하고 정립하는 사본을 복제하고 보존하는 데 관한 공학적인 문제에 의의와 목적이 있다. 이는 한국학에서 우리가, 시의 의미를 설명하거나 정부 보고서에서 발견된 경제 데이터를 요약하려고 할 때와 같이, 특정 사본의 중요성을 확립하려는 것과는 다르다. 예를 들어 테프코 사라체비치(Tefko Saračević)는 "정보학의 영역은 정보를 아는 것이 아니라 정보를 처리(표현·조직·검색)하는 데 중점을 두고 기록의 형태로 인간 지식의 방대한 분야를 전달하는 것"이라 주장한 바 있다.[9] 사본들과 맺는 독특한 관계가 정보학이라는 하나의 분야를 형성한다. 마찬가지로 독특한 관계가 한국학 분야를 형성하는 것처럼 말이다.

5 인프라

정보학자가 사본을 다루고 생산하는 방법을 이해하는 것은, 사본과 복제, 그리고 점점 더 많은 수의 디지털 사본과 복제가 일종의 인프라로서 우리의 학습 관행에 포함되는(embedded) 방식을 이해하

---

[8] Claude Shannon, "A Mathematical Theory of Communication", *Bell System Technical Journal*, July, 1948, p. 381.(검색일: 2020. 1. 3.)
[9] Tefko Saračević, "Information Science", *Encyclopedia of Library and Information Science*, 4th eds., John McDonald and Michael Levine-Clark(Boca Raton: CRC Press, 2018), p. 2216.

는 데 도움이 된다. 사회적·기술적 시스템 내의 다양한 요소가 서로 어떻게 연결되고 상호작용하는지 설명하는 수전 리 스타(Leigh Star)의 내재성(embeddedness) 개념은 인프라에 대해 사고하는 체계에서 핵심적인 요소이다.[10] 사본과 복제는 한국학에서 너무나도 명백하게 중요하기 때문에 오히려 투명해져 눈에 잘 띄지 않는다. 사본에는 도달할 수 있는 거리와 범위가 있다. 사본은 원본과 다른 곳에 존재하면서, 그것들을 재현하도록(또는 복제하도록) 되어 있다. 한국학 학자로서 우리가 사본과 복제에 관심을 기울이는 방식은 (다양한 대학시험 시스템, 언어 능력, 논문심사위원회와 학술위원회를 통해 세심히 조직되는) 학제적 공동체 회원 자격의 일환으로 학습하고 있으며, 연구를 체계화하는 데 사용하는 방법론, 연구 결과를 제시하기 위해 채택하는 학술적 장르, 심지어는 로마자 표기법 등의 발전하고 있는 관행과 연관되어 있다. 사본을 다루고 생산하는 방법은 확립된 지식적 기반을 사용하여 점진적으로 형성되는 실천적 표준이 된다.

다른 인프라와 마찬가지로, 이전 형태는 '무너뜨려지고' 그 위에

---

10) 스타에 따르면, 인프라는 내재적이고 투명한 대상이다. 인프라는 '범위'가 있고 "회원 자격의 일환으로 학습된다." "관행과 연관되어 있다." 인프라는 표준을 촉진하지만, "표준의 전형"이기도 하다. 인프라는 스타가 '설치된 기반'으로 부르는 개념을 기반으로 구축되며, "무너뜨려지고 나서야 볼 수 있게" 된다. "모듈식 증가"의 방식으로 수정할 수 있지만, "한번에 또는 전 세계적으로" 그렇게 되지는 않는다. Geoffrey Bowker and Susan Leigh Star, *Sorting Things Out: Classification and Its Consequences*(Cambridge, MA and London, England: MIT Press, 1999), loc. pp. 572 of 4690, Kindle, citing Susan Leigh Star and Karen Ruhleder, "Steps Toward an Ecology of Infrastructure: Design and Access for Large Information Spaces", *Information Systems Research* 7, 1996, pp. 111~134.

새로운 복제 형태가 구축된다. 어떻게 우리의 학술 논문과 저널이 다른 학제 및 분야의 학술 논문이나 저널과 유사하게 형성되었는지, 어떻게 북미의 논문(monograph)과 대한민국의 논문(journal article)이 각각의 공동체에서 필수적으로 통용되는 형식이 되었는지, 그리고 어떻게 새롭게 등장한 디지털 출판물도 이전의 아날로그 출판물과 유사한 형태가 되었는지 생각해 보자. 인쇄물과 원고 사본은, 다른 비(非)디지털 시뮬라크르와 마찬가지로, 한국학에서 수행하는 연구의 대부분을 위한 확립된 기반으로서 기능하며, 계속 다양한 형태의 학술적 연구를 뒷받침할 것이다. 설사 언젠가 인프라로서 '무너뜨려져', 새로운 형태의 디지털 복제물을 사용할 때만 가능한 다양한 연구를 단독으로는 촉진할 수 없게 되더라도 말이다.

6 딥러닝과 인공지능

일반적인 인간의 배움에서, 특히 한국학에서 사본이 수행하는 인프라 역할을 인식하면, 사본과 복제가 인공적인 형태의 '지능'에서 수행하는 인프라 역할을 이해하고 개념화하기 더 쉬울 것이다. 디지털 사본이 발전하는 형태의 인공지능과 딥러닝에 필수적이라는 것은 당연한 사실이다. 그것은 또한 각양의 관행 공동체에서 다양한 연구를 떠받치는 당연한 인프라를 인지하는 어려움뿐 아니라, 서로 다른 공동체에서 서로 다르게 사용할 수 있는 공유 인프라가 제시하는 기회와 과제 역시 인식하는 일이다.

인공지능(AI), 기계학습(ML), 딥러닝(DL)이라는 용어는 서로 바꿔 쓰는 경우가 많다. 대중매체에서 AI는 거의 모든 종류의 컴퓨터 분석을 의미할 수 있다.[11] 하지만 전문가들은 진정한 인간과 같은 '범용' 인공지능과 '좁은' 인공지능을 구분한다. AI 시스템이 더욱 정교해졌음에도, 그것은 여전히 '좁은' '수학적 예측 방법[12]'이며, 이를 구현하는 것은, 다름 아닌 우리의 멋진 '복제'이다. 내가 다음에서 인공지능이라는 용어를 사용할 경우, 의미하는 바는 역시 수학적 예측 방법이다.

AI가 자체적인 분야로 공식화된 이후로 AI와 ML은 밀접한 관계가 되었다. 데이터 과학자 존 켈러허(John Kelleher)와 브렌던 티어니(Brendan Tierney)가 시사한 바와 같이 '기계학습'이라는 용어는 인공지능이 개발된 초창기에 "데이터로부터 학습하는 기능을 컴퓨터에 부여하는 프로그램을 묘사하는 데에[13]" 사용되었다. 기계는 데이터를 비교하고, 비교에 대한 기록을 유지함으로써 '학습'한다. 기계가 데이터 카테고리 간의 관계를 유용하게 설명하는 비교 기록을 만들 때 무언가를 '학습'한 것이다. 이러한 설명(description)을 보통 '모델'이라고 하며, 필자가 이 용어를 사용할 때 의미하는 바도 이와 같다. 켈러허와 동료들이 사용한 좀 더 격식 있는 표현을 빌리자면, "기계학

---

11) Mariya Yao, Adelyn Zhou, and Marlene Jia, *Applied Artificial Intelligence: A Handbook for Business Leaders*(NP: Topbots, 2018), p. 8.
12) 위의 책, p. 8.
13) John D. Kelleher and Brendan Tierney, *Data Science*(Cambridge, MA and London, England: MIT Press, 2018), p. 14, Kindle.

습 알고리즘은 데이터 세트의 설명 특성과 목표 특성14) 사이의 관계를 포착하여 모델을 학습시키는 과정을 자동화한다".15)

이러한 '설명' 특성과 '목표' 특성은 무엇이든 될 수 있다. 나는 최근에 동료 김상훈 개발자와 국립중앙도서관에서 소장하고 있는 희귀한 연속 간행물의 이미지 전사를 자동화하는 기능을 갖춘 딥러닝 모델을 개발하는 특성 집합을 구성했다.16) 우리는 도서관의 정기 연속 간행물에 대한 서술 메타 데이터를 향상하고, 이에 더해 연구자와 고객들이 '전체 텍스트' 디지털 사본을 이용할 수 있도록 연속 간행물을 전사하는 경제적인 방법을 개발하는 작업을 맡았다. 김상훈 개발자와 내가 개발한 첫 번째 '설명' 특성과 '목표' 특성 세트는 연속 간행물 페이지의 이미지에서 판권 정보와 관련되는 특정 영역을 식별하는 기능과 관련이 있다. 우리는 연속 간행물의 각 호를 받아 판권 정보를 전사하여, 연속 간행물 특정 호의 인쇄 책임자와 인쇄된 장소

---

14) 특성(feature)이란 데이터가 갖는 특정한 속성 내지 값을 의미한다. 설명 특성(descriptive feature)은 데이터 세트를 설명하는 역할을 하며, 목표 특성(target feature)은 모델이 예측하고자 하는 목표가 된다. 예를 들어, 수술을 받은 이후 환자의 생존율을 예측하는 모델을 구축하고자 한다면, 설명 특성은 환자의 성별이나 나이, 병력, 생활습관, 심리적 상태 등이 될 것이다. 기계학습 알고리즘은 이를 바탕으로 학습하여, 목적 특성인 생존율을 예측하는 모델을 구축한다. — 감수자 주
15) John D. Kelleher, Brian Mac Namee, and Aoife D'Arcy, *Fundamentals of Machine Learning for Predictive Data Analytics: Algorithms, Worked Examples, and Case Studies*(Cambridge, Massachusetts and London, England: MIT Press, 2015), loc. pp. 475~476 of 13053, Kindle.
16) Wayne de Fremery et al., "Han'gukhyŏng ingong chinŭng kwanghak muncha insik (AI OCR) palchŏn ŭihan yŏn'gu〔한국형 인공지능 광학적 문자인식(AI OCR) 발전을 위한 연구〕(Toward the development of a Korean AI optical character recognition system)"(Seoul: National Library of Korea, 2021) 참조.

를 서술하는 정보를 활용해 도서관의 표준 저자·출판사·출판일 메타데이터를 개선할 계획을 세웠다. 두 번째 설명 특성과 목표 특성 세트는 판권지에서 얼룩 따위와 달리 의미 있는 요소, 예를 들어 한글 글자 또는 한자를 식별하는 기능과 관련되어 있었다. 또한 광범위한 서지 시스템에서 활용 가능한, 도서관 연속 간행물에 담긴 의미 있는 요소를 분류하기 위한 설명 특성과 목표 특성도 구성했다. 즉 개별 한글 음절과 한자, 문장 부호에 대한 설명 특성과 목표 특성을 구성해, 예컨대 다음과 같은 글자의 이미지('印')가 적절한 목표와 연결될 수 있도록 했다. 당연하지만 사소하지는 않은 점을 짚고 넘어가자면, 이 데이터와 알고리즘을 사용하여 구축한 합성곱 신경망[17]과 관련된 딥러닝 모델은, 새로운 사본들(인코딩된 텍스트)을 생산하기 위해, 디지털 사본들(디지털 이미지)을 사용하여 구축한 것이다.

덜 명백하며, 마찬가지로 사소하지 않은 점을 짚어 보자면, 딥러닝 모델 자체를 구축하는 데 사용한 알고리즘 자체도 작업을 수행하는 데 정교한 복제에 의존한다는 점이다. 기계학습을 통해 컴퓨터는 설명 특성을 목표에 매핑하는 패턴을 자동으로 식별(즉 학습)할 수 있게 된다. 여기서 딥러닝은 특성 안의 어떤 패턴들이 그 특성을 알아볼 수 있게 하는지 식별하는 구체적인 유형의 기계학습이다. 이 과정을 '딥러닝'이라고 부르는 이유는, 특성의 각 표상이 재귀적으로, 더 단순한 표상으로 나타나며 설명 특성의 어떤 부분이 '목표'와 가장 잘 연결되는지 식별하게 되기 때문이다. 딥러닝은 더 복잡한 표상 안에 점점

---

17) 이미지 처리에 특화된 인공신경망의 종류. — 감수자 주

더 단순한 표상(충실도가 낮은 사본)을 중첩하고 네트워킹하는 프로세스를 자동화해 특정한 목표에 연결하는 복잡한 설명을 구축한다. 이 과정은 끝없는 거북이들[18]이 아니라, 끝없는 사본들(copies all the way down)을 만든다. 그 사본들이 딥러닝의 예측 능력을 가능케 한다.

마지막으로, 김상훈 개발자와의 작업은 도서관의 메타 데이터를 향상하고, 한국의 희귀본 연속 간행물의 이미지 컬렉션에서 판권 정보의 위치 및 전사를 예측할 수 있는 딥러닝 모델을 만들었을 뿐 아니라, 이전에는 대부분 알려지지 않았던 연속 간행물 생산을 담당했던 수백 곳의 인쇄 회사와 인쇄 업자를 파악함으로써 한국 출판 및 인쇄 문화에 대해 깊이 있게 이해할 수 있게 되었다는 점을 짚고 넘어가고자 한다. 다른 두 편의 간행물에서 서술한 바와 같이[19] 해당 작업은 두 가지 모두의 의미에서 '딥러닝'을 구현했다.

7 서지학적인 새로운 접근 방식을 통해 본 문헌학

사본과 복제 과정을 학습의 인간적이고 인공적인 유형 모두를

---

18) 거북이가 세계를 떠받치고 있다는 인도 신화에서 유래한 표현이다. 세계를 떠받치는 거북이 밑에는 그 거북이를 떠받치는 다른 거북이가 있어야 하며, 이것이 무한히 반복된다. 여기서 저자는 거북이를 사본들로 바꾸어, 특성(feature)의 각 표상에 더 단순한 표상을 복제하여 겹쳐 놓는 회귀적인 구조를 빗대고 있다. ― 감수자 주

19) Wayne de Fremery et al., "Han'gukhyŏng ingong chinŭng kwanghak muncha insik (AI OCR) palchŏn ŭihan yŏn'gu"; Fremery, "Opportunities for Deep Learning: Early-to-mid Twentieth-Century Korean Periodicals."

뒷받침하는 필수 인프라로 인정하면, 두 가지 학습 유형이 얼마나 깊이 얽혀 있는지 고려하기가 쉬워진다. 이를 통해 공동체로서의 한국학, 한국학 공동체와 다른 공동체와의 관계 발전, 한국학에서의 딥러닝은 어떻게 여겨지는지까지도 정립하는 인프라의 메커니즘을 고려할 기회가 주어졌다. 우리는 어떻게 인프라가 인간적이고 인공적인 형태 모두의 딥러닝을 지원하는가 하는 문제가, 한국의 다양한 표상을 판단하고 설명함으로써 한국에 대해 무엇을 알 수 있는지를 정립하는 문제와 얽혀 있고, 또 이에 기여한다는 사실을 고려할 수 있게 되었다. 가능한 여러 상황 중 예시를 한 가지만 들자면, 우리는 인쇄업자과 그들이 일했던 인쇄소를 세어 봄으로써 인쇄물로 한국을 표현한 사람들에 대해 뭔가를 배울 수 있다. 우리는 이제, 정보학 및 컴퓨터 과학의 도구와 방법론이 점점 더 한국에 대한 탐구를 용이하게 하듯, 한국을 표상하기 위해 선택된 사람·사물·사건에 대한 친밀한 이해에 기반한 인간의 '깊은 배움'이, 정보 및 컴퓨터 과학의 방법론에 영향을 줄 수 있고, 또 그래야만 함을 알 수 있다. 우리는 알고리즘과 인공지능의 시대에도, 우리의 오래된 문헌학적 도구가 잘 쓰일 거라는 사실을 알고서 한국에 대한 탐구를 수행하게 될 것이다. 알고리즘과 지능은, 우리가 잘 떠올리지는 않더라도 우리의 연구와 우리가 한국을 아는 방식에 기반이 되어 주는, 우리가 가깝게 잘 아는 사물과 과정, 즉 사본들과 그것을 생산하는 사회-기계적 과정에 의해 정립되기 때문이다.

  사실 서지학적인 '새로운 접근'에서 문헌학은 한국을 표상(represent)하는 것, 즉 한국을 다시 보여 주는(present again) 것들과의 관계 발전을 통해 새로 드러난 학술적 지평을 탐구하는 데 유용한 틀을 제시할 수 있다. 문헌학은 "텍스트, 언어, 언어 자체의 현상에 대한 다각적 연구"[20]로 생각할 수 있지만, 새로운 접근에서 문헌학은 "인간의 기억과 그 물질적 표상에 '함축된 질서'를 연구하기 위한 절차"를 제안한다.[21] 서지학은 인간의 기억과 그 물질적 표상, 즉 사본을 통해 (원본과) 다른 곳에서 사용될 정도로 관심을 받은 것들과 관련을 맺는, 전 세계적으로 다양하고 역사적으로 영향받은 목록화, 설명, 분석, 비판의 재귀적 관행[22]을 수반한다. '한국'이 제공하는 맥락 속에서 무엇이 의미 있는 표상인지 판단하고 설명하는 서지학의 재귀적인 특성은, 우리가 무엇을, 어떻게 학습하는지를 더 잘 이해하도록 도와준다. 복제의 기계적 과정에 대한 분석 서지학의 관심을 활용하면, 디지털 복제와 인공지능의 기계적 과정, 그리고 그 두 가지가 '배움(learning)'을 형성하는 방식에 훨씬 깊이 있게 참여할 수 있다. 비판적 서지학은 무엇을 어떻게 복제해야 하는지 우리가 생각하는 방식에 대한 풍부한 논쟁적 담론을 제공한다. 이는 누가 또는 무엇이 복제를 통해 다른 곳에서, 또 미래에 이용할 수 있게 될지에 관해 고려할 때, 이러한 결정이 얼마나 어렵고 중대한 것인지를 분명하게 만

---

20) James Turner, *Philology: The Forgotten Origins of the Modern Humanities* (Princeton: Princeton University Press, 2014), loc. pp. 115 of 19247, Kindle.
21) Jerome McGann, *A New Republic of Letters: Memory and Scholarship in the Age of Digital Reproduction*(Cambridge, MA and London, England: Harvard University Press, 2014), p. 3, Kindle.
22) 서지학의 주요 요소에 관한 설명은 Wayne de Fremery, *Cats, Carpenters, and Accountants: Bibliographical Foundations of Information Science*(Boston and London: MIT Press, 202) 참조.

드는 담론이다. 서지학적인 경향으로 새로운 접근을 이루는 문헌학은 한국학자들에게 깊이, 그리고 더욱 깊이 배울 기회를 제시한다. 국립중앙도서관에서 동료와 함께한 작업에 관해 설명하면서 시사했듯이, 한국학자들이 서지학적 연구를 통해 문헌학의 헌신적 연구 성과를 더욱 의식적으로 탐구하는 미래에는, 강력한 인공지능의 개발을 촉진할 수 있게 될 것이다. 그 인공지능은 한국에 대한 연구, 그리고 무엇보다도, 한국에 대해 더욱 많이 배울 수 있는, 좀 더 심층적인 인간의 방식과 연관될 것이다.

글쓴이 소개

김영민

연세대학교 국문과와 동 대학원 석·박사 과정을 졸업했다. 전북대학교 조교수, 연세대학교 국어국문학과 교수, 하버드-옌칭연구소 객원교수와 릿교대학 교환 연구교수를 지냈으며, 2007년 교육인적자원부 국가석학으로 선정되었다. 현재 한국연구원 이사장으로 재임 중이다. 한국 근대 초기 소설사, 근대적 매체와 지식인, 한글 사용과 문체 변화 등을 연구하고 있다.

지은 책에 『한국 근대문학 비평사』(소명출판, 1999), 『문학 제도 및 민족어의 형성과 한국 근대문학』(소명출판, 2012), 『한국 근대소설사』(소명출판, 2024) 등이 있다.

노경희

서울대학교에서 국어국문학을, 일본 교토대학에서 중어중문학을 공부하고 동아시아 비교문학과 문헌학, 출판문화를 연구하고 있다. 서적의 형태와 물질적인 요소, 한자와 자국어 번역, 종교서 출판 등에 관심을 갖고 인쇄출판의 문화사회적 의미를 찾고 있다.

지은 책에 『17세기 전반기 한중 문학 교류』(태학사, 2015), 함께 지은 책에 『동아시아의 문헌 교류: 16~18세기 한·중·일 서적의 전파와 수용』(소명출판, 2014), 『목판의 행간에서 조선의 지식문화를 읽다』(글항아리, 2014) 등이 있다.

이영준

연세대학교 국어국문학과를 졸업하고 뉴욕대학교 비교문학과 방문학자로 지냈다. 하버드대학교 동아시아문명학과에서 「김수영 연구」로 박사학위를 받았다. 하버드대학교 등 해외 여러 대학에서 한국문학을 가르쳤고, 2007년부터 영문 문예지 *AZALEA* 편집장으로 있으면서 영어권 독자들에게 한국문학을 소개했다. 전 경희대학교 후마니타스칼리지 학장 및 교양교육연구소 소장을 지냈다. 현재 한국연구원 원장으로 있다.

『김수영 육필시고 전집』(민음사, 2009), 김수영 시 선집 『꽃잎』(민음사, 2016), 『시여 침을 뱉어라』(민음사, 2019) 등을 편집해 발간했다.

조강석

연세대학교 영문과와 동 대학원 국문과를 졸업했다. 현재 연세대학교 국어국문학과 교수로 재직 중이다. 2005년 《동아일보》 신춘문예로 등단해 평론가로 활발히 활동하면서, 한국 현대시, 문학비평, 이미지 및 아이코놀로지론을 연구하고 있다. 2008년 김달진 젊은평론가상, 2020년 제65회 현대문학상을 수상했다.

지은 책에 『아포리아의 별자리들』(랜덤하우스코리아, 2008), 『경험주의자의 시계』(문학동네, 2010), 『비화해적 가상의 두 양태』(소명출판,

2011), 『이미지 모티폴로지』(문학과지성사, 2014), 『한국문학과 보편주의』(소명출판, 2017) 등이 있다.

강명관

부산대학교 국어교육과와 한국정신문화연구원 한국학대학원을 졸업하고 성균관대학교에서 「조선 후기 여항문학 연구」로 박사학위를 받았다. 조선 후기 여항문학을 소개하는 전문서를 많이 펴냈으며, 2008년 제8회 지훈국학상, 2010년 한국간행물윤리위원회 간행물문화대상을 수상했다. 1993년부터 부산대학교 한문학과 교수로 재직 중이다.

지은 책에 『조선 후기 여항문학 연구』(창작과비평사, 1997), 『조선의 뒷골목 풍경』(푸른역사, 2003), 『책벌레들 조선을 만들다』(푸른역사, 2007), 『열녀의 탄생』(돌베개, 2009), 『조선에 온 서양 물건들』(휴머니스트, 2015), 『신태영의 이혼 소송 1704~1713』(휴머니스트, 2016) 등이 있다.

김인호

연세대학교 사학과에서 「고려 시대 지식인들의 국가개혁론에 대한 연구」로 박사학위를 받았다. 2002년부터 2년 6개월 동안 KBS KOREA의 「시간여행 역사 속으로」의 진행과 자문을 맡았다. 현재 한국역사고전연구소 연구원이며, 광운대학교 교양학부의 초빙교수로 재직 중이다.

지은 책에 『미래를 여는 한국의 역사 2』(웅진지식하우스, 2011) 외다수가 있으며, 주요 논저로 「여말선초 족보와 사회상 고려 후기 가문 보존 의식과 방식 — 안동권씨가를 중심으로」(《한국중세사연구》 25), 「정몽주 숭배의 변화와 위인상」(《역사와 현실》 77), 『고려 후기 사대부의 경세론 연구』(혜안, 1999), 『조선의 9급 관원들』(너머북스, 2011) 등이 있다.

노관범

서울대학교 국사학과를 졸업하고 동 대학원 국사학과에서 박사학위를 받았다. 전통과 근대의 통합적 사유를 위해 분발하고 있다. 연구 분야는 한국의 사상사, 지성사, 개념사, 지식사, 학술사 등이다. 최근의 관심사는 한국에서 사상사의 탄생, 한국인이 생각한 역사란 무엇인가, 한국 학계의 실학 만들기 등이다. 현재 서울대학교 규장각한국학연구원 HK부교수로 있다.

지은 책에 『백암 박은식 평전』(도서출판이조, 2021), 『기억의 역전』(소명출판, 2016), 『고전통변』(김영사, 2014) 등이 있다.

장지연

서울대학교 국사학과를 졸업하고 동 대학원에서 박사학위를 받았다. 서울대 규장각한국학연구원과 서울시립대 서울학연구소를 거쳐 현재는 대전대학교 혜화리버럴아츠칼리지 역사문화학전공 교수로 재직하고 있다. 조선의 한양과 고려의 개경을 중심으로 궁궐을 비롯한 수도 계획 전반에 대해 연구해 왔으며, 언어와 의례, 이념을 통해 공간의 역사성을 살피는 데 관심을 가지고 있다.

지은 책에 『고려·조선 국도풍수론과 정치 이념』(신구문화사, 2015), 『경복궁 시대를 세우다』(너머북스, 2018) 등이, 함께 지은 책에 『고려의 황도 개경』(창비, 2002) 등이 있다.

김동규

연세대학교 철학과를 졸업하고 동 대학원에서 박사학위를 받았다. 주요 전공 분야는 하이데거를 비롯한 유럽 현대철학과 미학이다. 오랫동안 서양 예술과 철학의 근본 정조인 '멜랑콜리' 연구에 매진했고, 현재는 생물학과 철학의 창조적 접점 찾기에 관심을 쏟고 있다. 한국연구원 학술자문위원과 웹진 《한국연구》의 편집위원을 맡고 있다.

지은 책에 『멜랑콜리아: 서양문화의 근원적 파토스』(문학동네, 2014), 『철학의 모비딕: 예술, 존재, 하이데거』(문학동네, 2014), 『멜랑콜리 미학: 사랑과 죽음 그리고 예술』(문학동네, 2024) 등 다수가 있다.

손영식

서울대학교 철학과를 졸업하고 동 대학원에서 석·박사학위를 받았다. 중국과 한국의 신유학, 중국의 제자백가 사상, 그리고 노자와 장자의 철학을 주로 연구했으며, 이이와 이황 철학의 성격에 대한 논쟁에 참여하기도 했다. 울산대 철학과 교수로 재직하다가 현재는 명예교수로 있다.

지은 책에 『성리학의 형이상학 시론』(울산대학교 출판부, 2007), 『성리학의 형이상학 도론』(울산대학교 출판부, 2008), 『중국의 운명』(북코리아, 2022) 등 다수가 있다.

이승종

연세대학교 철학과와 동 대학원을 졸업하고 뉴욕주립대학교 버펄로캠퍼스에서 철학 박사학위를 받았다. 카니시우스대학교 철학과 겸임교수와 캘리포니아대학교 어바인캠퍼스 철학과 풀브라이트 방문교수를 역임했다. 현재 연세대학교 철학과 교수로 재직하고 있다. 지은 책에 『비트겐슈타인이 살아 있다면: 논리철학적 탐구』(문학과지성사, 2002), 『비트겐슈타인 새로 읽기』(아카넷, 2022), 함께 지은 책에 『데리다와 비트겐슈타인』(동연출판사, 2010), 『철학의 길: 대화의 해석학을 향하여』(세창출판사, 2024) 등이 있다.

황종원

성균관대학교 유학과를 졸업하고 중국 베이징대학 철학과에서 중국철학 전공으로 석·박사학위를 받았다. 박사학위를 받은 후에는 베이징대학교 종교연구소와 원광대학교를 거쳐 베이징대학교 한국어문화학과 부교수로 재직하면서 중국 학생들을 대상으로 한국사상, 종교, 문화 등을 가르쳤다. 주전공은 '춘추전국시대의 유가사상과 송명유학'이며, 한국 문화, 한국 근대사상 분야로 연구 영역을 넓히고 있다.

지은 책에 『장재철학: 천과 인간의 구분과 합일』(도서출판문사철, 2010)이 있다.

임현수

서울대학교 종교학과에서 중국 고대 종교를 주제로 박사학위를 받았다. 현재 한국 종교문화연구소 연구원으로 활동하고 있다.

주요 논문으로 「중국 고대 무교(巫敎) 인식에 관한 연구 — 상대(商代) 무(巫)의 사회적 위상을 중심으로」(《중국문화연구》, 2017), 「상나라 수렵, 목축, 제사를 통해서 본 삶의 세계 구축과 신, 인간, 동물의 관계」(《종교문화비평》, 2017), 「상왕조의 인간 희생제의에 관한 연구 — 전쟁, 도시, 위계를 중심으로」(《종교문화비평》, 2018), 「서주(西周) 시기 신·인간·동물 범주에 관한 연구 — 청동기 금문(金文) 및 문헌 자료를 중심으로」(《중국인문과학》, 2020) 등이 있다.

고부응

연세대학교 영문과를 졸업하고 미국의 뉴욕주립대학교(스토니브룩)에서 영문학(비교문학 전공) 박사학위를 받았다. 중앙대학교 영어영문학과 교수를 지냈으며, 현재는 중앙대 명예교수로 있다. 「콘라드의 『로드 짐』에서 읽는 반식민 저항」으로 한국영어영문학회에서 제정한 제7회 재남우수논문상을 수상했다.

지은 책에 『초민족 시대의 민족 정체성』(문학과지성사, 2002), 『대학의 기업화』(한울, 2018), 옮긴 책에 『문학의 길』(심지, 1984), 함께 지은 책에 『20세기 영국 소설의 이해』(신아사, 2002), 『탈식민주의: 이론과 쟁점』(문학과지성사, 2003) 등이 있다.

김낙현

중앙대학교 대학원에서 박사학위를 받았고 현재 중앙대학교 다빈치교양대학 교수로 재직 중이다.

논문에 「조명희 시 연구」(《우리문학연구》, 2012), 「장편 서사시『白頭山』의 창작 토대」(《어문연구》, 2014), 「장편 서사시『생의 노래』 연구」(《국어국문학》, 2015), 「『선봉(先鋒)』에 수록된 고려인 시의 전개 양상」(《어문연구》, 2018), 「디아스포라 심연수(沈連洙)의 문학 세계」(《국어연구》, 2022) 등이 있으며, 함께 지은 책에『억압과 망각, 그리고 디아스포라』(한국문화사, 2004)가 있다.

유상근

서울대학교 영문과와 철학과를 졸업하고 캘리포니아대학교 리버사이드캠퍼스(UCR)에서 영문학 박사학위를 받았다. UCR에서 풀브라이트 펠로십 지원을 받았고, 현재 뉴욕 메리스트대학(NY Marist College) 영문학과에 재직하면서 *Journal of the Fantastic in the Arts* 편집자 및 SF연구학회(SFRA) 한국 대표를 맡고 있다.

한국 대중문화, 가상현실, SF 및 장르 문학, 한국계 미국 문학 등의 분야에 관심이 향해 있다. 제이미 비숍 상, 월터 제임스 밀러 상 등을 수상했다.

유춘동

연세대학교 대학원 국문학과를 졸업하고 연세대·방송대·선문대 등에서 강의하다 현재 강원대 국문학과 교수로 재직 중이다. 또한

《근대서지》 편집위원, '동아시아책문화연구학회'와 학술지 《한국연구》의 총무이사로 활동하고 있다.

지은 책에 『조선 시대 수호전의 수용 연구』(보고사, 2014), 『한국 고소설의 현장과 문화 지형』(소명출판, 2017), 엮고 옮긴 책에 『오래된 근대: 딱지본의 책그림』(소명출판, 2018), 『코리안 테일즈: 구한말 영국 외교관 애스턴에게 전해 준 조선의 옛이야기』(지식을만드는지식, 2020) 등이 있다.

이우창

서울대학교 영문과를 졸업하고 동 대학원에서 박사학위를 취득했다. 성균관대학교 사학과에서 강사 및 Global Intellectual History Unit, Associate Director를 지냈으며, 현재 한국방송통신대의 문화교양학과 교수로 재직 중이다. 주요 관심사는 서구 지성사, 18세기 영국 문화, 젠더 담론, 정치·도덕적 담론, 역사 서술의 역사 등이다. 함께 지은 책에 『한국에서 박사하기』(스리체어스, 2022), 『전기, 삶에서 글로』(읻다, 2022) 등이, 옮긴 책에 『지성사란 무엇인가?』(오월의봄, 2020), 『계몽은 계속된다』(그린비, 2024) 등이 있다.

정보라

연세대학교 인문학부를 졸업하고 예일대학교에서 러시아 동유럽 지역학 석사, 인디애나대학교에서 슬라브 문학 박사를 취득했다. 러시아문학과 문화를 가르치는 시간강사로 있다가, 현재 강사 처우 개선을 위한 투쟁 및 다양한 사회 운동에 참여하고 있다. SF 및 환상

문학에 관한 책을 쓰고 번역하고 있다. 제3회 디지털작가상 모바일 부문 우수상, 제1회 SF 어워드 단편 부문 본상을 수상했다. 2022년 『저주토끼』가 부커상 최종 후보에 올랐다.

소설 작품에 『붉은 칼』(아작, 2019), 『저주토끼』(래빗홀, 2023), 『지구생물체는 항복하라』(래빗홀, 2024) 등이 있다.

최진석

서울대학교 노어노문학과에서 학·석사를 공부하고 러시아인문학대학교 예술사대학 '문화의 이론과 역사학과'에서 박사학위를 취득했다. 현재 서울과기대 문창과에서 강의하고 있으며, 계간 《현대비평》, 《청색종이》 등의 편집위원과 《뉴래디컬 리뷰》의 편집주간을 맡고 있다. 일곡 유인호 학술상, 젊은평론가상 등을 수상했다.

지은 책에 『불가능성의 인문학: 휴머니즘 이후의 문화와 정치』(문학동네, 2020), 『사건의 시학: 감응하는 시와 예술』(도서출판b, 2022), 『사건과 형식: 소설과 비평, 반시대적 글쓰기』(그린비, 2022) 등이 있다.

김병준

성균관대학교 국어국문학과와 영상학과를 졸업하고 KAIST 문화기술대학원에서 석사 학위를 받은 뒤, 성균관대학교 인터랙션사이언스학과에서 박사과정을 수료했다. 다양한 곳에서 데이터 분석과 알고리즘 경력을 쌓다가, 카이스트 디지털인문사회과학부에서 연구원 및 조교수로 일했다. 현재는 한국학중앙연구원의 한국학대학원에서 인문정보학 조교수로 있다.

함께 지은 책에 『플랫폼 사회가 온다』(한울아카데미, 2021), 『디지털로 읽고 데이터로 쓰다』(박문사, 2023) 등이 있다.

김승범

고려대학교 생명과학부를 졸업하고 컴퓨터교육학 석사학위를 취득했다. 현재 서울예대 디지털 아트 전공에서 디지털 아트와 컴퓨팅 관련 수업을 진행한다. PROTOROOM 미디어 아트 콜렉티브 작가로 활동하며, 교육용 코딩 SW나 빅게임 SW, 교육 프로그램 등 놀이, 문화, 매체, 사유를 잇는 다양한 콘텐츠를 개발해 왔다.

「Media Art as an Awareness Filter」, 「우리의 밝은 미래 — 사이버네틱 환상」 등을 작업했으며, 「오픈코드. 공유지 연결망」(백남준아트센터 제2전시실, 2021. 7. 1~10. 24)에 참여했다.

오영진

한양대학교에서 국어국문학을 전공하고 한국 현대시로 석사 학위를 받았다. 현재 서울과학기술대학교 융합교양학부 초빙교수로 재직 중이다.

2015년부터 한양대학교 에리카 교과목 '소프트웨어와 인문비평'을 개발하고 《기계비평》의 기획자로 활동해 왔다. 컴퓨터 게임과 웹툰, 소셜 네트워크 등으로 대변되는 디지털 문화의 미학과 정치성을 연구하고 있다. 시리아 난민을 소재로 한 웹 반응형 인터랙티브 스토리 「햇살 아래서」(2018)의 공동 개발자이다. 가상 세계에서 비극적 사건의 장소를 체험하는 다크 투어리즘 「에란겔: 다크 투어」(2021.

3. 20~21)와 학술대회 'SF와 지정학적 미학' 연계 메타버스 「끝나지 않는 항해」(2021. 12. 6~19), 「AI 공포 라디오 쇼」(2022. 8. 4, 아트센터 나비)를 연출했다.

웨인 드 프레메리

휘트먼칼리지에서 학사, 서울대학교에서 석사, 하버드대학교에서 박사학위를 받았다. 한국에서 20년 동안 거주했으며, 서강대학교 국제한국학과 교수로 재직하면서, 한국 시문학에 대한 관심을 가지고 서지학 및 데이터베이스 프로젝트를 진행했다. 현재 UC 도미니칸대학교에서 '정보과학과 기업가 정신' 전공 교수로 재직하고 있다. 주요 관심사는 문학 연구, 서지학, 디자인, 정보학과 인공지능 등이다. 최근 *Cats, Carpenters, and Accountants*(MIT Press, 2024)를 펴냈다.

한국학의 현재와 미래

1판 1쇄 찍음   2025년 3월 25일
1판 1쇄 펴냄   2025년 4월 10일

지은이   이영준, 김동규, 오영진 엮음
발행인   박근섭·박상준
펴낸곳   (주)민음사

출판등록 1966. 5. 19. 제16-490호
주소   서울시 강남구 도산대로1길 62(신사동)
          강남출판문화센터 5층 (우편번호 06027)
대표전화 02-515-2000 | 팩시밀리 02-515-2007
홈페이지 www.minumsa.com

ⓒ 한국연구원, 2025. Printed in Seoul, Korea

ISBN 978-89-374-2865-4 (93300)

* 잘못 만들어진 책은 구입처에서 교환해 드립니다.